WERNER J. PATZELT

UNGARN VERSTEHEN

Inhalt

KAPITEL 4: UNGARNS POLITIK

KAPITEL 5: »ORBÁN-LAND«

Was soll dieses Buch?

Als ich anfangs September 2021 im Zug von Dresden nach Budapest fuhr, wusste ich zwar, was ich dort sollte. Ich hatte nämlich die Einladung angenommen, für ein halbes Jahr – es sollten dann neun Monate werden – als Senior Fellow am Mathias Corvinus Collegium (MCC) tätig zu sein. Als solcher würde ich am dortigen »Deutsch-Ungarischen Institut für Europäische Zusammenarbeit« Lehrveranstaltungen zum Regierungssystem der Bundesrepublik Deutschland anbieten, in verschiedenen Städten Ungarns Vorträge halten und außerdem für Diskussionsveranstaltungen oder Interviews zur Verfügung stehen.

Doch was wollte ich während der kommenden Monate für mich selbst? Die folgende Formel brachte das bald auf den Punkt: Ich wollte herausfinden, was von dem stimmte oder nicht stimmte, was ich aus Zeitungen und sonstigen Medienberichten über Ungarn erfahren hatte. Denen gemäß reiste ich in eine Halbdiktatur und verdingte mich an deren Kaderschmiede.

Zwar kannte ich Ungarn von einem ersten Aufenthalt im Sommer 1976 her, dem während der 1990er-Jahre etliche Konferenzteilnahmen und in den 2010er-Jahren mancherlei Einladungen zu Vorträgen bei Veranstaltungen gefolgt waren. Die wurden teils von der Konrad-Adenauer-Stiftung, teils von ungarischen Einrichtungen wie dem Mathias Corvinus Collegium organisiert. Mehr als oberflächliches Wissen über Ungarn besaß ich allerdings nicht. Auch fehlten mir ungarische Sprachkenntnisse.

Also beschloss ich, einfach offen und neugierig zu sein. In Budapest und bei Reisen übers Land wollte ich ein Gespür für das Leben in Ungarn bekommen. Durch Gespräche mit möglichst vielen Leuten unterschiedlicher Berufe und Standpunkte wollte ich entdecken, wie Ungarn ihr Land, dessen Politik sowie die scharfe Kritik an ihr wahrnehmen. Indem ich Museen aufsuchte und mir die Symbolik öffentlicher Plätze erschloss, wollte ich in tieferliegende Schichten ungarischer Gegenwart und Mentalität eindringen. Außerdem wollte ich durch umfangreiche Lektüre von Schrifttum über Ungarn, gerade auch über das seit 2010 errichtete Regierungs- und Wirtschaftssystem, auf das, was ich selbst wahrnahm, auch noch aus den Perspektiven vieler anderer blicken.

Am Deutsch-Ungarischen Institut half man mir sehr, diese Wünsche zu verwirklichen. Man öffnete mir Türen, vermittelte mir viele, auch hochrangige Gesprächspartner, erläuterte mir Hintergründe, begleitete mich auf Reisen. Bei alledem begriff ich immer besser, wie wichtig Deutschland für Ungarn ist und auf wie viel Sympathie Deutschland bei Ungarn zählen kann. Doch ich merkte auch, wie sehr es dem ungarischen Vertrauen zu Deutschland schadet, wenn viele Ungarn einfach nicht verstehen können, warum so viele Deutsche sie ihrerseits nicht begreifen.

Deshalb erläuterte ich bei Lehrveranstaltungen und Vorträgen immer wieder, wie Deutsche ihr eigenes Land wahrnehmen, und auch, zu welchen Deutungen der Politik anderer Länder sie aufgrund ihres Selbstverständnisses gelangen. Dabei bemerkte ich wiederkehrende Missverhältnisse zwischen der Selbstverständlichkeit und Stärke deutscher Urteile über Ungarn sowie der Verlässlichkeit des Wissens oder jener Annahmen über Ungarn, die deutschen Ungarndeutungen ihre Grundlage geben. Diese Beobachtung wuchs rasch mit meiner Suche danach zusammen, was von den gängigen deutschen Ungarnbildern wohl stimmt oder vielleicht falsch ist. Und alsbald entstand der Plan, meine Lernergebnisse über Ungarn in einem inhaltlich verlässlichen Sachbuch mit anderen zu teilen.

Es gibt zwar vielerlei wissenschaftliches Schrifttum über Ungarns Politik und Regierungssystem vor 2010, also für die

Zeit vor der Rückkehr von Viktor Orbán ins ungarische Ministerpräsidentenamt. Doch viel spärlicher sind derlei Untersuchungen für die Zeit seither, obschon Ungarn gerade in diesen Jahren tiefgreifend verändert wurde. Was sich allerdings reichlich fand, waren Texte, in denen Berichte zu Sachverhalten aufs engste mit eigenen Urteilen über das Berichtete verwoben waren. Das aber bringt beim Wissen über Ungarn jene nicht viel weiter, die solche Bewertungen ohnehin teilen, und macht jenen das Dazulernen schwer, die ganz andere Urteile bevorzugen. Was ich vermisste, war also ein Buch über Ungarn und seine neuere politische Entwicklung, das sowohl die Gegner als auch die Freunde der ungarischen Fidesz-Regierung zuverlässig informieren könnte – und erst recht jene, die ihr Urteil über Ungarn nicht an den Anfang, sondern ans Ende einer Beschäftigung mit diesem Land stellen möchten.

Niemals hätte ich die Absicht, ein solches Buch zu schreiben, ohne das Budapester Deutsch-Ungarische Institut für Europäische Zusammenarbeit verwirklichen können. Dessen Direktor, Dr. Bence Bauer, unterstützte mein Vorhaben von Anfang an. Seine Mitarbeiter arbeiteten mir Faktenzusammenstellungen zu und überprüften meine Texte, die ich diesen entlang verfasste, auf inhaltliche Fehler. Nur auf solche Weise konnte ich mir Wissen nutzbar machen, das nicht auch auf Deutsch oder Englisch, sondern eben nur auf Ungarisch verfügbar ist. Trotzdem stellt sich die Frage, ob man wirklich ein Buch über ein Land schreiben soll, dessen Sprache man nicht versteht. Doch auch die meisten Journalisten, auf deren Berichte sich die deutsche oder internationale Einschätzung Ungarns stützt, beherrschen kein Ungarisch, müssen sich also – wie ich – auf die Sachkenntnis und Redlichkeit ihrer ungarischen Gesprächspartner verlassen. Besonders dankbar bin ich deshalb, dass Bence Bauer samt seinen Mitarbeitern Márton Böhm und Alexander Rasthofer sowie Prof. Dr. Zsolt K. Lengyel, der Direktor des Ungarischen Instituts der Universität Regensburg, das gesamte Buchmanuskript kritisch gelesen und mir vielerlei Verbesserungen ermöglicht haben.

Also lade ich guten Gewissens jene, die sich für Ungarns Politik und Geschichte interessieren, zur Lektüre dieses Buches ein. Es beginnt mit einer Selbstvergewisserung zu jenen Ungarnbildern, welche das Interesse und die Deutungsvorlieben vieler Deutscher hinsichtlich von Ungarn steuern. Anschließend wird gezeigt, welche geschichtlichen Ereignisse das heutige Ungarn und das politische Selbstverständnis seiner Funktions- und Prestigeeliten prägen. Sodann wird beschrieben, wie Ungarns seit 2010 umgeformtes Regierungssystem beschaffen ist, und zwar von seinen Verfassungsinstitutionen über das Mediensystem bis hin zur es tragenden politischen Kultur. Zum Urteil des Lesers über Ungarns konkrete Politik trägt dann das nächste Kapitel bei: Es zeichnet auf einer Vielzahl von Politikfeldern nach, was Ungarns Regierung anstrebt und auch unternommen hat. Die hitzigen Debatten um den heutigen Charakter Ungarns – Halbdiktatur oder nicht – werden im abschließenden Kapitel verständlich gemacht, doch freilich nicht geschlichtet. Es wäre ohnehin schon viel erreicht, wenn solche Diskussionen künftig auch mit Neugier auf die Sichtweisen jeweils Andersdenkenden und auf die empirische Belastbarkeit von deren Argumenten geführt würden.

Um das Buch leicht lesbar zu halten, wurde auf Literaturhinweise in Fußnoten oder im Text weitestgehend verzichtet. Jedem Kapitel ist allerdings ein Verzeichnis jenes Schrifttums nachgestellt, dem die berichteten Sachinformationen entnommen sind. Diese Quellen lassen sich anhand ihrer Titel leicht jenen inhaltlichen Zusammenhängen zuordnen, zu welchen sie herangezogen wurden. Dabei wurde – in der Regel ohne seitengenaue Herkunftsdokumentation, auch über die ausdrücklichen Zitate hinaus – dem Wortlaut der Quellen bisweilen eng gefolgt, um nicht an die Stelle der mitzuteilenden Sachverhalte deren Deutung durch den Verfasser zu setzen. Dessen persönliche Ansichten sind ohnehin nirgendwo von Belang; wichtig ist nur, was der eigenständigen Meinungsbildung des Lesers dienen kann.

Und weshalb findet sich im Folgenden so wenig Literatur über Viktor Orbán, auch kein besonderes Kapitel über ihn? Erstens gibt es ohnehin viele, leicht auffindbare Bücher und Texte dieser Art. Und zweitens ist Viktor Orbán zwar jener Politiker, der das heutige Ungarn geprägt hat. Doch viel wichtiger als er selbst ist das, wozu auch er nur einen Beitrag leistet: die Politik und Geschichte Ungarns – also genau der Gegenstand dieses Buches.

Dresden, im Mai 2023
Werner J. Patzelt

Kapitel 1: Das deutsche Ungarnbild

Seit einiger Zeit lässt es sich in Deutschland kaum mehr vermeiden, bei Gesprächen über Ungarn heftige Diskussionen auszulösen. Bei denen geht es oft darum, ob dieses Land noch demokratisch sei oder schon diktatorisch regiert werde. Solcher Meinungsstreit kann bis zur Frage führen, ob das heutige Ungarn es überhaupt noch verdiene, Mitglied der Europäischen Union zu sein. Woher kommt so sprungbereite Angriffslust?

I. Naive Ungarnbilder

Für Ostdeutsche war Ungarn jahrzehntelang ein Traumland. Es war eine Art »Westen im Osten«, auch ein »Süden« mit zur Sommerzeit lockendem Badewetter am Balaton, obendrein ein Land mit Waren, die es in der DDR meist nicht gab. Intellektuelle aus Leipzig oder Ostberlin fanden in Budapest internationale Presse sowie Bücher, die im Westen erschienen waren. Und wären da nicht stets Tricks notwendig gewesen, um dem Mangel an gegen Ostmark erhältliche Forint beizukommen, dann hätte man sich in jener »lustigsten Baracke des ganzen Ostblocks« noch wohler gefühlt als ohnehin.

Doch für Westdeutsche war Ungarn etwas ganz anderes. Wie Polen oder die damalige Tschechoslowakei, ja sogar wie die DDR, gehörte dieses Land zu den gleichsam »verlorenen Teilen« Europas. Das waren jene, die nicht nur sehr anders regiert wurden als das eigene Land, sondern die auch ärmlich waren, mühsam zu bereisen, nicht wirklich attraktiv. Wer in den

»echten Westen« wollte, der fuhr nach Frankreich oder in die USA; und wer südliche Lebensart suchte, der reiste erst nach Italien und später nach Griechenland oder in die Türkei. Nach Ungarn führte vor allem der Wunsch, auch ohne viel Geld große Sprünge zu tun, falls man nicht gemeinsam mit ostdeutschen Familienteilen oder Freunden Urlaub machen wollte und deshalb an den Balaton reiste. Nicht wenige Westdeutsche werden es auch genossen haben, dort im Systemstreit von Sozialismus und Kapitalismus beim Kaufkraftwettbewerb zwischen Ost- und D-Mark ganz privat zu triumphieren.

Weithin vertraut war der nach dem Zweiten Weltkrieg geborenen Generation die Bilderwelt der Sissi-Filme. Und für die Jahrgänge aus der Zeit schon um die Jahrhundertwende beschworen viele Szenen aus »Piroschka« so manches gern vergegenwärtigte, doch nun gewiss verlorene Idyll, das eigentlich in Schlesien oder Ostpreußen liegen mochte. Das alles schuf einen zwar etwas wehmütigen, doch eben auch schönen Bezugsrahmen für alles Ungarische. Der aber prägte vielerlei Empfindungen trotz des Wissens, dass er bloß zu vergangenen Zeiten passte. Und ja, es war auch schön, für das jetzt ferngerückte Ungarn gar noch das Überleben von Teilen jener Operettenwelt imaginieren zu können, deren Darstellung in österreichischen oder bayerischen »Heimatfilmen« von der Wirklichkeit längst nicht mehr gedeckt war. Dadurch wirkte Ungarn viel positiver als Polen – und natürlich als Russland.

Klar, Ungarns Kommunisten hatten sich 1956 dank Moskauer Hilfe brutal durchgesetzt. Aber das war 1953 in der DDR nicht anders gewesen. Und weil das einen Durchschnittswestdeutschen auch nicht störte, hielt er es mit Ungarn ebenso. Dank des »Gulaschkommunismus« war dieses Land doch ohnehin auf einem besseren Weg als Ulbrichts oder Honeckers grauer Musterstaat! Und was »Pfeilkreuzler« einst mit »Hakenkreuzlern« zu tun hatten, das wussten ohnehin nur historisch Beschlagene – und auch davon viele gerade nicht. Für Zeiten davor galt Ungarn als so etwas Ähnliches wie Österreich, mit dem es sich die wohlige Bezeichnung »k. u. k.« teilte; nur war Ungarn anscheinend noch etwas exotischer. »Trianon« wiederum verband, wer in geschichtlichen Zusammenhängen davon hörte, mit »Vorortvertrag«; doch das dort Geschehene klang dann wie etwas, das im Vergleich mit dem Deutschland betreffenden Hauptort Versailles gar nicht so wichtig war. Und Horthy? Wer, bitte, sollte denn das sein? Und wofür brauchte Ungarn wohl einen Admiral? Merkwürdig das alles, und für einen nach Westen blickenden Bundesdeutschen doch auch gar nicht wichtig.

In den späten 1980er-Jahren hatte Ungarn freilich, gemeinsam mit den anderen damals noch realsozialistischen Staaten, seinen großen Auftritt im deutschen Staatstheater. An ihn erinnern sich viele Deutsche in ehrlicher Dankbarkeit. Sowjetrusslands Reformer Gorbatschow hatte Osteuropas Kommunisten ermutigt, nun auch ganz offen das zu sein, was sie – so die nachträgliche Selbstdarstellung von vielen – eigentlich immer schon sein wollten, nämlich »reformorientierte demokratische Sozialisten«. Jedenfalls handelten viele ihrer Anführer – abgesehen von Rumäniens Ceauşescu – höchst friedliche Machtübergaben aus, ermöglichten Staatlichkeit nach westlichem Vorbild, überließen anderen Parteien die Ministerien. Da mochten die zeigen, ob ihnen das Regieren wirklich besser gelang. Doch so schien es gerade nicht zu sein; und deshalb wurden – unter welchen Parteinamen auch immer – allenthalben »Reformsozialisten« an die Macht gewählt. Denen trauten die Sozialliberalen und Grünen Westeuropas ohnehin mehr und Besseres zu als »Nationalkonservativen« oder gar »Rechten«. Leider verloren sie in Ungarn bald schon die Macht. Gottlob gewannen sie anschließend doch wieder und regierten gar für zwei Wahlperioden. Doch aus merkwürdigen Gründen wurden sie 2010 erneut abgelöst, und gar von einer Regierung, die seither alles dransetzt, dass auch bei einem künftigen Wahlsieg der Linken die bürgerlichen Fundamente des Landes nicht geschleift werden können. Im April 2022 wurde jener Regierungskurs sogar mit einer absoluten Stimmenmehrheit der Ungarn bestätigt. Ob nun Ungarns Demokratie verloren ist?

Natürlich färbte die Darstellung der jeweils aktuellen Politik auf das deutsche Ungarnbild ab und prägte es schichtenweise. Zunächst waren es Kommunisten wie Michail Gorbatschow und Miklós Németh, die in ihren Ländern Reformen und den Deutschen ihre Wiedervereinigung ermöglichten. Für die letztere schuf tatsächlich der Sowjetführer Michail Gorbatschow die Voraussetzungen, während – eher zu Unrecht so hingestellt – der ungarische Politiker Gyula Horn jene Flucht von Ostdeutschen aus ihrem sozialistischen Urlaubsland erlaubte, die zum Anfang vom Ende der DDR wurde. Jedenfalls war es der demokratische Sozialismus, den – voller Freude – die westeuropäische Linke um die Jahreswende 1989/90 im Ostmitteleuropa auf politischen Siegerstraßen sah. Leider stoppten ihn politische Gegner, und das geschah nicht nur gleich bei den ersten freien Wahlen, sondern auch später immer wieder. In Ungarn trat den Reformsozialisten zwischen 1990 und 1994 das konservative-nationale-christliche »Ungarische Demokratische Forum« (MDF) unter dem Ministerpräsidenten József Antall in den Weg, zwischen 1998 und 2002 die »Ungarische Bürgerliche Partei« (Fidesz) – und dann seit 2010 schon wieder der Fidesz, jeweils unter dem Ministerpräsidenten Viktor Orbán (*1963). Unter dessen Macht in Ungarn leidet Deutschlands Linke irgendwie noch viel mehr als an den Wahlsiegen Helmut Kohls von 1990 und 1994.

Freilich ist Deutschlands Linke – übrigens ebenso wie die Union oder die FDP – weder inhaltlich auf gemeinsamer Linie noch spricht sie für alle Deutschen. Also wird man beim deutschen Ungarnbild nach politischen Lagern sowie danach unterscheiden müssen, ob man über den Bevölkerungsdurchschnitt oder über die Meinungsverteilung bei Intellektuellen, Akademikern und Journalisten spricht. Außerdem sind Reaktionen auf aktuelle Ereignisse, journalistisch vermittelt und gerahmt, abzuheben von tieferliegenden kulturellen Stereotypen. Am besten lässt sich das Wesentliche beim Nachvollziehen jener Diskurse fassen, in denen Ungarnbilder herausgearbeitet und verfestigt werden.

II. Diskursiv erzeugte Ungarnbilder

Die meisten deutschen Intellektuellen und Journalisten hatten den Fortbestand der kommunistischen Herrschaft über Ostmitteleuropa nach der Beendigung des »Prager Frühlings« durch die sowjetische Invasion im Sommer 1968 wie eine unabänderliche Naturtatsache behandelt. An realsozialistisch regierte Länder westliche Maßstäbe anzulegen, galt als sachunangemessen und politisch sinnlos. Anders wurde alles nach dem Ende des Kommunismus. Ein sich demokratisierendes Land muss es schlicht hinnehmen, nach Kriterien beurteilt zu werden, die für eine Demokratie wichtig sind. Zu ihnen gehören hinsichtlich der Voraussetzungen von Demokratie die Rechtsstaatlichkeit, die Gewaltenteilung sowie ein wirklich praktizierter Meinungs- und Gruppenpluralismus. Kernelemente von Demokratie sind außerdem periodische freie Wahlen mit konkurrierenden Parteien und kritischen Medien. Und auszugehen hat Demokratie auf eine gerade in Krisenzeiten belastbare Legitimität des politischen Systems, also auf einen nicht herbeimanipulierten, sondern sachlich begründeten Bevölkerungslauben an die Rechtmäßigkeit, an die Kompetenz und an die Gemeinwohldienlichkeit ausgeübter Herrschaft. Nach bisherigen geschichtlichen Erfahrungen stellt sich solche Legitimität vor allem dann ein, wenn – gemäß den Eindrücken einer Bevölkerungsmehrheit – die Regierung das Wirtschaftsleben so steuert, dass die persönlichen Lebensumstände besser werden und der allgemeine Wohlstand steigt. Außerdem ging nach 1990 die allgemeine Erwartung an die postsozialistischen Staaten Europas dahin, dass sie sich fit machen würden für die Chance, Mitglied der

Europäischen Union zu werden. Das aber verlangte auch nach einer Überwindung jener Nationalismen, die Ostmitteleuropa nach dem Ersten Weltkrieg zerrissen hatten, und die nach dem Zweiten Weltkrieg von der kommunistischen Herrschaft nur – sozusagen – unter dem Deckel gehalten wurden.

Bemessen an diesen Kriterien sah Ungarn, wie auch andere postsozialistische Staaten, in den Jahren nach der kommunistischen Herrschaft nicht immer gut aus. Die Mitte-Rechts-Regierung von József Antall und – nach dessen Tod im Dezember 1993 – von Péter Boross (1990–1994) wurde als zu nationalbetont kritisiert, auch als wirtschaftlich nicht erfolgreich genug. Die ihr nachfolgende sozialistisch-liberale Regierung von Gyula Horn (1994–1998) galt erst recht als wirtschaftlich erfolglos. Die antikommunistische erste Regierung von Viktor Orbán (1998–2002) war den westlichen Journalisten, Intellektuellen und Politikern – damals die CSU noch ausgenommen – dann viel zu rechts. Zur sozialistischen Regierung von Péter Medgyessy (2002–2004) stellten die Meinungsbildner fest, sie wäre zwar sozialpolitisch gutwillig, doch wirtschaftspolitisch fragwürdig und insgesamt konzeptlos. An der auf Medgyessys Rücktritt folgenden sozialistischen Regierung von Ferenc Gyurcsány (2004–2009) kritisierte man ihr Scheitern bei der Durchführung erforderlicher Wirtschaftsreformen sowie gewaltige Glaubwürdigkeitsverluste ihres – mancherlei Lügen eingestehenden – Anführers und ihrer Führungsschicht. Der dann weiterhin sozialistischen Regierung von Gordon Bajnai sah man 2009/10 verblüfft zu, wie sie politisch selbstmörderische Wirtschafts- sowie Sozialreformen unternahm. Und seit den stets zu Zweidrittelmehrheiten der Parlamentsmandate führenden Wahlsiegen des nunmehr klar national-konservativ-christlich ausgerichteten Viktor Orbán in den Jahren 2010, 2014, 2018 und 2022 wird erörtert, wie und warum sich Ungarn in eine Halbdiktatur verwandelt habe.

Die diesbezüglich vorherrschenden Narrative lassen sich auf zwei Formeln verkürzen. Die eine lautet: »Die Linke beherrscht keine nachhaltig wirksame Wirtschaftspolitik; deshalb kam die Rechte an die Macht«. Und die andere betont: »Die Rechte zerstört selbstsüchtig die Demokratie«. Während das erste Narrativ in einem Deutschland, das durch die Wirtschafts- und Sozialreformen des SPD-Kanzlers Schröder zeitweise saniert wurde, keinen großen innenpolitischen Gebrauchswert besitzt und von deutschen Journalisten, die überwiegend mit der Linken sympathisieren, auch nicht wirklich gern verwendet wird, verhält es sich mit dem zweiten Narrativ sehr anders. Mit ihm fügt sich nämlich die Berichterstattung über Ungarn bestens ein in den aus journalistischer Überzeugung geführten »Kampf gegen rechts«. Denn was in Deutschland die rechtspopulistische AfD als Angriffsziel ist, das attackiert man beim Reden und Schreiben über Ungarn oder Polen in Gestalt der jeweiligen rechten Regierungspartei sowie ihrer Regierungschefs. Und weil viele Dimensionen des in Ungarn sehr scharf ausgetragenen Kulturkampfs zwischen »liberal-progressiver Linker« und »national-konservativ-christlicher Rechter« im innerdeutschen Kulturkampf sehr ähnlich gelagert sind, kommt es zur resonanzreichen Rückkopplung zwischen innerungarischen Debatten und deutschen öffentlichen Diskursen. Letztere wiederum beruhen meist auf solchen Informationen und Argumenten, die von der überwiegend linksgrün eingestellten Journalistenschaft beigebracht werden.

Für die ungarische Linke ist es bei alledem ein wichtiges Anliegen, für ihre Positionen in westlichen Medien – und zumal in den deutschen – ein starkes Echo zu erhalten. In Ungarn gibt es nämlich keine mediale Dominanz der Linken mehr, in Deutschland hingegen sehr wohl. Also versuchen die Gegner Viktor Orbáns, ihn über den Einfluss westlicher Medien auf die europäischen und deutschen Diskurse sowie auf die Politik der Europäischen Union zu besiegen. Am besten gelingt das durch – von westlichen Medien und zivilgesellschaftlichen Vereinigungen unterstützte – Reaktionen der ungarischen Opposition auf die unübersehbare Ausgrenzung Ungarns und seines Regierungschefs aus den Reihen derer, die in der Europäischen Union als politisch satisfaktionsfähig gelten. Also wird man sich schwertun, die Besonderheiten jenes Ungarnbildes zu begreifen, das Deutschlands Medien mehrheitlich zeichnen, wenn man nicht auch auf diese größeren Zusammenhänge achtet. Das sich aus ihnen ergebende Medienbild wird nämlich in deutschen Diskursen über Ungarn meist wie eine Selbstverständlichkeit behandelt, die ihre zutreffende Erklärung nicht auch in Kommunikationsvorgängen, sondern allein in der tatsächlichen Beschaffenheit und Politik Ungarns fände.

Der wichtigste Diskursstrang jenes Kulturkampfs deckt das ab, was sich mit dem Begriff des »Illiberalismus« bezeichnen lässt. Da Viktor Orbán selbst bei einer Rede im Jahr 2014 seine eigene Ordnungsvorstellung einen »illiberalen Staat« nannte, sind die Diskurse um Liberalismus und Illiberalismus tatsächlich eine Kampfstätte, die Ungarns Ministerpräsident selbst gewählt hat. Doch um das dort Ausgetragene wirklich zu begreifen, muss man schon auch auf die beiderseitigen grundlegenden Überzeugungen blicken. Im westlichen politischen Denken sind Liberalismus und Demokratie die zwei Seiten einer einzigen, höchst wünschenswerten Medaille. Demokratie ist deshalb nicht ohne Liberalismus zu haben, während Illiberalismus geradewegs auf die schiefe Ebene hin zu einer Diktatur führt. Auch ist man in Deutschland sehr stolz darauf, zur Zeit der sozialliberalen Koalition unter den Kanzlern Brandt und Schmidt die »illiberal-repressive Adenauerzeit« endlich überwunden zu haben. Dies führt dann zum Rat an andere, es mit diesem falschen Weg erst gar nicht zu versuchen. Außerdem war es die sozialdemokratisch-grüne Regierung Gerhard Schröders, die Deutschland einst im Schulterschluss mit Englands Premierminister Tony Blair auf den Weg des Neoliberalismus und entschlossener Globalisierungspolitik führte, was beides, solange nicht COVID-19 und Russlands Krieg gegen die Ukraine viele internationale Handelsketten störten, große Wohlstandsgewinne brachte.

In Ungarn hingegen ordnete die Fronten, dass die sozialistischen Regierungen von Gyula Horn, Péter Medgyessy und

Ferenc Gyurcsány ihre Wirtschaftspolitik fast ganz nach den Lehrbüchern des damals modischen Neoliberalismus betrieben. Diese betrachten den Liberalismus aber meist aus der Perspektive starker Volkswirtschaften in auch nach außen hin durchsetzungsfähigen Staaten. In einer solchen Verfassung aber war Ungarn damals nicht. Also zog Ungarns neoliberale Politik – wie ohnehin für viele Staaten zu erwarten war – auch durch das Magyarenland eine Schneise der Zerstörung sozialstaatlicher Sicherheit. Hingegen bescherte der praktizierte Neoliberalismus jenen Ungarn große Erfolgs- und Erwerbschancen, die es sich nach Herkunft, Ausbildung und Lebenslage leisten konnten, im Bereich des internationalen Wirtschafts- und Finanzwesens tätig zu werden. Das aber waren in der Regel nicht jene, welche sich vom kommunistischen Regime ferngehalten hatten. Die im Westen übliche Frontstellung der politischen Linken gegen einen sozialdemokratischen Neoliberalismus gewann deshalb in Ungarn keine politische Bedeutung. Es war vielmehr die politische Rechte, die sich gegen jene neoliberal-globalisierende Politik wandte, die von Ungarns sozialistischen Regierungen geführt wurde. Tatsächlich traten erst die klar antikommunistischen Fidesz-Regierungen der neoliberalen Wirtschafts- und Sozialpolitik ihrer sozialistischen Vorgängerregierungen in den Weg und beendeten sie dauerhaft ab dem Jahr 2010.

Zum offen bekannten und tatkräftig ins Werk gesetzten Politikziel wurden seither die Sicherung des Staatseinflusses auf alle größeren Geldströme im Lande, darunter jene aus EU-Mitteln, sowie der Aufbau einer im eigenen Staat ansässigen, gerade auch ungarischen Schicht von wohlhabenden Unternehmern und Managern. Nicht nur war damit klar, dass man staatlicherseits den Aufstieg vor allem von solchen Leuten in die Reihen der Reichen fördern würde, welche die Fidesz-Politik mittrugen. Sondern obendrein stand auf diese Weise der Etatismus einmal mehr gegen den Liberalismus, doch in sozusagen falscher, da historisch unvertrauter Schlachtordnung. Jener Linken nämlich, die zu sozialistischen Regierungszeiten einen globalisierten

Liberalismus praktiziert und entsprechende internationale Netzwerke aufgebaut hatte, stand jetzt eine etatistisch-sozialprotektionistische Rechte gegenüber. Auf der Strecke blieb damit genau jene Idee des »Nationalliberalismus«, deren große Zeit das 19. Jahrhundert gewesen war. An sie hatte zwar die erste nachkommunistische Regierung von József Antall anzuknüpfen versucht. Doch diese verlor gegenüber der ungarischen Linken, die damals auch die Medienöffentlichkeit dominierte, schlicht den geistespolitischen bzw. ideologischen Kampf. Im Ergebnis verblieb der Linken das Ehrenwort »liberal«, der Rechten das – für deutsche Ohren, nicht für ungarische – Schimpfwort »national«.

»National« aber passt im deutschen Diskurs, um den es hier geht, überhaupt nicht zu »demokratisch«. Die nächstliegenden deutschen Begriffe zu »national« sind nämlich »faschistisch« und »rassistisch«. Jene – inzwischen bedeutungslose – Partei, die sich in Deutschland bis heute »nationaldemokratisch« nennt und etliche Jahre lang mit manchmal zweistelligen Stimmenanteilen in Landtagen tätig war, beglaubigt auch den Sinn einer solchen Ordnung des einschlägigen Begriffsgefüges. In diesem wirkt es außerdem klar, dass in einer »nationalen Gemeinschaft« die Rechte von Einzelnen oder Minderheiten nicht vorrangig sein können. Obendrein wurde mittlerweile – in einem merkwürdigen Erbgang politischer Denkmuster – gerade in den Reihen der politischen Linken die Behauptung der einstigen englischen Premierministerin Margaret Thatcher populär, so etwas wie eine »Gesellschaft« gäbe es gar nicht, sondern fassbar wären nur Einzelmenschen und deren Gruppen. Um genau die kümmert sich denn auch die heute modische Identitätspolitik und sucht dabei die Konfrontation mit denen, die ein auf den Besitz eines gleichen Passes gegründetes Staatsvolk auch noch durch die Pflege einer gemeinsamen Kultur zusammenhalten wollen, desgleichen durch Erinnerungspolitik, die auf ein stolzes Gemeinschaftsgefühl ausgeht. Genau das ist aber ein Kernanliegen der Fidesz-Regierungen. Obendrein passt die unter Viktor Orbán systematisch unternommene Politik einer Renationalisierung des ungarischen Finanzwesens sowie des Energie- und Kommunikationssektors schlecht zu einer pluralistischen Vorstellung von Wirtschaft und Gesellschaft. Das bleibt auch dann wahr, wenn eine solche Politik nicht einfach durch antipluralistische Ziele veranlasst wurde, sondern durch den Zustand des in den späten 2000er-Jahren zum Sanierungsfall gewordenen, da zu stark internationalisierten ungarischen Finanz- und Wirtschaftssystems – und ebenso durch jene sehr weitgehende Dominanz linkssympathisierender Medien, die wesentlich zur Abwahl der ersten Fidesz-Regierung beitrugen.

Doch natürlich ändern solche konkreten politischen Anliegen nichts am Wert des Staatsgestaltungsziels pluralistischer Demokratie: Politische Macht soll durch von ihr unabhängig auftretende Finanz-, Wirtschafts-, Gesellschafts- und Medienakteure begrenzt werden, sich aber nicht zu deren Oberinstanz aufschwingen. Allerdings besteht Politik gemäß diesem Grundsatz noch lange nicht die unmittelbare Herausforderung, überhaupt erst wieder die innerstaatliche Kontrolle eines internationalisierten Systems wirtschaftlicher Verflechtungen zurückzugewinnen. Also besteht ein Dilemma. Beim Versuch, es aufzulösen, widerstreitet das unter Viktor Orbán systematisch aufgebaute System persönlicher Loyalitätsbeziehungen zwischen ihm selbst als Sachwalter des Staates und den politisch vom Staat abhängig gemachten Finanz- und Wirtschaftsführern klar den Grundsätzen *pluralistischer* Demokratie. Allerdings fügt sich ein solches System gut in die Leitgedanken einer *plebiszitären* Demokratie. In einer solchen hat ein durch Wahlen legitimierter politischer Anführer das Recht darauf, während einer Wahlperiode – und zwar gerade um der Demokratie willen – die Staatsleitung so auszuüben, dass er wirkungsvoll alle politisch beeinflussbaren Gesellschaftsbereiche mitgestalten kann. Ein solches plebiszitäres Demokratieverständnis widerspricht zweifellos liberalen Prinzipien und kann sogar auf das hinauslaufen, was man in der Politikwissenschaft als »plebiszitären Cäsarismus« oder als »elektorale Autokratie« bezeichnet. Hingegen passt ein solcher Politikansatz sehr gut zu einer ungarischen Regierungspolitik, die in den Mittelpunkt aller Gestaltungsabsichten das Interesse rückt, Ungarn wieder zu einer besser funktionierenden Nation zu machen, als sie das Land unter kommunistischer Herrschaft und aufgrund von deren unmittelbaren Nachwirkungen war. Deshalb passt dieser Ansatz auch bestens zu dem, was bei Ungarns Linker »Nationalismus« heißt, von Nicht-Linken aber »Patriotismus« genannt wird.

Sind allerdings politische Diskurse erst einmal in dieser Weise strukturiert, dann leuchtet vielen, die ihnen entlang über Politik nachdenken, der folgende Vorstellungskomplex ein: Demokratie muss durchaus nicht wirtschaftsliberal sein; sie muss in ihren Mittelpunkt auch nicht die Interessen identitätspolitisch motivierter Gruppen stellen; sehr wohl muss aber die Gestaltungsmacht der jeweiligen Regierung durch faire, demokratische Wahlen immer wieder legitimiert werden; und langfristige Legitimität erlangt ein demokratischer Staat genau dann, wenn er durch umsichtige Politik eine nachhaltige Wohlfahrt des Landes und seines Staatsvolks sichert. Wenn sich in einem solchen Vorstellungsraum dann der Liberalismus neben den Internationalismus und die Globalisierung gestellt findet, zugleich aber ein Konzept wie »Nationalliberalismus« keinen klar adressierbaren Ort besetzt, dann kann es sogar naheliegen, den Liberalismus wie eine Gefahr für die Demokratie wahrzunehmen. In Ungarn vollzieht sich das immer wieder entlang der Vorstellung, es kämen ausländische politische Akteure – in Gestalt von Finanz- und Wirtschaftsunternehmen, von internationalen zivilgesellschaftlichen Vereinigungen oder der EU-Institutionen – genau jener Politik in die Quere, die zu führen eine Regierungspartei durch freie Wahlen legitimiert worden sei. Und wer die Dinge so sieht, der kann es dann sogar für erforderlich halten, gerade um der Demokratie willen einen globalisierenden Liberalismus zurückzuweisen.

Eben diese Denkmuster brachte Viktor Orbán 2014 auf den – von ihm niemals beiseitegelegten – Begriff des »illiberalen Staates«. Auf ihn kam er bei der Suche nach einer Möglichkeit, den westlicherseits für seine eigenen politischen Zielvorstellungen gebrauchten Herabsetzungsbegriffen »autoritär«, »halbdiktatorisch« oder »faschistisch« einen anderen Begriff entgegenzusetzen. Der sollte nicht nur die eigenen Absichten besser treffen als jene denunziatorischen Zuschreibungen, sondern er sollte auch – so die nie erfüllte Hoffnung – intellektuell verteidigbar sein. Der gesuchte Begriff sollte nämlich sowohl das Bekenntnis zur Demokratie als auch die Ablehnung eines solchen Liberalismus ausdrücken, der als globalisierender Neoliberalismus den Staaten ihre eigene, intern demokratisch legitimierte Gestaltungskraft beschneide, und der es obendrein verpöne, die Interessen einer sich national definierenden Gesellschaft grundsätzlich in Konkurrenz mit den Interessen von identitätspolitisch motivierten Gruppen zu bringen.

Die Nutzung des Begriffs des »illiberalen Staates« zu einer solchen »Vorwärtsverteidigung« scheiterte allerdings völlig daran, dass er einfach nicht in jene Demokratiediskurse passt, die in der westlichen politischen Öffentlichkeit etabliert sind. Dort war nämlich längst der Begriff der »illiberalen Demokratie« heimisch. Der allerdings bezeichnet eine darin *defekte* Form der Demokratie, dass zwar der Wahlmechanismus weiterhin funktioniert, doch Machtkorrektive wie Rechtsstaatlichkeit, Gewaltenteilung und Medienvielfalt um ihre Wirksamkeit gebracht sind. Tatsächlich fallen fachwissenschaftlich unter den Begriff der »illiberalen Demokratie« alle Staaten, die sich zwar Demokratie zuschreiben, deren Regierungen aber autoritär agieren sowie die öffentliche Meinung und mitunter auch den Wahlprozess manipulieren. Also wird in der Politikwissenschaft und in den von ihr beeinflussten öffentlichen Diskursen der Begriff der »illiberalen Demokratie« gerade nicht im Sinn einer plausiblen *Alternative* zu jener liberalen Demokratie verwendet, welche von Ungarns *sozialistischen* Regierungen zwischen 1994 und 1998 sowie zwischen 2002 und 2010 mit neoliberaler Wirtschafts- und Sozialpolitik betrieben wurde. Im Gegenteil machte der Begriff des »illiberalen Staates« Ungarns Fidesz-Regierungen und deren Politik darin besonders leicht angreifbar, dass er gerade deren Selbstbezeichnung als Ziel systematisch stimmiger Kritik anbot und zugleich keinerlei Schutz gegen die Unterschiebung eines ganz anderen als des wirklich gemeinten Diskurszusammenhangs bot. Er lud – und lädt – schlicht zur folgenden Argumentationsfigur ein: »Orbán sagt doch selbst, dass er für Ungarn eine nur defizitäre Demokratie will; und die hat er tatsächlich geschaffen!«

Bettet man das alles in größere geistes- und ideengeschichtliche Zusammenhänge ein und blickt man sodann auf politikgeschichtliche Handlungsabläufe, die von solchen Denkmustern geprägt wurden, dann kommt unweigerlich das folgende Bild auf: In Ungarn steht eine linke und fortschrittliche Haltung der Opposition gegen eine rechte und rückschrittliche Haltung der Fidesz-Regierung. Damit ist wiederum jene Haltung klar ausgeflaggt, die ein wirklicher Demokrat einzunehmen und zu zeigen hat. Das ist die des Oppositionellen im »Orbán-Land«. Und weil doch Ungarns Ministerpräsident einst selber das von ihm angestrebte Regierungssystem als einen »illiberalen Staat« bezeichnete, lieferte er damit eine Dauereinladung zur normativen Kritik seiner Regierungspraxis. Im journalistischen und politikwissenschaftlichen Schrifttum wurde daraus die regelmäßig wiederholte und parteiergreifende Frage danach, wie weit die ausdrücklich angekündigte Umformung Ungarns zu einer Halbdiktatur schon gediehen sei.

III. Mediale Akzente im deutschen Ungarnbild

Mit den Tatsachen übereinstimmende Antworten auf jene Frage werden dadurch erschwert, dass viele derer, die sich von außen her über Ungarn äußern, keine Erfahrungen mit dem Alltagsleben in Ungarn haben und keinen analytischen Zugang zur besonderen, geschichtlich geformten politischen Kultur Ungarns besitzen. Für deutschsprachige Beobachter gilt obendrein, dass außer der *Budapester Zeitung* kein Medium in ihrer Sprache laufend – nämlich täglich – aus Ungarn berichtet, weil deutsche Zeitungen ihre Korrespondentennetze aus wirtschaftlichen Gründen inzwischen soweit ausdünnen mussten, dass über Ungarn oft nur gleichsam nebenbei von Österreich oder Tschechien aus berichtet wird. Zudem können sich auch Journalisten dem höchst ungarnkritischen Meinungsdruck unter ihresgleichen selbst dann nur schwer widersetzen, wenn sie das wollten. Die aus alledem entstehenden Probleme lassen sich so zusammenfassen:

> »Besonders relevant ... [wäre beim] Umgang mit Ungarn und seiner Politik ein Verständnis der Tiefenschichten der Geistesgeschichte, der politischen Kultur und Mentalität sowie der abweichenden Wahrnehmungsmuster im Lande. Vieles in den öffentlichen Debatten ist [nämlich] anders zu verstehen als in Deutschland ... und in einen anders gelagerten Kontext zu setzen.
>
> Erschwerend hinzu kommen die Eigenartigkeit der ungarischen Sprache, die in direkter Übersetzung schroff, martialisch und gewalt[tät]ig daherkommt. ... Kennt man aber Land und

> Leute sowie Mentalitäten und Befindlichkeiten, kommt man oftmals zu ganz anderen Schlüssen, als [sie] die gängigen Muster vieler deutscher Medien uns wahrmachen wollen.
>
> Diese Konsequenzen können ... aber nur dann gezogen werden, wenn man sich auf Ungarn ehrlich, mit klarem Blick eingelassen hat und aus dieser Logik heraus Deutungsmuster für das Verständnis dessen entwickelt, was in diesem Lande eigentlich vor sich geht.« (Bauer 2022)

Vor allem fünf Merkmale Ungarns irritieren deutsche Journalisten und Intellektuelle, weshalb aus Selbstverständlichkeiten unter ihresgleichen oft solche Deutungen Ungarns abgeleitet werden, die aus der mehrheitlichen ungarischen Binnensicht schräg wirken. Erstens gewinnen in Ungarn seit 2015 immer wieder Konservative mit großer Mehrheit die Wahlen. Das ist für Europa ganz ungewöhnlich und legt den Gedanken nahe, dass es dabei nicht mit rechten Dingen zugehen könne. Die deutschen Unionsparteien, seit 2015/16 ihren Machtverfall erlebend, kränkt ohnehin jeder Vergleich mit dem erfolgreichen Fidesz, was sie – weiterhin fest an die alternativlose Richtigkeit ihrer eigenen Politik glaubend – zu Ungarn auf Distanz gehen ließ. Für Sozialdemokraten und Grüne ist es ohnehin nicht nachvollziehbar, dass die Ungarn aus freien Stücken, also ohne Medien- und Wahlmanipulation, zu wiederholten Malen gerade keine Alternative zur üblen Fidesz-Regierung ins Amt gebracht haben sollten. Zweitens gleicht das ungarische politische System mit seinem starken Mehrheitswahlrecht und Grabensystem viel mehr dem britischen Regierungssystem und dessen klarer Trennlinie zwischen Regierung und Opposition als der Lage in Deutschland. Dort hat ein letztendliches Verhältniswahlrecht in einem sich auffächernden Parteiensystem – unter Einwirkung der starken Stellung des Bundesrates – zu einer Art andauernder »Allparteienregierung« geführt. Das für eine auch normativ alternativlose Praxis nehmend, wirkt die rasch zupackende und gegenüber der Opposition durchsetzungsstarke ungarische

Regierungspolitik wie eine autoritäre Abweichung vom Soll einer auf Konsens und Kompromiss ausgehenden Verhandlungsdemokratie.

Drittens passte die linksliberal dominierte Medienlandschaft Ungarns, wie sie bis 2010 bestand, nahtlos zum weiterhin in Deutschland vorhandenen grün-linken Meinungsklima. Diese Konsonanz wurde verständlicherweise als ganz sachangemessen empfunden. Doch weil sich in Deutschland an der politischen Ausrichtung des weitaus größten Teils der Medien in den letzten Jahren nichts änderte, während Ungarns Fidesz-Regierung seit 2010 energisch auf einen Zustand des Mediensystems hinwirkte, den sie ihrerseits nun für ausgeglichen erklärt, kann von Deutschland aus kaum Anderes als eine Einschränkung »richtiger, da objektiver« politischer Positionen zugunsten von »falschen, da parteiischen« Positionen der regierungsnahen Medien wahrgenommen werden. In der deutschen Tradition eines anwaltschaftlichen Journalismus mit volkspädagogischem Auftrag ist ein solcher Zustand natürlich mit Nachdruck zu kritisieren. Viertens passt die ungarische Familien-, Migrations-, Gesellschafts- und Wirtschaftspolitik schlechterdings nicht zu jenen Politikansätzen, die in Deutschland weithin für richtig oder immerhin zielführend gehalten werden. Deshalb kann selbst eine tatsachengetreue Darstellung von derlei ungarischer Politik schlechterdings zu nichts anderem führen als zur Kritik an Ungarns Regierung. Weil aber – fünftens – genau jene, aus westlicher Warte »falsche« Politik von den meisten Ungarn nicht nur hingenommen, sondern bei wiederholten Wahlen auch noch als »richtig« belohnt wurde, bedarf dieser Umstand einer besonderen Erklärung. Gefunden wird die im manipulativen Wirken des neuen Mediensystems und eines Wahlsystems, das zwar freie Wahlen zulässt, in deren Vorfeld sich aber unfair auswirkt. Die unter solchen Diskursumständen verfestigten Ungarnbilder der deutschen Medienöffentlichkeit hat Zsolt K. Lengyel ausführlich dokumentiert und geordnet. Seine Befunde lassen sich – leicht vereinfacht oder zugespitzt – wie folgt referieren.

Folgenreich wurde für gerade Deutschlands Ungarnbild die Vermittlung des Eindrucks, »liberal« bedeute im von den Fidesz-Regierungen geprägten politischen Diskurs im Wesentlichen »jüdisch«. Also äußere sich in Form von Liberalismuskritik ganz wesentlich Antisemitismus. Das als Prämisse genommen, ließen sich anschließend Beobachtungen über Darstellungen des Fidesz-Gegners George Soros (*1930), die antisemitisch gemeint wären oder das tatsächlich waren, gut verbinden mit Aussagen über eine – unterstellt oder wirklich – fehlende Distanzierung der ungarischen Regierung vom traditionellen Antisemitismus. So geschah es gerade auch bei der Berichterstattung über das 2014 errichtete Denkmal zur Erinnerung an die deutsche Besetzung Ungarns, das – anders als die Budapester Holocaust-Gedenkstätte – das tatsächliche antisemitische Täterverhalten von Ungarn an den Rand rückt.

Vom Antisemitismus ist es dann nicht weit zum Antiziganismus, also zur – vermeintlich oder tatsächlich – unzulänglichen Förderung der Roma im Lande. Den größeren Zusammenhang all dessen erkennen Kritiker von Ungarns Regierungspolitik in einem ungarischen Ethnonationalismus: Dauernd auf einen besonderen, zu bewahrenden Wert der ungarischen Kultur hinzuweisen und – verbunden mit offener LGBTQ-Zurücksetzung – eine Politik der Familienförderung in der Absicht zu führen, dadurch die Kinderzahl zu heben, wäre der ganz offensichtliche Ausdruck völkischen und rassistischen Denkens. Als abschließender Beweis für die Richtigkeit von derlei Einschätzungen dient Ungarns Ablehnung selbstermächtigter Zuwanderung von Asylbewerbern ins eigene Land. Eine solche Haltung entlarve obendrein die offizielle Wertschätzung des Christentums durch die Fidesz-Regierungen als eine Mischung aus Heuchelei und Islamfeindlichkeit.

Im Rahmen einer solchen Gesamtsicht ist es auch höchst plausibel, den sehr rasch gesetzgeberisch und personalpolitisch umgesetzten Gestaltungswillen der 2010 mit einer Zweidrittelmehrheit an Parlamentssitzen erneut an die Macht gekommenen

Orbán-Regierung nicht als Tatkraft wahrzunehmen, sondern als zügigen Aufbau einer Diktatur. Voller Arroganz der Macht habe man – und zwar ohne eine breite, die ganze Gesellschaft einbeziehende Debatte – nicht nur eine neue Verfassung geschaffen, sondern diese auch noch mit einer klerikal-nationalistischen Präambel versehen, die ihrerseits sogar die Verfassungsgerichtsbarkeit binden solle. Von jeher manipuliere die Regierung durch konsultative Referenden die politische Willensbildung. Alle Staatsorgane besetze der Fidesz mit treuen sowie abhängig gehaltenen Parteigängern. Und klassische Regierungskontrolle sei inzwischen dadurch beseitigt, dass man dem Verfassungsgericht seine Überprüfungskompetenzen beschnitten und dem Parlament sogar die Budgethoheit entzogen habe. Von innerparteilicher Demokratie wäre in den Reihen der Fidesz-Mehrheit ohnehin nichts zu erkennen; vielmehr beherrsche diese Partei – und somit auch den Staat – ein Machtkartell aus Leuten, die sich seit ihren Studententagen kennen und immer schon Viktor Orbán unterworfen hätten. Sogar eine rein zivilgesellschaftliche Kritik an diesem System werde unterbunden: Das Mediengesetz von 2011 bringe nämlich oppositionelle Medien um ihre Existenz, kritische Journalisten um ihre Arbeit, und unterwerfe weiterbestehende Redaktionen einer zensurähnlichen Abhängigkeit vom Wohlwollen der Regierung. Außerdem hätte die Fidesz-Politik beim Versuch, auch noch alle wichtigen Akteure des Banken- und Wirtschaftssystems unter nationale Kontrolle zu bringen sowie an die Stelle reicher Ausländer reiche Ungarn zu setzen, ein – zumindest für europäische Verhältnisse – einzigartiges System der Korruption herbeigeführt. Dem fügten noch kundigere Journalisten vielleicht hinzu, dass dies auch zur wirkungsvollen Eindämmung jenes in die Spätzeit des Kommunismus zurückreichenden Korruptionssystems unternommen wurde, das während der zwölf Jahre gleichsam »sozialistisch-neoliberaler« Regierungsführung florierte.

Inhaltlich wolle Viktor Orbán offenbar an die Zeit des Hitler-Partners Horthy anknüpfen. Das reiche vom Wiederaufbau der im Zweiten Weltkrieg zerstörten monarchischen Gebäude auf der Burg zu Buda bis zur Umgestaltung öffentlicher Plätze zu Pest. All das erfolge nämlich im Geist der revisionistischen Zwischenkriegszeit und werde – so die als Tatsache genommene Wahrnehmung – flankiert von einer nicht minder revisionistischen Geschichtspolitik. In den Kreisen jüdischer Ungarn werde man deshalb immer besorgter. Glücklicherweise bemühe sich wenigstens die Europäische Union darum, dass Ungarns Regierung die Regeln der Rechtsstaatlichkeit nicht nach Belieben bräche; und endlich habe sich auch das Europäische Parlament dazu durchgerungen, Ungarn eine »elektorale Autokratie« zu nennen, also nicht mehr als Demokratie anzuerkennen. Doch in Reaktion darauf mache Orbán die europäischen Institutionen verächtlich und hindere die europäischen Partnerregierungen – oft gemeinsam mit Polen – durch Blockadeversuche an konstruktiver Politik. Auch verrate Orbán durch seine Außenpolitik die Interessen der Europäischen Union an Russland und China. Glücklicherweise hätten das endlich sogar die deutschen Unionsparteien begriffen: Obwohl dem Fidesz allzu lange die Stange haltend, hätten sie Orbáns Leute inzwischen doch noch zum Austritt aus der Europäischen Volkspartei (EVP) gezwungen. Freilich ändere auch das nichts daran, dass Ungarn zu einem Fremdkörper, wenn nicht zum Schandfleck und Krebsgeschwür im demokratischen Europa geworden sei.

Zweifellos passen viele nachprüfbare und unstrittige Tatsachen in dieses Narrativ. Dennoch scheint dieses Bild des heutigen Ungarn nicht einfach als Widerspiegelung der dortigen Wirklichkeit entstanden zu sein. Eher verdankt es sich den Routinen journalistischer Praxis beim Recherchieren, Darstellen und Interpretieren von Fakten sowie der normativen Selbstvergewisserung von Medienleuten – und auch von Politikwissenschaftlern – in den eigenen Reihen. Bei alledem spielt eine große Rolle, dass die umrissenen Vorwürfe an die Adresse der ungarischen Regierung einerseits als Teil der Auseinandersetzungen im Brüsseler Politikbetrieb verwendet werden, und andererseits als

Munition im innerdeutschen »Kampf gegen rechts«. In dem nämlich setzt man Viktor Orbán als Inbegriff alles politisch Abzulehnenden in Szene. Auch ergibt sich vieles an jenem Medienbild daraus, dass nicht wenige deutsche Journalisten und Kommentatoren des Ungarischen unkundig sind und deshalb viele Wissensbestände und Einschätzungen den englisch- oder deutschsprachigen Dokumentationen bzw. Streitschriften von ungarischen Oppositionsgruppen verdanken. Daran wäre gewiss nichts auszusetzen, wenn auf solche Texte der klassische Historikerfragenkatalog zur Quellenkritik angewendet würde: Wer sagt was zu wem auf welcher Wissensgrundlage sowie in welcher Absicht, und in welcher Weise prägt ebenfalls die verwendete Textsorte das Übermittelte? Doch oft genug wird auf solche Quellenkritik verzichtet und einfach entlang eigener Argumentationsinteressen zusammengefügt, was immer sich zweckbezogen auffinden lässt.

Außerdem beschränkt sich das journalistische Beschreibungs- und Deutungsinteresse nicht selten auf die jeweils aktuellen politischen Ereignisse und umbettet die Berichterstattung über sie gerade nicht mit Hinweisen auf die jeweilige Vorgeschichte, auf widerstreitende Interessenlagen sowie auf soziokulturelle Dynamiken. Unverkennbar ist bei der Berichterstattung über Ungarn ferner eine Umwertung plebiszitärer Instrumente. Diese waren Deutschlands Linken solange willkommen, wie man mit ihnen einer rechten Regierungsmehrheit beizukommen hoffte, die auf jene Macht pochte, die sie gemäß den Regeln repräsentativer Demokratie erworben hatte. Seit aber die Rechte – gerade in Ungarn – auch ihrerseits plebiszitäre Instrumente nutzt, gelten diese als manipulativ. Natürlich können sie das sein, was immer schon der Einwand von Konservativen gegen plebiszitäre Instrumente war. Dieser wurde von der Linken aber solange zurückgewiesen, wie ihr das in die eigenen Argumentationswünsche passte.

Überhaupt kennzeichnen sich viele journalistische Aussagen zu Ungarn durch den offenkundigen Glauben an eine unbezweifelbare Richtigkeit der eigenen Deutungsmaßstäbe, an die verlässliche Objektivität des eigenen Urteils sowie an eine moralische Überlegenheit der eigenen Position. Von vorrangigem Interesse ist dann der Gegenstand von Berichterstattung nicht mehr als aufzuklärender Sachverhalt, sondern als Abweichung des Ist vom Soll. Gegen eine Duldung jener Abweichung gilt es dann vorzugehen. Eine solche Abweichung kann etwa das Beharren auf dem Vorrang nationalstaatlicher Entscheidungen sein, wo immer das europäische Regierungssystem seine vertraglich festgelegten Kompetenzen zu überschreiten scheint. Ebenso können die Wertgrundlagen ungarischer Regierungspolitik, zumal die Wertschätzung ungarischer Kultur sowie ein christlich fundierter Konservatismus, als zu bekämpfende Abweichungen vom europäischen Soll behandelt werden. Aufs klarste formulierte das, von der Süddeutschen Zeitung mit großer Zustimmung zitiert, im September 2016 der luxemburgische Außenminister Asselborn, als er auf einer SPD-Klausurtagung für den Ausschluss Ungarns aus der Europäischen Union warb – und zwar mit der Begründung: »Wir brauchen keine christlich-nationale Einstellung in Europa«. Tatsächlich scheint das in Deutschland medial gezeichnete Ungarnbild sehr stark geprägt zu werden von einem journalistisch geführten Kulturkampf gegen jene konservativ-national-christlichen Politikvorstellungen, die für Fidesz-Regierungen nun einmal kennzeichnend sind.

Weil es in freiheitlichen Gesellschaften ganz in Ordnung ist, dass einander widerstreitende Positionen vertreten werden können, geraten Diskussionen über Ungarn dann schnell zu Debatten über die Wert- und Zielvorstellungen derer, die da streiten. Regelmäßig wird es dabei schwierig, den Beobachter von seiner Beobachtung zu unterscheiden – und diese von dem, was tatsächlich geschah. Gerade Kritik und Selbstkritik, die auf solche Unterscheidungen ausgehen, bräuchte es allerdings, wenn man einem sehr umstrittenen Gegenstand gerecht werden soll. Am schlechtesten ist es dann, wenn Fakten einfach nicht mehr zählen sollen, falls sie nicht ins eigene Denkmuster passen. Doch

Fakten ohne sie erschließende Denkmuster kann man eben auch nicht in einen Diskurs einbeziehen. Also gerät nicht nur die Verfertigung eines – zumindest dem Anspruch nach – mit den Tatsachen übereinstimmenden Ungarnbildes zu einer nicht gerade kleinen Herausforderung. Vielmehr erleben viele auch die angeratene Zurkenntnisnahme eines mit den eigenen Überzeugungen konkurrierenden Ungarnbildes als eine persönliche Zumutung. Doch derlei muss eben aushalten, wer sich nicht im Gehäuse seiner Vorurteile einsperren will.

IV. Demoskopisch fassbare Ungarnbilder

Demoskopisch vermessbare persönliche Ungarnbilder entstehen durch Besuche in Ungarn, bei Gesprächen mit Ungarnkennern oder Ungarndeutern, entlang der Medienberichterstattung oder durch vertiefende Lektüre. Solche demoskopisch ermittelten Ungarnbilder sind deutlich verschieden vom eben umrissenen medialen Ungarnbild. Das geht sehr darauf zurück, dass Journalisten eben andere Wissensbestände, Deutungsvorlieben, Problemsensibilitäten und politische Standorte haben als Deutschlands Durchschnittsbürger. Die letzteren hegen auch meistens keine politischen Mitgestaltungswünsche, wenn sie sich über Ungarn eine Meinung bilden oder eine solche äußern.

Nach dem seit 2017 wiederholt von der Konrad-Adenauer-Stiftung und vom Budapester Nézőpont-Institut gemeinsam erarbeiteten »Deutsch-ungarischen Barometer«* hat gut die Hälfte der Deutschen eine »eher positive« Meinung über Ungarn. Im Jahr 2017 waren das 48 Prozent, im Folgejahr 38 Prozent, 2019 dann 66 Prozent, 2020 64 Prozent, 2021 54 Prozent und 2022 59 Prozent. Das Auf und Ab dürfte nicht nur mit statistischen Fehlerspielräumen, sondern auch mit dem jeweils vorherrschenden Medientenor zusammenhängen. Wiederkehrend ist jedenfalls der Befund, dass jene 28 bis 31 Prozent

* Der Stichprobenumfang für beide Länder umfasst freilich jeweils nur rund 1000 computerunterstützte telefonische Interviews mit Leuten über 18 Jahren, repräsentativ nach deren Geschlecht, Alter, Region, Siedlungstyp und Bildungsstand. Erhebungszeiträume der zwei neuesten Umfragen waren der August 2021 und der Juli 2022; der Stichprobenfehler beträgt bei einem Konfidenzniveau von 95 Prozent maximal 3,1 Prozent.

der (überwiegend Ost-)Deutschen, die nach 1990 schon einmal selbst in Ungarn waren, ein klar positiveres Ungarnbild hegen als solche, die Ungarn nur aus den Medien oder aus Gesprächen kennen. Von den letzteren hatte im Jahr 2022 gut jeder zweite ein »eher« positives Bild von Ungarn, während das unter den »Ungarnbesuchern« fast drei von vieren waren.

Bei der härteren Frage danach, ob man klar eine »positive Meinung« oder eine »negative Meinung« über Ungarn habe, zeigte sich das gleiche Muster, doch nun auf deutlich geringerem Sympathieniveau: Nur 34 Prozent derer, die nach 1990 in Ungarn waren, hatten eine klar positive Meinung über dieses Land, hingegen 22 Prozent eine klar negative Meinung. Freilich waren – laut den Befunden von 2021 – auch nur 28 Prozent der Deutschen nach 1990 in Ungarn, darunter überdurchschnittlich oft jüngere Leute im Alter zwischen 18 und 29 Jahren, desgleichen Leute mit Abitur (31 Prozent) oder Hochschulabschluss (36 Prozent). Falls diese während ihrer Ungarn-Aufenthalte im Wesentlichen mit solchen Ungarn über deren Land sprachen, die ebenfalls jünger und gebildeter waren, dann trafen sie unter den Alters- oder Bildungsgleichen wohl vor allem die Kritiker der seit 2010 das Land prägenden Fidesz-Regierung.

Insgesamt kann man davon ausgehen, dass das in Deutschland verbreitete Ungarnbild sehr stark von der Medienberichterstattung geprägt ist. Diese wirkt sich anscheinend sogar mit ihren kurzfristigen Schwankungen aus, und zwar bis zur Einschätzung möglicher persönlicher Beziehungen. Während nämlich im Jahr 2020 einen Ungarn noch 63 Prozent in *jeder* Rolle akzeptieren wollten, also als Einwohner des eigenen Landes, Nachbar, Freund, Familienmitglied, Mitarbeiter, direkter Vorgesetzter oder Firmenchef, waren das im Jahr 2021 nur noch 51 Prozent. Zugleich würden 84 bis 86 Prozent einen Ungarn eher im distanzierteren Bereich als Miteinwohner, Mitarbeiter, Nachbar oder – eher losen – Freund akzeptieren (2022: 82 bis 86 Prozent), doch nur gut 70 Prozent (2022: 77 bzw. 79 Prozent) in der unmittelbaren Nähe als Schwager oder direkten

Vorgesetzten. Man hat also nichts gegen Ungarn; doch »unbedingt haben« muss man sie in seiner Nähe auch nicht. »Ungarn-Akzeptanz« geht ebenfalls hier mit Besuchen in Ungarn nach 1990 schwach einher, und stark mit einer insgesamt positiven Meinung über Ungarn.

Gewiss sind die Wirkungsketten zwischen der medialen Berichterstattung zu einzelnen Sachverhalten und der persönlichen Beurteilung jener Sachverhalte nicht kurz oder einfach. Doch etliche Hinweise auf konkrete Wirkungsmechanismen findet man darin, dass 76 Prozent der Deutschen im Jahr 2022 (2021: 63 Prozent) Ungarn als attraktiv für Touristen wahrnahmen – und zugleich in beiden Jahren 62 Prozent der Deutschen die Korruption als ein schwerwiegendes ungarisches Gesellschaftsproblem ansahen. Im ersten Befund dürften sich langjährige Gesprächserfahrungen bei Besuchen in Ungarn niederschlagen.* Im zweiten Befund mag sich zwar ebenfalls eine traditionell abschätzige Erwartung dahingehend ausdrücken, irgendwie korrupt seien »doch alle da unten«. Doch dieser große Korruptionsverdacht mag auch stark ein Echo jener Medienberichterstattung sein, die immer wieder – pauschal oder mit Einzelbefunden – auf Korruption in Ungarn hinweist. Und ganz klar prägt die Medienberichterstattung drei weitere Urteile über Ungarn: Nur 30 Prozent der Deutschen glaubten im Jahr 2022 (2021: 31 Prozent; 2020: 35 Prozent), in Ungarn dürften die Medien die Regierung kritisieren; bloß 29 Prozent der Deutschen meinten im Jahr 2022 (2021: 23 Prozent, 2020: 25 Prozent), in Ungarn wären die Rechte der Bürger gewährleistet; und 29 Prozent der Deutschen waren 2022 der Ansicht, in Ungarn würden die Rechte der nationalen Minderheiten geschützt (2021: 20 Prozent; 2020: 23 Prozent). Einem großen Teil der Deutschen erscheint Ungarn somit als ein korrupter, die Meinungsfreiheit unterdrückender Staat, der seine Bürger und Min-

* Für touristisch attraktiv halten Ungarn übrigens 58 Prozent derer, die dieses Land nach 1990 noch nicht besucht haben, und nicht weniger als 78 Prozent derer, die nach 1990 in Ungarn waren.

derheiten weithin rechtlos hält. Anscheinend nur als Urlaubsland erscheint Ungarn den meisten Deutschen als attraktiv.

Freilich macht es auch hier einen Unterschied, ob man Ungarn persönlich kennt oder nicht. Es meinte nämlich im Jahr 2022 unter denen, die nach 1990 in Ungarn waren, ein höherer Anteil als unter denen, die nach 1990 nicht in Ungarn waren, die Medien dort dürften die Regierung kritisieren (36 vs. 28 Prozent; 2021: 36 vs. 30; 2020 Prozent: 40 vs. 34 Prozent), es würden die Bürgerrechte gewahrt (2022: 38 vs. 25 Prozent; 2021: 31 vs. 20 Prozent; 2020: 30 vs. 22 Prozent), oder es würden die Rechte nationaler Minderheiten respektiert (2022: 38 vs. 24 Prozent; 2021: 29 vs. 16 Prozent; 2020: 28 vs. 21 Prozent). Dabei geht eine bessere Einschätzung der Medienfreiheit, der Wahrung von Bürgerrechten sowie der Lage nationaler Minderheiten stets mit einer besseren Meinung über Ungarn insgesamt einher. Bei der Frage nach der Korruption als einem schwerwiegenden Problem Ungarns verhält es sich allerdings andersherum: Gerade wer in Ungarn war, hält sie eher für ein schwerwiegendes gesellschaftliches Problem (2022: 65 vs. 61 Prozent; 2021: 64 vs. 61 Prozent; 2020: 68 vs. 58 Prozent); und sie für ein solches Problem zu halten, hängt dann auch mit einer negativen Meinung über Ungarn zusammen. Eine solche hegten nämlich im Jahr 2022 nicht weniger als 80 Prozent derer, welche die Korruption als ein in Ungarn großes Problem ansehen (2021: 71 Prozent; 2020: 66 Prozent).

Und welche beziehungsbelastenden Probleme erkennen Deutsche in den deutsch-ungarischen Beziehungen? Im Jahr 2021 wurden entsprechende Politikfelder anhand von Skalen eingeschätzt, bei denen ›1‹ bedeutete »überhaupt kein Problem«, während ›5‹ ein »schwerwiegendes Problem« anzeigte. Der Wert ›3‹ wirkt auf Befragte erfahrungsgemäß wie eine Mischung aus »teils-teils« und »dazu habe ich keine klare Meinung«. So gemessen, erschienen den Deutschen als das schwerstwiegende Problem die unterschiedlichen Auffassungen beider Länder darüber, wie die von 2015 her nachwirkende

Migrationskrise gelöst werden solle (Mittelwert auf der fünfstufigen Skala: 3,7), gefolgt von Konflikten hinsichtlich der Einhaltung der Rechtsstaatlichkeit in Ungarn (3,6). Mit geringem Abstand schließen sich unterschiedliche Vorstellungen über die Zukunft der Europäischen Union (3,5) an, desgleichen zur richtigen sexuellen Erziehung von Kindern (3,5). Letzteres war tatsächlich eine im Erhebungszeitraum medial stark thematisierte Streitfrage.

Bezeichnenderweise sahen stets jene Befragten die einzuschätzenden fünf Themenbereiche deutsch-ungarischer Beziehungen als problematischer an, die Ungarn nach 1990 gerade nicht besucht hatten oder eine negativere Meinung über Ungarn hegten. Tatsächlich werden alle diese Themen – also die kritisierte Ausländer-, Schwulen- und Europafeindlichkeit der ungarischen Regierung samt dem ihr zugeschriebenen Abbau von Rechtsstaatlichkeit – im medialen Ungarnbild sehr prominent vermittelt. Dennoch schafften es diese Politikfelder mit Mittelwerten von nicht mehr als 3,7 durchaus nicht auf den Rang eines als wirklich schwerwiegend wahrgenommenen Problems in den Beziehungen beider Länder. Doch mit Mittelwerten zwischen 4,0 und 4,3 werden sie gerade von denen für viel schwerwiegender gehalten, die ohnehin eine negative Meinung über Ungarn hegen. In den Augen deutscher Ungarnkritiker werden diese Probleme anscheinend von solchen Ungarn verursacht, die entweder so töricht sind, den Fidesz weiterhin mit großen parlamentarischen Mehrheiten auszustatten, oder die inzwischen so sehr geduckt sind, dass sie sich gegen den Untergang ihrer einst freiheitlichen Gesellschaft gar nicht mehr zu wehren vermögen.

Deutschland hingegen, das – von seiner Geschichte belehrt – in solchen Fragen sehr sensibel sein will, darf derlei offenbar nicht auf sich beruhen lassen. Also gelten seiner Bevölkerung die deutsch-ungarischen Beziehungen als von Ungarn her belastet. Tatsächlich hatten 2022 nur 40 Prozent der Deutschen eine gute Meinung über den Zustand der deutsch-ungarischen Beziehungen. Freilich schwankte dieser Anteil in den letzten Jahren: Nur

28 Prozent hatten eine gute Meinung im Jahr 2017, doch sogar 42 Prozent 2019, und dann 33 Prozent im Jahr 2020 sowie 31 Prozent im Jahr 2021. Ins bereits gezeichnete Bild passt, dass auch hier jene die Beziehungen zwischen Ungarn und Deutschland besser einschätzen, die nach 1990 in Ungarn waren oder ohnehin eine positive Meinung über Ungarn haben. Es gibt anscheinend ebenso »grundsätzliche Ungarnfreunde« wie »grundsätzliche Ungarnkritiker«, wobei die ansonsten so verschiedenen Gruppen die Wahrnehmung von Korruption in Ungarn eint.

Brechen wollen die meisten Deutschen mit Ungarn allerdings nicht, zumal Regierungssysteme – und gar erst Regierungen – immer wieder wechseln, während die Bevölkerung eines Landes mit ihren schätzenswerten oder zu hinterfragenden Eigentümlichkeiten fortbesteht. Tatsächlich erachteten im Jahr 2022 nicht weniger als 72 Prozent der Deutschen (2021: 60 Prozent, 2020: 67 Prozent) eine Vertiefung der Beziehungen zu Ungarn als für Deutschland nützlich. Die jüngeren taten das sogar noch mehr als die älteren. Befragt anhand von fünf Politikfeldern, von denen zwei ausgewählt werden sollten, hielten 2021 50 Prozent, 2022 65 Prozent der Deutschen eine engere Zusammenarbeit mit Ungarn bei der Gestaltung einer humanitären Migrations- und Flüchtlingspolitik für wünschenswert. 38 Prozent im Jahr 2021, 25 Prozent im Jahr 2022, wünschten eine engere Kooperation für eine ehrgeizigere europäische Politik zur Bekämpfung der Klimakrise, was im Erhebungszeitraum von 2021 in der deutschen Diskussion ein wichtigeres Thema war als 2022, da seither der russische Krieg gegen die Ukraine ins zentrale Interesse rückte.

Doch auf beiden Politikfeldern wünschten klar mehr von denen eine engere Zusammenarbeit, die eine negative Meinung über Ungarn hegten. Also darf vermutet werden, dass sich hier insbesondere der Wunsch ausdrückt, Ungarn möge – im Zuge engerer Zusammenarbeit – doch noch den deutschen Politikansätzen folgen, etwa denen bei der Migrations-, Klima- und

Genderpolitik. Anders verhielt es sich im Jahr 2021 – bei großen Unterschieden in einer inzwischen veränderten Präferenzordnung – hingegen bei drei weiteren Politikfeldern, auf denen 2021 stets mehr von jenen eine engere Kooperation wünschten, die eine positive Meinung über Ungarn haben: Mehr Zusammenarbeit bei der Reform der EU wollten 28 Prozent der Deutschen (2023: 78 Prozent), beim Hinarbeiten auf eine Unabhängigkeit Europas von Energieimporten 21 Prozent, und bei der Stärkung des europäischen Flügels der NATO 18 Prozent (2023: 36 Prozent). Bei diesen eher »realpolitischen« Themen scheint also einem – freilich 2022 noch kleinen – Teil der Deutschen ein Zugehen auf Ungarn sinnvoll zu sein, während bei stark »wertpolitischen« Themen wie der Migrations- und Klimapolitik nach Ansicht eines viel größeren Teils der Deutschen eher die Ungarn auf Deutschland zukommen sollten. Womöglich ließen sich also besser denn heute begehbare Brücken bauen, wenn die deutsch-ungarischen Debatten sich mehr auf realpolitische Zusammenhänge und auf konkrete Landesinteressen bezögen, wozu die veränderte Sicherheitslage in Europa vermutlich auch veranlassen wird. Wie auch immer: Nicht weniger als 70 Prozent der Deutschen erachteten im Jahr 2022 den Stand der Beziehungen zwischen Ungarn und Deutschland als für die Europäische Union wichtig. Hinsichtlich der absehbaren Entwicklung dieser Beziehungen sind allerdings, wie die Gesamtheit der verfügbaren Daten zeigt, die Ungarn pessimistischer, die Deutschen hingegen optimistischer geworden.

V. Einige kulturelle Klischees

Zwar ist das derzeit demoskopisch fassbare Ungarnbild von Deutschen stark durch das gegenwärtige Regierungssystem Ungarns und durch dessen mediale Darstellung geprägt. Doch unterhalb seiner liegen kulturelle Klischees, die medial vielfältig weitergegeben oder präsent gemacht werden. Die Spannweite reicht da von Filmen über öffentliche Debatten bis hin zu Alltagsgesprächen. Solche kulturellen Verständnisschablonen bilden gleichsam jenen Boden, auf dem weitergehende Inszenierungen oder aktuelle Kommentierungen mehr oder minder gut gedeihen können. Manche Klischees sind zwar verblasst oder bloß noch Bildungswissen. Sie können aber immer noch bei sich bietenden Anlässen verwendet werden, und sie haben dann einen unterhaltenden oder – je nach Verwendung – sanft subversiven Gebrauchswert. Ohnehin lässt sich eine Vorverständigung über ein komplexes Thema ohne zumindest hypothetisch an einen Gegenstand herangetragene Klischees schwerlich schaffen. Eben deshalb greift beim Blick auf Ungarn auch der zu neuen Klischees wie »korrupter Staat« oder »Neo-Autoritarismus«, welcher sich von alten Klischees fernhalten will und durchaus nicht an Vorurteilen festhalten möchte.

Ein wirkungsgeschichtlich besonders wichtiges Klischee erschließt das folgende Narrativ, das sich vom 19. Jahrhundert bis zum 12. Jahrhundert zurückverfolgen lässt. Das Ungarnland sei zwar schön, also zum Tourismus einladend; seine Bewohnerschaft aber wäre nicht ganz koscher, weshalb man sie besser auf Distanz halte. Immer wieder von Barbaren überfallen, auch selbst von barbarischer Herkunft, pflege jenes Ungarnvolk ungeschliffene Sitten und eine bäurische, gehobenen Konversationsansprüchen nicht genügende Sprache. Seine westlichen Nachbarn, die Deutschen also, habsburgisch oder nicht, sowie je nach Einwanderungsepoche und Siedlungsgebiet als »Sachsen« oder »Schwaben« zu bezeichnen, dürften sich deshalb den Ungarn sehr wohl überlegen fühlen. Viele tun das, gerade »politisch-moralisch«, tatsächlich bis heute. Zwar wirkten beide Völker – wenngleich die Österreicher mehr als Leute, die aus anderen deutschen Ländern kamen – bei den gemeinsam geführten Türkenkriegen immer wieder waffenbrüderlich zusammen. Doch schon 1534 hieß es in der zu Tübingen erschienenen »Weltchronik« des protestantischen Predigers und Publizisten Sebastian Franck, die Ungarn seien ein »treulos, glaubbrüchig, unbeständig Volk, wie man täglich erfährt«. Auch derzeitige Aussagen dieser Art lassen sich leicht auffinden, und sie beziehen sich nicht allein auf ungarische Spitzenpolitiker.

Im 18. und 19. Jahrhundert trennte sich dann auf ungarischer Seite die Wahrnehmung der »Deutschen« von jener der »Österreicher«. Und aus nicht-habsburgisch deutscher Warte erschien Ungarn seither auch nicht mehr als ein für jedes der *deutschen* Länder wichtiges Reich, sondern als eine Gestaltungsaufgabe – oder als ein Problem – vor allem *Österreichs*. Mochten also die Habsburger versuchen, das durch die Türkenkriege verwüstete und barbarisierte Ungarn zu zivilisieren; einen Brandenburger oder Hanseaten ging das nämlich wenig an. Gleichwohl vermutete man im deutschen Kulturkreis hinsichtlich jener Aufgabe gern, dass die ungarischen Bauern zu Handel und Gewerbe unfähig und die ungarischen Adeligen an derlei uninteressiert wären. Also sei es eben doch Sache der unternehmerischen Deutschen und der aufstrebenden Juden, dem Entwicklungsland im Karpatenbogen aufzuhelfen. Wie schön wäre es, wenn wirklich viele Ungarn dabei gerade Deutschland als Vorbild ansähen! Denn folgten sie deutschen Beispielen, dann könne aus Ungarn doch noch ein gutes Land werden. Wortführer der Alldeutschen Bewegung gingen sogar – und ausgerechnet in einer Schrift, die

1896 in München zur ungarischen Jahrtausendfeier erschien – bis zur folgenden Behauptung:

> »Alles, was Ungarn heute in Bezug auf wissenschaftliche Bildung, Gesittung, Gewerbe und Landwirtschaft vorstellt, ist entweder durch Deutsche unmittelbar geschaffen oder doch auf deutschen Unterlagen erwachsen.« (Seewann, Fremde im Spiegel, S. 343)

Durchaus fällt es schwer, einen solchen selbstfällig-herablassenden Zug in noch heutigen deutschen Aussagen über Ungarn zu übersehen. Nur ist derzeit dabei weniger von den »Deutschen« als von »Europäern« die Rede, unter denen sich die heutigen Deutschen freilich als die vorbildlichsten verstehen. Also wird das ansonsten gleiche Stereotyp nur etwas anders gefüllt. Im Endeffekt gilt dann ein ansehnliches Ungarn zwar nicht mehr als eine »deutsche Kulturleistung«, sehr wohl aber als eine »europäische Kulturleistung«; und dabei hat es anscheinend gar nicht die Sache der Ungarn zu sein, was sie selbst als europäisch verstehen wollen. Im Zweifelsfall sagen ihnen das schon die Deutschen – gleich ob als Beamte europäischer Institutionen, als Intellektuelle oder als Journalisten.

Freilich gibt es seit dem 19. Jahrhundert auch eine ganz andere, nicht herabsetzende, sondern im Gegenteil bewundernde Tradition von deutschen Stereotypen über Ungarn. Sie haben allesamt mit den – 1848/49 einmal mehr geführten – Befreiungskämpfen der Ungarn zu tun. Der sozialdemokratische Parteitheoretiker Eduard Bernstein überlieferte etwa 1929 ein Lied, das er von seinem Vater um 1858 kennengelernt habe. Also war es damals schon um etliche Jahre älter:

> »Fern im Osten
> An der Donau, Tag und Nacht,
> Steht ein Posten,
> Für die Freiheit dort er wacht.

Denn es war,
Immerdar,
Hort der Freiheit der Magyar.
Kampfbereit,
Jederzeit,
Wacht er dort im Osten!«
(Seewann, Fremde im Spiegel, S. 344)

Ungarische Freiheitsliebe und revolutionäres Pathos fanden auch in der Zwischenkriegszeit zu Deutschland noch Anklang, und zwar – wie 1848/49 – gerade bei der politischen Linken. Auch anlässlich der, freilich tatenlosen, Bewunderung ungarischen Mutes beim Aufstand von 1956 hat dieses Stereotyp eine Rolle gespielt. Gebildete dürften ihm freilich immer wieder eine dahingehend resignative Melancholie beimischen, dass man den tapferen Ungarn – leider – wieder einmal nicht helfen könne, also wie schon 1241 beim Mongolensturm und 1526 beim Türkeneinfall. Deshalb lasse man es, für alle praktischen Zwecke, auch besser mit dem Lob von ungarischem Heldenmut bewenden.

Doch Hochachtung vor ungarischem Selbstbehauptungswillen gab es – gar nach der Verstümmelung Ungarns im Friedensvertrag von Trianon – durchaus nicht nur bei der politischen Linken. Der österreichische, dem Austrofaschismus zuneigende Schriftsteller Josef August Lux brachte beispielsweise 1917 in seinem Buch »Ungarn – eine mitteleuropäische Entdeckung« zweierlei zum Ausdruck:

> »Erstens welche Schätze des Geistes und der Natur es in diesem Land zu entdecken gibt, und zweitens, dass dieses Volk mit seinem Land zum Kern Europas gehört. Deshalb schien es ihm [d.h. Lux] geboten, ›die tiefere Kulturgemeinschaft, die innerlich verbindet und geistig ergänzt, zwischen Deutschland und Ungarn sichtbar zu machen.‹« (Seewann, Fremde im Spiegel, S. 344f, der dort aus dem Buch von Lux zitiert)

Und in einem 1938 zu Berlin erschienenen Buch von Wolfgang Peters mit dem bezeichnenden Titel »Ein Volk hasst. Ungarns Kampf um sein Recht« wird gar eine Lobeshymne auf den damaligen Waffenbruder gesungen:

> »Die magyarische Nation wird in ihrer unverwüstlichen Lebenskraft, in dem Bewußtsein ihrer geschichtlichen Sendung, in ihren starken staatenbildenden Fähigkeiten und in dem ritterlichen Stolz ihrer Gesinnung zweifellos in dem künftigen Europa eine ehrenvolle Stellung einnehmen, und die Beziehungen zwischen dem Deutschtum und dem Ungartum werden sich politisch und geistig vertiefen und festigen.« (Seewann, Fremde im Spiegel, S. 345)

Es kam anders. Schon der Begriff »Deutschtum« ist hierzulande heute diskreditiert, und jede sich selbst meinende Rede vom »Ungarntum« gilt vielen Deutschen als Ausdruck von abzulehnendem Ethnopluralismus. Im Verhältnis zwischen Ungarn und dem alten Westdeutschland, welches seinerseits das jetzt wieder gemeinsame Deutschland viel mehr vorformte, als das Ostdeutschen lieb war, gab es – abgesehen von der Rezeption des marxistischen Werks des ungarischen Philosophen und Literaturwissenschaftlers Georg Lukács (1885–1971) – ohnehin zu wenig Austausch, als dass sich da vieles hätte vertiefen und festigen können. Auch beschränkte sich intellektueller Austausch im Wesentlichen auf die politische Linke, während sich die Rechte mit antikommunistischen Thesen und folkloristischen Stereotypen begnügte. Außerdem fand zu Ungarn im *annus mirabilis* von 1989 gerade keine Revolution statt. Vielmehr zogen sich viele Träger des alten Regimes ins Wirtschaftsleben zurück, und wurden anpassungswillige post-kommunistische Eliten von der westlichen Linken kooptiert. So entstand Platz für revolutionäres Pathos genau rechts der politischen Mitte. Dorthin bewegte sich auch der jugendliche Revolutionär Viktor Orbán nach seiner großen Rede vom 16. Juni 1989 auf dem Budapester Heldenplatz – und bezeichnet, bis heute, die Machtübernahme durch den Fidesz im Jahr 2010 als den Vollzug einer Revolution. Derzeit schätzt jedenfalls in Deutschland gerade die politische Rechte das »neue Ungarn« wegen seines »Freiheitskampfs gegen das Brüsseler Regime«. Das Stereotyp ist also wieder einmal geblieben; nur sein konkreter Inhalt und dessen Nutznießer haben gewechselt – und vermutlich nicht zum letzten Mal.

LITERATUR:

Bauer, Bence, 2021: Ungarn verstehen – Perspektiven aus Mittelosteuropa, in: Daniel S. Hamilton/Gregor Kirchhof/Andreas Rödder, Hrsg.: Paradigm Lost? Europe and the Challenges of a New World, Washington: Johns Hopkins University Press, auch in: Budapest: Deutsch-Ungarisches Institut, https://magyarnemetintezet.hu/de/forschung/ungarn-verstehen-perspektiven-aus-mittelosteuropa, Zugriff am 25.10.2022

Bauer, Bence, 2022: Ungarische Wegmarken – Schein und Wirklichkeit, Budapest: Deutsch-Ungarisches Institut, https://magyarnemetintezet.hu/kutatas/analyse-ungarische-wegmarken-schein-und-wirklichkeit, Zugriff am 25.10.2022

Lengyel, Zsolt K., 2017s: Das Ungarn-Bild der deutschen Medien. Entwicklungslinien nach 1990 und thematische Schwerpunkte von 2010 bis 2016, in: Portal für Politikwissenschaft (http://www.pw-portal.de/verfasser-veroeffentlichungen?search=uebersicht_verfasser__veroeffentlichungen&verfasser_id_sql=107&task=search), Zugriff am 12.2.2022; auch in Lengyel, Zsolt/Göllner, Ralf Thomas/Aschauer, Wolfgang, Hrsg., 2017: Ungarn, Deutschland, Europa. Einblicke in ein schwieriges Verhältnis, Regensburg: Pustet, = Studia Hungarica 53

Lengyel, Zsolt K., 2021: Die Beharrungskraft der Vorurteile. Das Ungarn-Bild in der deutschen Medienöffentlichkeit, Teil 1, in: Budapester Zeitung Nr. 6 v. 12. März 2021, S. 26–29

Lengyel, Zsolt K., 2021a: Gleichrangigkeit und Toleranz! Das Ungarn-Bild in der deutschen Medienöffentlichkeit, Teil 2, in: Budapester Zeitung Nr. 8 v. 9. April 2021, S. 16–19

Lengyel, Zsolt K., 2022: Ungarisches Selbstbild – im deutschen Spiegel. Ungarns Ruf war in Deutschland wohl nie so ruiniert wie heutzutage, in: Corvinák v. 17. Mai 2022, https://corvinak.hu/velemeny/2022/05/17/ungarisches-selbstbild-im-deutschen-spiegel, Zugriff am 4.6.2022

Nézőpont Institut, 2021: Ungarisch-deutsches Barometer 2017–2021. Wie Deutsche und Ungarn einander in den Meinungsumfragen zwischen 2017 und 2021 beurteilen, Budapest: Nézőpont Institut

Nézőpont Institut, 2021: Ungarisch-deutsches Barometer 2022, Budapest: Nézőpont Institut

Seewann, Gerhard, 2011: Fremde im Spiegel. Bilder von Ungarn und Deutschland, in: Osteuropa 61/12, S. 335–347

Kapitel 2: Ungarns Geschichte

I. Unterschiedliche Geschichtsbilder Deutschlands und Ungarns

Man versteht ein jedes Land nur von seiner Geschichte her. Für Ungarn gilt das ganz besonders. In dessen Geschichte verorten auch die meisten Ungarn ihr Land sehr bewusst, und zwar nicht nur Akademiker oder Literaten. Kaum eine Familie gibt es, von deren Mitgliedern niemand mehr Verwandte in Gegenden hat, die zwar heute zur Slowakei, zu Rumänien, zu Kroatien oder zu Serbien gehören, die aber einst Teile des großen ungarischen Königreichs waren. Auch kann man die vielen Denkmäler zu Persönlichkeiten oder Ereignissen aus Ungarns Geschichte in den Städten quer übers Land einfach nicht übersehen. Sich auf dem Mobiltelefon immer wieder zu belesen, wer und was da jeweils erinnert wird, gibt schnell ein Gefühl für die ausgedehnten Tiefenschichten unterhalb der ungarischen Gegenwart. Und rasch merkt man, wie verständnislos für vieles bleiben wird, wer sich Ungarns Geschichte nicht erschließt.

Wer das aber tut, der erkennt auch rasch die ganz unterschiedlichen Prägungen Ungarns und Deutschlands von der jeweiligen Geschichte her. Angelpunkt des deutschen Selbstverständnisses sind weiterhin die nationalsozialistischen Jahre von 1933 bis 1945. Alles zuvor, selbst die Reichsgründung von 1871, gilt als deren Vorgeschichte oder ist aus anderen Gründen peinlich. Wertvolles oder nicht nazistisch Vergiftetes suchen Deutsche in ihrer Geschichte meist nur in der Zeit nach dem Zweiten Weltkrieg, für Ostdeutschland gar erst nach der Wiedervereinigung. Viel breiter ist da der geschichtliche Blickwinkel von

Ungarn. Mindestens 1100 Jahre umfasst er. Er beginnt mit der »Landnahme« ungarischer Stämme und betont für die Gegenwart den Untergang des Kommunismus, nach dem endlich wieder ein freies Ungarn möglich wäre. Diese lange Geschichte will in Ungarn nicht nur nicht vergehen, sondern soll es auch gar nicht. Sie ist nämlich, anders als in Deutschland, in ihrer Gänze Teil eigener Identität.

Ganz anders sind auch die Ereignisse, derer gedacht wird. In Deutschland sind es zuverlässig jene schlimmen Geschehnisse, in denen Deutsche Verbrecher waren. Besonders wichtige Stationen im Ablauf bundesdeutscher Zivilliturgie sind deshalb der Jahrestag der Pogromnacht vom 9. November 1938 sowie der Holocaust-Gedenktag am 27. Januar. Doch sogar geschichtlich schöne Erinnerungen werden oft durch die ausdrücklich gewünschte Betonung ihrer Umstände oder konstruierbaren Zusammenhänge vergällt. Der Mauerfall etwa vollzog sich am gleichen 9. November wie 51 Jahre zuvor die Ausschreitungen der Nazis gegen jüdische Geschäfte und Mitbürger, oder wie 71 Jahre zuvor jene Revolution, der man fälschlich die Schuld an Deutschlands Niederlage im Ersten Weltkrieg zuschrieb. Und zum neuen Nationalfeiertag machte man den Tag der von vielen damals gar nicht gewünschten Wiedervereinigung, dessen Datum – der 3. Oktober – sich aus bloßen Terminzwängen ergab, nicht aber den 23. Mai als den Geburtstag des Grundgesetzes. Dabei diente dieses doch schon jahrzehntelang als heiliger Text bundesdeutscher Zivilreligion.

Ungarns Nationalfeiertage erinnern zwar überwiegend auch nicht an Höhepunkte ungarischer Geschichte, doch immerhin an Auflehnungen und heroische Niederlagen. Am 15. März gedenkt man des Beginns der Revolution von 1848/49, an deren Ende ein Terrorsieg der – von russischen Truppen unterstützten – Österreicher stand. Ihm folgend richtete die habsburgische Reichs- und Armeeführung über hundert Aufständische hin, darunter dreizehn Generäle sowie Lajos Graf Batthyány (1807–1848), den gemäßigten Premierminister der ungarischen Revolutionsregierung. Am 23. Oktober wiederum erinnert man an den brutal niedergeschlagenen Volksaufstand gegen die kommunistische Herrschaft von 1956, dem freilich 33 Jahre später – durchaus nicht zufällig am gleichen Tag – die Ausrufung der heutigen ungarischen Republik folgte. Also wird zweier Niederlagen gedacht, die – von jetzt aus gesehen – aber am Ende doch noch in für Ungarn Gutes mündeten. Ganz anders als die Deutschen, denen ihre bis heute fortbestehenden Staatsgründungen vom Januar 1871 und vom Mai 1949 ebenso wenig besondere Feiern wert sind wie die weichenstellenden Revolutionen von 1848 und 1918, begehen die Ungarn auch noch einen für sie rundum schönen Nationalfeiertag. Das ist der 20. August, bei dem zu bester Sommerzeit an die Gründung Ungarns durch König Stephan d. Heiligen (969–1038) erinnert wird.

Doch kaum ein erwachsener Ungar verkennt auch jene drei tiefen Einschnitte in der elfhundertjährigen Geschichte des Landes, die allesamt mit Niederlagen sowie mit der Empfindung verbunden sind, Ungarn werde – wie 1956 – immer wieder von westlich gelegenen Ländern alleingelassen. Das ist die mongolische Invasion von 1241, die das hochmittelalterliche Ungarn zerstörte. Das ist die türkische Besetzung von 1526, die einen Keil zwischen West- und Ost-Ungarn trieb und gut anderthalb Jahrhunderte währte. Und das ist, nach dem Ersten Weltkrieg, der 1920 aufgezwungene Friedensvertrag von Trianon. Durch ihn verlor Ungarn, gemeinsam mit Österreich besiegt wie Deutschland, mehr als zwei Drittel seines Gebiets und ein gutes Drittel seiner Bevölkerung an die Nachbarstaaten. Es wurde von einem großen Königreich zu einem kleinen Staat. Schon in jenen Unterschieden dessen, was als nationaler Gedenkanlass gilt, wird deutlich, wie anders sich Ungarn in ihrer Geschichte verorten, und wie unterschiedliche Konsequenzen Ungarn und Deutsche daraus für Gegenwart und Zukunft ziehen. Viele Deutsche nämlich begreifen sich, oft zugleich sünden- und reuestolz, als ein »Tätervolk«, das in historisch einzigartiger Weise andere angegriffen, vertrieben, ausgerottet hat, und das deshalb fortan Besserung zeigen muss – bis hin zum Nachweis jetzt erreichter moralischer Überlegenheit. Ungarn hingegen verstehen sich als ein »Opfervolk«, das – einmal sesshaft geworden – nirgendwo mehr erobernd oder kolonisierend eingefallen sei, sondern das selbst mehrfach erobert und wie ein Kolonialland behandelt wurde. Also wünschen sich die Deutschen Erlösung von ihrer als verbohrt empfundenen Geschichte, die Ungarn hingegen deren Fortsetzung in bleibender Freiheit mit neuem Schwung und Glanz. In Deutschland wirkt deshalb auf viele die Vision anziehend, von einem ethnisch beschreibbaren Volk werde man zu einer multiethnischen Bevölkerung, und der eigene Staat verwandle sich so zu einem Bundesland der Europäischen Union, wie Bayern nur noch ein Land der deutschen Bundesrepublik ist. Hingegen ist es für die meisten Ungarn eine gar nicht weiter begründungsbedürftige Selbstverständlichkeit, dass man als besondere Nation in einem sich selbst regierenden Staat fortbestehen will. Den aber soll die – in einer durchaus leidvollen Geschichte – gut tausend Jahre lang bewahrte und weiterentwickelte ungarische Kultur zusammenhalten. Gar nicht wenige Deutsche sind hingegen nachgerade glücklich bei der Feststellung, in ihrer multikulturellen Migrationsgesellschaft wäre jetzt schon eine »deutsche Kultur« abseits einer halbwegs gemeinsamen Sprache gar nicht mehr fassbar.

Leicht ist gegen diesen geschichtlichen und erinnerungspolitischen Hintergrund zu erkennen, warum das heutige Ungarn auf viele Deutsche so sonderbar wirkt. Und nicht minder leicht ist zu verstehen, weshalb – von der Migrationspolitik über die Familienpolitik bis hin zur Kulturpolitik – in Deutschland gerade das auf schroffe Ablehnung trifft, was in Ungarn sehr vielen als höchst plausibel erscheint. Wer als Deutscher das heutige Ungarn begreifen will, muss deshalb den Gedanken zumindest zulassen, dass es auch noch andere Selbstverständlichkeiten als die eigenen geben könnte. Und er wird gut daran tun, sich in ungarische Befindlichkeiten von der ungarischen Geschichte her einzufühlen.

II. Von den Anfängen bis zur Osmanenzeit

Die Ungarn scheinen aus dem Gebiet südlich des Ural zu stammen. Hunnen waren sie nicht, sehr wohl aber eines jener vielen Reitervölker, die – wie die Chasaren oder Petschenegen – in der Spätantike die westlichen Teile des eurasischen Steppengürtels nördlich von Kaukasus und Schwarzem Meer durchstreiften und dabei mit dem oströmisch-byzantinischen Reich als dortiger Großmacht in Konflikt gerieten. Die sich selbst als »Magyaren« – d.h. Menschen, Männer, Geschlechter – bezeichnenden Ungarn verdanken ihren in westlichen Sprachen gebräuchlichen Namen anscheinend einer Verwechslung mit anderen jener nomadisierenden Völker, die teils auf der Flucht vor anderen waren, teils selbst andere Völker zur Flucht trieben. Das waren vor allem die in der lateinischen Spätantike lose bekannten Onoguren, ein nördlich des Schwarzen Meeres lebendes Turkvolk. Dieses auch noch mit den Hunnen zusammenbringend und seinen Namen sprachlich verschleifend, wurden aus ihm im Lateinischen die »hungari« und im späteren Deutschen die »Ungarn«.

Wieder einmal durch rivalisierende oder nachrückende Stämme von ihren bisherigen Wohnsitzen vertrieben, gelangten sie im 9. Jahrhundert von »Etelköz«, dem Land zwischen dem Nordwesten des Schwarzen Meeres und dem Ostrand der Karpaten, in die Pannonische Tiefebene. Auch diese ist Teil des Eurasischen Steppengürtels, wird von diesem aber durch das Mittelgebirge der Karpaten abgetrennt, das sich sichelförmig von der heutigen Slowakei ins jetzige Rumänien erstreckt. Vom Nordwesten bzw. Norden her durchfließen Donau und Theiß diese Tiefebene, ihren südlichen Teil von West nach Ost die

Drau und die Save, und nach Süden hin begrenzt sie das Balkangebirge. In diesem »Karpatenbecken«, südlich und westlich der Donau einst die römische Provinz Pannonien, lebte seit dem 6. Jahrhundert der heterogene Stammesverband der Awaren, anscheinend ein Turkvolk, das stark mit mongolischen und slawischen Bevölkerungsteilen durchmischt war. Deren Land, das damals weder vom ostfränkischen Reich noch von Byzanz aus unter Kontrolle war, besetzten ungarische Stämme unter Führung des Großfürsten Árpád (845–907). Umrankt ist das bis heute von Legenden, nach denen ein wundersamer Hirsch den Brüdern Hunor und Magor als Stammvätern der späteren Hunnen und Magyaren den Weg nach Westen wies, und der mythische Vogel Turul die Stammmutter der ersten Ungarnkönige im Traume schwängerte.

In der ungarischen Nationalmythologie wird diese »Landnahme« entlang der kriegerischen Wiederinbesitznahme des Gelobten Landes durch die aus Ägypten heimkehrenden Israeliten stilisiert. Gewiss lief sie nicht ohne Gewalt ab. Im Grunde war sie auch nur eine – dann freilich doch dauerhafte – Zwischenstation der damals wohl eine halbe Million zählenden Ungarn auf ihrer langen Fluchtgeschichte vom südlichen Ural nach dem Westen. Ihr folgten noch ein Jahrhundert lang gewalttätige ungarische Streifzüge, die allenthalben – vom oströmisch-byzantinischen Reich quer durch das Frankenreich bis nach Spanien – Furcht und Schrecken verbreiteten. Dabei wurden ungarische Reiterkrieger immer wieder auch als Hilfstruppen regionaler Herrscher bei deren eigener Kriegführung eingesetzt. So hielten es ebenfalls deutsche Anführer im Nachgang des Liudolfinischen Aufstands gegen König Otto I. (912–973, ostfränkischer König seit 951, Kaiser seit 962). Der aber besiegte die zahlreich nach Süddeutschland gelangten ungarischen Truppen im Jahr 955 auf dem Lechfeld bei Augsburg und bewirkte so das Ende der ungarischen Kriegszüge.

Seither richteten sich Ungarns – immer noch »heidnische« – Herrscher darauf ein, dauerhaft einen Platz zwischen dem ostfränkisch-deutschen Reich, dem oströmisch-byzantinischen Reich und den nördlich wie südlich von ihnen selbst lebenden Slawenvölkern finden zu müssen. Mit keiner dieser Kulturen teilten die Magyaren ihre Sprache. Diese bis heute anhaltende sprachliche Trennung bei enger Nachbarschaft und ethnischer Vermischung prägt Ungarn noch in der Gegenwart. Deshalb kam es zu großen Sprengwirkungen, seit sich ab dem späten 18. Jahrhundert Völker ihre Unterschiede oder Gemeinsamkeiten ausdrücklich anhand ihrer angestammten, auch von ungebildeten Leuten verstandenen Sprachen bewusst machten. Aus solcher Vereinzelung bot einst das Lateinische genau dann einen gut gangbaren Ausweg, wenn man sich zum Teil des ehemaligen weströmischen Reiches, also der westlichen Christenheit und ihres Netzwerks von Adeligen und Geistlichen machte. Eben diesen Weg wählte die ungarische Árpáden-Dynastie am Ende des 10. Jahrhunderts, obwohl lange Zeit die Anziehungskraft von Byzanz sowie Missionserfolge des byzantinischen Christentums deutlich größer gewesen waren. Erst die Annäherung des ungarischen Großfürsten Géza (940–997) an den Sieger vom Lechfeld und nunmehrigen Kaiser Otto d. Gr. änderte dies. Er ließ seinen Sohn Vajk – den späteren ungarischen König Stephan d. Heiligen (969–1038, König seit 1000) – durch Bischof Adalbert v. Prag (956–997) »römisch« taufen, was 995 dessen Ehe mit der damals zehnjährigen bayerischen Prinzessin Gisela (984/5–1056) ermöglichte, der Tochter des Bayernherzogs und nachmaligen Kaisers Heinrich II. (975/978–1024, König seit 1002, Kaiser seit 1014).

Mit Gisela als Königin kamen viele süddeutsche, oft bayerische Adelige und Geistliche nach Ungarn und legten so den Grund für die heute noch bestehenden, engen Verbindungen zwischen Ungarn und Deutschen. Giselas Mann, der inzwischen den christlichen Namen István/Stephan angenommen hatte, erbat im Jahr 1000 Königtum und Krönungsinsignien vom römischen Papst. Das war Teil einer mit Kaiser Otto III. (980–1002, König seit 983, Kaiser seit 996) abgestimmten diplomatischen Großaktion, die auch die Errichtung eines christlichen Königreichs in Polen einschloss. So kam es auch: Noch im gleichen Jahr erhob Kaiser Otto III. in Gnesen den polnischen Herzog Bolesław I. Chrobry (965/967–1025) zum König von Polen, und krönte ein päpstlicher Gesandter Stephan I. in Gran/Esztergom zum König von Ungarn. Zugleich wurde das Königreich Ungarn als »päpstliches Lehen« geschaffen, ebenso eine ungarische Landeskirche. Als »Apostolischer König« nicht dem Kaiser, sondern nur dem Papst nachgeordnet, sowie als treibende Kraft der – nicht ohne starke Widerstände vollzogenen – Christianisierung des Ungarnvolks, bahnte Stephan I. den Weg für eine Entwicklung, in der die ungarische Krone und die ungarische Sprache gemeinsam mit dem Christentum zum Identitätskern des fortan sesshaften Ungarntums wurden. Dank dieser Leistung versickerte dessen Kultur, ungleich jener der anderen östlichen Reitervölker, gerade nicht im Lauf der Jahrhunderte. Und das Lateinische blieb sogar noch bis ins anfängliche 19. Jahrhundert die Amtssprache Ungarns.

Insgesamt wollte Stephan I. die lose Sippenstruktur seines Erobervolks anscheinend in eine klar geordnete Gesellschaft aus Oberschicht und Untertanen verwandeln. Zu diesem Zweck wurde das Land in zehn Bistümer aufgeteilt, die zugleich königliche Verwaltungseinheiten waren, nämlich Grafschaften bzw. »Komitate«. In ihnen gab es befestigte Burgstädte mit einem Burggrafen, dem Gespan (»ispán«). Einen Großteil des Eigentums der bisherigen Stammesherzöge erklärte Stephan I. zu königlichem Besitz, was durchzusetzen allerdings militärischer Gewalt und passender Gesetze bedurfte. Beides erforderte die Unterstützung seitens von neu ins Land gekommenen Parteigängern des Königs. Ungarischer Widerstand gegen deren Rolle im Allgemeinen und gegen die Christianisierung im Besonderen führte nicht nur zu brutal ausgetragenen Erbfolgestreitigkeiten nach dem Tode Stephans, dessen Sohn Imre/Emmerich (1000/1007–1031) noch zu Lebzeiten des Vaters bei einem Jagdunfall zu Tode gekommen war. Vielmehr richtete er sich auch gegen die zur Sicherung der Königsmacht ins Land geholten Ausländer.

Die waren vor allem Deutsche. In den zeitgenössischen Urkunden werden sie meist zusammenfassend »Saxones« genannt. Die verwitwete Königin Gisela, mit ihrem Gefolge Triebkraft der Christianisierung, wurde jedenfalls vom heidnischen Teil des Adels verfolgt und gefangengesetzt. Erst 1042 wurde sie von Kaiser Heinrich III. (1016/17–1056, König seit 1039, Kaiser seit 1046) befreit, woraufhin sie den Rest ihres Lebens überwiegend im Passauer Benediktinerinnenkloster Niedernburg verbrachte. Widerstand gegen ins Land gekommene Nicht-Ungarn, und natürlich erst recht gegen Eroberer und fremde Herren wie die Mongolen, Türken und Habsburger, ist seither ein Teil der ungarischen Geschichte. Doch ebenso gehört zu ihr die folgende Ermahnung aus einem »Königsspiegel« von König Stephan d. Heiligen an seinen Sohn Imre hinsichtlich der Wertschätzung von Zugewanderten:

> »Denn wie die Gäste aus unterschiedlichen Landschaften und Provinzen kommen, so bringen sie unterschiedliche Sprachen und Bräuche, unterschiedliche Vorbilder und Waffen mit sich, und all das ziert das Land, erhöht die Pracht des Hofes ... Denn ein Land mit [nur] einer Sprache und [nur] einer Gewohnheit ist schwach und vergänglich. Deshalb befehle ich dir, mein Sohn, die Ankömmlinge wohlgesinnt zu beschützen und zu schätzen, auf dass sie sich lieber bei dir als anderswo aufhalten und wohnen.« (Dalos, Ungarn, S. 24f)

Die Nachkommenschaft des »Landnehmers« Árpád stellte – aus verschiedenen ihrer Zweige – dann bis 1301 die Könige Ungarns. Durch ihre Heiratspolitik vernetzten sich die Arpaden mit allen wichtigen Dynastien Europas. Am Hof des im 13. Jahrhundert Zwei-Millionen-Volks, sich oft in der Krönungsstadt Székesfehérvár/Stuhlweißenburg ostwärts des Balatons aufhaltend, fanden Diplomaten und Reisende, Handwerker und

Künstler aus ganz Europa zusammen. Zur Zeit von König László/Ladislaus I. d. Heiligen (1048–1095, König seit 1077) nach Thronstreitigkeiten an Ungarn gefallen und seit König Kálmán/Koloman (1065–1116, König seit 1095) in Personalunion mit Ungarn vereinigt, eröffnete das Königreich Kroatien dann auch noch einen Zugang an die Adria und erlaubte phantasievolle Ausdehnungspläne samt einigen kostspieligen Kriegszügen. König András/Andreas II. (1185–1235, König seit 1205) rief dann 1211 den Deutschen Orden ins Land, und zwar gegen das heidnische, von Osten her andrängende, 1199 gegen König Koloman siegreiche Turkvolk der Kumanen. Er zwang den Orden aber nach dessen Versuch, in Siebenbürgen eine eigenständige Herrschaft aufzubauen, 1225 wieder aus dem Lande und letztlich ins spätere Preußen. Ebenso nahm Andreas II. in den Jahren 1217/18 am Fünften Kreuzzug teil. Gegen eine noch weitere außenpolitische Abenteuerlust dieses Königs revoltierte der ungarische Adel und zwang ihn 1222 zur Ausfertigung jener »Goldenen Bulle«, welche die königlichen Rechte sehr beschnitt und dem Adel ein Widerstandsrecht bei königlichen Pflichtverletzungen sicherte.

König Béla IV. (1206–1270, König seit 1235) schaffte zwar eine gewisse Wiederherstellung königlicher Autorität. Doch während seine Vorgänger Völkerschaften, die aus dem Osten nachrückten, immer wieder hatten abwehren können, sah sich Béla IV. einer Herausforderung ganz anderer Größe gegenüber. Schon jahrelang war das Ausgreifen der Mongolen nach dem Westen ebenso wie deren brutale Kriegsführung unübersehbar. Sogar die Kumanen wollten sich nun mit den Ungarn gegen sie verbünden. Diese wiesen sie aber als alte Feinde zurück, derweil die Mongolen schon Kiew besetzten. Die Lage wurde verzweifelt, als Bitten an die westlichen Königreiche und an den Papst um Hilfe wirkungslos blieben. Keiner der deutschen, italienischen und französischen Herrscher, mit denen Ungarns König verwandt war, mochte zur Hilfe kommen. Im April 1341, zwei Tage nach dem Sieg der Mongolen gegen ein deutsch-polnisches

Ritterheer bei Liegnitz, widerfuhr das Gleiche bei Muhi in Nordungarn dem dortigen Aufgebot von König Béla IV. Rund 70 000 Männer des an die 100 000 Leute umfassenden Heers von Ungarn und einigen wenigen Verbündeten fielen. Darunter war ein Großteil der adeligen und geistlichen Führungsschicht des Landes. Nur knapp konnte sich immerhin der König retten. Rund ein Jahr lang plünderten dann die Mongolen in Ungarn. Weiterhin unbesiegt zogen sie sich aber zurück, als nach dem Tod des Großkhans Erbfolgefragen zu klären waren. Die Folgen dieses »Mongolensturms« wirken bis heute nach und werden in der historischen Erinnerung vieler Ungarn zusammengedacht mit ähnlichen Erfahrungen beim Angriff der Türken keine zweihundert Jahre später. Daraus entstand ein bleibender Eindruck von ungarischer Einsamkeit, wenn es eigentlich auf Unterstützung ungarischer Politik durch andere Länder ankomme. Das verband sich mit dem Bewusstsein, Ungarn müsse sich möglichst weitgehend auf die eigene Kraft verlassen können. Zugleich gehört zum ungarischen Selbstverständnis seither die Vorstellung, das eigene Land diene Europa als Schutzschild, und zwar zu eigenen Lasten: einst gegen Mongolen und Osmanen, dann Jahrhunderte später – freilich erinnerungs- und sachpolitisch umstritten – gegen selbstermächtigte Einwanderung nach Europa.

Viele Gebiete Ungarns waren nach der Mongolenzeit entvölkert. Béla IV. siedelte in den – fortan mauerumgebenen – Städten Walachen, Kumanen und insbesondere Deutsche an. Damit begann letztlich Ungarns Geschichte als Land von kulturellen und sprachlichen Minderheiten. Sie setzte sich anlässlich ähnlicher Herausforderungen nach dem Ende jener Türkenkriege fort, in deren Verlauf Zentralungarn zerstört worden war. Im Übrigen verfiel nun die arpadische Königsmacht, und zerfiel das Land in ziemlich selbständige Herrschaftsbereiche. Dagegen stemmten sich die »Ritterkönige« Róbert Károly/Karl I. Robert (1288–1342, König seit 1308) und, als dessen Sohn, Lajos/Ludwig I. d. Gr. (1326–1382, König seit 1342). Beide stammten aus dem damals über ganz Europa verbreiteten Haus

Anjou. An die Macht gekommen war Karl I. Robert teils durch erbfolgerechtliche Ansprüche, teils durch die Diplomatie des Papstes, der damals als Lehnsherr Ungarns behandelt wurde. Beide Könige stützten ihre Macht auf Zoll- und Steuereinnahmen sowie auf die Erträge des königlichen Berg- und Münzrechts. Die damals neu eingeführte Währung bekam – nach dem Vorbild der reichen Stadt Florenz – den Namen Forint.

Unter den Anjou-Königen erlangte Ungarn seine größte territoriale Ausdehnung. Es reichte – mit ungefähr zwei Millionen Einwohnern wie vor dem Mongolensturm – von der kroatischen Adria über die heutige Slowakei bis weit ins heutige Rumänien. Die 1991 zur kooperativen Lösung von Problemen der nachkommunistischen Staaten Polen, Tschechoslowakei und Ungarn gegründete »Visegrád-Gruppe« hat denn auch ihren geschichtlichen Anknüpfungspunkt in einem 1335 stattgefundenen Treffen der Könige von Ungarn, Böhmen und Polen im nahe von Gran/Esztergom gelegenen Visegrád. Auch im Inneren blühte Ungarn auf, bevor Kriegszüge von König Ludwig gegen seine italienische Anjou-Verwandtschaft in Neapel und Sizilien für das magyarische Königreich wenig mehr einbrachten als die Herrschaft auch noch über Dalmatien und Slawonien. Zwar steigerte der zusätzliche Erwerb der polnischen Königskrone im Jahr 1370 den äußeren Glanz von Ludwigs Regierungszeit. Doch ansonsten wurden die Ressourcen des ohnehin noch an den Nachwehen der Mongolenzeit leidenden Landes aufgezehrt, derweil das Osmanische Reich auf dem Balkan expandierte und schon 1389 die serbischen Truppen auf dem im heutigen Kosovo gelegenen Amselfeld besiegte. Damit hatte sich das damals kriegsstärkste Reich Europas unmittelbar an der ungarischen Südgrenze festgesetzt.

Doch um diese geopolitische Herausforderung kümmerte sich König Sigismund (1368–1437) aus dem Hause Luxemburg nur unzulänglich, der nach einigen Erbfolgestreitigkeiten im Jahr 1387 auf den Doppelthron von Ungarn und Kroatien gelangt war. In Nürnberg geboren, brandenburgischer Kurfürst

1378–1388 und 1411–1415, obendrein römisch-deutscher König seit 1411, böhmischer König seit 1419 und römisch-deutscher Kaiser seit 1433, widmete sich Sigismund vor allem der Aufhebung der Kirchenspaltung auf dem Konstanzer Konzil zwischen 1414 und 1418 sowie den von 1420 bis 1437 dauernden Hussitenkriegen. Während seiner ein halbes Jahrhundert überspannenden Königszeit zu Ungarn ließ er sich in diesem Reich aber nur selten sehen, ja behandelte es im Vergleich zu seinen anderen politischen Aufgaben als nachrangig. Und was beim Blick auf diesen König und Kaiser aus einer gegenwärtigen Perspektive zum Nachdenken bringt, ist das Auseinanderklaffen zwischen Sigismunds europäischem Habitus und den konkreten, Ungarn betreffenden Herausforderungen. Sigismund nämlich …

> »war ein mit allen Wassern gewaschener Taktiker, geltungssüchtig und ehrgeizig, ein Meister der aktiven und passiven Bestechung, zugleich begabt und von europäischen Projekten beseelt. Sigismund war von Geburt und von seiner Erziehung her ein Europäer par excellence. Seine Muttersprache war Französisch; aber er sprach auch ausgezeichnet Lateinisch, Deutsch, Tschechisch, Ungarisch und Italienisch. Seine Sprachbegabung soll Sigismund selbst so kommentiert haben: Er rede mit dem Papst lateinisch, mit den Dichtern und Malern italienisch, mit den politischen Magnaten ungarisch oder tschechisch, mit seinen Pferden deutsch, aber mit sich selbst französisch«. (Lendvai, Die Ungarn, S. 88; dort auch umfangreiche Hinweise auf die fachhistorische Literatur)

Als Sigismund starb, war das ungarische Königreich jedenfalls wieder einmal zerfallen und zerstückelt, desgleichen vom Süden her osmanisch bedroht. Dem Land stand trotzdem noch ein knappes Jahrhundert bevor, in dem es zu später kaum mehr erlebtem Glanz gelangte. Während jener Jahrzehnte wurde Ungarns Geschichte allerdings mit jener der Habsburger verkettet. Auch erfüllten jene Zeit wiederkehrende Thronfolgestreitigkeiten, die Ungarn nach außen oft abwehrunfähig machten. Ungarns zentrale Gestalten in jenen Jahren waren János Hunyadi (1406/7–1456, gewählter Reichsverweser seit 1446, also legitimer Regent anstelle eines Königs), ein ungarischer Magnat walachischer Abstammung und glänzender Feldherr aus dem in Ostungarn gelegenen Siebenbürgen, sowie dessen Sohn Mátyás/Matthias (1443–1490, König seit 1458), der gemäß dem Familienwappen der Hunyadis, welches einen Raben zeigt (lat. *corvus*), den Beinamen »Corvinus« annahm.

Nach dem Tod Sigismunds im Jahr 1437 war dessen Schwiegersohn Albrecht v. Habsburg (1397–1439, König mehrerer Länder seit 1438) zum ungarischen König gewählt worden. Dass dieser schon bald darauf später starb, löste eine dynastische Krise aus, deren Folgen sich bis zur Zeit der osmanischen Invasion fortsetzten. Zugleich rückte die – nicht wirklich bis auf die Zeit Stephans I. zurückgehende – »heilige Krone« Ungarns in den Mittelpunkt dieser Krise und festigte deren Bedeutung als symbolische Quelle ungarischer Staatsgewalt. Üblicherweise schwor nämlich der künftige König Ungarns vor dem Reichstag einen Eid auf die Reichsgrundgesetze, zumal auf die Goldene Bulle von 1222 sowie auf jenes im Jahr 1351 erlassene Gesetz König Ludwigs d. Gr., das die Goldene Bulle von König Andreas II. und somit die Rechte des Adels bestätigte; dann erst wurde er gekrönt. So ließ sich nun aber nicht verfahren, denn Elisabeth, die Tochter Kaiser Sigismunds und Witwe König Albrechts, war schwanger sowie entschlossen, sich die Regentschaft für das nachgeborene Kind zu sichern, nämlich den späteren Kindkönig Ladislaus V. (1440–1457). Kurz vor der Geburt ihres Sohnes ließ Elisabeth die auf der Burg Visegrád aufbewahrte ungarische Krone entwenden und nach Wien schmuggeln, und drei Monate nach der Geburt ihres Sohnes brachte sie den Erzbischof von Gran/Esztergom dazu, den Säugling in Stuhlweißenburg mit der gestohlenen Krone zum König zu machen. Kind und Krone wurden anschließend nach Wiener Neustadt an den Hof des Herzogs von Österreich und späteren Kaisers Friedrich III.

gebracht (1415–1493, seit 1440 römisch-deutscher König, seit 1452 Kaiser). Inzwischen hatten die düpierten ungarischen Stände den erst 16-jährigen jagiellonischen Polenkönig Vladislaw III. (1424–1444, polnischer König seit 1434) im Jahr 1440 als Vladislaw I. zum König von Ungarn gewählt, ihn behelfsmäßig mit der Krone eines Reliquienbehälters zum König krönen lassen und das Königtum des Kindes Ladislaus für ungültig erklärt. Es folgte in Ungarn ein zweijähriger Bürgerkrieg. Zwar kümmerte sich der junge Jagiellonenkönig um die osmanische Bedrohung, fiel aber 1444 in der gegen die Türken verlorenen Schlacht von Varna. Die ungarischen Stände akzeptierten nun zwar doch noch die Krönung des Kindes Ladislaus. Doch diesen – noch keine sechs Jahre alt – hielt Kaiser Friedrich III. an seinem Hof zurück. In solcher Lage wählten die ungarischen Stände im Jahr 1446 János Hunyadi zum Reichsverweser.

Aus niedrigem Adel stammend, hatte dieser sich schon in jungen Jahren als Berufssoldat so sehr ausgezeichnet, dass Kaiser Sigismund – den manche für seinen eigentlichen Vater hielten – ihn in seine nächste Umgebung aufnahm und so sehr förderte, dass er rasch nicht nur zu einem hochrangigen Heerführer, sondern auch zum reichsten Großgrundbesitzer Ungarns aufstieg. Mit Nachdruck und Umsicht bekämpfte er die Türken und wurde dadurch zum militärischen Hoffnungsträger weit über Ungarn hinaus. Nicht nur war János Hunyadi ein äußerst begabter Feldherr, sondern er verstand auch, dass man mit den inzwischen veralteten Ritterheeren den Osmanen nicht beikommen konnte. Deshalb setzte er auf Söldner und auf ideologisch aufgestachelte Freiwillige. Zum letzteren Zweck arbeitete er mit dem fanatischen Franziskanerpater Johannes v. Capistrano zusammen. Tatsächlich ist es János Hunyadis Siegen zu verdanken, dass Ungarn für 70 weitere Jahre von den Osmanen verschont blieb und einen weiteren kulturellen Höhepunkt seiner Geschichte erleben konnte. Nach einem herausragenden Sieg bei Belgrad gegen eine türkische Übermacht, an den bis heute das Mittagsläuten der Kirchenglocken in katholischen Teilen Europas erinnert, starb János Hunyadi im Jahr 1456 an der Pest.

Innenpolitische Gegner hatte er sich bis dahin reichlich gemacht. Die wollten verständlicherweise die Nachfolge eines seiner Söhne – László/Ladislaus und Mátyás/Matthias verhindern, um dann seine Güter unter sich aufzuteilen. Das schien auch leicht zu sein, denn unter dem Druck der – nicht nur – ungarischen Stände hatte Kaiser Friedrich III. den jetzt 13-jährigen König Ladislaus aus seiner Obhut entlassen müssen. 1453 wurde dieser in Ungarn als – ohnehin schon gekrönter – König erneut ausdrücklich anerkannt und wenig später in Prag auch noch zum König von Böhmen gekrönt. Doch János Hunyadis Witwe wollte eine künftige Machtlosigkeit ihrer Familie nicht hinnehmen. Also kam es zu bürgerkriegsartigen Thronwirren. In dessen Verlauf wurde 1457 Hunyadis ältester Sohn László auf dem Hauptplatz von Buda vor den Augen des ganzen Hofs enthauptet, und dessen jüngerer Bruder Matthias – jetzt 15-jährig – wurde als persönlicher Gefangener des nur wenig älteren Königs Ladislaus zunächst nach Wien und dann nach Prag verbracht. Doch plötzlich starb Ladislaus an der Pest und ohne Erben. So wurde 1458, zwei Jahre nach dem Tod seines Vaters, Matthias eben doch noch Ungarns König, bekam freilich für fünf Jahre seinen Onkel als Reichsverweser zur Seite gestellt.

Im Jahr darauf wählte eine gegnerische Magnatenpartei Kaiser Friedrich III., der immerhin die Krone Ungarns in Besitz hatte, zum ungarischen König. Dieser Aufstand war zwar schnell niedergeschlagen; doch zum – vorläufigen – Ausgleich zwischen König Matthias und dem Habsburger Friedrich III. kam es erst 1462. Gegen eine gewaltige Geldsumme sowie die weitere Überlassung des Burgenlandes gab Friedrich III. die ungarische Krone heraus, behielt aber – wie auch Matthias – den ungarischen Königstitel und bekam obendrein bestätigt, er werde den ungarischen Thron erben, falls der 27 Jahre jüngere Matthias ohne rechtmäßige Nachkommen sterbe. Doch wider Erwarten überlebte Friedrich III. den König Matthias um drei Jahre. Außerdem hatte dieser letztere – trotz dreier Ehen – keinen legitimen Thronerben. Auch deshalb nutzten seine dynastisch motivierten Eroberungen in den böhmischen Nebenländern Mähren, Schlesien und der Oberlausitz dem Königreich Ungarn nichts, ebenso wenig seine Eroberungen in Ostösterreich anlässlich seiner immer wieder aufflackernden Kriege mit Kaiser Friedrich III. Im geschichtlichen Rückblick tröstet es Ungarn auch nicht wirklich, dass gerade ihr eigener König – und eben kein Habsburger – zwischen 1485 und 1490 sehr oft im von Matthias eroberten Wien residierte. Der Aufbau eines mitteleuropäischen Machtblocks im Westen und Nordwesten Ungarns war jedenfalls misslungen, im Süden die Türkengefahr nicht nachhaltig gebannt worden.

Im Wesentlichen bleibt vom Werk des Königs Matthias Corvinus die Erinnerung an einen führungsstarken Herrscher und tüchtigen Feldherrn, einen Reformer von Heer, Steuersystem und Staatsverwaltung, der obendrein seine Hofhaltung zu einer der glanzvollsten im ohnehin prunkvollen Europa der Renaissance machte. Den einen erschien das wie die kulturelle Abrundung einer auch politischen Spitzenstellung Ungarns im damaligen Europa, den anderen hingegen als Geldverschwendung und leichtfertige Ablenkung königlicher Tatkraft von der Hauptaufgabe, das Land gegen die Osmanen zu sichern. Keine vierzig Jahre nach seinem Tod ging denn auch ein wirklich selbständiges Ungarn unter. Als es 1918 im Anschluss an den Fall der habsburgischen Herrschaft bzw. 1920 nach dem Friedensvertrag von Trianon wiederentstand, war es eine traumatisierte Nation und bloßer Abglanz früherer Größe.

Intrigen um die Thronfolge sowie Interessenkonflikte ruinierten nämlich das von König Matthias hinterlassene Reich. Sein illegitimer Sohn Johann Corvinus war für einen Erfolg bei den Thronfolgestreitigkeiten zu schwach, der seit 1459 den ungarischen Königstitel tragende Kaiser Friedrich III. den Ständen hingegen zu stark. Man wählte also 1490 den jagiellonischen Böhmenkönig Vladislaw II. (1456–1516, seit 1471 König von

Böhmen), der sich willig allen Wünschen des hohen Adels fügte, 1506 einen Sohn namens Ludwig bekam, diesen im Alter von neun Jahren mit der Schwester des habsburgischen Erzherzogs Ferdinand verheiratete und nach seinem Tod als Nachfolger erhielt. Freilich regierte anstelle dieses damals erst zehnjährigen Königs Ludwigs II. (1506–1526) ein Regentschaftsrat, in dem der unter König Matthias aufgestiegene Tamás Bakócz (1442–1521), Erzbischof von Gran/Esztergom und Kardinal, eine zentrale Rolle spielte. Bei der Papstwahl von 1513 unterlegen, führte er im Auftrag des neuen Papstes (Leo X. Medici, 1475–1521) einen groß geplanten Kreuzzug gegen die Türken. Der wurde zum Anfang vom Ende des großen ungarischen Königreichs.

Denn gegen die von Erzbischof Bakócz als Kanzler des Königreichs angeführte pro-habsburgische Partei des ungarischen Hochadels opponierte lange schon der mittlere und niedrige Adel, nicht zuletzt unterstützt durch den siebenbürgischen Wojewoden Johann Zápolya (1487–1540, seit 1526 gewählter König von Ungarn und Kroatien). Angeblich auf Antrag des damals 18-jährigen Johann Zápolya beschloss der ungarische Reichstag von Rákos im Jahr 1505, dass nach dem Tod von König Vladislaw II. kein Landfremder mehr König von Ungarn werden solle. Damit war Johann Zápolya ein klar anti-habsburgischer Prätendent für den ungarischen Thron. Die in alledem sich ausdrückenden dynastischen und sozialen Konflikte reichten aber noch tiefer als nur in niedrigere Adelskreise, nämlich bis hinein in die Bauernschaft. Aus der aber wurde die Masse der Soldaten für den vom Kanzler Bakócz geplanten Kreuzzug gegen die Osmanen geworben und unter das Kommando von György Dózsa (1470–1514) gestellt. Das war ein tüchtiger Offizier aus dem ostsiebenbürgischen Szeklerland. Benannt nach der womöglich turkstämmigen Volksgruppe der Szekler, stellte dieser Landstrich in Ungarns Geschichte immer wieder kriegsfreudige Soldaten. 1513 auf eine Streitmacht von rund 100 000 angewachsen und bewaffnet, gingen die von Dózsa angeführten Bauern aber nicht gegen die Türken, sondern gegen die Großgrundbesitzer im eigenen Land vor, deren Burgen sie stürmten und Ländereien sie ausraubten. Auflösungsbefehlen von König und Kardinal-Kanzler widersetzten sie sich.

Diesen Bauernaufstand schlug 1514 der sich zur Thronfolge bereitmachende Johann Zápolya mit großer Grausamkeit nieder. Der Adel rächte sich für den Aufstand, indem der ungarische Reichstag beschloss, die Bauern sollten für ihre revoltierende Treulosigkeit mit fortan »ewiger Hörigkeit« büßen, also mit Leibeigenschaft für alle Zeiten. So wurde es auch im »Tripartitum opus juris consuetudinarii inclyti regni Hungariae« festgehalten, in jener dreiteiligen Zusammenstellung des ungarischen Gewohnheitsrechts, die 1514 vom herausragenden Juristen István Werbőczy (1458–1541) verfasst wurde und noch jahrhundertelang eine Grundlage der ungarischen Rechtsprechung war. Letztlich wurde die ungarische Gesellschaft nun zwischen der »politischen Nation« des Adels und allen anderen gespalten. Damit aber entfiel jede massenwirksame Mobilisierungsfähigkeit gegenüber dem ungebrochenen osmanischen Ausbreitungsdrang, der sich nach der Eroberung von Konstantinopel im Jahr 1453 nun auch Wien als der Hauptstadt des westlichen Kaiserreichs der Christenheit zuwandte. Doch es beschäftigten sich die ungarischen Reichstage nach König Matthias kaum mehr mit der »Türkenfrage«, sondern vor allem mit den Einflussmöglichkeiten des Hochadels auf die Krone, mit der Finanzlage und mit der Steuerfreiheit des mittleren und niedrigeren Adels, desgleichen mit den Privilegien der Deutschen in den überwiegend von ihnen bewohnten Städten Ungarns. Zur letzteren Konfliktlinie trug nicht wenig bei, dass gerade in den Kreisen des deutschen Bürgertums sich die Reformation ausbreitete, also ethnisch-kulturellen Gegensätzen auch noch ein religiös-ideologischer beigefügt wurde. Törichterweise kündigte man aufgrund wachsender anti-habsburgischer Opposition auch noch den Fuggern, welche die Habsburger finanzierten, die Pacht wichtiger Edelmetallbergwerke im heute slowakischen Oberungarn. Damit entfiel eine wichtige Finanzquelle, während

Hilfegesuche des kaum zwanzigjährigen Königs Ludwig II. an Kaiser und Papst, an Englands König und an den Dogen von Venedig ergebnislos blieben.

Also stand ein innerlich zerrissenes und von außen her nicht unterstütztes Ungarn Ende August 1526 bei der südungarischen Stadt Mohács dem gewaltigen, auch mit Geschützen gut ausgerüsteten osmanischen Heer von Sultan Süleyman I. d. Prächtigen gegenüber (1494–1566, Sultan seit 1520). Die ungarische Führungsschicht, seit der Niederschlagung des Bauernaufstands in Angst vor dem eigenen Volk, hatte kaum mehr als 25 000 Mann aufzubieten vermocht. Der größte Teil des ungarischen Aufgebots kam beim Kampf mit den Osmanen ums Leben; König Ludwig II. ertrank in voller Rüstung auf der Flucht in einem durch starken Regen angeschwollenen Bach. Die habsburgische Königin floh mit den wertvollsten Schätzen des Hofes nach Preßburg/Pozsony (heute Bratislava), und dann nach Wien zu ihrem dort residierenden erzherzoglichen Bruder Ferdinand. Für die überlebenden Adeligen überwog die Freude über den Sturz der »deutschen« Hofpartei anscheinend die Einsicht, dass für ihr Land Weichenstellendes geschehen war.

Die Türken plünderten die Stadt und Königsresidenz Buda, das westlich der Donau gelegene Transdanubien sowie die Tiefebene zwischen Donau und Theiß. Dann zogen sie sich mit vielen Gefangenen zurück. Ungarns Adel hielt das anscheinend auch schon für das Ende der osmanischen Bedrohung und machte sich an einen neuerlichen Thronstreit. Zwei Gegenkönige bekämpften einander: der siebenbürgische Fürst Johann Zápolya, protegiert von Polen und dem osmanischen Reich, sowie der Habsburger Ferdinand I. (1503–1564, seit 1521 Erzherzog von Österreich, seit 1526/27 König von Böhmen, Kroatien und Ungarn, seit 1531 römisch-deutscher König und ab 1558 Kaiser), hinter dem sein Bruder Karl V. stand (1500–1558, spanischer König seit 1516, Kaiser seit 1520). Der eine stellte sich als Repräsentant des Ungarntums dar, der andere berief sich auf den Preßburger Erbvertrag von 1491 zwischen den Habsburgern und den Jagiellonen, abgeschlossen für den Fall der Kinderlosigkeit von König Vladislaw II., dem Vater des inzwischen gefallenen Ungarnkönigs Ludwig II. Nach zwölf Jahren Krieg zwischen den beiden wurde 1538 im Frieden vom Großwardein/Nagyvárad (heute Oradea) festgelegt, dass nach dem Tode Zápolyas – erfolgt im Juli 1540 – das Königreich Ungarn an die Habsburger fiel. Vor allem diese Fortsetzung dynastischer und inzwischen auch ethnisch-kulturell religiöser Streitigkeiten entzog Ungarn jede Kraft, die Niederlage von Mohács zu einer bloßen Episode werden zu lassen. Stattdessen prägte diese verlorene Schlacht die ganze folgende Geschichte des Landes.

Außerdem war nun jenes für Ungarn unheilvolle Band geflochten, das mit dem Fall des Habsburgerreiches im Jahr 1918 auch Ungarn nach unten zog. Der ungarische Reichstag selbst zurrte es fast zweihundert Jahre später fest, als er 1722/23 die Regelung einer weiblichen Thronfolge im Hause Habsburg – »Pragmatische Sanktion« genannt – akzeptierte und zugleich festlegte, das selbständige Königreich Ungarn sei fortan in einer unteilbaren und untrennbaren Union mit den habsburgischen Erbländern verbunden.

III. Von der Osmanenzeit bis zur Revolution von 1848/49

Im ungarischen Bürgerkrieg hatte Johann Zápolya schon 1529 – ausgerechnet bei Mohács – den drei Jahre vorher dort siegreichen Sultan Süleyman als seinen Souverän anerkannt. In der innenpolitisch autonomen Woiwodschaft Siebenbürgen, seit 1571 dann Fürstentum, konnten er und seine Nachfolger in einem außenpolitischen Abhängigkeitsverhältnis vom Osmanenreich weiterregieren. Die fruchtbare Donau-Theiß-Ebene samt ihren Randgebieten besetzten schrittweise die Türken, denen 1541 auch die gewaltlose Wiederbesetzung des ein Vierteljahrhundert zuvor schon einmal blutig eroberten Buda gelang. Von dort aus beherrschte fortan der Pascha von Buda als osmanischer Beylerbey – also Provinzgouverneur – jenes grob keilförmige türkische Gebiet, welches von Bihać im Südwesten über Erlau/Eger im Norden bis ans Eiserne Tor im Südosten reichte. Bogenförmig wurde es umgeben von Siebenbürgen im Osten, im Norden von Oberungarn, weithin deckungsgleich mit der heutigen Slowakei, und von Westungarn, das von Sopron/Ödenburg über das kroatische Zagreb nach Süden bis an die Adria reichte. Dieser Bogen, abzüglich von Siebenbürgen, war jenes »Königliche Ungarn«, das von seinen habsburgischen Herrschern wie ein Teil ihrer österreichischen Provinzen regiert wurde. Die Grenzburgen am Rand des habsburgischen Berglands hin zur osmanischen Ebene wurden dabei immer wieder zu Stätten von Kämpfen, die zwar machtpolitisch wenig änderten, doch das literarische Schaffen und die davon beeinflusste geschichtliche Erinnerung Ungarns sehr prägten.

Wenig durchsetzungskräftig in seinem Krieg sowohl gegen das »abtrünnige« Siebenbürgen als auch gegen die Osmanen, anerkannte 1568 Kaiser Maximilian II. (1527–1576, seit 1562/63 römisch-deutscher König, böhmischer und ungarischer König, seit 1564 auch Kaiser) im Frieden von Adrianopel diese Dreifachspaltung Ungarns. An ihr sollte sich bis zum Abschluss der Wiedereroberung des Landes mit dem Frieden von Karlowitz im Jahr 1699 nichts mehr ändern. Doch nicht nur die Landkarte von Ungarn als bisherigem »Schutzschild« Europas hin zum Südosten des Kontinents wandelte sich grundlegend durch die osmanische Eroberung. Sondern es änderte sich auch die Zusammensetzung von Ungarns Bevölkerung und sogar die Geographie des Landes, nämlich so:

> »Für die Zukunft Ungarns war es besonders tragisch, dass die fast ausschließlich von Magyaren besiedelten Gebiete, also die Große Tiefebene und die Hügellandschaft Transdanubiens, die schwersten Verluste hinnehmen mussten, während die von den Deutschen bewohnten Städte und auch die Siedlungsgebiete der Slowaken, Rumänen und Ruthenen in Nordungarn und Siebenbürgen relativ glimpflich davonkamen. Das früher reichste Gebiet in Südungarn und die zentrale mittlere Ebene waren in den ersten Kämpfen am stärksten verwüstet worden, und die Bevölkerung war schon Mitte des 16. Jahrhunderts ausgerottet worden. Vor Mohács stellten die Magyaren rund 75 Prozent bis 80 Prozent der auf 3,5 bis 4 Millionen geschätzten Gesamtbevölkerung. Um 1600 schätzte man sie aber nur mehr auf etwa 2,5 Millionen. Nach dem Rückzug der Türken betrug die geschätzte Einwohnerzahl rund 4 Millionen; das heißt, um 1720 hat sie den spätmittelalterlichen Stand knapp überschritten. …
>
> Noch gravierender war aber die radikale Verschiebung der ethnischen Zusammensetzung zuungunsten der Ungarn. Sie hatten die Hauptlast der Kämpfe getragen. Es waren vor allem die ungarischen Sklaven, die im Osmanischen Reich sehr begehrt waren und besonders hohe Preise auf den Sklavenmärkten des Orients erzielten. Die Ungarn litten auch deshalb mehr

> als etwa die Bewohner der Balkanländer, weil sie sich nicht in schwer zugänglichen Bergregionen verstecken konnten. …
>
> Die ständige Flucht von Serben nordwärts und Slowaken südwärts sowie der massive Zustrom von Rumänen aus der Walachei verringerten den ungarischen Anteil an der Gesamtbevölkerung auf rund die Hälfte. … Wenn man noch die bewusste, großangelegte Ansiedlung von Deutschen und Slawen im 18. Jahrhundert … erwähnt, so ist es nicht überraschend, dass die Volkszählung von 1787 bei einer Einwohnerzahl von 8,5 Millionen einen ungarischen Anteil von lediglich 39 Prozent aufwies. Hinter diesen … Zahlen verbirgt sich eine tragische nationale Entwicklung.« (Lendvai, Die Ungarn, S. 120–122)

Das alles machte Ungarn nicht nur zu einem gerade aufgrund fehlender Menschen rückständigen Land, sondern auch zu einem Staat mit vielen Minderheiten samt später schwieriger Nationsbildung. Obendrein waren die einstigen Strukturen von Natur- und Siedlungsgeographie ruiniert:

> »Die südlich der Linie Győr – Buda – Debrecen gelegene Große Tiefebene wurde im Laufe der Jahrzehnte durch Verwüstung, Verödung und Abholzung in eine baumlose, steppenartige Puszta umgewandelt. Einst blühende Dörfer blieben nach der Flucht der Bauern menschenleer. Selbst in Vác (Waitzen), nicht weit von Buda, traf ein Reisender 1605 eine Handvoll Bauern, die nur vom Hörensagen wussten, dass an der Stelle, wo ihre armseligen Hütten standen, früher eine reiche Stadt gewesen sei. … Ein Reisender aus England berichtete 1669/70, dass er von Wien bis Belgrad durchweg über eine endlos scheinende dunkelgrüne Grassteppe dahingefahren sei; die Landschaft machte auf ihn den Eindruck eines gewaltigen Meeres. …
>
> Die Bilanz der Türkenzeit im zentralen Ungarn und auch in Transdanubien war ein vollständiges Ausbluten ganzer Landstriche. … Nach der Besetzung Süd- und Mittelungarns verwüsteten die Truppen des Sultans nicht nur in den ›großen Krie-

gen‹ alles, was ihnen in den Weg kam, sondern auch in den ständigen Kleinkriegen der sogenannten Friedenszeiten – bis hin zu ganzen Dörfern. ... Nichts könnte die Dimensionen der Verwüstung besser illustrieren als die Tatsache, dass selbst eine Generation nach dem Abzug der Türken Debrecen, die größte Stadt Ostungarns, nur 8000 und Szeged im Süden bloß 5000 Einwohner zählte. Im Umkreis von etwa 40 Kilometern außerhalb dieser Zentren gab es kaum mehr eine Siedlung.« (Lendvai, Die Ungarn, S. 122f)

Zu einer nennenswerten Vermischung der verbliebenen Bevölkerung mit den Eroberern kam es nicht, weil die Herrschaftsstrukturen dafür kaum Anreize boten und nur wenige Ungarn zum Islam konvertierten. Deshalb hat die – anders als auf dem Balkan ohnehin nicht einmal zwei Jahrhunderte andauernde – Türkenzeit neben der fortbestehenden Bäderkultur, etlichen Moscheebauten bzw. Minaretten sowie wenigen Lehnwörtern kaum bleibende oder gar positiv erinnerte Züge in der ungarischen Kultur hinterlassen. Die freilich konnte sich unter osmanischer Herrschaft soweit ungestört entfalten, wie sie dieser nicht in die Quere kam. Den Osmanen kam es nämlich vor allem auf gesicherte Machtausübung und wirtschaftliche Ausbeutung an, nicht auf eine geistige Hegemonie oder religiöse Missionierung.

Nur in vergleichsweise engen Grenzen veränderte die Osmanenzeit auch die Schichtungsstruktur der ungarischen Gesellschaft. Die wesentlichen Prägefaktoren waren die folgenden:

»Eigentümer des gesamten Bodens wurde der Staat, der allerdings nur ein Fünftel ... direkt verwaltete. Während die staatlichen Güter eine gewisse Rechtssicherheit und Beständigkeit in der Verwaltung boten und die Bauern oft weniger Belastungen als bei den früheren Grundherren ertragen mussten, wollten die türkischen Berufssoldaten und Beamten aus den als Lehen auf Widerruf zugeteilten Gütern in möglichst kurzer Zeit einen möglichst hohen Gewinn herauspressen. Die Folge war eine rücksichtslose Ausbeutung und ... die Landflucht der Bauern. Die berühmte Puszta in Ostungarn mit der extensiven Großviehzucht ist vor allem auch ein Erbe dieser Zeit.

Die Verwaltung des türkisch besetzten Drittels des ungarischen Territoriums blieb in jeder Hinsicht ein Fremdkörper. Das einzige Ziel der Eroberer war die Absicherung ihrer Vorherrschaft in den besetzten Gebieten. Auch die häufigen Wechsel in den Ämtern und die Belehnungen dienten diesem Zweck. ...

Die relative nationale und religiöse Freiheit war die natürliche Folge einer Verwaltung, welche die lokalen Institutionen ignorierte und gerade dadurch ihre Existenz zementierte. Solange die Verpflichtungen gegenüber den Besatzern erfüllt wurden, mischten sich die Türken nicht in die inneren Angelegenheiten ... der christlichen Untertanen ein. Es gab keine Bestrebungen zu einer Verschmelzung oder Assimilierung der ungarischen Bevölkerung, deren Zahl unter direkter türkischer Herrschaft zwischen einer und anderthalb Millionen ... schwankte.« (Lendvai, Die Ungarn, S. 123f)

Wichtig für den Fortbestand ungarischer Kultur war neben der Beschränkung der osmanischen Gestaltungsansprüche auf die Herrschaftssicherung auch, dass es ...

»die Türken duldeten, dass die Bauern und die Gemeinden dem ungarischen Staat beziehungsweise ihren abwesenden, weil nämlich rechtzeitig geflüchteten, Grundherren Abgaben leisteten und sogar kommunale Projekte und Rechtsstreitigkeiten den im königlich-habsburgischen Landesteil amtierenden Komitatsbehörden vorlegten. Dass es keine geschlossenen Grenzen gab, und dass die Händler, Geistlichen und Prediger ungehindert von einem Herrschaftsgebiet ins andere reisen beziehungsweise zurückkehren konnten, verlieh dem Nationalgefühl und dem Überlebenswillen einen langfristig ungeheuer wichtigen Auftrieb«. (Lendvai, Die Ungarn, S. 124)

Doch zugleich zerrissen die immer wieder kriegerisch ausgetragenen Gegensätze zwischen dem Königlichen Ungarn und dem Fürstentum Siebenbürgen das Land und seine Eliten. Mit etwa einer Million Bewohnern war Siebenbürgen damals etwa so groß wie der türkisch besetzte Teil Ungarns und nur etwas kleiner als das Königliche Ungarn; seine Bevölkerung bestand aus Ungarn bzw. Szeklern, rumänischen Walachen, »sächsischen« Deutschen sowie kleineren Gruppen von Serben, Juden, Roma und Armeniern. Kern der Zwistigkeiten war die Verbindung des Ringens um eine Wiedervereinigung der nicht-osmanischen Teile Ungarns mit religiösen Gegensätzen. Die Reformation hatte sich in Ungarn nach der Schlacht von Mohács wie ein Lauffeuer ausgebreitet, zumal in den von Deutschen bewohnten Städten. Der habsburgischen Rekatholisierungspolitik schlug deshalb heftiger Widerstand entgegen. Sie wurde oft, wie mancherorts freilich bereits die Reformation selbst, als »germanisierend« angesehen, selbst wenn sie – wie im Fall von Péter Pázmány (1570–1637), dem Erzbischof von Gran/Esztergom – mit großem Einsatz für Ungarns Kultur und Bildung einherging.

Zwar entstanden keine ganz klaren oder festen Frontstellungen aus dieser Überlagerung von ethnisch-kulturellen und religiösen Konflikten. Doch in der Regel war es so, dass anti-habsburgische Patrioten zum Protestantismus neigten, während solche – meist nicht minder patriotische – Ungarn, die aus mancherlei systematischen oder persönlichen Gründen die habsburgische Herrschaft mittrugen, ihrerseits katholisch waren. Zugleich wurde diese Grundgliederung dahingehend differenziert, dass sich das Luthertum überwiegend in den deutsch oder slowakisch bewohnten Gebieten Nord- und Westungarns ausgebreitet hatte, während sich Siebenbürgens Ungarn überwiegend dem Calvinismus zuwandten. Auf diese Weise hatte die Haltung zur Religion auch eine wichtige ethnische und staatspolitische Dimension. Gerade die protestantische Geistlichkeit wurde in diesem Zusammenhang zu einem wichtigen Träger des aufkommenden nationalen Bewusstseins von Ungarn sowie zur Förderin der ungarischen Sprache und Literatur. Dabei kennzeichnete sich Siebenbürgen durch große religiöse Toleranz, die nur bei der Duldung des orthodoxen Glaubens an gewisse Grenzen stieß. Im königlichen Ungarn hingegen gab es eine durch die Habsburger tatkräftig vorangetriebene Gegenreformation, die nicht nur durch Glaubenseifer, sondern eben auch durch politische Integrationsversuche motiviert war. Solchermaßen fand sich im gesamten 16. und 17. Jahrhundert das Ringen um die Bewahrung einer ungarischen Kulturnation aufs engste verbunden mit dem Kampf um die religiöse Freiheit. Wie auch dreihundert Jahre später, wenngleich unter den anderen Umständen des habsburgisch-ungarischen Reichsausgleichs von 1867, entstand so eine Art »Willensnation«, die sich in einem Land von nunmehr so vielen Minderheiten weniger nach der Religion oder nach der ethnischen Abkunft bestimmte, sondern entlang der – oft erst im Erwachsenenalter vollzogenen – Aneignung der ungarischen Sprache. Das erklärt auch, warum vom 16. bis zum 19. Jahrhundert viele herausragende Träger ungarischer Kultur kroatischer, deutscher, slowakischer oder jüdischer Herkunft waren. Und während die ersten bedeutenden ungarischen Dichtungen zwar auf das 14. Jahrhundert zurückgehen, nahm die ungarische Literatur ihren Aufschwung erst rund ein Jahrhundert später und festigte sich dann seit dem 16. Jahrhundert während der Glaubenskriege, vor allem dank des aufgekommenen Buch- und Flugblattdrucks sowie jener ideologischen und intellektuellen Debatten, die mittels dieser neuen Kommunikationsmöglichkeiten ausgetragen wurden.

Machtpolitisch versuchten sich gerade die siebenbürgischen Fürsten und Magnaten an der Sicherung eines möglichst autonomen oder immerhin selbstbewussten Ungarntums zwischen dem habsburgischen und dem osmanischen Machtblock. Im Grunde war die Zeit der osmanischen Besetzung Mittelungarns das – sehr lange – »Jahrhundert Siebenbürgens«. Je nach der politischen Großwetterlage konnten dort, und natürlich in Auseinandersetzung mit dem Königlichen Ungarn, die politischen

Schwerpunkte und jene Verbündeten höchst dramatisch wechseln, mit denen man sein Schicksal verband. Für dieselben politischen Akteure mochten bisweilen die Osmanen, zu anderen Zeiten die Habsburger die übleren Gegner oder nützlicheren Verbündeten sein; und ebenso fließend wie die Gründe für solche Einschätzungen waren die Kriterien für politische Treue oder Verrat. Immer wieder neu war die Frage »Wofür mit wem gegen wen?« zu beantworten. Insbesondere die habsburgischen Rekatholisierungsversuche erweiterten die Spaltungen zwischen West- und Ostungarn über die nunmehr gezogenen politischen Grenzen hinaus. Habsburgische Söldnerheere, die sich gerade zur Zeit des gewaltsam gegenreformatorischen Kaisers Rudolf II. (1552–1612, König von Ungarn seit 1552, König von Böhmen seit 1575, Kaiser seit 1576) in Oberungarn sowie in Siebenbürgen unerträglich verhielten, schürten Abneigungen gegen »die Deutschen«, was immer wieder Aufstände und politische Seitenwechsel hervorrief.

Insgesamt gelang die habsburgische Rekatholisierung zwar weithin im Königlichen Ungarn. Doch ostwärts der Theiß, und zumal in Siebenbürgen, bestand weiterhin ein religiös-protestantisch unterlegtes, eigenstaatlich organisiertes und kulturell sehr selbstbewusstes Ungarntum. In den Biographien der siebenbürgischen Fürsten Stephan Bocskai (1557–1606) und Gábor Bethlen (1580–1629) werden die nationalen Ideale und machtpolitischen Wirren jener Zeiten besonders gut sichtbar. Tatsächlich gingen Revolten gegen die habsburgische Herrschaft regelmäßig – und noch Jahrhunderte später – vom protestantisch geprägten Ostungarn aus. Dazu gehören etwa der – durch »Haiducken«, d.h. bandenmäßige Freischärler – unterstützte Aufstand von Fürst Stephan Bocskai im Jahr 1605, die Revolte des calvinistischen Fürsten Georg I. Rákóczi von Siebenbürgen (1593–1648) in den Jahren 1644/45, oder jener neuerliche Aufstand der »Kuruzen« – d.h. von antihabsburgischen verarmten Adeligen oder Bauern – in den Jahren 1678 bis 1681, den der junge evangelische Magnat Imre Thököly (1657–1705) anführte. Noch die Ausrufung der Unabhängigkeit Ungarns von habsburgischer Herrschaft im April 1849 durch Lajos Kossuth (1802–1894) im calvinistisch geprägten Debrecen ist Teil dieser Traditionslinie. Im Grunde blieb die damalige Frage nach den richtigen Zeitpunkten von Aufstand oder Anpassung bis zum Ende der kommunistischen Herrschaft über Ungarn immer wieder neu zu stellen, ausgenommen wohl nur die rund fünfzig »goldenen Jahre« Ungarns zwischen der Einführung des kaiserlich-königlichen Dualismus im Habsburgerreich zwischen 1867 und dem Ersten Weltkrieg.

Zuvor aber, zumal gegen Ende des 17. Jahrhunderts, war Ungarn eine tief gespaltene Nation. Katholische Magnatenfamilien wie die Pálffy, Batthyány, Széchenyi und Esterházy, ihrerseits unter den Habsburgern noch reicher geworden als zuvor, erwarteten vom Wiener Kaiserhaus die Befreiung Ungarns, nicht dessen Anschluss an ein deutsches Land. Doch vor allem die Sicherung ihrer Standesprivilegien verstanden sie als Anerkennung der – von jeher durch sie repräsentierten – ungarischen Nation. Dass die Habsburger sie dennoch wie den in Böhmen aufgezwungenen »internationalen« Adel behandelten, d.h. einfach als Standesgenossen und nicht als legitime Vertreter des Ungarntums, sollte im 18. und 19. Jahrhundert zu erheblichen Spannungen innerhalb der habsburgischen Monarchie führen. Tatsächlich wurde die Rückeroberung des osmanischen Mittelungarn von vielen Ungarn gerade nicht als eine *Befreiung* vom Joch der Fremdherrschaft empfunden, sondern vor allem als ein *Wechsel* der Besatzungsmacht. Ohnehin hatten die Habsburger letztlich nur den strategischen Fehler der Osmanen ausgenutzt, im Jahr 1683 einen zweiten Versuch zur Eroberung Wiens zu unternehmen. Doch anders als zu Beginn des 16. Jahrhunderts waren die Habsburger nun nicht durch die Reformation und die ihr folgenden innereuropäischen Kriege gelähmt. Auch hatten sie ihre seinerzeit erst tastend begonnene Rolle als ungarische Könige inzwischen tatkräftig auszuüben gelernt. Nach der Abwehr der Wiener Belagerung im Jahr 1683 gelang es jedenfalls habsburgischen Heerführern, darunter vor allem Prinz Eugen v. Savoyen (1663–1736), durch die 1686 vollzogene Rückeroberung von Ofen/Buda sowie 1697 durch einen vernichtenden Sieg bei der südungarischen, heute wojwodinischen Stadt Zenta an der Theiß, die Türken zum völligen Abzug aus dem rund 170 Jahre lang beherrschten Ungarn zu zwingen. Der wurde 1699 durch den Vertrag von Karlowitz besiegelt.

Nach diesem Sieg über die Osmanen war das im Ungarnland regierende Österreich zu einer kontinentalen Großmacht mit abgerundetem Territorium entlang der Donau geworden. Doch es war eben nicht das einst glanzvolle Reich von König Matthias Corvinus, welches da neu erstanden war. Zwar war das so lange türkische Ungarn mit dem königlichen Ungarn wiedervereint. Doch Siebenbürgen wurde, unter Beibehaltung seiner Eigenständigkeit gegenüber Ungarn, zum habsburgischen Kronland erklärt und – auch infolge der dort unternommenen Rekatholisierungsversuche – zum fortdauernden Bewusstsein einer innerungarischen Sonderrolle gebracht. Außerdem hatte nach der Rückeroberung Budas der ungarische Reichstag zu Pozsony/Preßburg, angeblich »aus Dankbarkeit«, sein bisheriges Recht zur Königswahl aufgegeben und das Erbrecht in der männlichen Habsburgerlinie anerkannt. Obendrein musste er auf das seit der Goldenen Bulle von 1222 verbriefte Recht des Adels auf Widerstand gegen einen gesetzwidrig regierenden König verzichten. Das ebnete den Weg zur Errichtung jener absolutistischen Herrschaft über Ungarn, welche ihrerseits die großen Aufstände der Kuruzen zwischen 1672 und 1711 sowie die Revolution von 1848/49 hervorrief. Kaiser Leopold I. (1640–1705, König in Ungarn seit 1655, Kaiser seit 1659) berief denn auch den ungarischen Reichstag nicht mehr ein und regierte nachgerade diktatorisch. Die damalige Gesamtlage im Land lässt sich so umreißen:

> »Eine völlig erschöpfte Gesellschaft übte sich ... in einem jahrzehntelang andauernden Alltag. Die reichsten Magnaten und Erzbischöfe verbrachten ihre Zeit in Wiener Palästen, die lokal-

> patriotisch gesinnten Adeligen ... ließen Schlösser in Barock oder Paläste à la Versailles bauen. Die Bauern leisteten ihren schweren Frondienst, und der mittlere Adel – mehrheitlich nicht vermögender als seine Leibeigenen – vollführte sogar eine Art politischer Aktivität auf den mehr oder weniger systematisch zusammengerufenen Landtagen in Pozsony ... Eine ernstzunehmende intellektuelle Schicht war kaum zu finden, als hätte die Nation in der Unzeit nach dem stürmischen 17. Jahrhundert eine lange Denkpause eingelegt.« (Dalos, Ungarn, S. 82)

Der Wiederaufbau des zur Türkenzeit heruntergekommenen mittleren Landesteils nahm die Form einer Kolonisierung an. Da gab es die Zuteilung riesiger Güter an kaiserliche – nicht ungarische – Militärführer und habsburgfreundliche Magnaten. In neu aufzubauende Städte oder neugegründete Dörfer holte man deutsche und serbische Siedler. Obendrein wurde eine breite Zone an Ungarns Südgrenze, vorwiegend von Serben bewohnt, unter Militärverwaltung gestellt, sodass nun eine kompakte Gruppe von Nichtungarn beiderseits dieser »Militärgrenze« lebte. Zu alledem stellte der ungarische Historiker Julius Szekfü (1883–1955) fest:

> »Das Ungarntum geriet dadurch in eine Lage, dass seine Feinde, die durch Jahrhunderte jederzeit gegen die Ungarn aufgehetzt werden konnten, sich auf seinem [eigenen] Staatsgebiet in eine geschützte, privilegierte Lage einnisteten. Wir könnten uns einen tieferen Niedergang der ungarischen staatlichen Unabhängigkeit nicht vorstellen; kein Volk West- und Mitteleuropas musste etwas Ähnliches in seiner Geschichte erleben.« (Lendvai, Die Ungarn, S. 170, dem – nicht nur hier – oft eng gefolgt wird)

Zur Finanzierung all dessen verlangte die Wiener Regierung hohe Geldbeiträge von den rechtmäßigen Gutsbesitzern im einst türkischen Mittelungarn. Auch musste Ungarn weit über die Hälfte des Aufwands für die dortigen habsburgischen Truppen decken. Die später in diesem Gebiet stationierten knapp 50 000 Soldaten wurden außerdem nicht kaserniert, sondern bei Bauern, Bürgern und Adligen einquartiert. Sogar der kaiserliche Statthalter für Ungarn stellte bald fest, das Land habe den Türken im Laufe von deren Besatzungszeit nicht so viel bezahlt wie den kaiserlichen Truppen binnen weniger Jahre. Jedenfalls trugen organisatorische Unfähigkeit, ideologische Willkür und vielfältige Korruption dazu bei, dass die neue Fremdherrschaft bald schon fast verhasster war als die alte. Unter Führung von Fürst Ferenc II. Rákóczi (1676–1735), einem der reichsten Adeligen im einstigen Königlichen Ungarn und Sprössling einer Dynastie siebenbürgischer Fürsten, kam es zwischen 1703 und 1711 zum letzten, großen Kuruzenaufstand. Der wurde rasch erfolgreich, weil einesteils mit Rákóczi erstmals ein Magnat das einfache Volk wie einen wirklichen Verbündeten im Kampf um die Rechte der Nation behandelte, und weil andernteils der Spanische Erbfolgekrieg – große Teile Europas überziehend – das Habsburgerreich schwächte. Doch Rákóczis Truppen, zeitweise über 100 000 Mann, waren samt ihren Offizieren nicht wirklich effektiv, oft auch disziplinlos. Deshalb konnte die zwischenzeitliche Kontrolle der Aufständischen über die heutige Slowakei und das heutige Nordungarn, auch abwechselnd über Transdanubien und Siebenbürgen, nicht aufrechterhalten werden.

Immerhin brachte der 1711 kapitulationsartig geschlossene und von Fürst Rákóczi leidenschaftlich abgelehnte Friede von Sathmar/Szatmár (heute Satu Mare) nicht nur den Aufständischen eine Amnestie, sondern – abgesehen von der freien Königswahl und dem adeligen Widerstandsrecht – so gut wie alle 1687 gestrichenen Privilegien des Adels zurück. Darunter war nicht nur das Recht auf ständische Selbstverwaltung in den einzelnen Komitaten, sondern auch die – aufgrund des Übergangs vom Ritter- zum Söldnerheer eigentlich gegenstandslos gewordene – Steuerfreiheit des Adels sowie dessen uneingeschränkte Verfügungsgewalt über die Leibeigenen. Grundbesitz gehörte weiterhin einer Familie, konnte also zwar vererbt, nicht aber verkauft und somit auch nicht beliehen werden. Das erwies sich ein Jahrhundert später als Bremse wirtschaftlichen Fortschritts – ebenso wie überhaupt die wirtschaftspolitisch passive Rolle des Adels, der sich bald bequem im nach seinen Bedürfnissen veränderten habsburgischen Regierungssystem einrichtete.

Der Hochadel war inzwischen wieder katholisch; der Mittel- und Kleinadel blieb hingegen weitgehend protestantisch. Zwischen ihm, dem rund 400 000 der gut 9 Millionen Einwohner des damaligen Großungarns angehörten, oft freilich nur als »Bundschuhadlige« auf dem Niveau österreichischer Bauern lebend, und den rund 200 miteinander verwandten Magnatenfamilien gab es eine große soziale Kluft. Die spiegelte sich auch im bikameralen Reichstag. Dessen obere Kammer, die »Magnatentafel«, bestand – schon seit 1608 gesetzlich so festgelegt – aus den Hochadeligen und den Bischöfen, die »Ablegatentafel« hingegen aus dem mittleren und niederen Adel, dem niederen Klerus sowie den Vertretern der königlichen Städte. Im Übrigen bestand der magnatische Adel nur etwa zur Hälfte aus ethnischen Ungarn. Gleichwohl war diese nach Herkunft, Religion und sozialem Status mehrfach gespaltene Adelsgesellschaft praktisch die »politische Nation« Ungarns. Deren im Frieden von Szatmár akzeptierten Rechte wurden unter den Regierungen von König Karl III. (1685–1740, seit 1711 unter dem Namen Karl VI. römisch-deutscher Kaiser) und seiner Tochter, der ungarischen Königin Maria Theresia (1717–1780; 1745 Krönung ihres Gatten Franz I. Stephan zum römisch-deutschen Kaiser) sorgsam respektiert. Allerdings fand sich Ungarn, dessen Außen- und Verteidigungspolitik dem habsburgischen König unterstand, fortan als eigenständige Macht aus der europäischen Politik ausgeschaltet.

Nicht so war das allerdings mit ungarischen Truppen, welche Maria Theresia im Österreichischen Erbfolgekrieg den Thron retteten. Trotz der vorangegangenen Demütigungen Ungarns nach dem habsburgischen Sieg über die Türken hatte Maria

Theresia sich im Jahr 1741 schutzsuchend an den ungarischen Reichstag gewandt. Auch im sich anschließenden Siebenjährigen Krieg spielten ungarische Feldherren eine wichtige Rolle für Österreich. Maria Theresia blieb aus allen diesen Gründen »der ungarischen Nation« sehr dankbar und zeigte das durch vielerlei Gesten. So trug sie wieder den auf Stephan d. Heiligen zurückgehenden Titel des »Apostolischen Königs von Ungarn«, und sie ließ die Reliquie der rechten Hand Stephans I. vom kroatischen Ragusa/Dubrovnik feierlich in die königliche Burg zu Buda überführen. Wichtig wurde ebenfalls, dass Maria Theresia gerade den Hochadel und den wohlhabenden Teil des mittleren Adels an sich band. In einer von ihr begründeten elitären Mittelschule – dem Theresianum zu Wien – erhielten viele Söhne ungarischer Adelsfamilien ihre Ausbildung, zahlreiche Offiziere auch an der Militärakademie zu Wiener Neustadt. Und besonders folgenreich wurde die von Maria Theresia verfügte Aufstellung einer ungarischen adeligen Leibgarde in Wien, zu der anfangs jedes Komitat je zwei Jungadlige und Siebenbürgen deren weitere zwanzig schickte. Um sie herum vollzogen sich eine Erneuerung der ungarischen Sprache und das Aufblühen ungarischer Literatur – und das in einer Zeit, als beim ungarischen Hochadel oft das Deutsche, gemeinsam mit dem Französischen, die bevorzugte Sprache war, und als Latein, die Verwaltungssprache ganz Ungarns, gleichsam als zweite Muttersprache des ungarischen Adels verwendet wurde.

Doch Ungarns territoriale Einheit wurde auch unter Maria Theresia nicht wiederhergestellt. Das Fürstentum Siebenbürgen etwa war von einer anderen Wiener Behörde abhängig als der Rest Ungarns. Die gesamte Finanz- und Schulverwaltung unterstand letztlich dem in Wien residierenden König, dessen Statthalter für die gesamte innere Landesverwaltung Ungarns der Palatin zu Preßburg war. Unter dessen Aufsicht agierte die ständische Selbstverwaltung der 52 Komitate. Der Reichstag, in immer größeren Abständen nach Preßburg einberufen, spielte keine besondere Rolle. Insgesamt machte der Adel in den Jahren nach dem letzten Kuruzenaufstand so sehr seinen Frieden mit dem nunmehr etablierten habsburgischen System, dass bald schon die Modernisierung des Landes, gar eine mögliche Betätigung im Bereich von Handel oder entstehender Industrie, ganz außerhalb des Horizonts seiner Rollenvorstellungen oder gar Rollenpraxis lag. Zugleich widersetzte er sich allen Wirtschafts- und Gesellschaftsreformen, die Maria Theresia und ihr seit 1765 mitregierender Sohn Joseph II. durchzuführen versuchten.

Eine wirtschaftlich aktive Rolle wies man hingegen den von Maria Theresia umfänglich ins Land geholten Ausländern zu. Sie kamen vor allem aus dem Bodenseegebiet, vom Mittelrhein und von der Mosel. Zunächst bevorzugte man Katholiken, später warb man auch Protestanten an. Ihre Aufgabe war der Wiederaufbau von verwüsteten und menschenleeren Gebieten, doch sehr wohl auch die Unterstützung der deutschsprachigen Habsburgermacht, welche die Neusiedler steuerlich privilegierte und von militärischen Einquartierungen ausnahm. Allein zwischen 1763 und 1773 wurden 50 000 deutsche Familien angesiedelt, und im Jahr 1787 betrug die Zahl der deutschstämmigen Neusiedler knapp ein Zehntel der damals 9,2 Millionen starken Bevölkerung der ungarischen Länder. Hinzu kam die Einwanderung von Slowaken und Ruthenen im Norden, von Rumänen im Osten, von Serben und Kroaten im Süden. 1787 lag in vielen Gebieten Ungarns der Anteil von Magyaren bei nicht mehr als knapp 40 Prozent der Bevölkerung; in Siebenbürgen hatten allein schon die Rumänen eine absolute Mehrheit. Beim mittleren und niedrigen Adel führte diese Bevölkerungsentwicklung zu großer Sorge, doch kaum zu gesellschafts- oder wirtschaftspolitischem Engagement. Jedenfalls wurde Ungarn mehr und mehr zum Lebensmittel- und Rohstofflieferanten für die anderen habsburgischen Kronländer.

Alle sich hier anstauenden Spannungen brachen hervor im Widerstand gegen den ganz unsensiblen, anti-ständischen Modernisierungskurs von Maria Theresias Sohn Joseph II. (1741–1790, ab 1765 Kaiser und seither Mitregent seiner Mutter Maria Theresia in den habsburgischen Landen). Dieser handelte wie ein »aufgeklärter Despot« und verletzte vielfach die patriotischen Gefühle der ungarischen Nation in allen ihren Schichten. Nicht nur verweigerte er die Krönung, um so den ihr vorgängigen Eid auf die ständische Verfassung zu vermeiden. Obendrein behandelte er die Stephanskrone als reines Museumsstück, was ihm den keineswegs schmeichelhaft gemeinten Titel des »Königs mit dem Hut« einbrachte. Auch berief er den – reformunwilligen – Reichstag einfach nicht mehr ein, dem sich bei dessen vorab letztem Treffen im Jahr 1764 schon seine Mutter hinsichtlich ihrer eigenen Reformwünsche zur Verbesserung der Lage von Bauern und Landwirtschaft widersetzt hatte. Mit einer Volkszählung und systematischen Landvermessung wollte Joseph II. die – sachlich ganz angebrachte – Besteuerung des Adels vorbereiten. Die Verwaltung der Komitate, bislang vollzogen durch ständische, gewählte Amtsträger, ersetzte er durch eine zentralistische Verwaltung unter ernannten königlichen Beamten. Obendrein verfügte er – natürlich auch ohne Einbeziehung des Reichstags – die Einführung des Deutschen anstelle des Lateinischen als Amtssprache Ungarns. Das war zwar kein Versuch einer Germanisierung, denn der sonstige Sprachgebrauch blieb völlig freigestellt. Doch Joseph II. hatte rein bürokratisch eine weitere Quelle nun wirklich allgemeiner Empörung zum Sprudeln gebracht.

Bald schon wurde aus der Verteidigung der lateinischen Amtssprache ein Kampf für die Einführung des Ungarischen als Staats-, Verwaltungs- und Unterrichtssprache. Zum auf dem Reichstag von 1811 tatsächlich vorgebrachten Argument gegen diese letztere Forderung wurde, dass es im Adel niemanden gäbe, der Ungarisch könne. Weil dieses Argument zwar nicht von der Hand zu weisen, doch für ein selbstbewusstes Volk nicht hinnehmbar war, begannen seither gar nicht wenige Adelige oder Intellektuelle, das Ungarische zu erlernen und wenigstens für alltägliche Verständigungszwecke zu gebrauchen. Diese Entwicklung stärkte zwar das magyarische Kultur- und Selbstbewusstsein, schürte aber zugleich Spannungen mit den serbischen und rumänischen, slowakischen und kroatischen Minderheiten in Ungarn. Die nämlich gelangten nun in gleicher Weise über den sprachpolitischen Streit zur Entdeckung oder Neugewichtung ihrer Nationalität. Deshalb hatten die späteren ungarischen Reformer, die gerade als Intellektuelle oft an einem – von den Umständen aufgeprägten – Minderwertigkeitskomplex gegenüber der deutschen Kultur litten, bald schon einen Zweifrontenkrieg zu führen: einesteils gegen die habsburgische Herrschaft und anderntteils gegen die nicht-ungarische Mehrheit im eigenen Land. Tatsächlich unterschätzten die meisten Angehörigen der Oberschicht, als eine wie zündstarke Lunte die vom Reichstag von 1843/44 beschlossene Erhebung des Ungarischen zur Amtssprache sich in einem Land voller erwachender Nationalismen auswirken musste. Sie sollte denn auch bis zur Explosion des an ihrem Ende befindlichen Sprengsatzes im Vertrag vom Trianon weiter glimmen – und wäre wohl auch dann entzündet worden, wenn nicht schon Joseph II. das Feuer an sie gelegt hätte. Auch wegen vieler anderer Begleitschäden seiner zahlreichen Reformvorhaben, die immer fühlbarer wurden, scheiterte jedenfalls Josephs Versuch, Ungarn mit den Mitteln eines »aufgeklärten Absolutismus« zu modernisieren. Kurz vor seinem Tod nahm er denn auch die meisten seiner Reformen zurück, mit Ausnahme seines Toleranzedikts sowie der Regelungen zur Bauernbefreiung und zur Volksseelsorge. Auch ordnete er die Rückführung der Stephanskrone nach Ofen/Buda an, was zum nationalen Triumphzug geriet.

Josephs Nachfolger Leopold II. (1747–1792, Kaiser sowie König von Böhmen, Kroatien und Ungarn seit 1790) vermochte es dann, die tatsächlich vorrevolutionäre Lage in Ungarn zu beruhigen. Zwar fand die Französische Revolution in Intellektuellenkreisen viel Interesse und Sympathie, ja führte sogar zu einer »Jakobinerverschwörung« mit bizarren Zügen, die 1795 mit einer Reihe von Hinrichtungen in Buda endete. Viel fruchtbarer war aber die »Reformära« Ungarns, welche während der langen Regierungszeit von Kaiser Franz II. einsetzte (1768–1835), als

Franz II. letzter römisch-deutscher Kaiser (1792–1806), seit 1804 als Franz I. Begründer des Kaisertums Österreich; zugleich König von Böhmen, Kroatien und Ungarn. In gewisser Weise bereitete sie die Revolution von 1848/49 vor. Im Mittelpunkt dieser Reformära stand István Graf Széchenyi (1791–1860), ein reicher und patriotisch gesinnter Aristokrat. Schon dessen Vater Ferenc Széchényi (1754–1820) hatte sich für Ungarn eingesetzt und 1802 seine umfangreichen Sammlungen dafür genutzt, das Ungarische Nationalmuseum und die Ungarische Nationalbibliothek entstehen zu lassen.

István Széchenyi erkannte klar die grundlegenden Modernisierungsprobleme Ungarns, behandelte sie 1830, 1831 und 1833 samt ihren möglichen Lösungen in drei einflussreichen Büchern, schockierte den Preßburger Reichstag von 1825, nach 13 Jahren endlich wieder einmal einberufen, durch eine in – freilich nicht fließender – ungarischer Sprache gehaltene Rede, stellte ein ganzes Jahreseinkommen seiner riesigen Güter für die Gründung einer ungarischen Akademie der Wissenschaften zur Verfügung, pflegte Kontakt mit dem die österreichische Politik gestaltenden Fürsten Metternich (1773–1859), gründete in Ungarn vielerlei gemeinnützige Vereine, setzte sich für den allgemeinen Gebrauch der ungarischen Sprache und die Förderung der ungarischen Literatur ein, brachte moderne Verkehrstechnik voran, desgleichen den Bau der ersten Brücke zwischen Buda und Pest, und er stellte sich sogar der Revolutionsregierung von 1848 als Verkehrsminister zur Verfügung, was ihn nervlich ruinierte. Tatsächlich war für Ungarns Wirtschaft und Gesellschaft eine Modernisierung der von Széchenyi vorgeschlagenen Art dringend nötig:

> »Zwischen 1780 und 1840 hatte sich die Industrieproduktion zwar vervierfacht, doch lieferte Ungarn (mit 55 Prozent der Landesfläche) noch immer bloß 7 Prozent der gesamten Industrieleistung der Monarchie. In Ungarn im engeren Sinn, also ohne Siebenbürgen, Kroatien und die Militärgrenze, gab es selbst nach offiziellen Statistiken nur 548 Industriebetriebe ...,

während die Zahl der Fabriken in der Monarchie bereits auf über 10 000 anstieg. Anfang des Jahrhunderts wiesen alle Städte Ungarns gemeinsam weniger Einwohner auf als die Stadt Wien. Auch in den Städten herrschte eine feudale Sozialstruktur vor, gekoppelt mit einem überholten Zunftwesen. In Buda registrierte man 1830 nur 1000 Bürger mit allen Rechten. Mit Ausnahme der Bauernstädte der Tiefebene war das Bürgertum überwiegend deutsch. Lediglich jeder 89. der Gesamtbevölkerung betrieb Handel und Gewerbe, während es in Österreich jeder 14. und in der Lombardei jeder 9. war. Das Grundübel war nach wie vor das ausschließliche Recht des Adels auf Landbesitz und seine Befreiung von jeder Steuerlast, gekoppelt mit dem System der Leibeigenschaft, die erst 1848 aufgehoben wurde.« (Lendvai, Die Ungarn, S. 221)

Doch wie sollten Wirtschaftsreformen und die ihretwegen erforderlichen gesellschaftlichen und politischen Reformen ermöglicht werden? Schrittweise mit Umsicht – oder revolutionär dank Tatkraft? Das wurde zum Angelpunkt der seit 1840 aufgekommenen Rivalität zwischen dem reichen, habsburgtreuen Hochadeligen István Széchenyi und dem unbegüterten Kleinadeligen, oppositionellen Journalisten und Volkstribunen Lajos Kossuth (1802–1894). Der letztere nannte zwar Széchenyi den »größten Ungarn«, und allenthalben findet man in Ungarn Denkmäler, die an István Széchenyi erinnern. Doch vor allem die Jahre der durch Lajos Kossuth geprägten Revolution von 1848/49 gelten den meisten Ungarn – noch vor der glanzvollen Ära des spätmittelalterlichen Königs Matthias Corvinus – als die ruhmreichste Epoche ihrer Geschichte. Deshalb fehlt auch in kaum einer größeren ungarischen Ortschaft eine Kossuth-Straße.

IV. Von der Revolution bis zum Ende des Zweiten Weltkriegs

Die Revolution bahnte sich an im Ringen um Ungarisch als Staatssprache sowie um eine wirtschaftliche Gleichstellung Ungarns, das im Warenaustausch mit Österreich durch Schutzzölle stark benachteiligt war. Am 18. Oktober 1847 wurde Lajos Kossuth, der längst bis in höchste Wiener Kreise hinein politisches Aufsehen erregt hatte, im Komitat Pest in den ungarischen Reichstag gewählt. Im Februar 1848 brach in Frankreich die Revolution aus und verbreitete sich schnell über ganz Europa. Am 3. März hielt Kossuth vor dem Reichstag eine Rede, welche die ungarische Revolution gleichsam entzündete. Er forderte – auch für die österreichischen Erblande – Neuwahlen, eine parlamentarisch verantwortliche Regierung, die Neuorganisation der Armee, eine selbständige ungarische Finanzverwaltung, die Besteuerung des Adels, die Abschaffung der Leibeigenschaft sowie gleiche politische Rechte für Bürger und Bauern. Diese Rede, ins Deutsche übersetzt, befeuerte dann auch die am 13. März in Wien einsetzende Revolution. Tags darauf billigte der Reichstag zu Preßburg Kossuths Reformforderungen an die Krone. Wieder einen Tag später, am 15. März, brach in Pest offen die Revolution aus, angeführt von jungen Intellektuellen mit dem 25-jährigen Dichter Sándor Petőfi (1823–1849) als Wortführer. Unter dem Einfluss Kossuths wurde ein – immer mehr erweitertes – radikales Reformprogramm aufgestellt, das nicht nur Kossuths anfängliche Forderungen, sondern u. a. auch noch die Abschaffung der Zensur und den Abzug der österreichischen Truppen aus Ungarn einschloss. Ein massenwirksames Gedicht, das Petőfi für genau diesen Anlass geschrieben und vorgetragen hatte, gibt das bis heute in Ungarn weiterwirkende Verlangen nach Freiheit von äußerer Bevormundung aufs Klarste wieder:

> »Auf, die Heimat ruft, Magyaren!
> Zeit ist's, Euch zum Kampf zu scharen.
> Wollt Ihr frei sein oder Knechte?
> Wählt! Es geht um Ehr und Rechte!
> Schwören wir beim Gott der Ahnen:
> Nimmermehr
> beugen wir uns den Tyrannen!
> Nimmermehr!«
> (Lendvai, Die Ungarn, S. 246)

Gerüchte über einen bevorstehenden Aufstand von nicht weniger als 40 000 bewaffneten Bauern bewegten den Reichstag und den Wiener Hof zur Annahme jener Forderungen. Am 17. März wurde der politisch gemäßigte Lajos Graf Batthyány (1807–1849), einer der reichsten Magnaten des Landes, vom Kaiser und König Ferdinand V. zum Chef der ungarischen Regierung ernannt. Auch wurde zugesichert, der Palatin – also der Statthalter des Königs in Ungarn – werde jedes ordnungsgemäß beschlossene Gesetz des Reichstags billigen. Obendrein wurde Ungarns Recht auf Wiedervereinigung mit Siebenbürgen, seine Oberhoheit über Kroatien und Slawonien sowie die Eingliederung der nach Süden hin gelegenen Militärgrenze ins Staatsgebiet bestätigt. Eilends wurden jene Gesetze ausgearbeitet, die alle revolutionären Forderungen in zu bewahrendes Recht und künftige Praxis umsetzten. Kossuth wurde Finanzminister, Széchenyi Verkehrsminister. So gut wie gewaltfrei waren die Voraussetzungen für ein neues, modernes Ungarn geschaffen. So jedenfalls schien es.

Doch die jetzt erfolgreiche ungarische Nationalpolitik hatte ihr Seitenstück in der panslawischen Nationalbewegung. Kossuth und den ungarischen Revolutionären ging es um das

Aufblühen der Länder der Stephanskrone, in denen die Magyaren freilich weniger als 40 Prozent der Bevölkerung ausmachten. Den Kroaten, Serben oder Slowaken ging es hingegen auch um ihre Anerkennung als Nation mit eigenem Land. Also verlangten sie Autonomie und Selbstverwaltung, teils innerhalb des ungarischen Königreichs, teils innerhalb des habsburgischen Herrschaftsverbandes. Doch in den – aufgrund der Bevölkerungsentwicklung seit der Osmanenzeit – nun von »mehrheitlichen Minderheiten« bewohnten Gebieten gab es eben sehr viele Ungarn. Also ließen sich von vornherein jene auseinanderstrebenden Ziele nicht miteinander vereinbaren. Deshalb nutzte der Wiener Hof diese Konflikte seinerseits, um Verbündete zur Beseitigung der panikartig hingenommenen ungarischen Reformen zu gewinnen. In offene Gewaltsamkeit umschlagend, zerriss das die multiethnische Armee des Landes. Im Grunde kämpfte nach einigen Monaten an verschiedenen Stellen der König von Ungarn gegen den König von Kroatien unter Vermittlung des österreichischen Kaisers, die freilich alle dieselbe Person waren; und wo immer kroatische oder serbische Truppen, die am intensivsten gegen die »nationalen« ungarischen Truppen fochten, auf eben diese trafen, standen einander vielfach ethnische Landsleute gegenüber.

Als Ausweg aus dieser Lage stellte die Revolutionsregierung, in der Kossuth die treibende Kraft war, eine eigene Freiwilligentruppe gegen Serben und Kroaten auf. Das war die Landwehr bzw. Honvéd-Armee. Auch kam es zu Gedankenspielen dahingehend, ein Österreich, das sich jenem Deutschen Reich anschließe, welches die – auch von zwei ungarischen Vertretern beschickte – Frankfurter Nationalversammlung schaffen wollte, mache die Pragmatische Sanktion von 1722/23 gegenstandslos; das aber ermögliche erneut ein wirklich landsässiges ungarisches Königtum. Und wenn sich dieser Weg zu einem unabhängigen Königreich Ungarn nicht öffne: Warum sollte man dann überhaupt die Monarchie beibehalten und nicht eine sich selbst regierende Republik schaffen?

Freilich erlahmte der revolutionäre Druck, in je mehr europäischen Ländern jene Umstürze, die einen großen Teil des Kontinents in Aufruhr versetzt hatten, schrittweise rückgängig gemacht wurden. Auch wuchsen in der ungarischen Regierung die Spannungen zwischen den Gemäßigten um den Ministerpräsidenten Graf Batthyány und den Radikalen um den Finanzminister Kossuth. Anfang September marschierten dann vom Süden her 50 000 kroatische Soldaten in Ungarn ein. Kossuth machte sich in dieser Lage quer über das Land auf eine Mobilisierungstour, die Tausende von Freiwilligen für die Honvéd-Armee einbrachte. Anfang Oktober übernahm er als Vorsitzender des von ihm durchgesetzten »Landesverteidigungsausschusses« sogar die Regierung Ungarns; der bis dahin amtierende Ministerpräsident Batthyány legte ebenso wie der Palatin sein Amt nieder. Verständlicherweise anerkannte der Wiener Hof Kossuths Regierung nicht, löste den Reichstag auf und entsandte Truppen. So kam es zum offenen Krieg zwischen Ungarn und Österreich, den Kossuth als einen Freiheitskampf führte. Teil dieses Kampfes war, dass seine Revolutionsregierung den anfangs Dezember 1848 erfolgten Thronwechsel von Kaiser Ferdinand I. zugunsten seines 18-jährigen Neffen Franz Joseph nicht als Wechsel auch im Amt des ungarischen Königs anerkannte; zu einem solchen werde man nämlich nur durch die Krönung mit der Stephanskrone. Die nun von allen Seiten nach Ungarn vordringenden kaiserlichen Truppen zwangen Kossuth mit seiner Regierung, mit seinen Beamten und mit den an ihrem Mandat festhaltenden Reichstagsabgeordneten zum Ausweichen ins gut 200 Kilometer ostwärts von Budapest gelegene Debrecen. Der Wiener Hof nahm das als Hinweis auf eine sich abzeichnende Niederlage der Revolutionäre und gab im März zu Olmütz den Ungarn von oben herab eine neue Verfassung. Die nahm dem Land nicht nur seine alte Verfassung, sondern trennte auch Kroatien mit den umliegenden Ländern ab, ebenso Siebenbürgen, und gliederte das einstige ungarische Königreich einfach ins habsburgische Gesamtreich ein. Daraufhin erklärte der in der

Großen Reformierten Kirche zu Debrecen versammelte Reichstag die Habsburger für abgesetzt und Ungarn für unabhängig; Kossuth wurde zum Präsidenten gewählt.

Im Herbst 1848 kämpften neben der Honvéd-Armee, die im Sommer 1849 auf nicht weniger als 170 000 Mann anwuchs, rund 50 000 Angehörige der kaiserlich-königlichen Armee auf Seiten Kossuths. Das verursachte bei Gefechten mit dem Hauptteil dieser Armee – angesichts gleicher Uniformen und Trompetensignale – vielerlei Missverständnisse. Insgesamt standen auf ungarischer Seite neben vielen Polen die meisten Ungarndeutschen, sofern sie nicht in Siebenbürgen lebten, viele Slowaken, auch die meisten ungarischen Juden. Im Frühjahr 1849 schien der auf Unabhängigkeit ausgehende Aufstand zu gelingen: Es wurde – nach glänzenden Siegen – die Hauptstadt Buda zurückerobert. Doch im Mai 1849 bat Kaiser Franz Joseph die Russen um Unterstützung. Den rund 194 000 Mann der Zarenarmee standen bald rund 176 000 Österreicher zur Seite. Kossuth hingegen kam – wie einst den ungarischen Königen beim Mongolensturm und bei der osmanischen Eroberung – keine europäische Macht zu Hilfe.

Ende Juli setzte, ihrerseits auf der Flucht, die revolutionäre Nationalversammlung im südungarischen Szeged mit zwei Gesetzen einen besonderen symbolischen Schlusspunkt unter ihr Wirken: Man entschied sich – bei Fortgeltung des Ungarischen als Staatssprache – für die Gleichberechtigung aller ungarischen Nationalitäten sowie der Juden. Im August war dann die Revolution vorbei und gescheitert: Kossuth floh verkleidet in die Türkei; der von ihm mit allen Vollmachten ausgestattete Oberbefehlshaber Artúr Görgei (1818–1916) ergab sich den Russen mit den Restbeständen der nach weiteren Schlachten dezimierten Armee; und der Kaiser beschloss, dass alle ungarischen Anführer – vom Stabsoffizier aufwärts – vor ein Kriegsgericht gestellt werden sollten. Weit über hundert Todesurteile wurden vollstreckt, in Arad durch Hinrichtung von nicht weniger als dreizehn Generalen der Revolutionsarmee. 2000 Offiziere und Zivilisten wurden eingekerkert. Der Zar hatte zuvor die Österreicher zur Milde gegenüber den besiegten Rebellen gemahnt. Die blieb aber aus, und so waren fortan die Beziehungen zwischen den Ungarn und ihrer Königsdynastie vergiftet. Diese behauptete sogar, die Ungarn hätten durch die Revolution von 1848/49 ihre staatsrechtlichen Privilegien verwirkt – gerade so wie zu Anfang des 16. Jahrhunderts Ungarns Bauern ihre persönliche Freiheit nach dem Aufstand von György Dózsa.

Und doch kam es nur achtzehn Jahre später, nämlich 1867, zum sogenannten österreichisch-ungarischen Ausgleich. Der leitete – die Ungarn hatten auf dem Bindewort »und« bestanden – jene »kaiserliche und königliche Zeit« des »Dualismus« ein, die zu Ungarns »Goldenem Halbjahrhundert« werden sollte. Den Weg dorthin bahnte einesteils die Schwächung Österreichs aufgrund des Krimkriegs von 1853 bis 1856 sowie durch die Niederlage des habsburgischen Kaiserreichs im Krieg gegen Preußen von 1866. Durch den Ausgleich mit Ungarn eröffnete sich für das Habsburgerreich eine Chance, statt der nicht länger möglichen Rolle in Deutschland eine wichtige Position im Südosten Europas einzunehmen. Andernteils bahnte den Weg zum Ausgleich die Umsicht des ungarischen Politikers Ferenc Deák (1803–1876). Ein Landedelmann aus dem Süden Transdanubiens und studierter Jurist, war Deák seit 1833 Mitglied des Reichstags zu Preßburg, ab 1839 auch Mitglied der Ungarischen Akademie der Wissenschaften, 1848 Justizminister der Regierung von Graf Batthyány, versuchsweise Vermittler zwischen Kossuth und dem Wiener Hof. Nach dem Scheitern seiner Bemühungen zog sich Déak vom polarisierten politischen Geschehen auf sein Gut zurück. Erst nach 1861 setzte er seine politische Laufbahn als liberaler und realpolitisch denkender Reichstagsabgeordneter fort. Im April 1865 löste er mit einem Zeitungsartikel jenen Verhandlungsprozess aus, der zur Errichtung der »österreichisch-ungarischen Monarchie« anstelle des »Kaisertums Österreich« führte, desgleichen im Juni 1867 zu der – in Ofen/Buda erfolgten – Krönung Kaiser Franz Josephs zum König von Ungarn. Die vollzog sich zwar nach allen Regeln symbolpolitischer Kunstfertigkeit, war aber in ihrer Fixierung auf den Adel merkwürdig antiquiert und kontrastierte stark mit der in Ungarn weiterhin bestehenden Armut von Stadt und Land. Geholfen hat zu jener symbolischen Heilung einer seit 1686 schwärenden Wunde im ungarisch-habsburgischen Verhältnis gewiss auch die Überzeugungsarbeit von Franz Josephs Gemahlin Elisabeth, der in Ungarn von Anfang an populären und ihrerseits sehr ungarnfreundlichen »Sisi«, wie sie sich selbst schrieb. Diese pflegte ihrerseits ein freundschaftliches Verhältnis mit jenem Grafen Gyula Andrássy (1823–1890), der an der Revolution teilgenommen hatte und 1850 in Abwesenheit zum Tod verurteilt worden war, und der nun – Deák hatte verzichtet – zum ersten Premierminister des endlich mit Österreich gleichgestellten Ungarn werden sollte.

Im deutsch geprägten »Cisleithanien«, d.h. der österreichischen, von Wien aus gesehen diesseits des streckenweisen Grenzflusses Leitha gelegenen Reichshälfte, tat man sich mit diesem »Reichsausgleich« schwer, denn man fühlte sich von den Ungarn übervorteilt. Tatsächlich waren die Deutschen nun zu einer Minderheit von knapp 24 Prozent im multiethnischen Habsburgerreich geworden. Dass diese sich die Macht mit den – bei knapp 20 Prozent der Reichsbevölkerung – nur wenig schwächeren Magyaren teilten, erfreute die Slawen besonders wenig, die ihrerseits 47 Prozent der Reichsbevölkerung stellten. Diese waren nämlich, ebenso wie die gut sechs Prozent Rumänen, nun gleichsam zu »zweitrangigen« Nationen geworden – und das in der Blütezeit des aufstrebenden Nationalismus. Im Übrigen war die Reichskonstruktion, wie einst die des Heiligen Römischen Reiches Deutscher Nation, *monstro simile*, d.h. nicht klar zu erfassen. Weder handelte es sich bei »Österreich-Ungarn« um eine Personalunion noch um einen Bundesstaat, doch zugleich um weit mehr als nur einen Staatenbund; »Realunion« ist der dafür unter Historikern eingebürgerte Begriff. Beide Reichshälften hatten eigene Zweikammerparlamente, eigene Regierungen und eigene Finanzverwaltungen. Doch es gab drei für das ganze Reich gemeinsame Ministerien: für die Außenpolitik, für die Armee, für die Finanzen. Diese Ministerien waren wiederum Ausschüssen von je 60 Mitgliedern verantwortlich, die sowohl vom österreichischen Reichsrat als auch vom ungarischen Reichstag gewählt wurden. Diese Ausschussmitglieder wiederum verkehrten untereinander nur schriftlich, damit dem ungarischen Wunsch entsprochen wurde, nicht einmal andeutungs- oder teilweise ein gemeinsames Parlament zu schaffen. Das wichtigste Band der beiden Reiche war die aus allen ethnischen Gruppen zusammengestellte Armee mit ihrer – seitens der Ungarn immer wieder in Frage gestellten – deutschen Kommandosprache. An der Spitze des Reiches wirkte ein gemeinsamer Ministerrat aus den drei Reichsministern sowie den beiden Ministerpräsidenten der zwei Teilreiche unter Vorsitz des Außenministers.

Weiterhin galt der Calvinismus, welcher in Ungarn – ohne Kroatien – gut 14 Prozent der Bevölkerung umfasste, als die »ungarische« Religion, wobei unter den ethnischen Magyaren die Calvinisten sogar 26 Prozent ausmachten. Katholiken waren unter ihnen freilich 59 Prozent (im ganzen ungarischen Königreich 50 Prozent) und Juden sieben Prozent (im ganzen Königreich fünf Prozent). Im Übrigen kam es in »Transleithanien«, der ungarischen Reichshälfte, zu einem Ausbau der politischen, wirtschaftlichen und kulturellen Hegemonie der Magyaren, wie das erhofft wurde und für ein eigenes Land auch normal ist. Tatsächlich gestalteten die Ungarn ihre Angelegenheiten erstmals seit der osmanischen Invasion wieder selbst, wobei freilich die gesamthabsburgische Armee der schwächste Punkt solcher Selbstbestimmung war. Tatsächlich erreichte der Anteil der Ungarn an der Generalität nie mehr als zehn Prozent, und unter den normalen Berufsoffizieren lag er sogar noch etwas niedriger. Ansonsten wurde die ungarische Politik nach dem Reichsausgleich im Wesentlichen von den Liberalen geprägt, was sich nicht zuletzt in der schrittweise erreichten Gleichstellung der jüdischen Ungarn auswirkte. Liberal – und darin freilich auf Dauer nicht erfolgreich – war auch die Handhabung der Nationalitätenfrage: *Individuell* waren die Angehörigen aller ethnischen und kulturellen Gruppen gleichberechtigt bis hin zum privaten Sprachgebrauch; doch das galt gerade nicht – die Kroaten weitgehend ausgenommen – hinsichtlich von *kollektiven* Rechten als einer besonderen ethnischen Gruppe.

Unter dem Ministerpräsidenten Kálmán Tisza (1830–1902, Ministerpräsident 1875–1890) setzte eine aktive Politik zum Ausbau eines wirklich ungarischen Nationalstaates ein. Der sollte keine »Schweiz des Ostens«, sondern sprachlich und kulturell möglichst homogen sein. Die Zahl von Schulen der Minderheiten, in denen Unterricht auch in einer anderen Sprache als Ungarisch erteilt wurde, ging bis 1914 auf ein Fünftel zurück. Insbesondere die jüdische und die im Beamtendienst oder im Gewerbe tätige deutsche Minderheit reagierten darauf, indem sie – sich als Teil der ungarischen Staatsnation verstehend – entschlossen dafür sorgten, dass in ihren Familien das Ungarische zu einer wie die Muttersprache beherrschten *weiteren* Sprache wurde, wobei sich die ursprüngliche Familiensprache dann leicht verlor. Weil der sprachliche Emanzipationsweg der jüdischen Ungarn oft vom Jiddischen über das Deutsche zum Ungarischen geführt hatte und der gleiche Magyarisierungsprozess auch viele deutsche Familien betraf, sank auf diese Weise der einst große Anteil von Deutschsprachigen in den Städten Ungarns deutlich. Das fühlte sich durchaus natürlich an, weil der sprachliche Magyarisierungsdruck nie völkisch motiviert war, sondern schlicht staatspolitisch: Ungar war einfach ein jeder, der fließend Ungarisch sprach oder der sich immerhin darum bemühte. Schließlich war auch das Ungarisch von Graf Széchenyi nicht perfekt gewesen.

Doch freilich schuf ein solcher, rein staatspolitisch motivierter sprachpolitischer Druck auch eine Trennung sozialer Art, nämlich zwischen den – meist städtischen – Familien von Aufsteigern oder Aufstiegsorientierten, die zusätzlich zu ihrer Muttersprache sich gut auf Ungarisch ausdrücken konnten, und jenen Familien, deren einfache, meist bäuerliche Lebenswelt derlei Sprachkenntnisse nicht alltagspraktisch erforderlich machte. Auf sie wiederum blickten sprachlich selbstbewusste Ungarn – gleich welcher ethnischer Herkunft – gern herab und vertieften somit die vertikale Spaltung in ihrer Gesellschaft. Der österreichische Kronprinz Rudolf (1858–1889) spitzte das Ergebnis einmal so zu:

> »In vielen, fast den meisten Teilen der Länder der Stephanskrone sind nur der Adel, die Beamten und die Juden [staatspolitisch] Ungarn, das Volk aber gehört anderen Stämmen an. ... In Ungarn droht sich ein Abgrund zu bilden, und in diesen Krater kann vieles stürzen, was man jetzt noch für lebensfähig hält.« (Lendvai, Die Ungarn, S. 333)

Tatsächlich verletzte die Magyarisierungspolitik insbesondere die slawischen und rumänischen Minderheiten. Sie tat es erst recht, wenn sie mit der Behauptung von Vorrechten begründet wurde, die den Magyaren aufgrund ihrer Landnahme vor einem Jahrtausend einfach zustünden; diese nämlich sei einer bleibenden Überlegenheit des Ungarntums zu verdanken. Solche Hintanstellung anderer ethnischer Gruppen wurde gerade in einer Zeit sich ausbreitender demokratischer Ideen durchaus nicht besser aufgrund der ergänzenden, eigentlich doch integrierend gemeinten Behauptung, es gäbe in Ungarn zwar verschiedene Nationalitäten, doch nur eine einzige Nation. Diese Nation konnte sich nämlich – entlang dem sie konstituierenden Sprachgebrauch – auch sehr ausgrenzend verhalten. Ebenso konnte sie durch einen demonstrativen Gebrauch anderer Sprachen in ihrem Geltungsanspruch leicht angegriffen werden. Beides wurde – gerechtfertigt oder nicht – von Ungarn und Nicht-Ungarn immer wieder wechselseitig so empfunden.

Die Jahrtausendfeiern zur »Landnahme« wurden 1896 dann mit Stolz und Selbstbewusstsein begangen, beides gerechtfertigt durch tatsächliche Errungenschaften. In Technik und Wirtschaft, auch im Glanz der verschönerten oder wachsenden Städte, hatte sich Ungarn gut entwickelt. Die wirtschaftlichen Wachstumsraten lagen höher als im europäischen Durchschnitt, auch wenn man insgesamt hinter den mittel- und westeuropäischen Staaten zurückblieb. Doch die Entwicklung ging eben in eine gute Richtung, obschon viel mehr zum Vorteil unermesslich reicher Adeliger als zum Nutzen der – zumal auf dem Land – meist weiterhin armen Bevölkerung. Also verschärften sich die sozialen Spannungen, vor allem zwischen Bauern und Adeligen. Doch einem verbreiteten Grundgefühl nach würde alles durchaus besser werden – und wurde das vielfach auch während der Jahre bis zum Ersten Weltkrieg. Nicht nur Budapest und Pécs/Fünfkirchen, Győr/Raab und Veszprém/Weißbrünn füllten sich damals mit Gebäuden, deren Schönheit heute noch glücklich macht.

Einen nicht geringen Anteil an dieser guten Entwicklung des Landes hatten die jüdischen Ungarn, von denen ein erheblicher Teil in die Reihen der Gutsbesitzer, großen Bankiers und führenden Industriellen aufstieg, und die insgesamt sehr wichtigen Träger sowohl der Verbürgerlichung als auch der Magyarisierung der ungarischen Gesellschaft wurden. Einmal mit allen bürgerlichen Rechten ausgestattet, nutzten die jüdischen Ungarn besonders umsichtig jene Möglichkeiten beruflichen und sozialen Aufstiegs, die ihnen zuvor versperrt waren, und um die sich – etwa in Wirtschaft und Finanzwesen – der schon während vieler Generationen über anderen stehende Adel nicht kümmern wollte. Wie in anderen europäischen Ländern rief dies vielerlei Ressentiments derer hervor, die gleiche Chancen nicht zu nutzen verstanden, oder denen die in jüdischen Familien verbreitete Bildungsfreude nicht nahegebracht worden war. In der Spätzeit des kaiserlich-königlichen Dualismus herrschte bei alledem zwar noch eine Grundhaltung der Kooperation sowie der kulturellen Symbiose vor; doch nach dem Ersten Weltkrieg, in den Krisenjahren seit der ungarischen Räterepublik, setzte ein Prozess der christlich-jüdischen Desintegration ein. Überkommene Ressentiments setzten sich fortan nicht nur in bewusste Distanzierung um, sondern oft auch in herabsetzendes und ausgrenzendes Verhalten, dessen man sich vielfach gar nicht schämte. Zur Zeit der deutschen Besatzung 1944/45 kam dann viel Übles, das sich an antijüdischen Vorurteilen und Sozialneid angesammelt hatte, zum verbrecherischen Ausdruck.

Ungarns »Goldenes Halbjahrhundert« endete mit dem Ersten Weltkrieg (1914–1918). Durchaus begeistert war man auch in Ungarn in den Krieg gegangen – nicht zuletzt, um sich bei den Russen für die Niederlage von 1849 zu revanchieren. Der Ministerpräsident István Tisza (1861–1918, Ministerpräsident 1903–1905 und 1913–1917), Sohn des früheren Ministerpräsidenten Kálmán Tisza, stemmte sich ohne Erfolg gegen den von Wien und Berlin erwünschten Krieg und galt später dennoch als Kriegstreiber. Von den 3,4 Millionen als Soldaten eingezogenen Männern aus Ungarn und Kroatien fielen im Krieg dann mehr als eine halbe Million. Knapp dreimal so viele wurden verwundet, und rund 833 000 gerieten in Kriegsgefangenschaft. Auch die allgemeine Lebenslage in Ungarn verschlechterte sich – wie in Deutschland – während des Krieges sehr. Hungerproteste oder Streiks häuften sich, und seit 1917 verlangten die Gewerkschaften sowie die Sozialdemokraten nach tiefgreifenden innenpolitischen Reformen. Der ehemalige Ministerpräsident Tisza erklärte – anders als die deutsche Führung – im Oktober 1918 dann den Krieg für verloren. Alsbald verkündeten die Rumänen, die Siebenbürger Sachsen, die Slowaken und die Kroaten ihren Austritt aus der Doppelmonarchie.

Unter dem Schock all dessen kam es im gleichen Monat zu einer bürgerlichen Revolution unter Führung des Grafen Mihály Károlyi (1875–1955). Der rief im November die Republik aus und wurde im Januar des Folgejahres zu deren Präsidenten gewählt. Doch alle angekündigten Reformen, zumal die des Bodenrechts und des Wahlrechts, blieben auf der Strecke. Dazu trug auch bei, dass Ungarn größtenteils von feindlichen Truppen besetzt war und sich insbesondere rumänisches Militär umfangreich ans Plündern machte. Außerdem erlegten die Siegermächte

Ungarn – wie Deutschland – einen unfairen und empörenden Waffenstillstandsvertrag auf. Nach dem Zusammenbruch der Fronten und der Heimkehr vieler Soldaten ließ sich die innere Ordnung kaum mehr aufrechterhalten. Unter solchen Umständen wandelte sich die bürgerliche Revolution zu einer sozialistisch-kommunistischen Revolution. Der Journalist und Versicherungsangestellte Béla Kun (1886–1938), in der russischen Kriegsgefangenschaft zum Bolschewisten geworden, schaffte es, die große ungarische Sozialdemokratie zur Annäherung an die viel kleinere kommunistische Partei zu bewegen. Alsbald inhaftiert, wurde er im März 1919 freigelassen. Präsident Károlyi, der sich zum Rückzug der ungarischen Streitkräfte auf die neuen, von den Siegermächten gezogenen Grenzlinien inmitten des früheren ungarischen Staatsgebiets gezwungen sah, übergab im März die Macht den Sozialdemokraten, die sich ohne sein Wissen – wie er später behauptete – längst mit den Kommunisten auf die Errichtung einer Räterepublik geeinigt hatten. So kam es dann auch.

Diese Räterepublik dauerte allerdings nicht lange und endete zu Beginn des Monats August 1919 mit der Flucht Kuns und seiner Leute. Zuvor hatte Béla Kun viele Fehler begangen. Er hatte etwa die siegreichen Alliierten durch Drohungen zu beeindrucken versucht, Russlands Rote Armee werde ihn unterstützen. Auch hatte er, statt eine Bodenreform durchzuführen, das Land ebenso wie die Betriebe mit mehr als zwanzig Beschäftigten einfach verstaatlicht und dadurch die üblichen Folgeschäden kommunistischer Wirtschaftsführung angerichtet. Zwar schaffte es Kun, eine Armee aufzustellen, die im Norden den bislang recht widerstandslosen tschechischen Vormarsch zurückwarf. Doch ein Ultimatum der Siegermächte zwang sie zum Rückzug. Das demoralisierte Ungarns Rote Armee ebenfalls im Osten und ließ sie auseinanderfallen. Auch grausamer Terror in der Spätphase der Räteregierung stabilisierte diese nicht. Dass dieses Regime – wie noch nie eine Regierung in Ungarns Geschichte – wesentlich von jüdischen Ungarn mitgetragen wurde, führte wenig später zur zwar sachlich unrichtigen, doch in ihrer Bösartigkeit sehr wirkungsvollen Gleichsetzung von Judentum, Kommunismus und Rotem Terror. Das wiederum bereitete – trotz vorsichtiger Entspannungsversuche zur Zeit des Ministerpräsidenten István Graf Bethlen (1874–1946, Ministerpräsident 1921–1931) den Boden für das grausige Schicksal der jüdischen Ungarn von den 1930er-Jahren bis zum Ende der deutschen Besetzung im Jahr 1945.

Der Räteregierung hatte sich aus dem südungarischen Szeged rasch eine Gegenregierung entgegengestellt. Deren besser deutsch als ungarisch sprechender Verteidigungsminister, ein erfolgreicher habsburgischer Admiral calvinistischer Konfession aus der Großen Tiefebene namens Miklós Horthy (1868–1957), stellte erfolgreich eine »Nationale Armee« auf und zog im November 1919 zeremoniell in die zuvor von rumänischen Truppen eroberte – und erst auf alliiertes Drängen wieder geräumte – Hauptstadt Budapest ein. Ein Ruf grausamer Bürgerkriegsführung ging ihm voraus. Versuche des im Dezember 1916 zum ungarischen König Karl IV. gekrönten Sohns von Kaiser Franz Joseph (1887–1922, als Kaiser Karl I.), der im November 1918 als österreichischer Kaiser abgedankt hatte, in Ungarn weiterhin eine politische Rolle zu spielen, wehrte Horthy ab – und zwar nicht zuletzt, um auf diese Weise zusätzliche Spannungen mit den Siegermächten sowie mit den inzwischen entstandenen Nachfolgestaaten auf dem Gebiet des zerbrochenen Habsburgerreichs zu vermeiden. Im November 1921 beschloss das im Januar des gleichen Jahres gewählte ungarische Parlament, die habsburgische Dynastie in Ungarn überhaupt abzusetzen. Karl IV. starb im April 1922 auf Madeira an der Spanischen Grippe; Horthy wurde im rechtlich weiterbestehenden ungarischen Königreich Regent bzw. »Reichsverweser« – wie einst der Vater und der Onkel von König Matthias Corvinus sowie in gewisser Weise auch Lajos Kossuth. Tatsächlich gelang Horthy eine Stabilisierung der Lage im Inneren des Landes, nicht zuletzt dank der politischen Leistung seines – aus einer großen siebenbürgischen Adelsfamilie stammenden – Premierministers István Graf Bethlen. Der leitete die Regierungsgeschäfte zwischen 1921 und 1931, widersetzte sich dem aufkommenden Antisemitismus und gewann internationales Vertrauen für Ungarn. Die Innenpolitik war zu dessen Amtszeit halbwegs freiheitlich; die ungerechten Vermögens- und Sozialverhältnisse blieben aber so, wie sie waren. Ansonsten herrschten zwischen den weiterhin einflussreichen Adelsfamilien sowie um diese herum Verhältnisse, die so manches Geschehen auf den zeitgenössischen Operettenbühnen als höchst realistisch anmuten ließen – und nachhaltig wirkende Reformversuche als aussichtslos.

Wie in den Fällen von Deutschland und Österreich erleichterten innenpolitische Wirren den Siegermächten des Ersten Weltkriegs auch gegenüber Ungarn ihre Absicht, Mittel- und Ostmitteleuropa neu zu ordnen sowie die ehemaligen Kriegsgegner kleinzuhalten. Hinsichtlich der langfristigen Folgen kam letztlich Deutschland am glimpflichsten davon. Österreich hingegen wurde auf einen Kleinstaat reduziert, welchem man den Beitritt zu Deutschland, dem es von Beginn seiner Geschichte an zugehört hatte, ausdrücklich verbot. Ungarns Schicksal lag gleichsam in der Mitte und traumatisierte dieses Land mit Nachwirkungen bis heute. Im Juni 1920 hatten nämlich zwei Vertreter der ungarischen Regierung im Lustschloss Trianon, gelegen im Park von Versailles, einen Friedensvertrag zu unterzeichnen, der Ungarn verstümmelte. Es verlor ganz Siebenbürgen und weitere südöstliche Landesteile an Rumänien, das sich 1918 – wie schon 1915 Italien – an die Seite der künftigen Siegermächte gestellt hatte. Im Norden verlor das Königreich an die neu errichtete Tschechoslowakei »Oberungarn«, im Südwesten und Süden viele Gebiete an das neue Königreich der Serben, Kroaten und Slowenen. Im Westen ging das Burgenland an Österreich; lediglich Sopron/Ödenburg verblieb nach einer Volksabstimmung bei Ungarn.

Statt einst – mit bzw. ohne Einschluss Kroatiens – 325 000 bzw. 282 000 Quadratkilometern maß Ungarn nun nur noch 93 000 Quadratkilometer, und von zuvor noch insgesamt

20,9 bzw. 18,3 Millionen Bewohnern sank Ungarns Einwohnerzahl auf ganze 7,6 Millionen. Zugleich lebten fortan 3,3 Millionen Ungarn unter fremder Herrschaft, obwohl sie überwiegend ihre bisherigen Wohnsitze behielten. Die Krönungs- und Reichstagsstadt Pozsony/Preßburg war unter dem Namen Bratislava – im Rahmen der aus böhmischen und vormals ungarischen Gebieten neu geschaffenen Tschechoslowakei – nun die Hauptstadt von deren östlichem Landesteil. Siebenbürgen, wo zur Osmanenzeit ein selbstbewusstes Ungarntum weitergelebt hatte, war fortan rumänisch. Viele Ungarn flüchteten aus den nun zu anderen Staaten gehörenden Gebieten. Kaum eine ungarische Familie wurde davon nicht betroffen. Bis heute geht den meisten Ungarn dieser Teil ihrer Familiengeschichte sehr nahe, und weiterhin gibt es noch viele Häuser, in denen auch eine Karte des alten, nicht schon verstümmelten ungarischen Königreichs hängt.

Tatsächlich stellte »Trianon« Ungarns größte Katastrophe seit der Osmanischen Eroberung dar. Außerdem war das Land nun schutzlos, denn ihm wurde nur ein Berufsheer von 35 000 Mann ohne Artillerie, Panzer und Flugzeuge zugestanden. Obendrein war Ungarn – anders als Deutschland – nun auch wirtschaftlich verstümmelt. Zwar besaß es weiterhin über die Hälfte seiner früheren industriellen Anlagen, sogar über 80 Prozent des Maschinenbaus und rund 70 Prozent der Bankaktiva. Doch von den früheren Rohstoffquellen und Märkten war man abgeschnitten. Zugleich wurden erhebliche Reparationszahlungen auferlegt. Also stand man am Rand des wirtschaftlichen Zusammenbruchs. Und wie die Österreicher in Wien hatten nun auch die Ungarn in Budapest eine Hauptstadt, die im Vergleich zum Rest des Landes übergroß war und deshalb hinsichtlich anderer Landesteile eine unverhältnismäßig wichtige politische, wirtschaftliche und kulturelle Bedeutung besaß. Eine Folge von »Trianon« war allerdings auch, dass jetzt ein recht homogenes Ungarn entstanden war: Nur noch jeder Zehnte hatte 1920 eine andere Muttersprache als Ungarisch, worunter weit über die Hälfte deutschsprachig war.

Doch das Land kam nicht zur Ruhe. Einerseits stellte sich die Frage, wer denn am Unglück Ungarns schuld wäre. Statt realistischer Antworten, die auf Elitenversagen, auf die unglückliche Ankettung an das Habsburgerreich sowie auf den bis weit vor die Türkenzeit zurückreichenden multi-ethnischen Charakter des Landes hingewiesen hätten, fand man viel anschaulichere, greifbarere Erklärungen: Leute wie Graf Károlyi hätten das Land verraten, und »die Juden«, sowohl Wegbereiter als auch Agenten des Weltbolschewismus, hätten Ungarn vollends zu ruinieren versucht; ausreichender Beweis wäre die Beteiligung jüdischer Ungarn an der Räteregierung. Gegenargumente halfen da wenig; vielmehr begann schon im Ungarn Horthys, der sich seiner Verweigerung eines Umgangs mit Juden auch rühmte, ein Prozess der Rückgängigmachung jüdischer Emanzipation und sich verschärfender antijüdischer Diskriminierung. Bereits im September 1920 wurde ein Gesetz erlassen, das den Zugang jüdischer Ungarn zu den Universitäten beschränkte; 1928 novelliert, erlaubte es einen Neuanstieg der Zahl jüdischer Studenten. Wider Erwarten spielte auch die wiedergewonnene sprachliche Homogenität des Landes solchem Antisemitismus in die Hände: Aus assimilierungswilligen jüdischen Ungarn, einst eine Minderheit unter vielen anderen Minderheiten, war ein konkurrierender jüdischer Mittelstand geworden, dem man – so die weit verbreitete Empfindung – nun »zum Selbstschutz« mit Schikanen kam.

Andererseits wurde Ungarns Politik durch die Bevölkerung des Landes selbst auf den Weg des geopolitischen Revisionismus getrieben. Die empfand nämlich die Gebietsabtrennungen von Trianon als unverzeihliches Unrecht. Also galt es einfach als selbstverständlich, dass man sich um die Wiedergewinnung des böswillig Abgetrennten bemühen müsse. Dafür ließ sich aber andere Unterstützung als die aus dem ebenfalls revisionistischen Deutschland nicht finden. Mit dem 1933 an die Macht gelangten Adolf Hitler (1889–1945) zusammenzuarbeiten, erschien dem rechtsradikalen General Gyula Gömbös (1886–1936), Premierminister nach Bethlens Rücktritt von 1932 bis 1936, wie eine alternativlose Patriotenpflicht. Er stellte deshalb die Weichen auf Ungarns Zusammenwirken mit dem Dritten Reich und mit Italiens Faschistenführer Benito Mussolini (1883–1945). Zwar verband Deutschlands Nationalsozialisten mit Horthys Anhängern gerade nicht die Vorstellung von Ungarn als einem christlichen Bollwerk gegen Bolschewismus und Liberalismus. Sehr einig war man sich aber im Antiliberalismus und im Antibolschewismus.

Der ungarischen Regierung gelang dann im Zusammenwirken mit dem faschistischen Italien und dem nationalsozialistischen Deutschen Reich zwischen November 1938 und April 1941 die Rückgewinnung von etwa 40 Prozent der nach dem Ersten Weltkrieg abgetrennten Gebiete. Bezahlt wurde dafür mit einer politischen und wirtschaftlichen Abhängigkeit von Hitlers Deutschland, welche die von der einstigen, immerhin mitregierten Donaumonarchie noch übertraf. Obendrein spielte Hitler Ungarn gegen Rumänien aus. Gleichsam als Gegenleistung für die im Sommer 1940 den Rumänen aufgezwungene, von den Ungarn bejubelte Abtretung von Nordsiebenbürgen und dem Szeklerland hatte sich Horthys Reich im Folgejahr an den – damals freilich für gewinnbar gehaltenen – Kriegen Hitlers zu beteiligen: erst im April 1941 an dem gegen Jugoslawien, mit dem Ungarn kurz zuvor noch einen Freundschaftsvertrag geschlossen hatte, und 1942 an jenem gegen die Sowjetunion. Der Ministerpräsident Pál Graf Teleki (1878–1941, Ministerpräsident 1920/21 und seit 1939) beging angesichts dieser Lage im Frühjahr 1941 Selbstmord.

Zu den Folgen solcher Politik, deren Territorialgewinne Horthy sehr populär machten, gehörte allerdings die Rückverwandlung Ungarns in einen Vielvölkerstaat. Die daraus entspringenden Probleme wurden nur ein wenig dadurch verringert, dass man fortan zwischen »Muttersprache« und »Nationalität« unterschied. Für die von Deutschland aufgezwungene Erweiterung der Rechte der deutschen Minderheit bezahlte ein

Großteil der Ungarndeutschen dann nach dem Zweiten Weltkrieg mit seiner Vertreibung. Am übelsten gingen die durch die neue Lage befeuerten ethnisch-kulturellen Spannungen aber für die jüdischen Ungarn aus, deren Zahl sich durch die territoriale Rückgewinnungspolitik um rund 80 Prozent erhöht hatte. Darauf nämlich reagierte der ungarische Staat durch mehrere antijüdische Gesetze, welche – weil meist gesellschaftspolitisch, nicht allein rassistisch motiviert – die deutschen an Schärfe sogar übertreffen konnten. Aus Sozialneid, Aufstiegswillen um jeden Preis und grundständiger Bösartigkeit wurden diese Gesetze von nicht wenigen Ungarn zum eigenen Vorteil ausgenutzt. Im so gearteten kulturellen Klima nahm die Organisation der Pfeilkreuzler ihren Aufstieg, die sich am Vorbild der deutschen Nationalsozialisten und der italienischen Faschisten orientierte. Sie lebte von weitverbreiteter Unzufriedenheit mit den Verhältnissen und war im Grunde eine gewalttätige Protestbewegung, die sich gegen das Machtgeflecht aus Hochadel, Hochfinanz und hoher Staatsbürokratie richtete. Am Ende der 1930er-Jahre hatten die Pfeilkreuzler an die 300 000 Mitglieder.

Zwar versuchte Horthy seit 1942 ein gewisses Abrücken von Deutschland, zumal als im Januar 1943 auch noch eine Armee von gut 200 000 ungarischen Männern in der Sowjetunion zerschlagen worden war: 40 000 Männer waren gefallen, 35 000 verwundet, 60 000 in sowjetischer Kriegsgefangenschaft. Doch für eine eigenständige Politik Ungarns im Zweiten Weltkrieg war es längst zu spät. Im März 1944 besetzten deutsche Truppen Ungarn und installierten dort eine Kollaborationsregierung, die seit dem Oktober 1944 den Pfeilkreuzlern zufiel. Die errichteten unter Ferenc Szálasi (1897–1946) ein Terrorregime, das gerade auch bei der nun folgenden Vernichtung des ungarischen Judentums – rund eine halbe Million Ermordete aus dem vergrößerten Ungarn von 1941 – eng mit den Deutschen zusammenwirkte. Als sich zu dieser Zeit Horthy nicht auch noch bei der Auslieferung der in Budapest ins Ghetto gezwungenen jüdischen Ungarn als williger Helfer verhalten wollte, ja obendrein Fühlung zur

Roten Armee in der Absicht aufnahm, einen gesonderten Waffenstillstand zu erlangen, wurde er im Oktober 1944 in Deutschland interniert. Die Eroberung der »Festung Budapest« durch die Rote Armee wurde dann im Februar 1945 abgeschlossen, nachdem ein erheblicher Teil der Stadt und ihrer Burg zerstört worden war. Unterdessen floh die militärische und zivile Verwaltung Ungarns großenteils in den Westen. So hielt es auch rund eine Million Zivilisten, meist aus der Mittelklasse. Ganz wesentlich vertrieb sie die Furcht vor der Roten Armee.

Anders als nach dem Ersten Weltkrieg hatte Ungarn im Zweiten Weltkrieg nicht nur viele Menschen verloren, nämlich gut sechs Prozent seiner – im Jahr 1941 – 14,5 Millionen Bewohner. Auch befanden sich rund 600 000 Ungarn in sowjetischer Gefangenschaft, und hatten rund 300 000 Soldaten gegenüber Engländern und Amerikanern kapituliert. Sondern das Land selbst war durch Krieg und Plünderungen zerstört, und zwar nicht nur durch die Rote Armee, sondern auch durch rumänische Truppen, deren Land die Seiten wieder rechtzeitig gewechselt hatte. Die Hälfte der Fabrikausrüstungen, 40 Prozent des Schienennetzes, zwei Drittel der Lokomotiven, der größte Teil des Rinder-, Pferde-, Schweine- und Schafbestandes waren verloren. So war es auch mit den bis 1941 wiedererlangten Gebieten. Ungarns Lage als Nation war so übel wie nach dem Mongolensturm oder der Osmanischen Eroberung. Ein Neuanfang wurde nötig. Zum Unglück des Landes gestalteten ihn gute Schüler von Josef Stalin (1878–1953).

V. Von der Durchsetzung des Kommunismus bis zur Ära von Viktor Orbán

Ungarns kommunistische Partei war im November 1918 gegründet worden. Im Mai 1945 behauptete sie, 150 000 Mitglieder zu haben. Bei den Wahlen im November des Jahres lag man mit knapp 17 Prozent hinter den Sozialdemokraten mit 17,4 Prozent zurück, und mit noch viel größerem Abstand hinter der – durchaus auch bürgerlichen, ländlich-agrarisch und national-konservativ orientierten – »Unabhängigen Kleinlandwirte-, Landarbeiter- und Bürgerpartei« (FKgP) mit 57 Prozent. Das war ein angesichts der Unbeliebtheit des sowjetischen Kommunismus ein wohl den tatsächlichen Bevölkerungswünschen entsprechendes Ergebnis.

Doch Ungarns Kommunisten wussten sich getragen von der KPdSU und der Roten Armee. Sie traten deshalb selbstbewusst und siegessicher auf. Ihre Mitgliederzahl vermehrten sie am Ende des Jahres auf eine halbe Million. Diese neuen Parteigenossen waren natürlich nicht jahrzehntelang überzeugte Kommunisten, sondern großenteils ungelernte Arbeiter, Kleinbürger und Beamte, die – nicht ganz selten aus den Reihen der sozial ähnlich strukturierten Pfeilkreuzler stammend – nun »auf der sicheren Seite« stehen wollten. Insgesamt befolgte die Führung der kommunistischen Partei Ungarns (MKP) die in allen sowjetisch eroberten Gebieten funktionierende Strategie des machtgestützten Aufbaus einer »Volksdemokratie«. Zunächst wurde die FKgP – die »Unabhängige Kleinlandwirte-, Landarbeiter- und Bürgerpartei« – gespalten und durch Verhaftungen ihres

Führungspersonals kopflos gemacht. 1948 wurde die Sozialdemokratische Partei mit den Kommunisten zur MDP (»Partei der Ungarischen Werktätigen«) zwangsvereinigt. Allen, die als Gegner wahrgenommen wurden, machte man – soweit nicht Verhaftungen vorkamen – durch Einschüchterung oder die Demonstration der Aussichtslosigkeit mangelnden Wohlverhaltens klar, dass man sich besser der ohnehin siegenden kommunistischen Sache ergab. Bei den Wahlen im Mai 1949 war ohnehin nur noch eine Einheitsliste von fortbestehenden Blockparteien zugelassen, die – bei vorab festgelegten Sitzanteilen – der MDP eine Zweidrittelmehrheit sicherte.

Im August 1949 wurde auch eine neue Verfassung nach sowjetischem Vorbild beschlossen. Deren Geist brachte klar ihre Präambel zum Ausdruck:

> »Die bewaffnete Macht der großen Sowjetunion hat unser Land von dem Joche der deutschen Faschisten befreit, die volksfeindliche Staatsgewalt der Gutsherren und Großkapitalisten zerschmettert und unserem werktätigen Volke den Weg der demokratischen Entwicklung erschlossen. Zur Macht gelangt in harten Kämpfen gegen die Herren und Beschützer der alten Ordnung, hat die ungarische Arbeiterklasse im Bunde mit der werktätigen Bauernschaft unser im Kriege verwüstetes Land wiederaufgebaut. Unter Führung unserer in jahrzehntelangen Kämpfen gestählten Arbeiterklasse, bereichert um die Erfahrungen der sozialistischen Revolution des Jahres 1919 und gestützt auf die Sowjetunion, begann unser Volk die Fundamente des Sozialismus zu legen, und unser Land schreitet auf dem Wege der Volksdemokratie vorwärts, dem Sozialismus entgegen. Die bereits verwirklichten Ergebnisse dieses Kampfes und der Aufbauarbeit des Landes, die grundlegenden Änderungen im wirtschaftlichen und gesellschaftlichen Gefüge unseres Landes bringen zum Ausdruck und den Weg der weiteren Entwicklung zeigt an: die Verfassung der Ungarischen Volksrepublik.«

Sowjetisch waren auch die politischen Inszenierungen der neuen Herren. Zu diesen gehörte allen voran Mátyás Rákosi (1892–1971, 1945–1956 Erster Sekretär des Zentralkomitees der Kommunistischen Partei, dann im sowjetischen Exil), László Rajk (1909–1949, 1946–1949 Innen- bzw. Außenminister, nach einem Schauprozess hingerichtet), Imre Nagy (1896–1958, 1945–1953 Landwirtschaftsminister, anschließend Ministerpräsident, 1955 gestürzt und aus der Partei ausgeschlossen, 1956 wieder eingesetzt und dann Gesicht der antikommunistischen Revolution, 1958 nach einem Geheimprozess hingerichtet) sowie János Kádár (1912–1989, 1948–1950 Innenminister und Gründer der politischen Geheimpolizei; 1951 gestürzt, verhaftet und zu lebenslänglicher Haft verurteilt, 1953 rehabilitiert, 1956–1988 Generalsekretär der Ungarischen Sozialistischen Arbeiterpartei MSZMP). Diese knapp umrissenen Lebensgeschichten zeigen, wie lebensgefährlich es sich auch in den Reihen der Machtelite lebte – zumindest bis zur Erstarrung der kommunistischen Diktatur und dann ihrer Lockerung zum »Gulaschkommunismus« in den 1960er-Jahren. Stalinistisch waren auch die abgekarteten Prozesse, denen viel mehr überzeugte Kommunisten zum Opfer fielen als nur die früheren Spitzengenossen Rajk und Nagy. Freilich teilten sie damit nur das Los aller Ungarn, über die – auch seitens von später Hingerichteten – systematischer Terror ausgeübt wurde:

> »Allein zwischen 1951 und Mai 1953 wurden 850 000 Polizeistrafen verhängt; zwischen 1950 und dem ersten Vierteljahr 1953 standen 650 000 Personen vor Gericht, davon wurden 387 000 (überwiegend zu Geldstrafen) verurteilt. Hinzu kommen 44 000 Internierungen und im Frühjahr 1951 die Aussiedlung von rund 15 000 ›bourgeoisen‹ und potenziell ›unzuverlässigen Elementen‹, in erster Linie aus der Hauptstadt in weit abgelegene Siedlungen, wo sie oft Landarbeit unter schwersten Bedingungen verrichten mussten. Der schwarze Humor hat in jener Zeit die Bevölkerung in zwei Lager geteilt: jene, die schon

> in Haft waren, und jene, die demnächst hinter Gitter gelangen würden. Die allgegenwärtige ÁVH [die von Kádár gegründete Gemeinpolizei] konnte zeitweilig auf über 40 000 Informanten zurückgreifen, und es wurden angeblich über eine Million Personen, also 10 Prozent der Gesamtbevölkerung, Dossiers angelegt.« (Lendvai, Die Ungarn, S. 473)

Viele Ungarn hatten zu Beginn des Kommunismus die Hoffnung gehegt, eine Landreform werde den Bauern Selbständigkeit und Wohlstand bringen; das Bildungssystem schaffe in Verbindung mit dem Ausbau der staatlichen Verwaltung allgemeine Aufstiegsmöglichkeiten; und nach Jahrhunderten schamloser Reichtumsunterschiede erhalte Ungarn nun eine halbwegs egalitäre Gesellschaft auf der Grundlage gemeinsamen Wohlstands. Weil diese Hoffnungen trogen, gewann die neue politische Ordnung nie von innen her Legitimität, sondern musste sich auf Zwang und Säuberungen stützen. Hinzu kamen große politische Fehler, allen voran die zwangsweise erfolgte und obendrein nicht sachgerecht vorgenommene Kollektivierung der Landwirtschaft, desgleichen die Aufrüstung. Sündenböcke mussten her und wurden, wie im ganzen sowjetischen Europa üblich, in Schauprozessen dann auch vorgeführt. Als Stalin 1953 starb, wurde seitens der neuen Sowjetführung ebenfalls »Stalins bester ungarischer Schüler« Rákosi zum Sündenbock gemacht, fand aber ein mildes Schicksal: Nur als Ministerpräsident sollte er abtreten und Platz für seinen bisherigen Stellvertreter Nagy machen. Anschließend gab es in der ungarischen Kommunistischen Partei zwei Jahre lang Streit um den richtigen Weg. Das schwächte die Parteiführung so sehr, dass sie dem 1956 ausbrechenden Volksaufstand zunächst hilflos gegenüberstand. Gewonnen hatte zunächst 1955 Rákosi, der Nagy stürzte und aus der Partei ausschließen ließ. Doch die Bekanntgabe der Verbrechen Stalins auf dem XX. Parteitag der KPdSU im Februar 1956 empörte in Ungarn dann nicht nur die Opfer des kommunistischen Terrors zu Ungarn, sondern auch viele von jenen, die Rákosi so lange unterstützt hatten und sich nun betrogen fühlten.

Dass man Rákosi im Juli 1956 erneut und endgültig absetzte, wurde deshalb zum politischen Erdbeben. Erst recht geriet zum Fanal die öffentliche Neubeisetzung der Opfer des ersten Schauprozesses von 1949, nämlich von László Rajk und seinen Mitangeklagten. Zur Symbolkraft des Geschehens trug nicht wenig bei, dass man diese Feier am 6. Oktober vornahm, dem Trauertag für die Hinrichtung von dreizehn Generälen der Revolutionsarmee von 1848/49. Doch trotz der Reformerwartungen, die sich angesichts solcher Umstände unter den rund 200 000 Teilnehmern an jener Zeremonie auf dem Budapester Heldenplatz ausbreiteten, unternahm die Parteiführung nichts dergleichen. Das Revolutionsfeuer, das durch solche Machtarroganz immer weiter geschürt wurde, loderte dann hoch, als am 23. Oktober die Regierung zu Budapest in die Reihen einer Großdemonstration von Studenten schießen ließ. Daraufhin brachen bewaffnete Kämpfe aus, denen sich auch junge Arbeiter anschlossen. Vom Ethos dieser Auflehnung zeugt, dass es nicht zu Plünderungen kam, trotz der jüdischen Herkunft vieler hoher Geheimdienstoffiziere auch kaum zu antisemitischen Aktionen, und allenfalls ausnahmeartig zu Racheakten.

Erste Reaktionen der Regierung wie die Neueinsetzung des seit seinem Sturz populär gewordenen Imre Nagy als Ministerpräsident bewirkten nichts. Quer übers Land kam es zu einem nicht mehr kontrollierbaren Volksaufstand. Behauptungen im Rundfunk, es handle sich um eine Konterrevolution, empörten die Aufständischen erst recht. Tagelang gab es Konfrontationen an vielen Barrikaden, sogar mit sowjetischen Panzern. Während die kommunistischen Führer in Ungarn und Moskau intensiv telefonierten, erzwangen Tausende von jungen Leuten am 27. Oktober eine klare Positionierung von Nagy. Zum wütenden Entsetzen der kommunistischen Eliten erklärte dieser nun, es handele sich beim schon tagelangen Aufstand eben doch nicht um eine Konterrevolution, sondern um ein nationales, demokratisches Aufbegehren; und um diesem gerecht zu werden, solle nun wieder ein Mehrparteiensystem eingeführt werden. Dieser – wie es schien – rasche Erfolg der Revolution bewirkte einen Waffenstillstand. Nagy zog, auf diese Weise natürlich auch Symbolpolitik betreibend, am 29. Oktober mit seinem Büro aus der Parteizentrale ins Parlamentsgebäude um. Am 1. November verkündete er außerdem so, als wäre das jetzt zur Selbstverständlichkeit geworden, die Neutralität Ungarns und den Austritt des Landes aus dem Warschauer Pakt.

Allenfalls mit mehr als nur politischer Unterstützung seitens der westlichen Mächte hätte man derlei gegen die im Land präsenten russischen Truppen durchsetzen können. England und Frankreich aber waren seit dem 29. Oktober mit einer – aufgrund der ägyptischen Verstaatlichung des Suezkanals ausgebrochenen – internationalen Krise und den sie begleitenden Kampfhandlungen beschäftigt. Die erreichten um den 5. November einen Höhepunkt und am 6. November ihr Ende, vollzogen sich also zur gleichen Zeit wie der ungarische Aufstand. Dadurch gebunden, vermieden es die Westmächte, sich in das ihre Kolonialinteressen nicht berührende ungarische Drama einzumischen. Also begannen die sowjetischen Truppen einen Angriff auf Budapest im Schatten dieser Krise. Die ungarische Armee stand abseits. Die rund 10 000 sich der Roten Armee widersetzenden Kämpfer hatten deshalb keine Chance. Viele von ihnen hatten zuvor Kommentare westlicher Sender naiv ernstgenommen, man werde die Ungarn nicht im Stich lassen. Doch gerade so kam es, was die völlige Substanzlosigkeit westlicher Versprechen bewies, antikommunistischen Widerstand in Europa zu unterstützen. Zwar gingen die Kämpfe in Budapest noch eine Woche lang weiter, in einzelnen Orten mehrere Wochen, in manchen Gebirgsregionen sogar bis Anfang 1957. Doch schnell war klar: Die Ungarn, anschließend 2700 Tote und rund 19 000 Verwundete beklagend, hatten sich einfach mit ihrer Unfreiheit abzufinden. Wer das nicht gleich einsah, den belehrte das Regime eines anderen, indem es eisern zurückschlug. Mit über 200 Hinrichtungen und 22 000 Verurteilungen zu harten Strafen war die Rache der kommunistischen Sieger sogar noch härter als die der Habsburger nach der Revolution von 1848/49. Imre Nagy fand sich mit seinen engsten Mitarbeitern verhaftet und nach einem Geheimprozess hingerichtet. János Kádár hingegen wurde zunächst zum Verräter und dann zum wohl erfolgreichsten ungarischen Politiker des 20. Jahrhunderts.

Er liquidierte zwar die Revolution mit harter Hand, als er im November 1956 neuer Parteichef wurde. Er machte sich aber keine Illusionen über die mangelnde innere Legitimität des nur mit sowjetischer Gewalt stabilisierten Herrschaftssystems. Anstelle des totalitären Gestaltungswillens von Rákosi wurde nun zur Maxime seiner Politik: »Wer nicht gegen uns ist, der ist für uns«. Das koppelte er, auch auf der Grundlage eines großen Darlehens der Sowjetunion, von etwa 1962 an mit improvisierenden, kleinschrittigen Reformen im Rahmen des aufrechterhaltenen Machtmonopols der kommunistischen Partei. Am Ende kam es zur Befriedigung des allgemeinen Wunsches nach mehr Wohlstand, auch zu ein wenig mehr Freiheit. »Kádárismus« genannt und zum »Gulaschkommunismus« führend, trug diese Politik rasch zur Verbesserung der Lage bei – flankiert vom Wissen der Ungarn, auch bei einem neuerlichen Aufbegehren würde sich im Westen keine Hand für sie rühren.

Doch eben weil das Volk sich mit der Diktatur abgefunden hatte, ließ sich diese immer mehr lockern. Etwa wurden Reisen in den Westen möglich. Deren Anzahl stieg von gut 15 000 im Jahr 1958 auf 120 000 im Jahr 1963, dann 1988 auf über 700 000. Dieser Regierungsstil Kádárs, samt einer Besserung der wirtschaftlichen Verhältnisse, trug gar nicht wenig dazu bei, dass in den 1970er-Jahren zumal DDR-Bürgern ihr sozialistischer Bruderstaat wie ein Vorgriff auf den unzugänglichen Westen erschien. Anders als sonstige kommunistische Führer pflegte Kádár in seinen Reden auch keinen arroganten Tonfall; im Alltag gab er sich bescheiden und bewies Humor. Was niemand 1956 hätte voraussagen wollen, brachten Zeitgenossen keine zwanzig

Jahre später auf die Formel, Ungarn wäre die »lustigste Baracke« in der kommunistischen Welt. In ihr wurde Kádár sogar wirklich populär und regierte nicht weniger als 32 Jahre lang.

Die wirtschaftlichen Folgeschäden der außenpolitisch durchaus nicht ertragreichen, gescheiterten Aufrüstungspolitik des Ostblocks, die in den 1980er-Jahren unübersehbar wurden, entzogen einem solchen Lebensgefühl dann mehr und mehr die sozioökonomische Basis. Sinkender Lebensstandard bei inzwischen engeren Kontakten mit westlichen Ländern, auch immer deutlicher werdende soziale Gegensätze zwischen den Nutznießern kommunistischer Herrschaft und jenen, die sich vom System fernhielten, zehrten das während gut zweier Jahrzehnte gesammelte Vertrauenskapital auf. Der Reformkurs von Michail Gorbatschow (1931–2022, Generalsekretär der KPdSU 1985–1991) erzeugte Hoffnungen auf Alternativen zum Bestehenden. Neue politische Bewegungen formten sich und wurden unter den neuen Umständen toleriert: das Ungarische Demokratische Forum (MDF), die Freien Demokraten (SZDSZ), auch – als Gruppierung aufsässiger Studenten – die Jungdemokraten (FIDESZ). Später erstand ebenfalls wieder die einst so einflussreiche Partei der Kleinlandwirte, Landarbeiter und Bürger. Unterdessen verfiel die Autorität des 1982 siebzigjährigen und gesundheitlich angeschlagenen Parteichefs Kádár.

In dieser Lage betrieb Ministerpräsident Károly Grósz (1930–1996) hinter den Kulissen dessen Absetzung. 1988 trat Kádár als Generalsekretär der kommunistischen Partei zurück, Grósz folgte ihm nach. Mit großer Öffentlichkeitswirkung bereitete nun Politbüromitglied und Staatsminister Imre Poszgay (1933–2016) eine neue Ära Ungarns vor, indem er den Aufstand von 1956 nicht länger als Konterrevolution, sondern als Volksaufstand gesehen haben wollte. Das verschaffte einer zum Bestehenden alternativen Politik eine wichtige Legitimitätsressource. Durchbruch dieses Unterfangens wurde jener Festakt mit rund 250 000 Teilnehmern auf dem Budapester Heldenplatz im Juni 1989, welcher der Neubeisetzung von Imre

Nagy und seinen Gefährten voranging. Er wühlte das Land ebenso auf wie der von 1956 zum Gedenken an die stalinistischen Schauprozesse. Auch hielt bei ihm ein damals unbekannter Student von 26 Jahren namens Viktor Orbán (*1963) eine Rede, die weit über Ungarn hinaus beachtet wurde und viele Ungarn sehr beeindruckte – auch weil in ihr der Abzug russischer Panzer gefordert wurde.

Inzwischen waren in Partei und Staat Reformer an die Macht gekommen, welche – wie Miklós Németh (*1948, Ministerpräsident 1988–1990) – das Wirtschaftssystem umbauen wollten und eine neue außenpolitische Orientierung Ungarns herbeiführten. Das geschah mit europaweiten Folgen, als die ungarische Regierung im Sommer 1989 die Grenze zu Österreich nicht mehr kontrollierte, also »den Eisernen Vorhang öffnete«, dergestalt DDR-Bürgern massenhaft eine Flucht in den Westen ermöglichte und auf diese Weise die DDR im Herbst des gleichen Jahres in eine offene Legitimitätskrise stürzte. An deren Ende stand der Zusammenbruch des SED-Staates, im Herbst 1990 die Wiedervereinigung Deutschlands und dann jener Umbau der geopolitischen Lage Europas, in dessen Verlauf Ungarn im Jahr 1999 Mitglied der NATO und 2004 auch der Europäischen Union werden konnte.

Tatsächlich vollzog sich das Ende des kommunistischen Regimes in Ungarn nicht in Form von dessen Zusammenbruch, sondern als ausgehandelte Übergabe politischer Machtpositionen an die Spitzenleute neuer Parteien. Am 23. Oktober 1989, dem Jahrestag des beginnenden Volksaufstands von 1956, trat eine dahingehend veränderte Version der sozialistischen Verfassung von 1949 in Kraft, dass nun ein demokratisches Mehrparteiensystem mit Rechtsstaat und Gewaltenteilung möglich wurde. Im März und April 1990 fanden dann, wie in Frankreich mit zwei Abstimmungsrunden, die ersten freien Parlamentswahlen seit 1947 statt. Diese gewann das bürgerlich-konservative Ungarische Demokratische Forum (MDF). Es erreichte 24,7 Prozent der gültigen Stimmen und erhielt 165 der damals

386 Parlamentssitze. Gebildet wurde eine Mitte-rechts-Koalition mit der Partei der Kleinlandwirte, Landarbeiter und Bürger (FKgP; 11,7 Prozent der Stimmen, 44 Sitze) sowie der Christlich-Demokratischen Volkspartei (KDNP: 6,5 Prozent der Stimmen, 21 Sitze). Weil diese Koalition keine Zweidrittelmehrheit hatte, eine solche aber für viele »Schwerpunktgesetze« (auch: »Kardinalgesetze«) von der Verfassung verlangt wurde, um ebenfalls starke Minderheiten an der Machtausübung zu beteiligen, ließ man sich auf einen politischen Handel mit dem Bund Freier Demokraten (SZDSZ) ein, der 21,4 Prozent der Stimmen und 94 Sitze erlangt hatte: Deren Spitzenpolitiker Árpád Göncz (1922–2015) wurde im August 1990 zum Staatspräsidenten gewählt, was er bis zum Jahr 2000 blieb, während der Vorsitzende des Ungarischen Demokratischen Forums und Wahlsieger József Antall (1932–1993) Ministerpräsident wurde. Damit regierte eine klare Alternative zur Kommunistischen Partei. Deren Nachfolgerin, die Ungarische Sozialistische Partei (MSZP) hatte 10,9 Prozent der Stimmen und 33 Sitze gewonnen. Erstmals zog ins Parlament auch der Bund Junger Demokraten ein (Fidesz: 8,9 Prozent der Stimmen, 21 Sitze), der schon acht Jahre später unter seinem Vorsitzenden Orbán eine große politische Rolle spielen sollte.

Die reformorientierten Führer der einstigen Kommunistischen Partei, welche die ganz Europa umprägende Wende von 1989/90 mit herbeigeführt hatten oder es immerhin geschafft hatten, sich ein entsprechendes Medienbild beizulegen, genossen nicht nur bei Deutschlands Unionsparteien etliches Ansehen, da man ihnen als faktischen Wegbereitern der deutschen Wiedervereinigung dankbar war. Noch größer waren freilich die auf sie gerichteten Sympathien, wenn man sie – wie in vielen westlichen Staaten – als nunmehr sozialdemokratisch oder linksliberal wahrnahm. Allenthalben im Westen bedauerten jedenfalls sozialdemokratische und liberale Gesellschaftskreise, dass sich diese politischen Kräfte trotz ihrer geschichtlichen Leistung bald schon abgewählt fanden. Vor einem solchen Deutungshintergrund erschien Ungarns nunmehrige bürgerlich-konservative Mitte-Rechts-Regierung sogar als ein »historischer Rückschritt«. Oft traf sie auch wirklich keine glücklichen Entscheidungen, als sie nun mit der gewaltigen Aufgabe zurechtzukommen versuchte, ein neues, funktionierendes Wirtschaftssystem an die Stelle jenes alten zu setzen, das inzwischen zu zerfallen begann. Obendrein konnten die persönlichen Härten der ungarischen Systemtransformation nicht durch ein reiches »Geberland« abgefedert werden, wie das in Deutschland die alten Bundesländer zugunsten der neuen Bundesländer zu leisten vermochten. Trotzdem galt auch in Ostdeutschland der Systemwechsel rasch als gescheitert oder zumindest als sehr nachteilig für viele Ostdeutsche, weshalb bald schon eine Welle der Politikverdrossenheit über ganz Deutschland rollte. Für Ungarn, das seinen Systemwechsel unter viel schwierigeren Umständen als die ehemalige DDR zu vollziehen hatte, war dergleichen ebenfalls zu erwarten.

Was dann kam, war allerdings in eine andere zeitgeschichtliche Erfahrung eingebettet. Es hatte weder eine Revolution noch einen Systemzusammenbruch gegeben. Vielmehr hatten sich viele Träger des alten Systems unter Nutzung ihrer jahrelang geknüpften Kontakte von der Welt der Politik in die der Wirtschaft begeben. Verkäufe von Volksvermögen an In- und Ausländer, vollzogen oft weit unter dessen Wert, und häufig mit bemerkenswerten Provisionen verbunden und somit – bei einigem Galgenhumor – »spontane Privatisierungen« zu nennen, ermöglichten den Erwerb wirtschaftlich relevanten Besitzes im Inland, während die internationalen Kontakte zur Mobilisierung jenes Kapitals verhalfen, das für Käufe und Investitionen erforderlich war. So kam es zu einem Wirkungskreislauf, in dem sich frühere Systemnähe sehr auszahlte. Am Ende entstand eine ganze Schicht von neureichen Ungarn, die durchaus keinen politischen Querschnitt der Gesellschaft darstellte. Und während die jetzigen Verantwortungsträger sich an instabilen und ungerechten wirtschaftlichen Bedingungen abzuarbeiten hatten, konnte die neue Wirtschaftselite von gerade so gearteten Verhältnissen sehr profitieren. Auf diese Weise bildeten sich – obendrein in den gelegenheitsreichen Jahren der beginnenden neoliberalen Globalisierung – solche internationale Netzwerkstrukturen, die in Ungarn oft gerade an jenen vertäut waren, die nach dem Ende des von ihnen einst mitgetragenen Kommunismus ein neues, ihren gestalterischen Fähigkeiten durchaus angemessenes wirtschaftliches Betätigungsfeld gefunden hatten. Das wiederum gelang umso leichter, als es nach dem Abtritt der bisherigen Politikerschaft und angesichts großer aktueller Probleme so gut wie keine Lust zur Aufarbeitung der jüngsten Vergangenheit gab, und zwar auch nicht in den Reihen des konservativen, von Geheimdienstleuten durchsetzten Ungarischen Demokratischen Forums. Moralischer Rigorismus fehlte ohnehin. Es mochte einfach jeder sehen, wo er blieb. Derweil bestand das kluge Motto des Kádárismus weiter: Wer nicht gegen das neue System auftrat, der galt als sein Unterstützer – mochte er auch vor seiner Zeit im jetzigen Wirtschaftsleben ein hoher Partei- oder Staatsfunktionär gewesen sein.

Hinzu kommt die Entwicklung der Massenmedien in jenen Jahren. Alle Journalisten waren in der Kádár-Ära ausgebildet und durch Erfahrungen zu sozialistischen Zeiten geprägt worden. Im Rahmen so geformter Denkweisen hatten sie sich vielfach zu Anhängern der Reformpolitik von Pozsgay, Németh, Horn und anderen gewandelt. Ihre Zeitungen aber, damals noch von überragender Bedeutung für die politische Kommunikation Ungarns, wurden nach der wirtschaftlichen Öffnung des Landes vielfach von ausländischen, oft deutschen oder österreichischen Medienunternehmern gekauft. Das geschah in etwa so, wie auch in Deutschlands neuen Bundesländern die Zeitungen der SED oder der Blockparteien von westdeutschen Verlagen erworben wurden. Doch anders als in Deutschland konnte damit kein journalistischer Personalwechsel einhergehen. Es gab nämlich, abgesehen von vergleichsweise wenigen Exilungarn, im Westen kaum Journalisten mit solchen Ungarischkenntnissen, die für eine Rolle im Mediensystem Ungarns ausgereicht hätten. Außerdem waren dort für Journalisten die Berufssicherheit und die Einkommen so gering, und zwar voraussichtlich für lange Zeit, dass man in Ungarn vernünftigerweise nur als Berater oder Korrespondent tätig wurde. Die meisten ungarischen Journalisten waren ihrerseits aufgrund von Sprach-, Personal- und Sachkenntnissen während der 1990er-Jahre für ihre weitere berufliche Tätigkeit auf den ungarischen Sprachraum beschränkt. Also achteten sie darauf, den Besitzerwechsel und die Neuausrichtung ihrer Zeitungen gut zu überstehen. Die neuen Eigentümer aber sympathisierten im aufbrechenden Zeitalter neoliberaler Globalisierung meist mit solchen Journalisten, die den Weg ihres Landes in eine genauso geprägte Zukunft unterstützten. Als »geläuterten Kommunisten« wuchs ihnen im Westen oft sogar besonders hohe Glaubwürdigkeit zu. Auf diese Weise entstand ein wechselseitiger Wertschätzungszusammenhang zwischen westlichen Medienmachern, einer großen Zahl der von ihnen beschäftigten ungarischen Journalisten sowie den im westlichen Wirtschafts- und Gesellschaftssystem erfolgreichen Ex-Kommunisten. Deren Zusammenwirken prägte Ungarns Innenpolitik und deren Dynamik während der kommenden gut zwanzig Jahre sehr tiefgreifend.

Ungarns erster nach-kommunistischer Ministerpräsident József Antall, Medizinhistoriker und zuvor Direktor des Budapester Semmelweis-Museums für Medizingeschichte, war der von ihm geführten Partei erst ein halbes Jahr vor seiner Wahl an deren Spitze beigetreten. Er verstand sich als ein national gesinnter, liberaler Christdemokrat. Rasch wurde er in Ostmitteleuropa und international bekannt. Im Ausland erwarb er sich großes Ansehen. Dem entsprach aber nicht seine innenpolitische Unterstützung. Rasch verschlechterte sich die Stimmung in der Bevölkerung, vor allem wegen der gewaltigen Belastungen durch den sozioökonomischen Systemwandel. Es schrumpfte das Bruttoinlandsprodukt zwischen 1988 und 1993 um ein Fünftel, allein 1991 um mehr als ein Zehntel. Die Reallöhne und der

Verbrauch gingen 1990/91 um gut zehn Prozent zurück. Tausende von Unternehmen wurden geschlossen, eine halbe Million Arbeitsplätze verschwand, die vor 1988 unbekannte Arbeitslosigkeit schnellte auf rund 12 Prozent – und zwar ohne ein Sicherungssystem, das solche sozialen Verwerfungen hätte auffangen können. Nur dank gewaltiger Auslandskredite blieben Wirtschaft und Staatsapparat am Laufen.

Ministerpräsident Antall hatte zwar 1990 Optimismus verbreitet und in Aussicht gestellt, in fünf Jahren könne Ungarn Mitglied der Europäischen Union sein, ja sich auf dem durchschnittlichen westlichen Entwicklungsniveau befinden. Doch nun deutete nichts auf eine solche Entwicklung hin. Entsprechend enttäuscht und alsbald empört waren die 1989/90 so hoffnungsfrohen Ungarn. Das Ungarische Demokratische Forum, Wahlsieger im März 1990, verlor schon bei den Kommunalwahlen im Oktober 1990 dramatisch. Politische Führungsfehler wie die Anhebung der Benzinpreise um zwei Drittel ohne eine ausreichende Vorwarnung führten sogar zu Streiks. Massenmedien, Intellektuelle sowie Künstler kritisierten die Regierung immer schärfer. Derweil litt der Ministerpräsident unter Krebs und musste – vor allem ab 1992 – häufiger vom Krankenhaus aus regieren. Zu antisemitischen Angriffen auf den aus Ungarn stammenden US-amerikanischen Großinvestor George Soros (*1930), überzeugter Liberaler und internationalistisch gesinnt, schwieg er ebenso wie zur Neubestattung des ehemaligen Reichsverwesers Horthy. An der nahmen – in dessen ungarischem Geburtsort Kenderes – neben rund 50 000 Trauergästen auch sieben Regierungsmitglieder teil, was durchaus eine Erklärung des Regierungschefs nahelegt hätte. Das Stillschweigen zu beidem galt als anscheinend schlüssiger Hinweis auf einen Rechtskurs von Koalition und größter Regierungspartei, der in eine üble Vergangenheit zurückwies. Zugleich aber gewährte Antall rechtsgerichteten Strömungen innerhalb seiner Regierungskoalition gerade keinen politischen Raum. Das führte zu Konflikten und zum Aufkommen der rechtsradikalen

»Partei der ungarischen Wahrheit und des ungarischen Lebens«. Die war zwischen 1998 und 2002 sogar im Parlament vertreten und löste sich erst 2021 zugunsten der Partei Mi Hazánk (»Unsere Heimat«-Bewegung) auf. Als Antall vor dem Ablauf seiner Amtszeit im Dezember 1993 starb, schätzte ihn jedenfalls nur noch gut ein Drittel der Ungarn.

Entsprechend war das Wahlergebnis vom Mai 1994. Das Ungarische Demokratische Forum, bislang stärkste Partei, gewann von seinen vorher 164 Parlamentssitzen nur noch 38; sein Koalitionspartner, die Partei der Kleinlandwirte, Landarbeiter und Bürger, sank von 44 Parlamentssitzen auf 26. Hingegen verzehnfachten die postkommunistischen Sozialisten, seit Jahren in Ungarns Medien gut weggekommen, fast die Zahl ihrer Abgeordneten von 22 auf 209. Die Liberalen errangen nur noch 70 ihrer zuvor 93 Mandate; und die zwei kleinen Parteien – der Fidesz unter Viktor Orbán sowie die Christdemokraten – verharrten bei ihren 20 bzw. 22 Sitzen. Wenige Jahre nach dem Ende der kommunistischen Diktatur waren somit wieder jene an der Macht, deren Vorgänger oder weiterhin Parteifreunde das alte System mitgetragen hatten. Der wichtigste Grund für dieses Wahlergebnis, belegt in vielen demoskopischen Studien, war die große Enttäuschung der Bevölkerung über den einst herbeigewünschten Systemwechsel. Jetzt nämlich erlebten sehr viele die eigenen wirtschaftlichen Lebensbedingungen als schlechter denn früher, während sich die Gesellschaft – ablesbar am Lebensstandard – klar in Gewinner und Verlierer spaltete. Schon 1991, kurz nach den ersten Wahlen, hatten 40 Prozent von dazu befragten Ungarn gemeint, das neue System wäre schlechter als das alte; 1995 waren das sogar 54 Prozent. Es gab deshalb ein breites Verlangen nach einer Alternative zum Kurs der letzten Jahre.

Der so motivierte Machtwechsel hätte leicht das Vertrauen der westlichen Staaten in die Zukunft Ungarns erschüttern können. Das hätte die ohnehin prekäre Wirtschaftslage des Landes weiter verschlimmert. Doch in dieser Situation taten die Sozialisten, obwohl sie die absolute Mehrheit im Parlament errungen hatten, einen zunächst einmal vertrauenssichernden Zug. Mit ihm stellten sie freilich auch die innenpolitischen Weichen hin zur später großen Rolle der bislang kleinen, liberalen Partei Fidesz. Der reformsozialistische Ministerpräsident Gyula Horn, im Amt von 1994 bis 1998, ging nämlich – ohne dass dies zur Mehrheitsbildung erforderlich gewesen wäre – eine Koalition seiner MSZP mit den Freien Demokraten (SZDSZ) ein. Zugleich erlegte sich diese Koalition eine Selbstbeschränkung mit fatalen Folgen auf. Sie änderte nämlich die Geschäftsordnung des Parlaments dahingehend, dass Kardinal- oder Schwerpunktgesetze nicht mehr mit der bisherigen Zweidrittelmehrheit, sondern nur noch mit einer Mehrheit von 80 Prozent im Parlament novelliert werden konnte. Was als Demonstration von Kompromissbereitschaft und Kooperationswillen gedacht war, lähmte freilich die parlamentarischen Entscheidungsprozesse. In den Augen der Wählerschaft geriet das bald zum Ausweis von politischer Unentschlossenheit und Schwäche der neuen Regierung. Von ihr, die mit einer klaren Wählermehrheit und – aufgrund der Koalition – mit einer sogar »übergroßen« Parlamentsmehrheit ausgestattet war, erwartete man tatkräftige Politik. Doch tatsächlich wurde die sozialistische Regierung – wie auch später die von 2006 – den vielfältigen Veränderungswünschen der Bevölkerung nicht gerecht. Der Fidesz hingegen griff sie auf, und zwar 2010 mit noch größerer Tatkraft als 1998.

Auf die Mitte-Rechts-Regierung Antalls folgte jedenfalls eine Mitte-links-Regierung, wie sie gemäß vielen in Europa damals vorherrschenden parteipolitischen Überzeugungen auch erwünscht war. Eine solche Mitte-links-Regierung musste allerdings im Fall ihrer zunehmenden Unpopularität eine Repräsentationslücke rechts der Mitte aufreißen. Vorausschauend zögerte die Fidesz-Führung um Viktor Orbán nicht, die eigene Partei in genau diesen Bereich des politischen Spektrums zu führen. Dort nahm sie binnen nicht einmal eines Jahrzehnts sowohl den Liberalen von der SZDSZ als auch den nationalliberal-Konservativen vom Ungarischen Demokratischen Forum (MDF) ihre politischen Entfaltungsräume sowie einen Großteil ihrer noch verbliebenen Wählerschaft. Den Inhalten oder Werten dieser – sich nun obendrein mit dem Beinamen »Ungarische Bürgerpartei« versehenden – politischen Bewegung war nämlich nur noch von links her stimmenträchtig zu widersprechen: Heimat und Tradition, Arbeit und Familie.

Gut – und anfänglich getragen von breiter Mediensympathie – verstand sich Ministerpräsident Gyula Horn auf die Kunst politischer Kompromisse. Das galt nicht nur hinsichtlich seines liberalen Koalitionspartners, sondern auch bezüglich westlicher Investoren, ungarischer Großunternehmen und heimischer Gewerkschaften. Doch weniger galt das im Verhältnis zu seinem Finanzminister und innerparteilichen Rivalen László Békesi (*1942). Dieser verlangte – unter anderem – spürbare Budgetkürzungen, weil nämlich 1994 etwa ein Drittel der Regierungsausgaben für die Bedienung von Ungarns Auslandsschulden verwendet werden musste, was natürlich die Spielräume für die eigentlich notwendigen Investitionen stark beschränkte. Nachdem Békesi den Kampf gegen entsprechende Widerstände samt seinem Amt aufgegeben hatte, kam es im In- und Ausland zu Reaktionen, die Ungarns Wirtschaft sehr abträglich waren. Der neue Finanzminister Lajos Bokros (*1954) konnte deshalb im März 1995 eben doch noch weithin fühlbare Sparmaßnahmen durchsetzen: Sozialleistungen wurden abgeschafft, Löhne und Pensionen verringert, der Forint abgewertet. Auf diese Weise kam es 1995/96 zu einem Sinken der Reallöhne und der Kaufkraft der Renten um rund ein Fünftel im Vergleich zur Lage von 1994.

Von der Bevölkerung mit erwartbarem Missmut aufgenommen, wurde durch dieses »Bokros-Paket« allerdings das Vertrauen von Finanzmärkten, internationalen Finanzinstitutionen und ausländischen Banken in Ungarn wiederhergestellt. Flankiert wurde diese Sparpolitik durch eine umfangreiche Privatisierung von Staatseigentum, was viel Geld in die Staatskasse sowie große Besitztümer in die Hände von internationalen Konzernen sowie von solchen Ungarn brachte, die – wie gar nicht weniger ehemalige Parteigenossen – zu wichtigen Unternehmern oder Managern im eigenen Land aufgestiegen waren. Gegen deren Netzwerke sollte sich dann das seit 2010 von den Fidesz-Regierungen aufgebaute Klientelsystem Viktor Orbáns richten. Vor der ersten, 1998 ins Amt gelangten Fidesz-Regierung betrugen die ausländischen Investitionen in Ungarn jedenfalls 18 Milliarden Dollar, was klar mehr als in den anderen osteuropäischen Transformationsländern war. 80 Prozent des Bruttoinlandsprodukts erzeugte damals die Privatwirtschaft, während das 1994 nur ein Fünftel gewesen war. Bestens passte eine solche Politik in das neoliberal-globalisierende Klima der 1990er-Jahre. Die Pointe war freilich, dass diese Politik von einer linken Regierung geführt wurde, wobei deren Ministerpräsident jede Reform in der eigenen, sozialistischen Partei mühsam durchsetzen musste. Doch weil diese Politik gerade so, wie in Aussicht gestellt, viele Marktkräfte freisetzte, war sie eben auch ertragreich – wenngleich noch ertragreicher für einstige Parteigänger Kádárs, die nun zur Wirtschaftselite gehörten, als für den Durchschnitt der Bevölkerung. Darüber hinaus ging mit dieser liberalen Öffnungs- und Internationalisierungspolitik eine Fülle von größeren und kleineren Korruptionsaffären einher, oft in Verbindung mit Immobiliengeschäften. Natürlich wurden diese medial aufgegriffen, was das Vertrauen in die sozialistisch geführte Regierung gerade in einer Zeit untergrub, zu welcher der Lebensstandard von Durchschnittsungarn merklich sank.

Also wurde zum zweiten Mal nach 1990 eine Regierung gleich nach ihrer ersten Amtsperiode wieder abgewählt. Die von Grabenkämpfen und Korruption durchgerüttelten Sozialisten verloren die Wahlen im Mai 1998 – trotz eines dreiprozentigen Vorsprungs bei den Listenstimmen – mit einem ebensolchen Rückstand bei den tatsächlich erzielten Parlamentsmandaten gegen den Fidesz, der seit seinem ersten Antreten als liberale Partei im Jahr 1990 klar nach rechts gerückt war. Parlamentarisch hatte sich der Fidesz sogar auf 148 Sitze versiebenfacht und bildete nun, unter seinem erst 35-jährigen Vorsitzenden Viktor

Orbán, eine rechtskonservative Regierung mit einerseits den Restbeständen des Ungarischen Demokratischen Forums, das nur noch mit 17 Sitzen ins Parlament gelangt war, sowie mit der zu gewisser neuer Kraft gekommenen Partei der »Unabhängigen Kleinlandwirte-, Landarbeiter- und Bürgerpartei«, die nun 48 Sitze hatte. Das ergab eine starke absolute Mehrheit. Und natürlich sorgte die neue Regierung, wann immer möglich, für eine Stärkung ihrer Position durch geeignete Personalpolitik, gerade auch in den öffentlich-rechtlichen Medien sowie bei neu gegründeten Tages- und Wochenzeitungen.

Diese Konkurrenz erfreute die etablierte linksliberale Journalistenschaft wenig. Um sie zu umgehen, wandte sich der Ministerpräsident mit wöchentlichen Rundfunksendungen direkt an die Bürgerschaft. Auch dass Viktor Orbán dabei, zumal anlässlich der Feierlichkeiten zum tausendjährigen Jubiläum der Krönung von König Stephan I., immer wieder an ungarischen Nationalstolz und an konservative Werte appellierte, missfiel seinen Kritikern von der Linken sowie jenen vielen Journalisten sehr, die ihnen nahestanden. Obendrein fand jeder skandalisierbare Umgang der Fidesz-Regierung mit aufkommendem Antisemitismus oder mit einem sich rechts des Fidesz platzierenden Radikalismus ein starkes, auch international aufgegriffenes Medienecho. Derweil ließen Anhebungen von Mindestlöhnen, Gehältern, Pensionen und Sonderzulagen die ungarischen Realverdienste weit stärker als das Bruttoinlandsprodukt ansteigen. Auch deshalb war Viktor Orbán während seiner ganzen Amtszeit im Land recht populär.

Gleichwohl verlor er die Wahl vom April 2002 unerwartet und knapp. Zwar blieb der Fidesz mit 188 Mandaten weiterhin die stärkste Partei, allerdings nun mit einem nur noch knappen Vorsprung auf die Sozialisten mit 178 Mandaten. Und weil die Liberalen knapp die für den Parlamentseinzug wichtige Fünf-Prozent-Hürde übersprangen, 20 Mandate errangen und nicht mit dem Fidesz, sondern – auch aufgrund dringenden Anratens ihrer europäischen Schwesterparteien – eher mit den Sozialisten koalieren wollten, reichte dieser Vorsprung nicht für eine Fortsetzung der Fidesz-Regierung. Auf diese Weise in die Opposition geschickt zu werden wie einst Deutschlands CDU/CSU nach der Bundestagswahl von 1969, als die FDP eine Koalition statt mit der Union lieber mit der SPD einging, führte zu einer dauerhaften emotionalen Abkehr der Anführer des Fidesz von den Liberalen. Viktor Orbán – jetzt zeitweise unter Kritik und umstritten – machte sich nicht nur an einen inhaltlichen und organisatorischen Neuaufbau seiner Partei, sondern auch an die Schaffung eines nicht länger den Sozialisten, sondern dem Fidesz nahestehenden Medienreiches mit je zwei Tages- und Wochenzeitungen sowie mit je zwei Radio- und TV-Sendern. Durch beide Maßnahmen legte Orbán den Grund für seinen überwältigenden Wahlsieg im Jahr 2010, dem drei weitere Wahlsiege mit Zweidrittelmehrheiten der Parlamentsmandate – nicht der Listenstimmen – bis 2022 folgten.

Doch diese Entwicklung wäre kaum möglich gewesen ohne eine innenpolitisch gar nicht überzeugende Leistungsbilanz der seit 2002 wieder sozialistisch geführten Regierungen Ungarns. Während deren zwei Wahlperioden amtierten drei Ministerpräsidenten: Péter Medgyessy (2002–2004), Ferenc Gyurcsány (2004–2009) und Gordon Bajnai (2009/10). Und weil mit genau deren Tun oder Lassen die Vorgeschichte der seit 2010 regierenden und im Inland wie im Ausland höchst umstrittenen Fidesz-Regierung beginnt, mag es hilfreich sein, die entsprechende Bilanz mit den Worten eines der schärfsten deutschsprachigen Kritiker von Viktor Orbán zu formulieren, nämlich des ungarnstämmigen österreichischen Journalisten Paul Lendvai. Der meinte, Orbáns Neuaufstieg …

> »wäre nicht möglich gewesen ohne den moralischen Bankrott eines im Sumpf der Korruption versunkenen und durch politische und wirtschaftliche Inkompetenz immer mehr diskreditierten Systems … Dazu kam noch das offensichtliche Versagen der linksliberalen politischen Elite. Schließlich hat eine tief verwur-

> zelte Mischung aus Frustration über die Folgen des Systemwechsels und Nostalgie nach der scheinbaren Stabilität der Kádár-Ära nicht die Tugend, sondern die Enttäuschung der Bürger geprägt. Deshalb muss man diese Vergangenheit ohne Beschönigung beschreiben«, (Lendvai, Orbáns Ungarn, S. 64),

auch wenn, nach dem Urteil Lendvais, Viktor Orbáns Regierung jene Misswirtschaft sowie die Korruptionspraxis in den Netzwerken der früheren linken und linksliberalen Regierungen noch übertraf.

Kurz nach seinem Amtsantritt wurde jedenfalls der Ministerpräsident Péter Medgyessy (*1942) als einstiger Abwehroffizier des kommunistischen Geheimdienstes enttarnt, der später eine glanzvolle Laufbahn u. a. als Generaldirektor der Budapester Niederlassung einer französischen Großbank hingelegt hatte. Und obwohl 25 Jahre lang im ungarischen Finanzministerium tätig sowie nach dem Ende des Kommunismus jahrelang Finanzminister, also eigentlich vom Fach, löste Medgyessy in den ersten hundert Tagen seiner Regierung jede Menge von populistischen Wahlversprechen ein: Es kam zur Erhöhung der Gehälter von rund 800 000 öffentlich Bediensteten um die Hälfte, zur Abschaffung einerseits der Steuern auf die Mindestlöhne, andererseits der Rundfunkgebühren; zudem wurde eine 13. Monatsrente für etwa drei Millionen Pensionisten eingeführt. Das alles belastete nicht nur den Staatshaushalt ins schwer Tragbare, sondern bot auch der nach Rache dürstenden Fidesz-Opposition viele hochwillkommene Anlässe, regelmäßig auf die gerade noch nicht erfüllten Wahlversprechen hinzuweisen und dadurch die Regierung immer weiter in die Ecke zu treiben. Die fand keine Konzepte oder Strategien, um wieder eigenständige politische Gestaltungskraft zu erlangen. Bei den Europawahlen vom Juni 2004 kam dann die Quittung: Der Fidesz gewann zwölf Mandate, die MSZP neun, die mit ihr koalierende liberale Partei zwei, und das Ungarische Demokratische Forum nur noch ein einziges Mandat. Medgyessy trat ab, Ferenc Gyurcsány (*1961) folgte ihm.

Aus einfachsten Verhältnissen stammend, am Ende der Kádár-Ära tätig an der Hochschule für Lehrerbildung in Pécs als Vorsitzender des kommunistischen Jugendverbandes, war dieser inzwischen zu einem der reichsten ungarischen Politiker geworden. Auch er hatte nämlich die sich bietenden Möglichkeiten der Privatisierungsprozesse beim Übergang von der Staats- zur Marktwirtschaft gut zu nutzen verstanden. Außerdem heiratete er in zweiter Ehe Klára Dobrev, eine gebildete, hohe Beamtin im ungarischen Finanzministerium, die aus dem – sozusagen – »kommunistischen Adel« stammte. Als Redner war Gyurcsány beim wahlentscheidenden Fernsehduell mit Viktor Orbán diesem auch – nach Einschätzung der Zuschauer – klar überlegen. Im April 2006 gewann er dann, medial trotz etlicher Vorbelastungen der Regierungsparteien gut unterstützt, nicht nur die Parlamentswahl. Vielmehr konnte Ungarns sozialistisch-liberale Koalition ihre Gesamtmehrheit sogar von 10 auf 36 Mandate steigern.

Auf welche Weise dieser Wahlsieg möglich gemacht wurde, legte Gyurcsány wenige Monate später offen, nämlich im September 2006. Das geschah bei einer internen Rede vor den 190 neugewählten Abgeordneten seiner Partei, frei gehalten in einem Regierungshotel am Balaton. Eigentlich war diese Rede dafür gedacht, Unterstützung für einen Politikansatz zu gewinnen, der fortan das Land entschlossen sanieren würde. Doch tatsächlich wurde das in ihr sonst noch Gesagte zum Anfang vom Ende einer durch die siegreiche Parlamentswahl gerade erst verlängerten Regierungszeit. Warum auch immer auf Tonband aufgezeichnet und dann über sämtliche Medien bekanntgemacht, ließ diese Rede aus Gyurcsánys Mund vernehmen:

> »Wir haben kaum eine andere Wahl als das [von mir vorgeschlagene] Sparprogramm, weil wir es verschissen haben. Nicht ein wenig, sondern richtig. Kein Land in Europa hat solche Dummheiten begangen wie wir. Man kann es [durchaus] erklären. [Doch] offensichtlich haben wir die letzten eineinhalb, zwei

> Jahre hindurch gelogen. Es war ganz klar: Was wir sagten, war nicht wahr … Und inzwischen haben wir übrigens vier Jahre lang nichts getan. Nichts. Ihr könnt mir keine einzige wichtige Regierungsmaßnahme nennen, auf die wir stolz sein könnten – abgesehen davon, dass wir die Regierung zum Schluss [nämlich mit der am Wahltag erfolgreichen Aufholjagd] aus der Scheiße gezogen haben. Nichts. Wenn wir dem Land Rechenschaft ablegen müssten, was wir in vier Jahren getan haben – was sagen wir?
>
> … Reform oder Scheitern! Es gibt nichts anderes [mehr]. Und wenn ich Scheitern sage, dann spreche ich über Ungarn, über die Linke und, sehr aufrichtig gesagt, auch über mich selbst. … Ich konnte nur deshalb die letzten anderthalb Jahre durchhalten, weil mich eine Sache angespornt hat: der Linken den Glauben zurückgeben, dass sie es schaffen und gewinnen könnte! Dass man in diesem Hurenland den Kopf nicht senken muss. Dass man sich vor Viktor Orbán und vor der Rechten nicht anscheißen muss. …
>
> Ich bin fast daran verreckt, dass wir in den letzten anderthalb Jahren so zu tun mussten, als ob wir regierten. Stattdessen logen wir morgens, nachts und abends. Das will ich nicht mehr weitermachen. Entweder wir packen es … oder ihr macht mit jemandem anderem weiter.« (Lendvai, Orbáns Ungarn, S. 74f – mit leichter Redaktion bei der Zeichensetzung und den Erläuterungen)

Natürlich erregte diese Rede, Mitte September 2006 bekannt geworden, breite öffentliche Empörung. Noch am Abend nach ihrer – teilweisen – Ausstrahlung in den Medien kamen viele Demonstranten am Platz vor dem Parlament zusammen, am nächsten Tag dann auch vor dem damals in der Nähe des Parlaments gelegenen Gebäude des ungarischen Fernsehens. Tausende versammelten sich auch später noch und brachten ihre Empörung zum Ausdruck. Selbstverständlich nutzte auch der Oppositionsführer Orbán jene »Lügenrede« im politischen Kampf gegen die fortan von ihm als »illegitim« bezeichnete

Regierung. Die anfangs Oktober 2006 anstehenden Kommunalwahlen machte Orbán jedenfalls zu einer Volksabstimmung über Gyurcsány. Nachdem die Opposition in fast allen Komitaten die Mehrheit errungen hatte, forderte er Gyurcsány zum Rücktritt binnen dreier Tage auf. Daraufhin zwang Gyurcsány durch den Antrag, ihm das parlamentarische Vertrauen auszusprechen, seine Koalition hinter sich. Am 23. Oktober, dem dritten Nationalfeiertag im Jahresverlauf, kam es dann – wie auch immer ausgelöst, doch vermutlich durch Rechtsextreme und Hooligans forciert – in Budapest zu Straßenschlachten, bei denen 326 Zivilisten und 399 Polizisten verletzt wurden, etliche davon schwer. Vor allem die von der Polizei eingesetzten Gummigeschosse steigerten die Empörung. Dennoch wählte die sozialistische Partei den Ministerpräsidenten anfangs 2007 auch noch zu ihrem Vorsitzenden, was von nicht wenigen als Provokation empfunden wurde. Vor allem – wieder in den Worten des scharfen Orbán-Kritikers Paul Lendvai – änderte das nichts …

> »an der kollektiven Realitätsverweigerung der Sozialisten an der Macht, garniert mit linken Phrasen. Man konnte weder das Erbe des Kádár-Regimes überzeugend aufarbeiten noch die von Gyurcsány klar als notwendig erkannten Reformen durchsetzen. Als Selfmademan und Multimillionär wurde der Partei- und Regierungschef von vielen postkommunistischen Funktionären als Fremdkörper betrachtet. Darüber hinaus waren einflussreiche Angehörige der Parteielite, vor allem in Budapest, in den Sumpf der Korruption verstrickt … [Insgesamt hatte man den Eindruck], dass die MSZP keine Gesinnungsgemeinschaft, sondern eher eine abstoßende Schlangengrube der sich als Sozialdemokraten gebärdenden Altkommunisten und linken Karrieristen war. Die zwölf Jahre der linksliberalen Regierungen unter den sozialistischen Regierungschefs Horn, Medgyessy und Gyurcsány waren oft durch die Inkompetenz, Feigheit und Rivalität der für die Wirtschaftspolitik zuständigen Minister und ihrer hochrangigen Beamten überschattet«. (Lendvai, Orbáns Ungarn, S. 82f)

Es folgte ein rund dreijähriger »kalter Bürgerkrieg«, in dessen Verlauf das Ansehen der gerade neu gewählten Regierung unaufhaltsam sank, der Fidesz immer weiter aufstieg, und sich das innenpolitische Klima bis hin zum Aufkommen persönlicher Feindschaften im Bekannten- und Freundeskreis polarisierte. Im März 2008 kam es – auf rein taktisch motiviertes Betreiben des Fidesz hin – zu einem Referendum, das mit einer Ablehnung der an sich vernünftigen Regierungsvorschläge zur Einführung von Arzt-, Krankenhaus- und Studiengebühren durch 82 Prozent der Abstimmenden endete. Nun zerbrach das sozialliberale Lager: Im Mai 2008 verließen die liberalen Minister die Regierung, sodass Gyurcsány nur noch einer Minderheitsregierung vorstand. Die bekam fallweise Mehrheiten aufgrund der Furcht, bei vorzeitigen Neuwahlen drohe eine vernichtende Niederlage. Die Weltwirtschaftskrise von 2008 hätte obendrein einen Staatsbankrott ausgelöst, wenn nicht der Internationale Währungsfonds, die Weltbank und die EU mit großen Finanzhilfen eingesprungen wären.

Unter dem Druck dieser Geldgeber wurde nun erstmals gespart, nämlich durch Abschaffung des 13. Monatsgehalts für die öffentlich Bediensteten. Reallöhne und Konsum gingen zurück. Trotzdem stellte sich Gyurcsány im März 2009 einer Wiederwahl zum Parteivorsitzenden, nach welcher er dann aber als Ministerpräsident zurücktrat. Der Wirtschaftsexperte Gordon Bajnai wurde nun – der rechtlichen Form nach über ein »konstruktives Misstrauensvotum« – neuer Regierungschef, nachdem er sich von den Koalitionsparteien schriftlich eine Vollmacht zur Durchführung der erforderlichen Sparpolitik hatte geben lassen. Er setzte dann wirklich weitere Ausgabenkürzungen samt einer Erhöhung der Mehrwertsteuer durch. Wie schon 1995 durch das schmerzliche »Bokros-Paket« der damaligen sozialistischen Regierung gelungen, beruhigten auch diese Einschnitte die Finanzmärkte und jene internationalen Investoren, denen inzwischen ein Großteil der bedeutenden ungarischen Unternehmen gehörte. Zugleich aber ruinierte

Bajnai alle Gewinnchancen von Sozialisten und Liberalen bei der im Folgejahr anstehenden Parlamentswahl. Inzwischen meinten nämlich nicht weniger als 72 Prozent der Ungarn, sie hätten unter dem Kommunismus besser gelebt als jetzt, wobei obendrein in den vergangenen neun Jahren …

> *»das sozialistisch liberale Lager ein zuweilen ekelerregendes Bild aus Filz, Vetternwirtschaft und politischer Verkommenheit geboten hatte«. (Lendvai, Orbáns Ungarn, S. 90)*

Vor dem Hintergrund solcher Erfahrungen sowie unter derlei Umständen gewann Viktor Orbáns Partei Fidesz im April 2010 mit 52,7 Prozent der Stimmen eine Zweidrittelmehrheit der Parlamentsmandate. Die Sozialisten schrumpften auf nur noch 19,3 Prozent der Stimmen, während die Liberalen mit 7,5 Prozent leicht zulegten. Das Ungarische Demokratische Forum verschwand aus dem Parlament. Dorthin gelangte hingegen die 2003 gegründete rechtsradikale Partei Jobbik (»Bewegung für ein besseres Ungarn«) mit 16,7 Prozent. Nach acht Jahren sozialistisch-liberaler Regierung stimmten somit an die 70 Prozent der Ungarn für klar nicht-linke Parteien. Vier Jahre später waren das immer noch 65 Prozent, 2018 dann 58 Prozent, 2022 sogar wieder 60 Prozent. Das verschaffte dem Fidesz stets Zweidrittelmehrheiten der Parlamentsmandate, die außerdem niemals auf ein Bündnis mit Jobbik oder einer anderen rechtsradikalen Partei gegründet waren. Zwölf Jahre lang folgte dann eine recht stetige, christlich-nationalkonservative Regierungsführung, die nach den Wahlen vom April 2022 fortgesetzt wurde. Nach dem sie prägenden Mann kann man sie die »Orbán-Ära« nennen. Ihre Kritiker verstehen sie als den schrittweisen Aufbau einer Diktatur und reden mitunter von »Orbán-Land«.

LITERATUR:

Bogyay, Thomas v., 1990: Grundzüge der Geschichte Ungarns, 4. überarb. Aufl., Darmstadt: Wissenschaftliche Buchgesellschaft

Dalos, György, 2020: Ungarn in der Nußschale. Ein Jahrtausend und dreißig Jahre. Geschichte meines Landes, 3. durchges. u. erw. Aufl., München: Beck

Klimó, Árpád v., 2006: Ungarn seit 1945, Göttingen: Vandenhoeck & Ruprecht

Kókai, Károly, 2017: Ungarn. Geschichte und Kultur, Columbia, SC: NoPress

Lendvai, Paul, 2020: Die Ungarn. Eine tausendjährige Geschichte, Salzburg/München: Ecowin Verlag

Lendvai, Paul, 2021: Orbáns Ungarn, überarb. u. erw. Aufl., Wien: Kremayr & Scheriau

Sugar, Peter F., Hrsg., 1994: A history of Hungary, Bloomington et al.: Indiana University Press

Tóth, István G., Hrsg., 2005: Geschichte Ungarns, Budapest: Corvina

Kapitel 3: Ungarns Regierungssystem

Ein Regierungssystem ist mehr als nur ein Gefüge politischer Institutionen, bestehend etwa aus Parlament und Regierung, Staatspräsident und Verfassungsgericht, auch aus den territorialen Verwaltungsgliederungen. Zu ihm gehören nämlich auch jene Wahlen und Parteien, aus denen die Inhaber von Staatsämtern hervorgehen, desgleichen Verbände, zivilgesellschaftliche Organisationen und die Medien. Obendrein ist darauf zu blicken, wer da überhaupt regiert wird, sowie auf jene politische Kultur, in der sich das Regierungsgeschehen vollzieht.

I. Wer wird in Ungarn regiert?

Zu regieren gilt es ein Staatsvolk von rund 9,7 Millionen Landesbewohnern, darunter gut 95 Prozent ethnische Ungarn. Der Rest der Staatsnation besteht aus 13 staatlich anerkannten Minderheiten, unter denen die der Roma die größte ist, gefolgt von den Ungarndeutschen.* Der Ausländeranteil, steigend seit etlichen Jahren, beträgt rund zwei Prozent, während er im EU-Durchschnitt bei gut acht Prozent liegt. Schon im Jahr 2020 waren die meisten im Land lebenden Ausländer Ukrainer, nämlich über 30 000, gefolgt von Rumänen mit gut 22 000, Chinesen mit knapp 20 000 sowie etwa 18 000 Deutsche ohne ungarische Staatsbürgerschaft. Alles in allem sind mehr als 130 000 der in Ungarn wohnhaften Ausländer europäischer Herkunft; rund

* Zu den weiteren Minderheiten gehören die Polen, Slowaken, Ukrainer, Rumänen, Serben, Kroaten, Slowenen, Bulgaren, Griechen, Armenier und Ruthenen.

53 000 stammen aus Asien. An die 90 Prozent jener Einwanderer, die nach dem Fall des Eisernen Vorhangs die ungarische Staatsbürgerschaft annahmen, sind ohnehin ungarischer Nationalität.

Die Landesfläche Ungarns umfasst gut 93 000 km², was den zusammengenommenen Gebieten von Bayern und Rheinland-Pfalz entspricht. Die größte Ost-West-Erstreckung Ungarns beläuft sich auf 528 km, die größte Nord-Süd-Erstreckung auf 268 km. Die mit Abstand größte Stadt ist Budapest mit rund 1,7 Millionen Einwohnern, gefolgt in Ostungarn von Debrecen mit gut 200 000 und Miskolc mit 172 000 Einwohnern, in Südungarn von Szeged mit 158 000 und Pécs mit 157 000 Einwohnern, sowie in Nordwestungarn von Győr mit 127 000 Einwohnern. Die Abbildung 1 zeigt die Geographie Ungarns sowie die größeren Städte.

Insgesamt hat Ungarn in etwa die gemeinsame Bevölkerungszahl von Niedersachsen und Hamburg. Seit vielen Jahren gibt es einen Bevölkerungsrückgang, den zu bremsen seit 2011 ansatz-

ABBILDUNG 1: UNGARNS GEOGRAPHIE UND GRÖSSERE STÄDTE

weise gelingt. Das Durchschnittsalter von Müttern liegt beim ersten Kind bei gut 28 Jahren, beim vierten Kind bei 32 Jahren. Die wieder steigende Fertilitätsrate beträgt seit 2016 gut 1,5 und ist weiterhin für die Sicherung von Bevölkerungsstabilität zu gering. Männer haben – seit 2009 steigend – eine Lebenserwartung von derzeit knapp 73 Jahren, Frauen von etwa 79 Jahren. 14,4 Prozent der Ungarn befinden sich im Alter bis zu 14 Jahren, knapp zwei Drittel zwischen 15 und 64 Jahren, und rund ein Fünftel ist – mit wachsender Anzahl – 65 und mehr Jahre alt.

Die vergleichsweise geringe Größe und niedrige Bevölkerungszahl des Landes sind politisch sehr folgenreich. Weil nämlich – wie in allen freiheitlichen Gesellschaften – nur ein kleiner Anteil der Bewohner eines Landes politisch aktiv ist, kennen in Ungarn die meisten Politiker vom Bürgermeister aufwärts einander persönlich, wissen wechselseitig um Stärken oder Schwächen. Sie sind in der Lage, Verhinderungsbündnisse ebenso wie Unterstützungsnetzwerke zu bilden und fallweise anzupassen. In diese Netzwerke sind regional auch die örtlichen Unternehmer oder leitenden Angestellten eingebunden; landesweit gilt dasselbe für die Eigentümer und Manager national wichtiger Unternehmen. Auf diese Weise sind die Entfernungen zwischen der politischen Spitze Ungarns und der kommunalen Basis des Regierungssystems sowohl räumlich als auch sozial ziemlich gering. Gleiches gilt für die Distanzen zwischen Politik und Wirtschaft. Am Ende läuft das auf eine wichtige Rolle von Familienbeziehungen und zweckbezogenen Freundschaftsverhältnissen hinaus, desgleichen auf Klientelismus sowie auf dessen Doppelpack von asymmetrischer Begünstigung und Abhängigkeit.

Ungarns Bruttoinlandsprodukt pro Kopf, das rasante Steigerungen zwischen 1998 und 2007 sowie seit 2013 aufwies, lag – ausgedrückt in jeweiligen Preisen – im Jahr 2021 bei etwa 20 000 US-Dollar. Am Ende der kommunistischen Herrschaft war das ein Zehntel davon gewesen. Zu fast 56 Prozent wird das Bruttoinlandsprodukt derzeit durch Dienstleistungen erwirtschaftet, zu einem guten Viertel von der Industrie, zu knapp vier Prozent aus der Landwirtschaft. Im Agrarsektor fanden zwischen 2010 und 2020 rund 4,6 Prozent der Beschäftigten ihr Auskommen, in der Industrie knapp ein Drittel, sowie an die 63 Prozent im Dienstleistungssektor. Die wichtigsten Wirtschaftszweige sind der Auto- und Maschinenbau sowie das verarbeitende Gewerbe. Auch errichteten in den vergangenen Jahren zahlreiche internationale Unternehmen Produktionsstätten in Ungarn. Das bewog nicht wenige Zuliefererunternehmen dazu, ebenfalls dort tätig zu werden. Im Dienstleistungssektor fallen vor allem der Tourismus sowie mannigfache Finanz- und Softwaredienstleistungen ins Gewicht. Die Arbeitslosenquote, 2001 bei rund 5,7 Prozent und 2010 bei 11,8 Prozent, lag im März 2022 bei 3,6 Prozent. Die Inflationsrate, anfangs der 1990er-Jahre im jeweiligen Vorjahresvergleich zwischen 34 und 19 Prozent betragend, sank seit 1995 steil, lag 2013 bei null und vor dem russischen Krieg gegen die Ukraine bei rund 4 Prozent. Von allen Kennziffern, die wirtschaftliche Schwierigkeiten anzeigen, ist wegen der – keineswegs nur Ungarn betreffenden – Pandemie- und Kriegsfolgen in den nächsten Jahren ein Anstieg zu erwarten.

Ungarns jährlicher Export umfasst gegenwärtig Güter im Wert von etwa rund 105 Milliarden Euro, wobei mit über einem Viertel die mit Abstand meisten Ausfuhren nach Deutschland gehen, gefolgt zunächst einmal von China und dann von Rumänien, der Slowakei sowie Italien mit jeweils 5 Prozent der Exportsumme. Die wichtigsten Exportgüter sind zu einem Drittel Fahrzeuge; es folgen Datenverarbeitungsgeräte, optische und elektrotechnische Erzeugnisse sowie sonstige Maschinen. Eingeführt werden Güter in ähnlich hohem Wert, wiederum vor allem aus Deutschland mit einem Viertel aller Einfuhren, gefolgt von China, Polen und Österreich mit je 6 Prozent der Einfuhrsumme sowie Tschechien, der Slowakei, Italien und den Niederlanden mit je 5 Prozent. Zu den wichtigsten Importgütern zählen Maschinen und Transportausrüstungen, mit Abstand gefolgt von chemischen Vor- und Enderzeugnissen, Energieträgern, Metallen und Textilien. Beachtliche Attraktivität besitzt Ungarn auch als Standort von Dienstleistungszentren, und zwar aufgrund seiner Bildungsstandards samt weitverbreiteten Kenntnissen des Englischen und des Deutschen, seiner im EU-Vergleich niedrigen Lohnkosten sowie seiner Zugehörigkeit zur mitteleuropäischen Zeitzone. Die entsprechenden ungarischen Dienstleistungsexporte belaufen sich derzeit auf rund 27 Milliarden Euro, die Dienstleistungsimporte auf etwa 19 Milliarden Euro. Im Übrigen spielt für Ungarn der Tourismus eine wichtige Rolle, litt aber sehr unter der Corona-Pandemie.

Im Jahr 2021 betrug nach Angaben der Deutsch-Ungarischen Industrie- und Handelskammer (DUIHK) der durchschnittliche monatliche Bruttoverdienst in Ungarn 1224 Euro (Deutschland: 3715 Euro).* Die Einkommensungleichheit in Ungarn, gemessen mit dem dafür in der vergleichenden Sozialforschung üblichen Gini-Index, stieg von 24,1 im Jahr 2010 auf 28,3 im Jahr 2013 und verharrt seither auf etwa diesem höheren Niveau gesellschaftlicher Einkommensungleichheit. Der Durchschnittswert der EU liegt mit 30,3 noch etwas höher. Der Anteil jener Leute an der ungarischen Bevölkerung, die von Armut oder sozialer Ausgrenzung bedroht sind, lag 2010 bei rund 30 Prozent, stieg 2013 auf knapp 35 Prozent und fiel nach 2018 auf deutlich unter 20 Prozent. In Deutschland betrug er 2022 bei einem wesentlich höheren Durchschnittseinkommen – sogar 24 Prozent, während Schweden und Österreich mit Werten zwischen 17,9 Prozent bzw. 17,5 Prozent mit Ungarn in etwa gleichauf lagen. Ausweislich entsprechender Umfragen bezeichneten im Winter 2021/22 62 Prozent der Ungarn die finanzielle Lage ihres Haushalts als gut, 37 Prozent als schlecht; EU-weit waren das 72 bzw. 26 Prozent. Die wirtschaftliche Lage insgesamt in ihrem Land erachteten damals 53 Prozent der Ungarn (EU-weit 59 Prozent) als schlecht, 46 Prozent (EU-weit: 39 Prozent) als gut. Mit einer Verbesserung der wirtschaftlichen Lage

* Bei allen solchen Zahlenangaben ist zu bedenken, dass sich nicht nur die berichteten Sachverhalte in der gegenwärtigen wirtschaftlichen Krisenlage rasch ändern können, sondern gleiches auch für den Wechselkurs zwischen Forint und Euro gilt.

ihres Landes während der kommenden 12 Monate rechneten 23 Prozent der Ungarn im Winter 2021/22, mit einer Verschlechterung 24 Prozent; unter den EU-Bürgern sahen das 28 bzw. 31 Prozent so. Als die wichtigsten Herausforderungen ihres Landes nannten im Winter 2021/22 – bei Möglichkeit einer Auswahl von zwei Themen aus einer vorgegebenen Liste – 49 Prozent der Ungarn 37 Prozent die steigenden Preise und Lebenshaltungskosten (EU-Bürger: 41 Prozent), sodann – nach der Corona-Pandemie – 41 Prozent das Gesundheitsweisen (EU-Bürger: 32 Prozent), anschließend 19 Prozent die wirtschaftliche Lage (EU-Bürger: ebenfalls 19 Prozent), gefolgt von Umweltproblemen und dem Klimawandel mit 9 Prozent (EU-Bürger: 16 Prozent). Als persönlich wichtigste Herausforderungen bezeichneten 59 Prozent der Ungarn damals steigende Preise und Lebenshaltungskosten (EU-Bürger: 51 Prozent), sodann das Gesundheitswesen (Ungarn 25 Prozent, EU-Bürger 26 Prozent) und die finanzielle Lage des eigenen Haushalts (Ungarn 21 Prozent, EU-Bürger 13 Prozent).

Die ungarische Staatsverschuldung in Relation zum Bruttoinlandsprodukt hatte 1995, 2010 und 2020 Höchstwerte von zwischen 84 Prozent und 80 Prozent erreicht. 2001 wies sie ein Allzeittief von knapp 52 Prozent auf; 2018 waren es dann wieder fast 66 Prozent. Die Militärausgaben am Bruttoinlandsprodukt waren von einem Prozent im Jahr 2010 auf 0,86 Prozent im Jahr 2014 gefallen und stiegen dann bis 2020 auf 1,61 Prozent an. Alle diese Merkmale von Ungarns Wirtschaft und Gesellschaft sind einerseits die Folgen von teils aktueller, teils schon lange zurückliegender Politik, und andererseits die in Rechnung zu stellenden Rahmenbedingungen dessen, was sich an Politik derzeit durchführen oder durchhalten lässt.

II. Ungarns Staats- und Verwaltungsgliederung

Verwaltet wird Ungarns Bevölkerung – mit Stand vom Mai 2022 – auf der untersten Staatsebene in 3155 Gemeinden. Von diesen haben 348 den Rang einer Stadt, darunter die Hauptstadt Budapest und 25 Komitatsstädte. 2807 Kommunen haben den Rang einer »einfachen Gemeinde« mit Einwohnerzahlen unter 3000; mit Zahlen darüber hat man den Status einer »großen Gemeinde«.

Ungarische Gemeinden haben das Recht auf Selbstverwaltung in lokalen öffentlichen Angelegenheiten. Als unterste Ebene zur Ausübung der Staatsgewalt agieren sie mit eigenem Budget und eigenem Personal. Sie können über ihr Eigentum frei verfügen, ihr Vermögen selbst verwalten und sich unternehmerisch betätigen. Zu ihren Pflichten gehört die Versorgung der Bevölkerung mit öffentlichen Dienstleistungen. Das schließt die Bereitstellung öffentlicher Bildungs-, Gesundheits- und Sozialdienste ein, die Organisation des öffentlichen Verkehrs einschließlich der Instandhaltung örtlicher Straßen. Außerdem können die Gemeinden – sofern dadurch nicht die Erfüllung anderer Aufgaben gefährdet wird – nach eigenem Ermessen solche Aufgaben übernehmen, die nicht in die ausschließliche Zuständigkeit einer anderen staatlichen Stelle fallen, falls diese sich aus den Mitteln der Gemeinde finanzieren lassen. Voraussetzung dafür, dass eine Gemeinde zur Stadt erhoben wird, ist eine besondere Bedeutung für ihre Region bei der Wirtschaftstätigkeit, bei der Ausgestaltung von deren Bildungs-, Gesundheits-, Kultur- und Sozialeinrichtungen, auch des Sportlebens, desgleichen das Vorhandensein höherer Verwaltungs- und Strafverfolgungsbehörden. Städte haben insbesondere Einrichtungen der Sekundarschulausbildung zu unterhalten, desgleichen mindestens eine Mehrzwecksporthalle, eine Polizeidienststelle, einen Feuerwehrstützpunkt mit Katastrophenschutzstation sowie Einrichtungen der spezialisierten Gesundheitsversorgung.

Die mittlere Verwaltungsebene Ungarns, zum letzten Mal 2013 neu festgelegt, sind die Bezirke (ung. járások). Von ihnen gibt es 174, davon nicht weniger als 23 in der Hauptstadt Budapest. Die Bezirke haben keine Selbstverwaltungsaufgaben, sondern sind einfach staatliche Verwaltungseinheiten, deren zentrale Ämter unmittelbar den sachlich zuständigen Ministerien unterstehen. Zu den auf Bezirksebene ausgeübten Staatsaufgaben gehören u. a. das Melde- und Ausweiswesen, die Ausstellung von Führungszeugnissen, Baugenehmigungen und Fahrerlaubnisse, überdies die Ermittlung von Kraftfahrzeugsteuern und Familienunterstützungen, ebenso Wahlangelegenheiten.

Die Bezirke finden sich in 19 Komitate (ung. megyek)* sowie in die Hauptstadt Budapest zusammengefasst, die ihrerseits wie ein Komitat behandelt wird. Komitate sind die wichtigste territoriale Bezugseinheit von Ungarn, sozusagen die jeweils besondere »Heimat« im gemeinsamen »Vaterland«. Heute sind sie zugleich Selbstverwaltungseinheiten als auch Gebietskörperschaften der Staatsverwaltung. Deshalb gibt es in den Komitaten sowohl Selbstverwaltungsbehörden als auch Behörden der Staatsverwaltung, darunter die auf Komitatsebene organisierten Finanzämter. Die Selbstverwaltungsaufgaben der Komitate erstrecken sich u. a. auf das Bildungswesen, auf den Sprachunterricht der Minderheiten und allgemein auf Gesundheit, Sport sowie Kultur. Deshalb unterhalten alle Komitate auch Museen

* Komitate wurden erstmals im Jahr 1009 als um Burgen herum gelegene Herrschaftsgebiete erwähnt. Sie waren ursprünglich Graf- oder Gespanschaften, wobei der einem Komitat vorstehende Graf (ung. ispán oder gespan) vom König ernannt wurde. Neben Verwaltungsaufgaben war dem Grafen auch die Gerichtsbarkeit anvertraut. Die Untergespane wurden hingegen vom örtlichen Adel bestimmt, was auf die schon sehr frühe Anerkennung adeliger Selbstverwaltungsrechte hindeutet.

und Bildungseinrichtungen. Außerdem erscheinen viele Regionalzeitungen Ungarns auf Komitatsebene, während die landesweiten Tageszeitungen als »Budapester Presse« gelten. Auf dem Land sowie in dessen Städten werden sie deshalb vor allem in den Behörden oder von einzelnen Bürgern gelesen. Im Übrigen haben 25 ungarische Städte die Befugnisse eines Komitats. Das sind nicht nur die Hauptstädte der Komitate, sondern auch sonstige Städte ab einer Einwohnerzahl von mindestens 50 000, denen dieses Recht von der Ungarischen Nationalversammlung verliehen wird. Daneben wurden Ungarns Komitate im Jahr 1999 sieben Regionen zugeordnet, deren Einführung auf Statistik- und Zuwendungsanforderungen der EU zurückging.* Anders als die Komitate und die Gemeinden spielen sie im Regierungssystem Ungarns allerdings keine Rolle. Im Jahr 2006 unternommene Versuche der Regierung, die sieben Regionen Ungarns zu Lasten der Komitate zu stärken, scheiterten nämlich am Unwillen der Bevölkerung.

ABBILDUNG 2: UNGARNS KOMITATE UND KOMITATSSTÄDTE

* Gefordert wurden sie durch die Systematik der EU bei der Identifizierung und Klassifizierung der räumlichen Bezugseinheiten der amtlichen Statistik (ihrerseits NUTS genannt, nämlich »Nomenclature of Territorial Units for Statistics«).

Die stets landesweit – seit 2014 alle fünf Jahre – durchgeführten Wahlen von Komitatsversammlungen sind, da als Listenwahlen nach dem Verhältniswahlrecht durchgeführt, stets ein wichtiger politischer Stimmungstest. Früher an die Parlamentswahlen gekoppelt, verschieben sich ihre landesweiten Auswirkungen inzwischen im Lauf der Jahre. Die Ungarische Nationalversammlung hat nämlich eine Legislaturperiode von vier Jahren, weshalb die alle fünf Jahre stattfindenden Kommunalwahlen zunächst immer näher an die jeweils kommende Parlamentswahl heranrücken und somit auf diese ausstrahlen, um später wieder knapp nach der Neuwahl der Nationalversammlung zu liegen. Dann geben sie Hinweise auf die Popularität der neu bestellten Regierung und ihrer Politik.

Bei den Bürgermeisterwahlen gilt das relative Mehrheitswahlrecht. Budapest als mit Abstand größte Stadt Ungarns ist insofern eine Ausnahme, als dort jeder der 23 Stadtbezirke einen Bürgermeister wählt, zudem alle Budapester per Mehrheitswahl ihren Oberbürgermeister, während dessen Stellvertreter vom Budapester Stadtrat gewählt wird. Der besteht seinerseits aus den Bezirksbürgermeistern sowie aus den Inhabern von einigen sich aus der Verwendung von Parteilisten ergebenden weiteren Mandaten. Zu den politischen Organen eines Komitats gehört die alle fünf Jahre nach dem Verhältniswahlrecht anhand von Parteilisten gewählte Komitatsversammlung, desgleichen deren Präsident. Dieser wird von der Komitatsversammlung gewählt, die ihrerseits eine wichtige Bühne für die zum Komitat gehörenden Lokalpolitiker ist. In den Komitatsstädten tritt an die Stelle der Komitatsversammlung der jeweilige Stadtrat.

Parallel zu den Kommunalwahlen werden überall dort, wo eine von Ungarns 13 autochthonen nationalen Minderheiten in nennenswerter Anzahl lebt, deren Selbstverwaltungsorgane gewählt. Die Zugehörigkeit zu einer solchen Volksgruppe wird einfach – wie vielerlei Umgang mit der Staatsverwaltung in Ungarn auch per Internet möglich – gegenüber der Wahlbehörde erklärt und bleibt dann für zehn Jahre gültig. Während dieser Zeit hat man das Stimmrecht bei der Wahl der jeweiligen Nationalitätenversammlung, die ihrerseits die Nationalitätenselbstverwaltung bestellt. Diese hat einerseits Aufgaben bei der Kulturpflege und im Bildungswesen, und sie organisiert andererseits ungarnweit die Interessenvertretung der jeweiligen Minderheit.

Strikt zu unterscheiden von den Wahlbezirken auf Kommunal- oder Komitatsebene sind Ungarns 106 Wahlkreise für die Parlamentswahlen. Diese Wahlkreise richten sich nicht nach den Gemeinde- oder Bezirksgrenzen. Sie dürfen aber die Komitatsgrenzen nicht überschreiten, müssen ein zusammenhängendes Gebiet aufweisen und dürfen um nicht mehr als 15 Prozent vom Durchschnitt der Bevölkerungszahlen in allen Parlamentswahlkreisen abweichen. Die letzte wesentliche Veränderung der Grenzen der Parlamentswahlkreise wurde nach 2010 im Zusammenhang mit der Verkleinerung des Parlaments von 386 auf 199 Abgeordnete vollzogen. Die Abbildung 3 zeigt die Wahlkreiseinteilung vor und nach der Veränderung der Abgeordnetenzahlen.

ABBILDUNG 3: UNGARNS WAHLKREISE

VOR DER PARLAMENTSVERKLEINERUNG

NACH DER PARLAMENTSVERKLEINERUNG

III. Landesweite Wahlen und Abstimmungen

1. Das Parlamentswahlrecht

Die Grundsätze des heutigen ungarischen Parlamentswahlrechts wurden 1989 in den Verhandlungen am »Runden Tisch« festgelegt. Einerseits sollte das Wahlsystem durch eine starke »Mehrheitskomponente« wie in England zu möglichst stabilen Regierungen führen; das gelang auch. Andererseits sollte es im Wahlrecht ebenfalls eine »Verhältniskomponente« mit Listenwahlrecht geben, damit jene allzu große Disproportionalität von Stimmen- und Sitzanteilen abgepuffert würde, die mit einem reinen Mehrheitswahlrecht notwendigerweise einhergeht. Das zog ein Zwei-Stimmen-Wahlverfahren nach deutschem Vorbild nach sich: Die eine Stimme wird für einen Wahlkreiskandidaten abgegeben, die andere für eine landesweite Parteiliste – beziehungsweise, falls vom Bürger so gewünscht, für die Liste einer nationalen Minderheit. Allerdings fügte man in Ungarn die Mehrheitswahl nicht wie in Deutschland in ein übergeordnetes Verhältniswahlrecht ein, sondern verwendet ein sogenanntes »Grabenwahlrecht«. Das bedeutet: Eine wahlgesetzlich festgelegte Anzahl von 106 Abgeordneten wird per Mehrheitswahl in Ein-Personen-Wahlkreisen bestimmt; und eine ebenfalls wahlgesetzlich festgelegte Anzahl von 93 Abgeordneten zieht – proportional zu den Stimmenanteilen der Landeslisten oder der Listenverbindungen von Parteien – gemäß ihrem dortigen Rangplatz ins Parlament ein. Also wird gerade nicht wie in Deutschland das Ergebnis der Mehrheitswahl zu dem der Listenwahl durch Ausgleichsmandate proportional gemacht. Um diesen »Graben«

zwischen der Mehrheits- und der Listenkomponente des Wahlrechts auch noch sinnlich fassbar zu machen, werden bei ungarischen landesweiten Wahlen sogar zwei getrennte Stimmzettel verwendet. Ferner rückt nach dem Mandatsverzicht oder dem Tod eines direkt gewählten Abgeordneten – anders als in Deutschland – niemand von der landesweiten Parteiliste nach, sondern es findet im betroffenen Wahlkreis eine Nachwahl statt.

Unter Weitergeltung dieser Grundgedanken wurde das Wahlrecht im Jahr 2010 allerdings sehr verändert. Erstens gab es vorher 386 Abgeordnete, von denen 176 in Einzelwahlkreisen und 210 nach Parteilisten bestimmt wurden. Davon verblieben ab den Wahlen von 2014 nur noch 199 Abgeordnetenmandate. Damit wurde das Wahlversprechen des Fidesz erfüllt, nach einem Wahlsieg werde man eine drastische Verkleinerung des Parlaments herbeiführen. Seither besteht die Ungarische Nationalversammlung aus 106 Direktmandaten und 93 Listenmandaten. Es werden also 53 Prozent der Abgeordneten in Wahlkreisen gewählt werden, während das zuvor 46 Prozent waren. Auf diese Weise wurde das regierungsstabilisierende Mehrheitselement des ungarischen Wahlsystems gestärkt – und vermutlich nicht ohne eine Einschätzung der gesetzgebenden Fidesz-Mehrheit dahingehend, dass ihr das quer übers Land eher nützen als schaden würde.

Zweitens wurde die Mehrheitswahl in den Wahlkreisen von einer nach dem »französischen Modell« zu einer nach dem britischen bzw. deutschen Modell umgestaltet. Das heißt: Jetzt reicht für den Wahlsieg die relative Mehrheit der gültigen abgegebenen Stimmen im Wahlkreis. Hingegen brauchte es vor der Wahl von 2014 eine absolute Mehrheit der gültigen abgegebenen Stimmen. Deshalb gab es im Fall deren Nichtzustandekommens im ersten Wahlgang zwei Wochen später eine Stichwahl zwischen jenen Bewerberinnen und Bewerbern, die mindestens 12,5 Prozent der gültigen Stimmen erlangt hatten.* Das führte

* Gab es nicht mindestens drei solche Kandidaten, so fand die Stichwahl zwischen den drei ansonsten Bestplatzierten statt.

dann – wie in Frankreich – zu einer Vielzahl von Absprachen zwischen den Bewerbern und ihren Parteien zwischen dem ersten und dem zweiten Wahlgang.

Drittens wurden die einstigen 20 Territorialwahllisten der politischen Parteien durch eine landesweite Wahlliste ersetzt. Motiv war die bislang schwierige Überschaubarkeit der Auswirkungen dieses Systems in Verbindung mit der Erzeugung regionaler Ungleichheiten sowie einer Benachteiligung kleiner Parteien. Tatsächlich erlaubte der Übergang zu Landeslisten eine bessere Wahrung des Verhältnismäßigkeitsgrundsatzes bei der Listenkomponente des Wahlrechts. Wie in Deutschland gelangen Listenbewerber nur dann ins Parlament, wenn ihre Landesliste mindestens fünf Prozent der abgegebenen gültigen Stimmen auf sich vereint hat. Im Fall von Listenverbindungen von zwei Parteien, wie sie in ganz Ostmitteleuropa üblich sind, beträgt die Hürde zehn Prozent der abgegebenen Stimmen, im Fall einer Listenverbindung von drei und mehr Parteien dann fünfzehn Prozent.

Viertens wurden die Wahlkreise neu zugeschnitten. Erforderlich war das aus zwei Gründen. Erstens zog die Verkleinerung des Parlaments ohnehin eine Verringerung der Anzahl der Wahlkreise nach sich. Zweitens hatte das Verfassungsgericht schon in den Nullerjahren darauf aufmerksam gemacht, dass wegen der unterschiedlichen Bevölkerungsentwicklung in den einzelnen Gebieten Ungarns ein Neuzuschnitt der Wahlkreise nötig wäre. Bis 2010 fand sich im Parlament aber kein mehrheitlicher Wille zur Durchsetzung einer solchen Reform. Kritiker der Fidesz-Regierung, die diese Neuordnung dann durchführte, bringen seither vor, der Neuzuschnitt der Wahlkreise sei so erfolgt, dass künftig vor allem Fidesz-Kandidaten eine Chance auf Direktmandate hätten. Allerdings hatte der Fidesz schon zur Zeit der alten Wahlkreiseinteilung in den Jahren 1998 und 2010 die Mehrheit der Direktmandate gewonnen, während er es auch seither nicht schaffte, im großstädtischen Budapest anders als ausnahmeartig ein Direktmandat zu erringen. Also hat allem Anschein nach weniger der Zuschnitt der Wahlkreise mit

Gewinnchancen oder Verlustrisiken für den Fidesz zu tun als vielmehr die Tatsache, dass der Fidesz im ländlichen Ungarn besonders populär ist, wo nun einmal die weitaus meisten Wahlkreise liegen. Hingegen sind die links des Fidesz stehenden Parteien im (groß-)städtischen Ungarn sehr stark. Dort aber lebt allerdings ein Fünftel der ungarischen Bevölkerung, weshalb es da auch weniger Wahlkreise als in eher ländlichen Regionen gibt.

Fünftens haben seit 2014 auch sämtliche Auslandsungarn das Wahlrecht. Das sind jene Angehörigen der ungarischen Minderheiten in Ungarns Nachbarstaaten sowie weltweit, die – als weitere Staatsbürgerschaft – ebenfalls die ungarische besitzen. Unter diesen nutzten bei der Parlamentswahl von 2018 rund 220 000 ihr Stimmrecht, bei der Wahl von 2022 etwa 269 000. Weil Auslandsungarn in keinem ungarischen Wahlkreis leben, haben sie auch nur eine einzige Stimme, nämlich die für eine der landesweiten Parteilisten. Sie müssen sich obendrein für ungarische Wahlen eigens als Auslandsungarn registrieren lassen, woraufhin sie per Briefwahl abstimmen können. Ungarn hingegen, die sich nur zeitweise im Ausland aufhalten wie Geschäftsreisende, Studierende oder Touristen, welche also weiterhin ihren Wohnsitz in Ungarn haben und sich deshalb nicht als Auslandsungarn registrieren lassen, verfügen natürlich über beide Stimmen, also auch für die zur Wahl des Direktabgeordneten in ihrem Heimatwahlkreis. Sie müssen sich zur Stimmabgabe allerdings in einem ungarischen Konsulat einfinden.

Sechstens nämlich dürfen Wähler, die den Wahltag nicht in ihrem Heimatwahlkreis verbringen, sich für die Wahl in einem anderen Wahlkreis im Inland oder in einem Auslandskonsulat anmelden. Dann können sie dort auch ihre Direktwahlstimme für einen Kandidaten ihres Heimatwahlkreises abgeben. Damit sich das technisch verwirklichen lässt, muss ein entsprechender Antrag allerdings spätestens zwei Wochen vor dem Wahltermin eingereicht worden sein. Um die Anonymität auch jener Stimmen zu wahren, die nicht im Heimatwahlkreis abgegeben werden, zählt man am Wahlabend in jedem Wahlkreis die Stimmen eines einzigen Wahllokals noch nicht aus, sondern vermischt sie erst mit den in den folgenden Tagen aus anderen Wahlkreisen oder aus den Auslandsvertretungen eintreffenden Wahlzetteln; dann erfolgt die Auszählung. Am gesamtungarischen Ergebnis ändert das in der Regel nichts. Im Übrigen zeichnet sich das Endergebnis wegen der in 106 Wahlkreisen durchgeführten Direktwahlen erst *nach* der Ermittlung *aller* Stimmen ab, also meist am späteren Wahlabend. Den über die Parteiliste vergebenen Stimmen sind nämlich auch jene Stimmen zuzuschlagen, die sich aus der – unten noch zu beschreibenden – Verlierer- und Gewinnerkompensation im Rahmen der Direktwahl ergeben.

Siebtens können Angehörige der 13 staatlich anerkannten Minderheiten sich ohne gesonderte Nachweisführung als eben solche registrieren lassen. Das ermöglicht es ihnen, für den Wahlvorschlag ihrer in der Nationalitätenliste aufgeführten Volksgruppe zu stimmen. Im Gegenzug entfällt bei ihnen die Möglichkeit, eine ungarnweite Parteiliste zu wählen. Während also die autochthonen Minderheiten bei der für eine politische Partei abgegebenen Zweitstimme aus der Gesamtmenge des zu vertretenden Volkes ausgeklammert sind, falls sie das so wünschen, in jedem Fall aber die wichtige Erststimme für einen Wahlkreisbewerber abgeben können, sind die Auslandsungarn mittels ihrer Zweitstimme natürlich Teil der Gesamtmenge des zu vertretenden Volkes, hingegen nicht Teil jener lokalen Gemeinschaft, deren Vertreter der Direktabgeordnete eines Wahlkreises ist.* Unter diesen Umständen überlegen es sich viele

* Die überwölbende Idee besteht also darin, dass alle, die sich als Teil des ungarischen Staatsvolks verstehen, an den Wahlen teilnehmen können – ganz gleich, ob sie sich im Inland oder im Ausland aufhalten. In diese überwölbende Idee findet sich der zusätzliche Leitgedanke eingebettet, dass alle, die sich nicht bloß als Teile des ungarischen Staatsvolks, sondern außerdem als Angehörige einer nationalen Minderheit empfinden, nicht allein für einen Kandidaten ihres Wahlkreises stimmen können, sondern auch für eine Wahlliste ihrer nationalen Minderheit. Damit aber Angehörige nationaler Minderheiten wie alle anderen Ungarn nur zwei Stimmen, nicht aber drei Stimmen haben, müssen sie eben entscheiden, ob sie für eine Parteiliste oder für eine Volksgruppenliste stimmen wollen.

Angehörige einer Volksgruppe genau, ob sie ihre »parteipolitische« Stimme wirklich aufgeben wollen, um stattdessen der Liste ihrer Volksgruppe ihre Listenstimme geben zu können. Erreicht entlang von solchen Entscheidungen der Wahlvorschlag einer Volksgruppe ein Viertel der für den Mandatserwerb benötigten rund 90 000 Stimmen eines Listenbewerbers, also in der Regel an die 22 500 Stimmen, so gewinnt die entsprechende Volksgruppe ein vollwertiges Parlamentsmandat. Dieses wird dann von der Anzahl der insgesamt zu vergebenden 93 Listenmandate abgezogen. Bislang gelang es allerdings nur der deutschen Volksgruppe, ziemlich regelmäßig ein solches Volksgruppenmandat zu erringen. Doch selbst wenn auf den Wahlvorschlag einer Volksgruppe bloß eine einzige Stimme entfällt, entsendet diese Gruppe einen »Fürsprecher« ins Parlament. Als solcher besitzt er freilich nur das Rederecht, jedoch kein Stimmrecht.

Achtens sorgt das Wahlrecht dafür, dass keine einzige Stimme gleichsam zähltechnisch verlorengeht. Einerseits dient diesem Zweck die sogenannte »Verliererkompensation«. Das heißt: Die Stimmen für unterlegene Wahlkreisbewerber werden den Stimmen ihrer Partei auf deren ungarnweiter Liste zugeschlagen; und somit gehen sie in die proportionale Verteilung der verfügbaren Listenmandate ein. Andererseits gibt es die »Gewinnerkompensation«: Jene Anzahl von Stimmen, um die ein Wahlkreisgewinner vor seinem nächstplatzierten Konkurrenten lag, verfallen – anders als in Deutschland – gerade nicht als »eigentlich unnötige« Stimmen. Vielmehr werden sie der Parteiliste des erfolgreichen Wahlkreisbewerbers zugeschlagen und gehen dann ebenfalls in die proportionale Zuteilung der Listenmandate ein. Diese durch Verlierer- und Siegerkompensation der jeweiligen Landesliste hinzugefügten Stimmen heißen »Bruchstimmen«.

2. Wahlorganisation, Kandidatennominierung und Wahlkampffinanzierung

Um eine ordnungsgemäße Durchführung der Wahlen sicherzustellen, gibt es Wahlausschüsse, und zwar auf allen staatlichen Ebenen von der Kommune über das Komitat bis hin zum Gesamtstaat. Ihre Mitglieder werden von den einzelnen Parteien benannt. Für die Erledigung aller zentralen Aufgaben im Zusammenhang mit der Vorbereitung und Durchführung von Wahlen ist das Nationale Wahlbüro zuständig. Dessen Präsident wird vom Staatspräsidenten auf Vorschlag des Ministerpräsidenten ernannt. Als autonomes, nur dem Gesetz unterworfenes sowie weisungsfreies Organ der staatlichen Verwaltung unterstützt das Nationale Wahlbüro den Nationalen Wahlausschuss, sorgt für die Schaffung der für die Durchführung von Wahlen erforderlichen materiellen und technischen Voraussetzungen und leitet die Arbeit der regionalen und lokalen Wahlbüros. Diese haben bei ihrer Unterstützung der Wahlausschüsse auf der Ebene von Komitaten, Direktwahlkreisen und Kommunen die Wahlgesetze umzusetzen und dabei unabhängig sowie unparteilich zu sein. Die unterste Stufe der Wahlorganisation sind die Stimmauszählungskommissionen in den einzelnen Wahlbezirken.

Als Direktbewerber um ein Parlamentsmandat kann jeder volljährige ungarische Staatsbürger antreten, den mindestens 500 wahlberechtigte Bürger des jeweiligen Wahlkreises durch Unterschrift in amtlichen »Empfehlungslisten« unterstützen. Er muss nicht in jenem Wahlkreis wohnen, in dem er antritt, auch nicht in Ungarn. Allerdings muss er sich ins Zentralregister ungarischer Staatsangehöriger eintragen lassen. Hinderungsgründe für eine Kandidatur sind Entmündigung, die Verbüßung einer Freiheitsstrafe oder die Aberkennung der bürgerlichen Ehrenrechte. Bewerben kann man sich als unabhängiger Kandidat oder als ein von einer Partei bzw. einer Listenverbindung aufgestellter Kandidat. Nominiert werden kann man nur in einem einzigen Wahlkreis. Der dortige Wahlausschuss überprüft dann die Gültigkeit der Empfehlungen sowie die Registrierung als Kandidat.

Landeslisten zur Parlamentswahl können – gemäß den dafür vorgesehenen gesetzlichen und satzungsmäßigen Regeln – von politischen Parteien oder von einer nationalen Minderheitenselbstverwaltung aufgestellt werden. Dieses Recht hat eine Partei dann, wenn sie in mindestens 71 Einzelwahlkreisen in mindestens 14 Komitaten sowie in der Hauptstadt Budapest Kandidaten nominiert hat. Listenverbindungen mehrerer Parteien sind möglich und auch üblich. Allerdings muss die gemeinsame Liste dann aus gemeinsamen Einzelwahlkreisbewerbern der diese Liste aufstellenden Parteien bestehen. Auch kann sich eine Partei nur an einer einzigen Parteiliste beteiligen; und ebenso kann jemand, der als Einzelbewerber einer Partei antritt, nur auf der Liste eben dieser Partei stehen. Die Reihenfolge der Kandidaten auf der Parteiliste wird von der jeweiligen Partei – oder im Fall einer Listenverbindung von den beteiligten Parteien – festgelegt und kann anschließend nicht mehr geändert werden. Auch in Ungarn werden einzelne Wahlkreisbewerber oder als für die kommende Wahlperiode unverzichtbar erachtete Politiker über die Landeslisten ihrer Parteien »abgesichert«. Wegen der nur 47 Prozent von Listenmandaten unter den Parlamentssitzen ist das allerdings nicht umfassend möglich. Weil sichere Listenplätze somit politisch sehr wertvoll sind, stärkt der Einfluss auf ihre Vergabe die Rolle der Parteiführungen. Die ist ohnehin größer als in Deutschland, weil die ungarischen Parteien vergleichsweise mitgliederschwach sind, und nur der Fidesz landesweite Basisstrukturen aufzubauen vermocht hat.

Wahllisten von Nationalitäten müssen mindestens drei Kandidaten aufweisen; beschlossen werden sie von der Generalversammlung der jeweiligen Nationalitätenselbstverwaltung. Ansonsten gelten sinngemäß die schon umrissenen Regeln. Natürlich können Wahlempfehlungen für Minderheitenbewerber nur von jenen Wahlberechtigten abgegeben werden, die sich als der jeweiligen Nationalität zugehörig erklärt haben. Erforderlich sind die Empfehlungen von einem Prozent der jeweils für die Nationalitätenliste stimmberechtigten Wähler, doch nicht mehr als 1500 Empfehlungen. Ist das alles vollzogen, so werden – nach Überprüfung ihres ordnungsgemäßen Zustandekommens – sämtliche Wahllisten vom nationalen Wahlausschuss registriert.

Für die Finanzierung seiner Wahlkampfkosten hat jeder Direktkandidat Anspruch auf einen staatlichen Zuschuss in Höhe von knapp 2600 Euro, der nur für Sachausgaben im Zusammenhang mit der Wahlkampfführung verwendet werden darf. Der Mandatsbewerber kann diesen Zuschuss aber auch der ihn nominierenden Partei zur Verfügung stellen. Parteien ihrerseits haben Anspruch auf Wahlkampfunterstützung im Verhältnis zur Anzahl der von ihnen aufgestellten Kandidaten. Deren Zahl ist bei 279 gedeckelt, also dem Dreifachen der Zahl verfügbarer Listenmandate. Die Höhe der jeweiligen staatlichen Wahlkampfunterstützung berechnet sich im Wesentlichen durch Multiplikation der bei den letzten Parlamentswahlen errungenen Mandate mit einem Sockelbetrag von rund 13 000 Euro, gewichtet mit der Entwicklung des Verbraucherpreisindex für eineinhalb Wahlperioden vor der Wahl. In Anlehnung an diese Regeln legt der Nationale Wahlausschuss auch die Wahlkampfzuschüsse für die nationalen Minderheitenselbstverwaltungen fest.

Obwohl Ungarns Wahlrecht samt seinen Durchführungsregeln die Grundsätze allgemeiner, freier, geheimer, gleicher sowie unmittelbarer Wahlen befolgt, und obschon Ungarns Praxis von Wahlkampf und Wahlakt dem entspricht, was in anderen europäischen Staaten üblich ist, gibt es seit 2010 regelmäßig Debatten darüber, ob das ungarische Wahlrecht oder die konkrete Wahlkampfführung wohl demokratischen Ansprüchen gerecht würde. Im Grunde sind das Diskussionen dazu, ob Ungarns Wahlpraxis überhaupt geeignet wäre, die dortige Regierungsmacht zu legitimieren. Bisweilen geht es sogar darum, ob oder inwieweit es sich bei ungarischen Wahlen um die für Halbdiktaturen typischen Scheinwahlen handele. Neben einer Kritik am Zuschnitt der Wahlkreise kommt es bei solchen Auseinandersetzungen stets zu Hinweisen auf die mediale Dominanz des Fidesz im Staatsfernsehen. Dieses sendet kostenfrei – doch in Anlehnung an die Stärke der Parteien – Wahlkampfwerbung und wird inhaltlich von regierungsfreundlichen Redaktionen gestaltet. Ferner erhebt sich regelmäßig Kritik an den besseren Möglichkeiten des Fidesz als regierender Partei bei der Beschaffung von Wahlkampfgeldern, woraus dann auch größere Professionalität der Wahlkampfführung resultieren kann. Obendrein verschafft die Ausübung von Regierungsmacht im Wahlkampf Vorteile.

Als Beweis für einen wenig demokratischen Charakter des ungarischen Wahlgeschehens dient dabei nicht selten, dass es seit 2010 nicht mehr – wie zwischen 1990 und 2002 – zum regelmäßigen Machtwechsel gekommen sei. Vielmehr habe der Fidesz nun schon viermal hintereinander die Parlamentswahlen gewonnen, und zwar jeweils mit einer Zweidrittelmehrheit der Mandate. Das aber könne schwerlich so sein, wenn es beim Wahlrecht demokratisch und im Wahlkampf fair zugehe. Doch trotzdem hat es seit 2014 keine Oppositionspartei unternommen, ungarische Wahlen als Scheinwahlen zu boykottieren oder es zu problematisieren, dass die Opposition in Budapest stets fast flächendeckend gewinnt und dort vom Wahlrecht in viel höherem Ausmaß profitiert als der Fidesz auf dem Land.* Im Übrigen fand auch jene zahlenstarke Beobachtergruppe, welche die OECD im Jahr 2022 zur Überprüfung des ungarischen Wahlgeschehens ins Land geschickt hatte, kaum etwas zu beanstanden – außer, dass Ungarns stärkste Partei mehr Wahlkampf-

* Bei den Wahlen zur Ungarischen Nationalversammlung von 2022 gab es in Budapest ziemlich ausgewogene Mehrheitsverhältnisse insgesamt, denn die Oppositionsparteien lagen nur um wenige Prozentpunkte vor den Regierungsparteien. Sie konnten aber 94 Prozent der Budapester Direktmandate erringen, nämlich 17 von 18. Auf dem Land hingegen gewannen die Regierungsparteien 97 Prozent der Direktmandate (nämlich 86 von 88), hatten aber dort einen Vorsprung von mehr als 20 Prozent vor der Oppositionsallianz.

ressourcen nutzte als die schwächeren Parteien Ungarns. Doch das ist auch anderswo in Europa die Regel und stellt sozusagen die Rendite früherer Wahlerfolge dar.

3. Landesweite Abstimmungen

Als Instrument der Demokratie gibt es in Ungarn – anders als in Deutschland – auch landesweite Referenden.* Wünsche nach ihnen wurden zwar schon in der Revolution von 1848/49 laut. Doch die wurden damals nicht aufgegriffen sowie in den neuerlichen Diskussionen der 1890er-Jahre überwiegend abgelehnt. Erst in der kommunistischen Verfassung von 1949 wurden Referenden verankert. Bis in die 1980er-Jahre spielten sie allerdings keine sonderliche Rolle, wenn auch konsultative Verfahren wie Dorfversammlungen oder Volksversammlungen immer wieder für urbane und regionale Entwicklungsprojekte genutzt wurden. Gegen Ende der kommunistischen Zeit wünschten sich ungarische Oppositionskreise – vor allem solche aus der Umweltbewegung – eine Ausweitung all dessen in Form von Volksinitiativen und Referenden. Wie in Ostdeutschland kam es dazu während der Zeit des Systemwechsels.

Doch während es in Ostdeutschland vor allem die neuen Eliten waren, die solche Instrumente in den Dienst direkter Demokratie stellen wollten, versuchten in Ungarn auch die abtretenden Eliten des sozialistischen Regimes, sich mit plebiszitären Mitteln neue Legitimitätsressourcen zu erschließen und möglichst viel vom bisherigen Status zu sichern. So verhielt es sich etwa beim Vierfach-Referendum gegen Ende November 1989. Ungarns Stimmbürger wurden dabei gefragt, ob der neue Staatspräsident erst nach den kommenden Parlamentswahlen gewählt werden solle, wobei ein sehr früher Termin der Präsi-

* Außerdem gibt es die Möglichkeit von Volksabstimmungen auf kommunaler Ebene. Hat ein kommunales Referendum das gesetzlich vorgesehenen Beteiligungs- und Zustimmungsquorum erreicht, ist die entsprechende Gemeinde verpflichtet, das plebiszitär Beschlossene auch umzusetzen.

dentenwahl einen damals populären Reformkommunisten an die Staatsspitze gebracht hätte. Drei weitere Abstimmungsfragen zielten darauf ab, ob die Betriebsorganisationen der kommunistischen Partei zugunsten von Territorialorganisationen abgeschafft werden sollten; ob die kommunistische Partei Rechenschaft über ihr Vermögen ablegen müsse; und ob die Arbeitermiliz aufzulösen wäre. Bei einer Abstimmungsbeteiligung von 58 Prozent fielen alle Ergebnisse entgegen den Interessen der kommunistischen Partei aus – bei der erstgenannten Frage allerdings nur knapp mit 50,1 Prozent, bei den übrigen Fragen hingegen mit jeweils rund 95 Prozent.

Jedenfalls wurden Ungarns Referenden und Volksinitiativen schon im Juni 1989 eingeführt, also vor der Revision der kommunistischen Verfassung im Oktober des gleichen Jahres. Plebiszitäre und repräsentative Demokratieformen miteinander zu verbinden, war allerdings auch in diesem Fall nicht einfach. Bei darauf abzielenden praktischen Versuchen spielte anfangs das ungarische Verfassungsgericht eine wichtige, gerade auch politisch gestalterische Rolle. Den neuen Umständen angepasst wurden die verfügbaren plebiszitären Instrumente zunächst im Jahr 1997, dann wieder durch die im April 2011 verabschiedete neue Verfassung Ungarns. Die heute gültigen, nachstehend umrissenen Rechtsgrundlagen schuf im Jahr 2013 das »Gesetz über die Volksinitiative, die Europäische Bürgerinitiative sowie das Verfahren der Volksinitiative«.

Der Leitgedanke dieses Gesetzes geht dahin, dass – wie in Deutschland – das Parlament das übliche Gesetzgebungsorgan ist, das Volk also nur in Ausnahmefällen seine politischen Rechte anders als durch gewählte Vertreter ausübt. Kommt es hingegen zu einem solchen Fall, dann geht die Entscheidungsmacht des Volkes jener des Parlaments insofern vor, als die Volksvertretung dann den ordnungsgemäß ausgedrückten Mehrheitswillen des Wahlvolks in konkretisierende Gesetzgebungsakte umzusetzen hat. Dabei können, anders als in Deutschland auf Bundesebene, zunächst einmal sämtliche Themen zum Gegenstand einer

Volksabstimmung werden, die zum Aufgaben- und Kompetenzbereich des Parlaments gehören. Doch es werden – wie in jenen deutschen Bundesländern, die das Verfahren der Volksgesetzgebung kennen – von der Volksgesetzgebung viele wichtige Entscheidungsmaterien zugunsten eines ständigen Vorrangs parlamentarischer Regelsetzung ausgenommen. Das betrifft vor allem Budgetfragen, doch ebenso die Wahlgesetze und die internen Organisations- oder Personalangelegenheiten von Parlamenten. Ausgeschlossen sind auch – anders als in manchen deutschen Bundesländern, doch genau wie auf deutscher Bundesebene – Volksabstimmungen über Verfassungsänderungen oder über die Auflösung des Parlaments bzw. von Selbstverwaltungsorganen. Gleiches gilt – wie in den meisten demokratischen Staaten – für Verpflichtungen, die sich aus abgeschlossenen internationalen Verträgen ergeben, desgleichen für die Feststellung oder Verlängerung des Kriegs-, Verteidigungs-, Not- oder Ausnahmezustands, außerdem für die Beteiligung Ungarns an militärischen Operationen sowie für die Ausübung des Begnadigungsrechts.

Im Einzelnen kennt die ungarische Verfassung drei Typen plebiszitärer Verfahren. Erstens kann aufgrund der Unterstützung eines entsprechenden Antrags durch die Unterschriften von mindestens 200 000 Wahlberechtigten – eingereicht beim Nationalen Wahlausschuss, überprüft vom Nationalen Wahlbüro – das Parlament dazu verpflichtet werden, eine politische Frage zum Gegenstand einer landesweiten Volksabstimmung zu machen (»obligatorisches Referendum«). Deren Ergebnis ist dann für das Parlament bindend. Wenn – zweitens – für einen entsprechenden Antrag nur 100 000 bis unter 200 000 Unterschriften beigebracht wurden, so kann das Parlament die begehrte Entscheidungsfrage zum Gegenstand einer landesweiten Volksabstimmung machen, muss das aber nicht tun (»fakultatives Referendum«). Lässt sich das Parlament darauf ein, so ist das Ergebnis dieser Volksabstimmung für das Parlament verbindlich. Drittens kann das Parlament auf Antrag des Präsidenten oder der Regierung die Durchführung einer nationalen

Volksabstimmung beschließen. Diese hat dann entweder eine politische Frage oder eine Meinungsäußerung zum Gegenstand. Wiederum ist das Ergebnis für das Parlament verbindlich.

Doch damit Volksabstimmungen überhaupt gültig sind, muss in Ungarn – wie in vielen anderen Ländern – mehr als die Hälfte der Wahlberechtigten an der Abstimmung teilgenommen haben. Beschlossen ist dann, wofür mehr als die Hälfte der Abstimmenden votiert hat. Um in Vergleich zu früher die Zahl von nicht ernst gemeinten Abstimmungsinitiativen zu verringern, braucht es nun mindestens 20 Personen (früher: eine einzige), die ihre Unterstützung der Durchführung einer Volksabstimmung auf offiziellen Formularen der Nationalen Wahlkommission unterschriftlich bekunden. Dort ist dann auch jene Frage, die dem Volk vorgelegt werden soll, genau auszuformulieren. Diese Frage muss sich eindeutig beantworten lassen, muss in den Kompetenzbereich des Parlaments gehören sowie verfassungsrechtlich zulässig sein. Diese letzteren Dinge werden vom Nationalen Wahlbüro schon vor dem Beginn der Unterschriftensammlung überprüft. Hält der Vorsitzende das Nationalen Wahlbüros eine Abstimmungsinitiative für im Widerspruch zu jenen Kriterien, so kann und muss er sie binnen fünf Tagen zurückweisen. Einspruchsmöglichkeiten gegen diese Zurückweisung gibt es nicht. Doch es kann die zurückgewiesene Initiative erneut und unverändert eingereicht werden, ist dann aber der Nationalen Wahlkommission vorzulegen. Deren Beschlüsse können anschließend vor dem Obersten Gericht – der Kurie – angefochten werden.

Falls es zum gleichen Gegenstand konkurrierende Initiativen gibt, müssen diese in der Abfolge ihrer Einreichung behandelt werden. Dabei muss erst einmal das Verfahren zur zeitlich ersten Initiative abgeschlossen sein, bevor der Reihe nach die anderen Abstimmungsinitiativen behandelt werden. Wurde eine Initiative für zulässig erklärt, so beginnt eine Frist von 120 Tagen, während welcher die erforderlichen Unterschriften zu sammeln sind. Anschließend hat die Nationale Wahlkommission 60 Tage

Zeit, um die eingereichten Unterschriften auf ihre Ordnungsgemäßheit zu überprüfen. Wird dann die jeweils erforderliche Mindestanzahl von 100 000 oder 200 000 Unterschriften in einem Schreiben der Nationalen Wahlkommission an den Parlamentspräsidenten als ordnungsgemäß anerkannt, so hat dieser binnen 30 Tagen den Beschluss über ein obligatorisch bzw. fakultativ abzuhaltendes Referendum auf die Tagesordnung des Parlaments zu setzen. Ebenso ist bei entsprechenden Abstimmungsanträgen der Regierung oder des Staatspräsidenten zu verfahren. Zugleich mit der Entscheidung über die Durchführung einer Volksabstimmung muss das Parlament auch die dafür erforderlichen Finanzmittel bewilligen. Nach Veröffentlichung der entsprechenden Parlamentsentscheidung im Amtsblatt hat der Parlamentspräsident binnen 15 Tagen einen Termin für die Durchführung der Volksabstimmung während der nächsten 70 bis 90 Tage festzulegen. Das Ergebnis der Volksabstimmung muss vom Parlament sodann innerhalb von 180 Tagen gesetzgeberisch umgesetzt werden. Anschließend darf das Parlament während dreier Jahre nicht in der gleichen Sache gesetzgeberisch tätig werden.

Alles in allem wurde zwischen 1989 und 2022 in acht nationalen Volksabstimmungen über insgesamt 16 Fragen entschieden,* wobei die einschlägigen Rechts- und Verfahrensregeln immer wieder verändert wurden. Nach den zwei sog. »Wendereferenden« in den Jahren 1989 und 1990, bei denen es um Fragen der Einrichtung des demokratischen Rechtsstaates ging und von denen nur das erste Referendum erfolgreich war, fanden 1997 und 2003 zwei weitere Referenden über den Beitritt des Landes zur NATO bzw. zur EU statt. Das Quorum von 50% war damals aufgehoben; stattdessen war es erforderlich, dass mindestens 25 Prozent der Wahlberechtigten mit »Ja« oder mit »Nein« abstimmen. Die Wahlbeteiligung betrug dabei 49 Pro-

* 1989 über 4 Fragen; 1990, 1997, 2003 und 2004 jeweils über eine Frage; 2008 über drei Fragen, 2016 über eine Frage, und 2022 über vier Fragen

zent bzw. 45 Prozent. Als dritten Block gab es 2004 und 2008 die von der damaligen (Fidesz-)Opposition initiierten Volksabstimmungen. Bei ihnen ging es um Fragen der doppelten Staatsbürgerschaft für Auslandsungarn (2004) sowie um Praxis-, Krankenhaustage- und Studiengebühren (2008). Das Referendum 2008 unterband zwar sachlich Sinnvolles, war aber ein großer Mobilisierungserfolg für den Fidesz. Es trug deshalb auch entscheidend zur Schwächung der damaligen Linksregierung bei. Im Jahr 2016 wurde eine Abstimmung zur EU-weiten Verteilung von Flüchtlingen angesetzt, bei der es aber nicht zur für ihre Verbindlichkeit erforderlichen 50-Prozent-Beteiligung der Stimmbürgerschaft kam. Im April 2022 wurde gleichzeitig mit den Parlamentswahlen* ein konsultatives Referendum mit vier Fragen zur Ausgestaltung des im Vorjahr novellierten Kinderschutzgesetzes veranstaltet. Auch dieses erreichte nicht die für die Verbindlichkeit des Ergebnisses erforderliche Abstimmungsbeteiligung von 50 Prozent. Anscheinend ist es – wie freilich bei einem Beteiligungsquorum von Anfang zu erwarten – inzwischen üblich geworden, nicht nur für oder gegen eine inhaltliche Position, sondern überhaupt gegen eine Beteiligung an der Abstimmung zu werben.

Oft sind solche Sachreferenden Lehrstücke dafür, dass es bei ihnen erst in zweiter Linie um die Sache geht, doch in erster Linie um eine Veränderung jener Umstände, in denen es Politik zu machen gilt. Mehrfach zeigt sich auch, dass Volksabstimmungen samt den sie begleitenden politischen Auseinandersetzungen die politische Landschaft selbst dann folgenreich umformen können, wenn sie zu keinem rechtlich verbindlichen Ergebnis führten.** Das ist immerhin einer der Leitgedanken von plebis-

* Vorausgegangen war dem – auf Vorschlag der oppositionellen Abgeordneten Timea Szabó (Dialog Ungarn) – eine Änderung des Referendumsverfahrens im November 2021, die vom Parlament einstimmig angenommen wurde. Seither können Volksbefragungen – anders als zuvor möglich – dass auch innerhalb von 41 Tagen vor und nach Parlaments-, Europaparlaments- und Kommunalwahlen abgehalten werden.

** Für Details siehe Pállinger, Volksabstimmungen in Ungarn.

zitären Instrumenten: Sie setzen immer wieder neue Akzente in jene Prozesse politischer Willensbildung und Machtverteilung, die ansonsten vom Takt der Wahlen geprägt werden. Für die plebiszitäre Entfachung politischer Dynamik reicht es mitunter schon aus, eine entsprechende Unterschriftensammlung überhaupt nur in Aussicht zu stellen. Und natürlich eröffnen plebiszitäre Instrumente auch in Ungarn keinen »parteifreien Raum« des politischen Diskurses, sondern bieten einfach zusätzliche Bühnen für den Wettbewerb von politischen Parteien sowie von zivilgesellschaftlichen Vereinigungen, die oft ihrerseits mit Parteien zusammenwirken.

Auf ähnliche Weise setzen die im Jahr 2010 eingeführten »Nationalen Konsultationen« jeweils eigene Akzente in den üblichen politischen Willensbildungsprozess. Bei ihnen werden den Bürgerinnen und Bürgern per Fragebogen von der Regierung formulierte Fragen vorgelegt, deren Beantwortung freiwillig und anonym erfolgt. Die Antworten werden von staatlichen Behörden ausgewertet, die Ergebnisse veröffentlicht, und sich hieraus ergebende Mobilisierungs- oder Demobilisierungswirkung sind der unmittelbare politische Zweck des ganzen Unterfangens. Es handelt sich bei diesen »Konsultationen« somit um rechtlich unverbindliche, auch von gesetzlichen Formauflagen recht freie Quasi-Referenden. Sie weisen alle problematischen Merkmale dieses – gleichwohl immer wieder und von vielen Seiten befürworteten – plebiszitären Instruments auf. Nicht nur gibt es mannigfache Möglichkeiten einer Manipulation von Antworten durch die Formulierung der gestellten Fragen. Sondern obendrein lässt sich dieses Instrument von der jeweiligen Regierung ganz nach Gesichtspunkten politischer Opportunität zur oppositionell nicht durchkreuzbaren Einflussnahme auf die politische Agenda nutzen.

Ginge es nur darum, die reale Meinungsverteilung im Volk zu einer politischen Entscheidungsfrage ausfindig zu machen, so wären konsultative Referenden schlicht überflüssig. Dieses Ziel lässt sich nämlich mit methodisch korrekt durchgeführten demoskopischen Umfragen viel genauer und kostengünstiger erreichen. Doch es sind nun einmal die politischen Begleitwirkungen dieses plebiszitären Instruments, die es für eine Regierungspartei – und eigentlich nur für eine Regierungspartei – sehr wünschenswert machen. Ungarns Fidesz-Regierung setzt nämlich »nationale Konsultationen« vor allem dafür ein, ihr genehme Themen an für sie passenden Zeitpunkten zum Gegenstand öffentlicher Debatten zu machen. Inhaltlich geht es darum, sich der Unterstützungsträchtigkeit politischer Grundentscheidungen zu vergewissern, punktgenau um die Lufthoheit über öffentlich wirksamen Diskussionsforen ringen sowie sich dadurch konkrete politische Stellungsvorteile zu erarbeiten. Doch noch wichtiger ist einerseits, dass durch nationale Konsultationen zu Themen, die für eigene Gestaltungsabsichten mobilisierungsträchtig sind, ein Schulterschluss zwischen Regierung und Bevölkerung erreicht werden kann, der weit über das hinausgeht, was sich etwa über soziale Medien bewirken lässt. Und andererseits gibt eine differenzierte Analyse der Beteiligung an einer nationalen Konsultation sowie der abgegebenen Voten wertvolle Aufschlüsse darüber, wohin die Mobilisierungskraft der eigenen Partei im Zusammenhang mit welchen Themen wirklich reicht; und eben das liefert wichtige Informationen für eine professionelle Wahlkampfführung US-amerikanischer Art mit zielgruppenbezogener Wähleransprache.

IV. Parteien

1. Ungarns Parteiensystem im Überblick

Etliche Parteien, die Ungarns Politik seit dem Systemwechsel prägten, bestehen seit dem frühen 20. Jahrhundert. Dazu gehört vor allem die Sozialistische Partei (MSZP). Diese geht auf die 1918 gegründete kommunistische Partei (MDP) zurück, entstand als »Partei der Ungarischen Werktätigen« durch Einverleibung der sozialdemokratischen Partei in die Reihen der Kommunisten, hieß zwischen 1956 und 1989 »Ungarische Sozialistische Arbeiterpartei« (MSZMP) und verwandelte sich im Herbst 1989 zur »Ungarischen Sozialistischen Partei«. Im Westen wird sie heute oft als eine sozialdemokratische Partei wahrgenommen oder behandelt. Von ihr spaltete sich 2011 die »Demokratische Koalition« (DK) unter Führung des ehemaligen Ministerpräsidenten Gyurcsány ab. Eine lange Geschichte hat auch die FKgP, die 1930 gegründete, ländlich-agrarische und national-konservative »Unabhängige Kleinlandwirte-, Landarbeiter- und Bürgerpartei«. Unter kommunistischem Druck wurde sie nach dem Zweiten Weltkrieg schrittweise entmachtet und 1949 aufgelöst. Im Jahr 1988 wurde sie dann wiedergegründet. Alt ist in gewisser Weise ebenfalls die katholische, national und konservativ eingestellte »Christlich-Demokratische Volkspartei« (KDNP): Sie entstand 1989 als Neugründung jener »Demokratischen Volkspartei«, die – in der Tradition des politischen Katholizismus – nach dem Zweiten Weltkrieg aufkam, 1947 gut 16 Prozent der Stimmen erhielt und anschließend das gleiche Schicksal wie die FKgP erlitt.

Andere Parteien kamen erst während der Zeit des Systemwechsels auf. Zu ihnen gehört das konservative »Ungarische Demokratische Forum« (MDF), welches – gegründet bereits 1987 – die erste Wahlperiode nach dem Ende des Kommunismus prägte. Im Anschluss an schon lange Zeit kümmerliche Wahlergebnisse, bei der Wahl von 2010 auch gar nicht mehr ins Parlament gelangt, beschloss es eine Veränderung seiner Grundpositionen sowie seines Namens. Es heißt seit dem Frühjahr 2011 »Demokratische Gemeinschaft für Wohlstand und Freiheit« (JESZ), blieb aber weiterhin erfolglos. Zu den neuen Parteien gehört ebenfalls der »Bund Freier Demokraten« (SZDSZ). Im November 1988 gegründet, regierte diese Partei 1994–1998 und 2002–2008 gemeinsam mit den Sozialisten und erlitt dann einen so heftigen Niedergang, dass sie sich im Jahr 2013 auflöste.

Die im Nachhinein spektakulärste Neugründung war der »Bund Junger Demokraten« (Fidesz). Er wurde im März 1988 von jungen Intellektuellen in einem Budapester Fachkolleg gegründet und machte sich alsbald durch Demonstrationen gegen das kommunistische Regime bekannt. Bei den Wahlen von 1990 und 1994 nicht sonderlich erfolgreich, wechselte der Fidesz seine inhaltliche Ausrichtung und wurde von einer liberalen zu einer konservativen Partei. Das zog zwar einige Abspaltungen nach sich. Doch es erschloss sich der Fidesz, seit 1996 mit dem Beinamen »Ungarische Bürgerliche Partei« und 2003 umbenannt in »Fidesz – Ungarische Bürgerliche Union«, durch diesen Kurswechsel neue Wählerschichten und verdrängte andere Parteien von der Mitte bis zum rechten Rand. Zwischen 1998–2002 erstmals den Ministerpräsidenten stellend und seit 2010 dauerhaft im Wahl- und Koalitionsbündnis mit der KDNP, errang der Fidesz in den vier aufeinander folgenden Wahlen zwischen 2010 und 2022 jeweils parlamentarische Zweidrittelmehrheiten bei 45 bis 54 Prozent der Listenstimmen. Seine Besonderheit ist es, dass die führenden Fidesz-Politiker stets eine Generation jünger waren als ihre etablierten Konkurrenten, sie also auch lebenszyklisch überdauern konnten. Viktor Orbán etwa ist, obwohl derzeit im 17. Amtsjahr als Ministerpräsident und im 33. Amtsjahr als Abgeordneter, erst 59 Jahre alt; und ebenfalls die im Fidesz nachrückende Generation ist ihrerseits vergleichsweise jung.

Nachdem der Fidesz 2002 die Regierungsmacht verlor und kurzzeitig in eine Krise geriet, schien sich politischer Raum für eine neue politische Partei rechts außen aufzutun. Sie entstand als »Bewegung für ein besseres Ungarn« (Jobbik) im Oktober 2003 aus einem antikommunistischen Studentenbund. Von vornherein profilierte sie sich klar rechts, nationalistisch und auch antisemitisch. Dennoch ließ sich Jobbik im Vorfeld der Parlamentswahl von 2022 in ein Oppositionsbündnis gegen den Fidesz einbinden, das insgesamt von rechts außen bis hin zu den Sozialisten reichte. Freilich hatte die Führung von Jobbik schon 2014 angekündigt, man werde sich fortan in eine nationale Volkspartei umwandeln. Auch als Reaktion hierauf spaltete sich 2018 der rechte Flügel von Jobbik als neue Partei »Bewegung Unsere Heimat« (MHM, Mi Hazánk) und wurde 2022 – unter Schwächung von Jobbik – ins Parlament gewählt. In dieses grob umrissene Parteiensystem hat sich seit der Parlamentswahl von 2010 wohl dauerhaft noch die grüne Partei »Politik kann anders« (LMP) eingefügt, die 2009 aus einer Nichtregierungsorganisation heraus gegründet wurde. Ihre wichtigsten Anliegen sind, neben politischen und politisch-kulturellen Systemreformen, grüne Politik und Globalisierungskritik.

Eine im Vorfeld der Wahlen vom April 2022 als – in Ostmitteleuropa übliche – Listenverbindung gebildete, dann sofort nach ihrer Wahlniederlage zerfallene »Oppositionsallianz« war zugleich Ausdruck und Instrument der starken innenpolitischen Polarisierung Ungarns. Zu diesem Bündnis zwischen linken Parteien und der rechten Jobbik kam es, weil man 2022 nicht mehr getrennt und konkurrierend, sondern mit gemeinsamen Wahlkreiskandidaten sowie einer gemeinsamen Landesliste gegen den Fidesz antreten wollte. So vorgehend, erwartete man größere

Gewinnchancen als im Fall einer – wie zuvor – zersplitterten Opposition. Auch um medial präsent zu sein und diesen Neuanfang für Mobilisierungszwecke zu nutzen, führten die Parteien des Oppositionsbündnisses im Herbst 2021 selbstorganisierte Vorwahlen durch. Mittels ihrer wurde in jedem Wahlkreis ein gemeinsamer Kandidat sowie insgesamt ein das gesamte Bündnis anführender Herausforderer des amtierenden Ministerpräsidenten festgelegt. Zeitweise lag bei Umfragen dieses Oppositionsbündnis vor dem Fidesz und erwartete einen Wahlsieg, nach welchem man die von der Fidesz-Regierung vorgenommenen Systemveränderungen rückgängig zu machen versprach. Doch es wurden schon im Wahlkampf vielerlei Risse in diesem Bündnis sichtbar. Am Ende gingen im April 2022 die ländlichen Wahlkreise Ungarns ziemlich flächendeckend an den Fidesz, die in Budapest hingegen an die Oppositionsallianz. Das Parteiensystem und politische Leben Ungarns bleibt somit gespalten.

Leider sind genaue und aktuelle Zahlen zur Mitgliedschaft in Ungarns Parteien nicht verfügbar. Veraltete Einzelinformationen müssen somit ausreichen, um einen zumindest groben Eindruck zu gewinnen. Im Jahr 2013 gab es unter den gut neun Millionen Ungarn knapp 40 000 Mitglieder des Fidesz, an die 36 000 Mitglieder der sozialistischen Partei MSZP, 20 000 Mitglieder der Liberalen (SZDSZ), 17 000 der christdemokratischen KDNP sowie 11 000 des Ungarischen Demokratischen Forums. Inzwischen ist die Zahl der Parteimitglieder deutlich gesunken, sodass wohl nur noch ein Prozent der ungarischen Wählerschaft einer politischen Partei angehört. Davon war 2016 etwa die Hälfte Mitglied der Oppositionsparteien von Jobbik bis zur Demokratischen Koalition. Die größte Einzelpartei ist inzwischen – nach bescheidenen Anfängen in den 1990er-Jahren – der Fidesz. 2015 hatte er, mit insgesamt abnehmender Tendenz, noch an die 35 000 Mitglieder. Mit ebenfalls sinkender Tendenz hatte die KDNP 2015 wohl noch 8000 Mitglieder, wobei die inzwischen gegebene Möglichkeit von Doppelmitgliedschaften in KDNP und Fidesz klare Abgrenzungen unmöglich macht. Regelrecht dramatisch ist der Mitgliederverlust der sozialistischen MSZP: Von knapp 36 200 noch im Jahr 2010 fiel ihre Mitgliederzahl auf 15 000 im Jahr 2016 und dürfte seither weiter nach unten gegangen sein. Umgekehrt war die einst rechtsradikale, 2022 dann mit den Sozialisten verbündete Jobbik von 5200 Mitgliedern im Jahr 2009 stark angewachsen auf 13 000 Mitglieder im Jahr 2019; ihr folgte im Jahr 2016 die »Demokratische Koalition« mit knapp 11 000 Mitgliedern.

Insgesamt sind – abgesehen vom Fidesz – Ungarns Parteistrukturen schwach nicht nur an Zahlen, sondern auch an Bindungskraft. Das schafft Spielraum für neue Parteien, gewährleistet aber durchaus nicht mehr als nur kurzfristige Erfolge. Beispielsweise hatte die rechtsradikale Jobbik-Abspaltung Mi Hazánk im Jahr 2019 noch etwa 1100 Mitglieder, war schon ein Jahr später bereits auf rund 1300 Mitglieder angewachsen. Weitere Parteien kommen nur auf die Hälfte dieser Zahl: Momentum hatte 2019 rund 825 Mitglieder, Párbeszéd 2020 wohl 600, und die LMP 2019 nicht mehr als 500 bis 600. Wie dünn die Parteistrukturen Ungarns sind, wird besonders dramatisch am Fall der MLP sichtbar: Im Jahr 2019 zählte sie nicht mehr als hundert Mitglieder – und zur Delegiertenversammlung kamen nicht mehr als 13.

Unter solchen Umständen muss es nicht wundern, dass die Parteien – abgesehen vom Fidesz – nur schwach in der ungarischen Gesellschaft verankert sind. Derzeit verfügt allein der Fidesz über rund 1100 Ortsverbände, 19 Komitatsverbände und 106 Wahlkreisverbände. Ferner hat der Fidesz innerparteiliche Vereinigungen für Jugendliche, Frauen, Senioren oder Arbeitnehmer. Über die »Stiftung für ein Bürgerliches Ungarn« (PMA) wirkt er auch in die Gesellschaft und in öffentliche Debatten hinein. Seine Bündnispartner sind die KDNP, die parteinahe Jugendorganisation Fidelitas, die Romavereinigung, die Bauernvereinigung und das aus ehemaligen MDF-Mitgliedern bestehende Nemzeti Fórum. Natürlich haben mitgliederschwächere Parteien auch viel dünnere Organisationsstrukturen.

Diese umfassen in der Regel mehrere Verbände auf lokaler Ebene, ebenfalls auf Komitatsebene, und selbstverständlich einen Zentralverband in der Hauptstadt Budapest. Nicht selten gibt es auch Sonderorganisationen, im Fall von Jobbik und der MSZP etwa eine Jugendorganisation und eine parteinahe Stiftung, im Fall von Jobbik obendrein eine Rentnerorganisation. Im Grenzfall besonders schwacher Organisationsstrukturen werden Ungarns Parteien nur von ihren kommunalen Mandatsträgern sowie über das Personal der ihnen nahestehenden zivilgesellschaftlichen Vereinigungen mit der Bevölkerung des Landes zusammengehalten. Und weil die jeweilige Parteibasis – abgesehen vom Fidesz – nun einmal sehr schütter ist, bilden sich die ungarischen Parteien erst recht als oligarchische Strukturen aus, die um starke Persönlichkeiten wie Férenc Gyurcsány oder Viktor Orbán gelagert sind.

Neben der Wahlkampfkostenerstattung werden Ungarns Parteien aus den in westlichen Demokratien üblichen Quellen finanziert. Das sind Mitgliedsbeiträge, die Spenden von natürlichen und juristischen Personen, Einnahmen aus eigenen Wirtschaftsunternehmen sowie Zuweisungen aus dem Staatshaushalt. Jobbik bzw. die MSZP – als die wichtigsten »Flügelparteien« Ungarns – gaben etwa für das Jahr 2019 Einnahmen in der Höhe von etwa 2600 Euro bzw. 50 000 Euro aus Mitgliedsbeiträgen an, von 154 000 Euro bzw. 410 000 Euro aus Spenden, von 1,3 Millionen Euro bzw. 796 000 Euro aus dem Staatshaushalt sowie von 122 000 Euro bzw. 222 000 Euro aus sonstigen Einnahmen. Insgesamt fließen ungefähr 7,8 Millionen Euro aus dem Staatshaushalt an jene Parteien, die bei den vorhergegangenen Parlamentswahlen mehr als ein Prozent der Stimmen erhalten haben. Gemäß dem einschlägigen Gesetz muss ein Viertel dieser Mittel zu gleichen Teilen an jene Parteien gehen, die über eine Landesliste Parlamentssitze errungen haben; die übrigen drei Viertel der verfügbaren Mittel werden zugeteilt im Verhältnis zu den für die Partei oder deren Kandidaten abgegebenen Stimmen.

2. Profile ungarischer Parteien

Der Fidesz strebt eine dauerhafte Konsolidierung von Ungarns Zivilgesellschaft an, und zwar auf der Grundlage von Familie und Nation, von ungarischer Tradition und christlicher Kultur. Ferner sollen die Wettbewerbsfähigkeit und die Attraktivität der ungarischen Wirtschaft gesteigert werden, nämlich auf der Grundlage einer Gesellschaft, die von aktiver Arbeit aller erwachsenen Ungarn getragen wird. Die Christlich-Demokratische Volkspartei (KDNP), seit Langem bei Wahlen in Listenverbindung mit dem Fidesz, geht aus auf die Förderung der ungarischen Nation, auf die Sicherung christlicher Moral und Werte in der Politik, auf die europäische Völkerverständigung sowie auf ein freies Ungarn in Europa. Jobbik ist – trotz Zugehörigkeit zum linken Oppositionsbündnis von 2021/22 – durchaus nicht mittig oder gar links, sondern national, rechtskonservativ, EU-kritisch und nicht frei von rechtsextremen Tendenzen oder antisemitischen Tönen. Als sich Jobbik zu mäßigen begann, spaltete sich im Jahr 2018 ihr rechter Flügel als »Bewegung Unsere Heimat« (MHM, Mi Hazánk) ab und vertritt nun scharf die einstigen Jobbik-Positionen. Bei der Wahl von 2022 verlor Jobbik dann einen Großteil seiner Stimmen nach Mitte-Rechts an den Fidesz und nach ganz rechts an MHM.

Am gegenüberliegenden Ende des politischen Spektrums befindet sich die Ungarische Sozialistische Partei MSZP. Sie versteht sich als demokratisch-sozialistisch und ist traditionell EU-freundlich. Die Demokratische Koalition (DK), im Jahr 2011 als Abspaltung von der MSZP zustande gekommen, steht für Linksliberalismus, Sozialliberalismus und europäischen Föderalismus. Die LMP (Politik kann anders), 2009 entstanden, ist Ungarns grüne Partei und setzt sich für Umweltschutz, Liberalismus und eine pro-europäische Politik ein. Die PM (Párbeszéd Magyarországért, Dialog für Ungarn) spaltete sich 2013 von der LMP ab und steht nun – grundsätzlich EU-freundlich – für Umweltpolitik und Nachhaltigkeit, Linksliberalismus und Feminismus; derzeit stellt sie auch den Oberbürgermeister von Budapest.

Momentum als neueste ins Gewicht fallende Partei entstand 2017 aus einer Bürgerbewegung, die Unterschriften gegen eine Bewerbung Budapests für die Olympischen Sommerspiele von 2024 sammelte. Diese Partei versteht sich als eine gesamtgesellschaftliche Vereinigung mit liberaler und pro-europäischer Ausrichtung. Keine Bedeutung gewann die MLP (Ungarische Liberale Partei). Sie ist liberal-proeuropäisch, wurde im April 2013 durch ein ehemaliges Mitglied des Fidesz und später der SZDSZ gegründet und verfügte eine Wahlperiode lang über ein unabhängiges Mandat im ungarischen Parlament.

Verortet man diese Parteien wie in Abbildung 4 in einem Quadrat mit der vertikalen Dimension »sozial konservativ« (unten) und »sozial progressiv« (oben) sowie mit der horizontalen Dimension »links« gegenüber von »rechts«, so lassen sie sich ziemlich klar gliedern. Dabei meint »sozial konservativ« die Betonung der Schutzfunktion des Nationalstaates und die wirtschaftliche sowie kulturelle Förderung der Bevölkerung im Land. »Sozial progressiv« bezeichnet hingegen die Befürwortung einer immer weitergehenden europäischen Integration, die bereitwillige Abgabe bisheriger nationaler Souveränitätsrechte sowie einen migrationsoffenen Arbeitsmarkt. »Rechts« meint die Wertschätzung freier Märkte, die Flexibilisierung gerade auch von Arbeitsmärkten und von Wettbewerbsregeln, desgleichen die Bereitschaft zur Kürzung von Sozialausgaben, »links« hingegen die Befürwortung von Arbeitsplatzsicherheit samt dem Ausgehen auf soziale Gerechtigkeit durch Vermögensumverteilungen und durch umfangreiche Interventionen des Staates.

Auf einer so skalierten Karte des ungarischen Parteiensystems finden sich der Fidesz und die KDNP ganz im Bereich sozial-konservativer Politik, und obendrein zu einem kleineren Teil links der politischen Mitte, im Wesentlichen aber rechts von ihr. Die klar einer sozial-konservativen Politik verpflichtete Jobbik ist zusätzlich in sozialen Fragen linkspopulistisch. Deshalb wird sie als deutlich links von Fidesz-KDNP verortet, obwohl sie als rechtsradikale Konkurrenz dieser Parteien begann. Im lin-

ABBILDUNG 4: POLITISCHE VERORTUNG DER UNGARISCHEN PARTEIEN

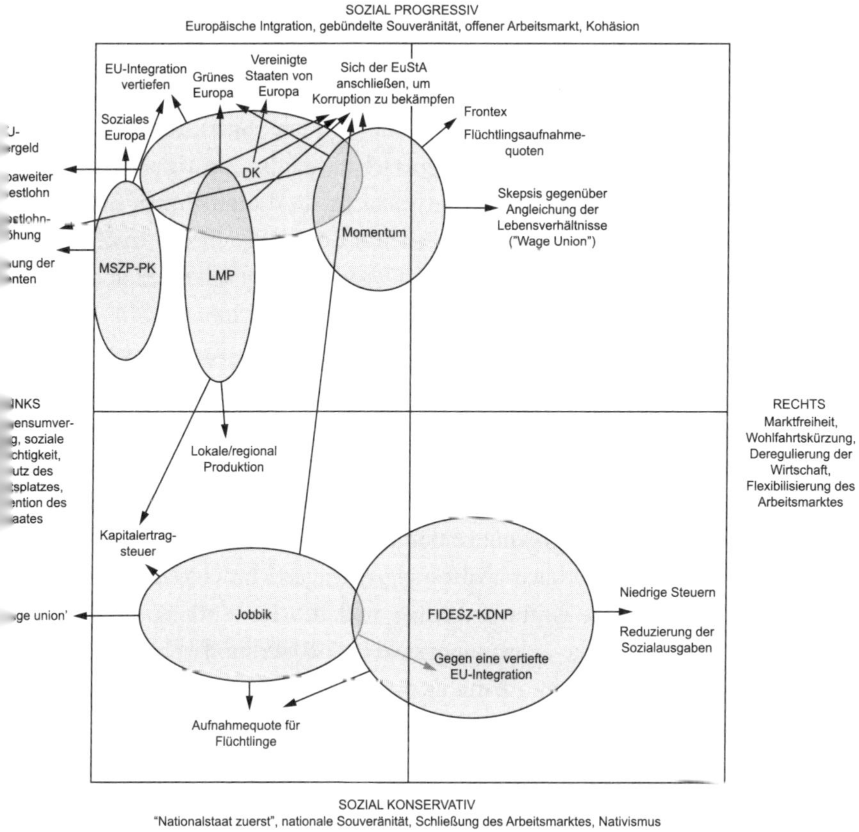

© Friedrich-Ebert-Stiftung

ken oberen Quadranten befinden sich alle übrigen Parteien, also ziemlich spiegelbildlich gegenüber von Fidesz-KDNP. Dabei wird die MSZP, einst wegen ihrer höchst neoliberalen Wirtschaftspolitik abgewählt, als am weitesten links eingeordnet und ganz dem Bereich sozial-progressiver Politik zuwiesen.

Unbeschadet solcher Plausibilitätsprobleme dieser Parteienlandkarte lässt sich feststellen, dass in Ungarn mit Fidesz-KDNP ein von der politischen Mitte bis zum rechten Rand reichendes, sehr stabiles politisches Lager entstanden ist. Dem steht von der politischen Mitte bis zum linken Rand mit den Grünen, Linksliberalen und Sozialisten ein längst nicht so stabiles und kohärentes politisches Lager gegenüber. Dass sich ihm zur Parlamentswahl von 2022 um verbesserter Wahlchancen willen auch noch die inzwischen querfrontartige Jobbik zugesellte, macht dieses Lager weder stabiler noch stärker. Zwischen beiden politischen Lagern besteht in Ungarn scharfe Gegnerschaft, die bis hin zu persönlicher Feindschaft reicht. Dabei versucht die Linke, durch einen engen Schulterschluss mit Linken und Liberalen auf europäischer Ebene ihre Stellungsnachteile in Ungarn auszugleichen. Eine der Folgen davon ist die Fortsetzung ungarischer Innenpolitik als Streit zwischen EU-Institutionen und ungarischer Regierung.

Die zentralen – in der Politikwissenschaft »cleavages« genannten – Konfliktlinien, entlang derer sich die hier umrissenen Parteienkonflikte ausgestalten, sind historisch tief verankert und überlappen einander. Eine erste Frontstellung hat ursprünglich zu tun mit der Haltung gegenüber der Fremddynastie der Habsburger bzw. zu einem wirklich unabhängigen Ungarn. Im Gegenüber des Reformers Graf István Széchenyi und des Revolutionärs Lajos Kossuth wurde dieses Spannungsfeld im 19. Jahrhundert besonders deutlich. Zuvor schon hatte es sich im religiösen Gegensatz von Katholiken und Calvinisten auch politisch ausgeprägt: Erstere waren überwiegend habsburgtreu, letztere fast allesamt Advokaten eines unabhängigen Ungarntums. Eine zweite Konfliktlinie prägte sich im Lauf der Industrialisierung aus als eine solche zwischen den städtischen und den ländlichen Gebieten Ungarns, die ihrerseits sehr unterschiedliche sozioökonomische Interessen und soziokulturelle Leitvorstellungen aufwiesen. »Urbane« und »Volkstümliche« ist die ungelenke Verdeutschung dieses für Ungarns Geschichte höchst wichtigen Gegensatzes. Und eine dritte Bruchlinie verläuft bis heute zwischen jenen, die Ungarn nach dem Vorbild des westlichen Liberalismus modernisieren wollen, und denen, die für die künftige Entwicklung ihres Landes gerade Ungarns geschichtliche Erfahrungen zur Richtschnur nehmen möchten. Indem sich im Lauf der Geschichte mancherlei Konfliktlinien überlagerten, entstanden Muster wie die folgenden: Auf dem Land dominierten christlich-nationale Vorstellungen, in den Städten liberale Ideen; und die – immer schon »internationale« – hohe Aristokratie sympathisierte großenteils mit den Habsburgern, deren Herrschaft ihre Privilegien sicherte, während die »Bundschuh-Adeligen« sowie das verarmte Volk zu anti-habsburgischen, republikanischen und revolutionären Haltungen neigten. Die Zeit sowjetischer Vorherrschaft fügte alledem als weitere wichtige innenpolitische Konfliktlinie noch die Positionsnahme zu kommunistischen Lehren und Praxen hinzu.

Während der spät- und nachkommunistischen Systemtransformation wirkte sich das alles als Frontstellung zwischen den Erben oder Begünstigten des alten Systems sowie den aufstrebenden neuen Eliten aus. Dabei wurden im öffentlichen Diskurs rasch aus den tatsächlich neuen Elitegruppen die dem »alten Ungarn« verpflichteten »Traditionalisten«, hingegen aus den sozialistischen Eliten »westliche Erneuerer«. Die suchten durchaus den Anschluss »an Europa«, wollten aber ebenso zielsicher ihre Statusprivilegien ins neue, globalisierte System hinüberretten. Deshalb waren sie auch zu fast grenzenloser Anpassung an westliche Vorgaben bereit. Später sortierten sich entlang dieser Konfliktlinie auch noch jene politischen Akteure, die für einen bedingungslosen Vorrang europäischer Rechtsetzung gegenüber dem ungarischen Gesetzgeber eintreten, in Abgrenzung von solchen Ungarn, die – unter Verweis auf jüngst erst errungene demokratische Selbstbestimmungsrechte – sich gegen eine Ausdehnung vertraglich vereinbarter EU-Kompetenzen sperren.

In einem solchen Diskursrahmen tritt dann zusätzlich der sozioökonomische Grundkonflikt Ungarns hervor: Linke und Liberale geben sich als die Sachwalter von akademischen oder wohlhabenden Schichten, Fidesz-Politiker hingegen als Anwälte von Arbeiterschaft und Landbevölkerung, deren Interessen sie in Zeiten neoliberaler Globalisierung zu wahren versprechen. Im Jahr 2010 trieb die Wahrnehmung einer Gefährdung des gerade erst errungenen Lebensstandards durch die nun fällig werdenden Folgekosten von zwei Wahlperioden, während welcher man unter sozialistischer Führung viele Wirtschaftsbereiche liberalisiert hatte, viele einstige Unterstützer von Sozialisten und Liberalen dem nunmehr national-protektiv aufgestellten Fidesz zu. Obendrein rächte sich, dass sich die Sozialisten nie distanzierend ihrer tief in kommunistische Zeiten reichenden Verantwortung gestellt hatten. Das bescherte ihnen ein Ansehensproblem, das der Fidesz als in der Endzeit des Kommunismus entstandene, unangepasste Studentenpartei ohnehin nicht hatte.

3. Die Entwicklung des ungarischen Parteiensystems

Alles in allem bescherte das ungarische Parlamentswahlrecht mit seiner starken Mehrheitskomponente dem Land große Regierungsstabilität, insbesondere im Vergleich mit den anderen einst realsozialistischen Staaten. Auch insgesamt ist Ungarn das einzige Land in der EU, in dem es noch nie zu vorgezogenen Neuwahlen kam. Mit Ausnahme der Koalitionsregierung zwischen Sozialisten und Liberalen nach der Wahl von 2006, die nach dem Rückzug der Liberalen als sozialistische Minderheitsregierung endete, hielten alle Regierungsbündnisse vier Jahre lang. Geradezu bilderbuchartig wechselten von 1990 bis 2002 auch die das Land regierenden Koalitionen bei jeder Parlamentswahl dahingehend ab, dass vorherige Oppositionsparteien anschließend die Regierung übernahmen. Erstmals wiedergewählt wurde eine Regierungskoalition im Jahr 2006, nämlich die zwischen Sozialisten und Liberalen. Sie zerbrach allerdings zwei Jahre später und hatte ihr Ansehen bereits im Herbst des Wahljahres verloren, weil sie ihren Wahlsieg – so das fatalerweise öffentlich gewordene Eingeständnis ihres damaligen Ministerpräsidenten – unwahren Aussagen über die wirtschaftliche Lage Ungarns verdankt hatte. Erfolgreicher war dann seit 2010 das zuvor acht Jahre lang oppositionelle Wahlbündnis von Fidesz und Christlich-Demokratischer Volkspartei. Seit 2010 gewann es viermal hintereinander die ungarischen Parlamentswahlen und regierte stets mit einer Zweidrittelmehrheit der Parlamentsmandate, hinter der 2022 ebenso wie 2010 absolute Mehrheiten auch bei den Wählerstimmen standen.

Knapp lässt sich die Geschichte des ungarischen Parteiensystems seit dem Ende des Kommunismus so zusammenfassen:

1) Die bei den Wahlen von 1990 mit rund einem Fünftel der Listenstimmen und 53 Prozent der Mandate stärkste Partei, das bürgerlich konservative Ungarische Demokratische Forum (MDF), müsste gleichsam dafür büßen, dass nach dem Ende der kommunistischen Herrschaft von dieser Partei jener wirtschaftliche und gesellschaftliche Strukturwandel zu gestalten war, der die Ungarn offensichtlich überforderte. Deshalb verlor das MDF nicht nur 1994 seine Macht, sondern weiterhin von Wahl zu Wahl drastisch an Stimmen und Mandaten. Schon 1994 erreichte es nur noch gut 11 Prozent der Listenstimmen und knapp 10 Prozent der Parlamentsmandate, 1998 dann knapp drei Prozent der Listenstimmen und gut vier Prozent der Mandate. 2002 trat das MDF gemeinsam mit dem Fidesz in einer Listenverbindung an, kam vier Jahre später allein auf weniger als drei Prozent der Mandate und zog 2010 nicht mehr ins Parlament ein.
2) Der bei den ersten beiden Wahlen mit gut einem Fünftel der Listenstimmen und erst 24, dann 18 Prozent der Mandate noch ziemlich starke »Bund Freier Demokraten« (SZDSZ) brach – nach einem Pakt seit 1990 mit den Konservativen,* dann seit 1994 in einer Koalition mit den Sozialisten – bei der Wahl von 1998 auf knapp 8 Prozent der Listenstimmen und 6 Prozent der Mandate ein. 2002 und 2006 gelangten die Liberalen dann nur noch knapp ins Parlament, verhalfen dort den Sozialisten erneut zu Regierungsmehrheiten, verließen 2008 die Koalition mit ihnen, spielten dann keine politische Rolle mehr und lösten sich 2013 auf.

* Das MDF überließ 1990 dem SZDSZ das später mit Árpád Göncz besetzte Amt des Staatspräsidenten als Gegenleistung für eine gegen die Sozialisten gerichtete parlamentarische Zusammenarbeit.

3) Die traditionsreiche, bis ins Jahr 1930 zurückgehende, im Mai 1945 nicht weniger als 57 Prozent der Stimmen gewinnende »Unabhängige Kleinlandwirte-, Landarbeiter- und Bürgerpartei« (FKgP) erzielte bei den ersten drei Wahlen seit 1990 Stimmen- bzw. Sitzanteile zwischen sieben Prozent (1994) und 13 Prozent (1998). Sie diente als Koalitionspartner sowohl des Ungarischen Demokratischen Forums (1990–1994) als auch des Fidesz (1998–2002) und verschwand sodann in der politischen Bedeutungslosigkeit. Ihre Wählerschaft wurde teils vom Fidesz, teils von den zum Fidesz in Opposition stehenden Parteien aufgesogen.
4) Die 1918 gegründete Kommunistische Partei, welche 1948 die Sozialdemokratische Partei mit sich zwangsvereinigte, hatte sich während des Systemwechsels unter dem Namen MSZP als »normale sozialistisch-sozialdemokratische« Partei aufgestellt. Ihr war eine dramatische Entwicklung beschieden. 1990 lag sie noch abgeschlagen mit gut einem Zehntel der Listenstimmen und einem Neuntel der Parlamentsmandate auf dem vierten Platz. Vier Jahre später war sie Ungarns stärkste Partei mit einem Drittel der Listenstimmen und 54 Prozent der Sitze in der Nationalversammlung. Ihre Regierungsbilanz galt der Wählerschaft als nicht sehr überzeugend; also sank sie 1998 – beim ersten Wahlsieg des Fidesz – auf rund ein Drittel jeweils der Listenstimmen und Mandate. Vier Jahre später, als sich eine große Polarisierung zwischen den opponierenden Sozialisten und dem regierenden Fidesz eingestellt hatte und die Ablösung der Fidesz-Regierung das zentrale Wahlziel war, stieg die MSZP wieder auf 42 Prozent der Listenstimmen und auf 46 Prozent der Parlamentsmandate. Dank einer Koalition mit den gerade noch über die 5-Prozent-Hürde gelangten Liberalen (SZDSZ) wurde die MSZP auch wieder Regierungspartei. Diese Rolle verteidigte sie bei den Wahlen von 2006 mit 43 Prozent der Listenstimmen sowie unter Ausbau ihres Mandatsanteils auf fast 50 Prozent. Dann folgte ein drastischer Absturz auf knapp ein Fünftel der Listen-

stimmen und nur noch 15 Prozent der Parlamentsmandate. Verursacht wurde das durch die wirtschaftliche, politische und moralische Bilanz der Regierungszeit der MSZP. Seither leidet die MSZP an Abspaltungen. Sie gelangte auf Anteile von nur noch einem Zehntel bis zu einem Fünftel der Parlamentsmandate und auf – sinkende – Stimmenanteile von bloß 26 bis zwölf Prozent selbst dann, wenn sie – wie 2014 und 2018 – im Listenbündnis mit Abspaltungen von ihr antrat. 2022 setzte sich – als Teil der damaligen Oppositionsallianz – ihr Niedergang fort: Sie erhielt nur noch 10 Parlamentsmandate, also gerade fünf Prozent von deren Gesamtzahl.

5) Die spektakulärste Entwicklung nahm jene Partei, welche bei den Parlamentswahlen von 1990 mit knapp neun Prozent der Listenstimmen und gut fünf Prozent der Mandate nur den fünften und somit vorletzten Platz belegt hatte. Das war der Fidesz, der 1988 – noch zu kommunistischer Zeit – gegründete »Bund Junger Demokraten«. Bei seiner Entstehung nutzte man eine Gesetzeslücke aus: Noch war die Gründung neuer Parteien verboten; also gründete man einen »Jugendverband«. Von 1990 bis 2022 trat er stets mit dem gleichen Spitzenkandidaten an, nämlich mit Viktor Orbán. Noch 1994 hatte dieser an der abgeschlagenen Lage seiner Partei – sieben Prozent der Listenstimmen, fünf Prozent der Parlamentsmandate – nichts zum Besseren wenden können. Anscheinend war neben dem starken »Bund Freier Demokraten«, der jetzt eine Koalition mit den globalisierungsfreudigen Sozialisten einging, kein Platz für eine weitere liberale Partei. Daraus zog die Fidesz-Führung nicht nur die Konsequenz, dass ihre Partei sich dann eben dort im politischen Spektrum positionieren müsse, wo es auch Nachfrage nach einer zum Establishment alternativen Partei gäbe. Sondern man rechnete ebenfalls mit einer Entzauberung der nun regierenden Sozialisten aufgrund von Widersprüchen ihrer Gestaltungsvorhaben zur realen wirtschaftlichen Lage. Politisches Scheitern entlang jener Widersprüche würde dann aber auch den liberalen Koalitions-

partner der Sozialisten nach unten ziehen sowie bei einem Großteil der Wählerschaft das Verlangen danach nähren, dass es 1998 zu einem Regierungswechsel käme. Entlang solcher Überlegungen bewegt sich der Fidesz hin zu jener Position rechts der Mitte, wo sich bislang alleine das – 1994 stark abgestürzte – Ungarische Demokratische Forum (MDF) befand. Dieses strategische Kalkül ging auf: 1998 wurde der Fidesz mit rund 30 Prozent der Listenstimmen und 38 Prozent der Mandate zur stärksten Parlamentspartei. Anschließend übernahm der Fidesz die Regierung Ungarns gemeinsam mit der ebenfalls gestärkten »Partei der Unabhängigen Kleinwirte-, Landarbeiter- und Bürgerpartei« (FKgP) sowie mit dem weiter geschrumpften MDF. Vier Jahre später verbesserte Ministerpräsident Orbán zwar jenes Wahlergebnis, das ihn 1998 ins Amt gebracht hatte, nämlich durch nunmehr 41 Prozent der Listenstimmen und fast 49 Prozent der Parlamentssitze. Doch die Liberalen, ganz knapp gerade noch ins Parlament gelangt, schlossen nicht mit dem amtierenden Ministerpräsidenten, sondern mit Péter Medgyessy von den Sozialisten (MSZP) eine Koalition und setzten somit die nachkommunistische Tradition regelmäßiger Regierungswechsel fort. Während der nun folgenden Oppositionszeit von vier Jahren hielt der Fidesz zwar im Wesentlichen seine Stellung und erzielte 2006 nicht weniger als jeweils 42 Prozent der Listenstimmen sowie der Parlamentsmandate. Doch Sozialisten und Liberale führten ihre Koalition noch bis 2008 weiter, als die Liberalen aus ihr ausstiegen und eine sozialistische Minderheitsregierung im Amt blieb. Auf diese folgte dann 2010 ein großer Wahlsieg des Fidesz: Gemeinsam mit der Christlich-Demokratischen Volkspartei (KDNP) angetreten, gewann man rund 53 Prozent der Wählerstimmen und 68 Prozent der Parlamentsmandate. Bei den Wahlen von 2014 und 2018 sank zwar der Anteil von Fidesz und KDNP an den Wählerstimmen auf 45 bzw. 49 Prozent. Dennoch wurde mit jeweils 67 Prozent der Mandate zwei weitere Male eine parlamentarische Zweidrittelmehrheit errungen. 2022 erhielt die Listenverbindung von Fidesz und KDNP wieder 54 Prozent der Listenstimmen sowie, ein viertes Mal, mit 68 Prozent der Mandate eine Zweidrittelmehrheit. Hinter diesem Machtaufstieg des Fidesz stehen die Platzierung der Partei in einem zuvor nur schwach besetzten Segment des politischen Spektrums, zielstrebige Parteiarbeit, weithin anziehungsstarke politische Positionen, seit 2002 auch noch die Umformung des Fidesz zu einer Volkspartei sowie solche Ergebnisse der Regierungsarbeit, die nach 2010 viele Wähler überzeugten. Die so bekräftigte, im Grunde schon mit der sozialistischen Regierungsbildung von 2002 herbeigeführte Zwei-Lager-Formation des ungarischen Parteiensystems leidet allerdings bis heute darunter, dass dem Fidesz keine große, auch intern stabile Partei links der Mitte gegenübersteht.

6) Die »Christlich-Demokratische Volkspartei« (KDNP), bei den Gründungswahlen von 1990 mit knapp sieben Prozent der Listenstimmen und gut fünf Prozent der Parlamentssitze ausgestattet, koalierte damals mit dem »Ungarischen Demokratischen Forum« (MDF) sowie mit der »Unabhängigen Partei der Kleinlandwirte, Landarbeiter und Bürger« (FKgP). In der zweiten Wahlperiode, also der ersten Regierungszeit der Sozialisten, war sie – mit sieben Prozent der Stimmen und fast sechs Prozent der Parlamentsmandate – neben dem klar größeren Ungarischen Demokratischem Forum, der nur etwas größeren FKgP und dem damals etwas kleineren Fidesz eine von vier Oppositionsparteien. 1998 und 2002 gelangte die KDNP nicht mehr ins Parlament, seither immer in einer Listenverbindung als sehr kleiner Partner des Fidesz.

7) Eine politische Eintagsfliege blieb die radikal rechtsnationale, auch antisemitische »Ungarische Wahrheits- und Lebenspartei« (MIÉP). Sie wurde 1993 von einem bisherigen Abgeordneten des »Ungarischen Demokratischen Forums« (MDF) gegründet und erhielt nur im Jahr 1998 so viele Stimmen, dass sie in die Nationalversammlung einzie-

hen konnte. 2021 löst sich MIÉP auf, was der sehr rechten, im Jahr 2018 als Abspaltung von Jobbik entstandenen Partei MHM (Mi Hazánk Mozgalom) zugutekam.

8) Hingegen dauerhaft sicherte sich seit 2010 die »Bewegung für ein besseres Ungarn« (Jobbik) eine Wählerschaft, die sie bislang viermal ins Parlament trug. Jobbik erzielte bis 2022 stets 17 bis 20 Prozent der Listenstimmen und 12 bis 13 Prozent der Mandate. In der Oppositionsallianz von 2022 zumindest gemäß ihrer Selbstdarstellung in die Mitte gerückt, verlor Jobbik stark, teils an den Fidesz, teils an die rechtsradikale, neu ins Parlament gelangte MHM.
9) Ebenfalls zur neuen Parlamentspartei stiegen die Grünen (LMP) auf, die 2010, 2014 und 2018 mit fünf bis sieben Prozent der Listenstimmen und zwei bis gut vier Prozent der Mandate in die Nationalversammlung gelangten; 2022 traten sie als Teil der Oppositionsallianz an.
10) Dasselbe gelang 2018 der »Demokratischen Opposition« (DK), einer vom früheren Ministerpräsidenten Gyurcsány geleiteten Abspaltung von den Sozialisten. Sie erhielt damals gut fünf Prozent der Listenstimmen und über vier Prozent der Mandate; 2022 gewann sie acht Prozent der Mandate.
11) 2022 gelangten über die Listenverbindung der Oppositionsallianz zwei weitere Parteien in die Nationalversammlung: die PM (Párbeszéd; Dialog für Ungarn), die schon 2014 eine Listenverbindung mit der MSZP eingegangen war und nun gut drei Prozent der Mandate erhielt, sowie das liberalkonservative MM (Momentum), das gut fünf Prozent der Mandate errang. Aufgrund des Wahlsystems, bei dem die Listenstimmen stets für die gesamte Listenverbindung abgegeben werden, lassen sich diesen Parteien aber keine Anteile an den Listenstimmen zuweisen.
12) Ferner gelangte 2022 die rechtsradikale Partei MHM (Mi Hazánk), eine Abspaltung von Jobbik, mit knapp sechs Prozent der Listenstimmen und gut drei Prozent der Mandate in die Nationalversammlung.

Diese knapp umrissene Parteiengeschichte Ungarns lässt sich besonders gut jenen neun Tabellen ablesen, die nachstehend die wichtigsten Ergebnisse aller Parlamentswahlen in den 32 Jahren zwischen 1990 und 2022 zusammenstellen. Diese Tabellen sind stets gleich gegliedert, und zwar nach den Stärkeverhältnissen der Parteien bei den Gründungswahlen von 1990. Also kann man leicht das Auf und Ab von Parteien erkennen, ebenso das Verschwinden bisheriger Parteien oder das Aufkommen neuer Parteien. Die Wahlbeteiligung schwankte zwischen 61,7 Prozent im Jahr 2014 und 70,5 Prozent im Jahr 2002, wobei es am Ende der ersten sozialistischen Regierungsperiode im Jahr 1998 mit nur 56,3 Prozent einen Ausreißer nach unten gab.

Beim vergleichenden Blick auf die Stimmen- und Mandatsanteile zeigt sich, dass Ungarns Wahlsystem – anders als oft geglaubt – durchaus für eine erhebliche Ähnlichkeit der Anteile von Stimmen für die Parteilisten und von Gesamtmandaten im Parlament sorgt.* Allerdings schneiden Parteien, die sehr viele Wahlkreise gewinnen, auch bei den – zu 53 Prozent auf gewonnenen Wahlkreisen beruhenden – Parlamentsmandaten insgesamt meist deutlich besser ab. Das ist genau jener Effekt, der durch die Nutzung eines Mehrheitswahlrechts erzielt werden soll. Dessen Verbindung mit einem auf landesweite Parteilisten bezogenen Verhältniswahlrecht führt in Ungarn allerdings dazu, dass es längst nicht so starke Verzerrungen gibt wie etwa im Vereinigten Königreich. Natürlich profitiert in Ein-Personen-Wahlkreisen mit relativer Mehrheitswahl der Kandidat der jeweils stärksten Partei dann besonders, falls sich die anderen Parteien nicht auf einen gemeinsamen Gegenkandidaten einigen können. So war es in den von Fidesz-KDNP mit großen Mandatsmehrheiten gewonnenen Wahlen von 2010, 2014 und 2018. Doch als es 2022 gemeinsame oppositionelle Gegenkandidaten in allen

* Die Prozentangaben zur Mandatsverteilungen summieren sich nicht immer auf genau 100 Prozent, weil bei der aus Übersichtlichkeitsgründen gewählten Darstellung von nur einer Nachkommastelle notwendigerweise Rundungsfehler auftreten.

Wahlkreisen gab, errangen der Fidesz und die KDNP trotzdem wieder eine Zweidrittelmehrheit der Mandate, ja bauten diese sogar noch um zwei Mandate aus.

Wahl 1990: zwei Wahlgänge; 386 Mandate;
Territorialwahllisten der Parteien
Wahlbeteiligung: 1. Wahlgang 65,11 Prozent, 2. Wahlgang 45,54 Prozent

Partei/ Listenverbindung	Spitzenkandidat	Listenstimmen	Prozent der Listenstimmen	Direktmandate	Anzahl aller Mandate	Prozent aller Mandate
MDF Ungarisches Demokratisches Forum	József Antall	1 214 359	24,73	114	164	42,5
SZDSZ Bund Freier Demokraten	János Kis	1 050 799	21,39	37	94	24,4
FKgP Unabhängige Kleinlandwirte-, Landarbeiter- und Bürgerpartei	Vince Vörös	576 315	11,73	11	44	11,4
MSZP Ungarische Sozialistische Partei	Imre Pozsgay	535 064	10,89	2	34	8,8
Fidesz Bund Junger Demokraten	Viktor Orbán	439 649	8,95	2	22	5,7
KDNP Christlich-Demokratische Volkspartei	Sándor Keresztes	317 278	6,46	3	21	5,4
Unabhängige				7	7	1,8

entstandene Koalition: MDF/FKgP/KDNP;
Ministerpräsident: József Antall bis 1993; dann Péter Boross

Wahl 1994: zwei Wahlgänge; 386 Mandate;
Territorialwahllisten der Parteien
Wahlbeteiligung: 1. Wahlgang 68,92 Prozent, 2. Wahlgang 55,12 Prozent

Partei/ Listen-verbindung	Spitzen-kandidat	Listen-stimmen	Prozent der Listen-stimmen	Direkt-mandate	Anzahl aller Mandate	Prozent aller Mandate
MDF Ungarisches Demokratisches Forum	Péter Boross	633 157	11,73	5	38	9,8
SZDSZ Bund Freier Demokraten	Gábor Kuncze	1 064 788	19,73	17	70	18,1
FKgP Unabhängige Kleinlandwirte-, Landarbeiter- und Bürgerpartei	József Torgyán	476 127	8,82	1	26	6,7
MSZP Ungarische Sozialistische Partei	Gyula Horn	1 780 009	32,99	149	209	54,2
Fidesz Bund Junger Demokraten	Viktor Orbán	378 678	7,01	0	20	5,2
KDNP Christlich-Demokratische Volkspartei	László Surján	379 322	7,03	3	22	5,7
Unabhängige				1	1	0,3
entstandene Koalition: MSZP/SZDSZ; Ministerpräsident: Gyula Horn						

Wahl 1998: zwei Wahlgänge; 386 Mandate; Territorialwahllisten der Parteien

Wahlbeteiligung: 1. Wahlgang 56,26 Prozent, 2. Wahlgang 57,01 Prozent

Partei/ Listen-verbindung	Spitzen-kandidat	Listen-stimmen	Prozent der Listen-stimmen	Direkt-mandate	Anzahl aller Mandate	Prozent aller Mandate
KDNP erfolglos						
MDF Ungarisches Demokratisches Forum	Sándor Lezsák	127 118	2,80	17	17	4,4
SZDSZ Bund Freier Demokraten	Gábor Kuncze	344 352	7,57	2	24	6,2
FKgP Unabhängige Kleinlandwirte-, Landarbeiter- und Bürgerpartei	József Torgyán	597 820	13,15	12	48	12,4
MSZP Ungarische Sozialistische Partei	Gyula Horn	1 497 231	32,92	54	134	34,7
Fidesz seit 1996: Fidesz – Ungarische Bürgerliche Partei	Viktor Orbán	1 340 826	29,48	90	148	38,3
MIÉP Ungarische Wahrheits- und Lebenspartei	István Csurka	248 901	5,47	0	14	3,6
Unabhängige				1	1	0,2
entstandene Koalition: Fidesz/MDF/FKgP; Ministerpräsident: Viktor Orbán						

Wahl 2002: zwei Wahlgänge; 386 Mandate;
Territorialwahllisten der Parteien
Wahlbeteiligung: 1. Wahlgang 70,53 Prozent, 2. Wahlgang 73,51 Prozent

Partei/ Listen-verbindung	Spitzen-kandidat	Listen-stimmen	Prozent der Listen-stimmen	Direkt-mandate	Anzahl aller Mandate	Prozent aller Mandate
KDNP, FKgP, MIÉP und Unabhängige erfolglos; MDF in Listenverbindung mit Fidesz						
SZDSZ Bund Freier Demokraten	Gábor Kuncze	313 084	5,57	3	20	5,2
MSZP Ungarische Sozialistische Partei	Péter Med-gyessy	2 361 983	42,05	78	178	46,1
Fidesz-MDF	Viktor Orbán	2 306 763	41,07	95	188	48,7
entstandene Koalition: MSZP/SZDSZ; Ministerpräsident Péter Medgyessy bis 2004, dann Férenc Gyurcsány						

Wahl 2006: zwei Wahlgänge; 386 Mandate;
Territorialwahllisten der Parteien
Wahlbeteiligung: 1. Wahlgang 67,83 Prozent, 2. Wahlgang 64,39 Prozent

Partei/ Listen-verbindung	Spitzen-kandidat	Listen-stimmen	Prozent der Listen-stimmen	Direkt-mandate	Anzahl aller Mandate	Prozent aller Mandate
seither Listenverbindung von KDNP und Fidesz; FKgP und MIÉP erfolglos						
MDF Ungarisches Demokratisches Forum	Ibolya Dávid	272 831	5,04	0	11	2,9
SZDSZ Bund Freier Demokraten	Gábor Kuncze	351 612	6,50	5	20	5,2
MSZP Ungarische Sozialistische Partei	Férenc Gyurc-sány	2 336 705	43,21	102	190	49,2
Fidesz-KDNP Ungarische Bürgerliche Union	Viktor Orbán	2 272 979	42,03	68	164	42,5
Unabhängige				1	1	0,2
entstandene Koalition: MSZP/SZDSZ; Ministerpräsident Férenc Gyurcsány bis 2009; dann Minderheitsregierung unter Gordon Bajnai (MSZP)						

Wahl 2010: zwei Wahlgänge; 386 Mandate; Territorialwahllisten der Parteien
Wahlbeteiligung: 1. Wahlgang 64,20 Prozent, 2. Wahlgang 46,64 Prozent

Partei/ Listen-verbindung	Spitzen-kandidat	Listen-stimmen	Prozent der Listen-stimmen	Direkt-mandate	Anzahl aller Mandate	Prozent aller Mandate
Listenverbindung von KDNP und Fidesz; MDF, SZDSZ, FKgP und MIÉP erfolglos						
MSZP Ungarische Sozialistische Partei	Attila Mester-házy	990 428	19,30	2	59	15,3
Fidesz-KDNP	Viktor Orbán	2 706 292	52,73	173	263	68,1
Jobbik Bewegung für ein besseres Ungarn	Gábor Vona	855 436	16,67	0	47	12,2
LMP Grüne Partei Ungarns	András Schiffer	383 876	7,48	0	16	4,2
Unabhängige				1	1	0,2
Alleinregierung Wahlbündnis Fidesz/KDNP; Ministerpräsident Viktor Orbán						

Wahl 2014: ein Wahlgang; 199 Mandate; landesweite Wahllisten der Parteien
Wahlbeteiligung: 61,24 Prozent

Partei/ Listen-verbindung	Spitzen-kandidat	Listen-stimmen	Prozent der Listen-stimmen	Direkt-mandate	Anzahl aller Mandate	Prozent aller Mandate
Listenverbindung von KDNP und Fidesz; FKgP als JESZ erfolglos; MDF und SZDSZ aufgelöst; MIÉP erfolglos						
MSZP* Ungarische Sozialistische Partei	Attila Mester-házy	1 290 806	25,57	10	38	19,1
Fidesz-KDNP	Viktor Orbán	2 264 780	44,87	96	133	66,8
Jobbik Bewegung für ein besseres Ungarn	Gábor Vona	1 020 476	20,22	0	23	11,6
LMP Grüne Partei Ungarns	András Schiffer	269 414	5,34	0	5	2,5
Unabhängige				0	1	0,5
Alleinregierung Wahlbündnis Fidesz/KDNP; Ministerpräsident Viktor Orbán						

* in Listenverbindung mit Együtt (Gemeinsam), DK (Demokratische Koalition), PM (Dialog für Ungarn) und MLP (Ungarische Liberale Partei), ihrerseits Abspaltungen von linken oder liberalen Parteien

Wahl 2018: ein Wahlgang; 199 Mandate; landesweite Wahllisten der Parteien
Wahlbeteiligung: 70,22 Prozent

Partei/ Listen-verbindung	Spitzen-kandidat	Listen-stimmen	Prozent der Listen-stimmen	Direkt-mandate	Anzahl aller Mandate	Prozent aller Mandate
Listenverbindung von KDNP und Fidesz; FKgP als JESZ erfolglos; MDF und SZDSZ aufgelöst; MIÉP erfolglos						
MSZP-PM* Ungarische Sozialistische Partei	Gergely Karácsony	682 701	11,91	8	20	10,1
Fidesz-KDNP	Viktor Orbán	2 824 551	49,27	91	133	66,8
Jobbik Bewegung für ein besseres Ungarn	Gábor Vona	1 092 806	19,06	1	26	13,1
LMP Grüne Partei Ungarns	Bernadett Szél	404 429	7,06	1	8	4,0
DK Demokratische Koalition	Férenc Gyurcsány	308 161	5,38	3	9	4,5
Együtt (Gemeinsam)	Péter Juhász	37 562	0,66	1	1	0,5
LdU Landesselbstverwaltung der Ungarndeutschen)	Imre Ritter	26 477	0,46	0	1	0,5
Alleinregierung Wahlbündnis Fidesz/KDNP; Ministerpräsident Viktor Orbán						

* in Verbindung mit PM (Dialog für Ungarn)

Wahl 2022: ein Wahlgang; 199 Mandate;
landesweite Wahllisten der Parteien
Wahlbeteiligung: 70,21 Prozent

Partei/ Listenverbindung	Spitzenkandidat	alle Listenstimmen	davon Auslandsungarn	Prozent der Listenstimmen	Direktmandate	Anzahl aller Mandate	Prozent aller Mandate
Listenverbindung von KDNP und Fidesz; FKgP als JESZ erfolglos; MDF, SZDSZ und MIÉP aufgelöst							
Fidesz-KDNP	Viktor Orbán	3 060 706	251 468	54,13	87	135	68,0
MSZP* Ungarische Sozialistische Partei	Péter Márki-Zay**	1 947 331	11 034	34,44***	19	10	5,0 ****
Jobbik* Bewegung für ein besseres Ungarn	Péter Márki-Zay**					9	4,5 ****
LMP* Grüne Partei Ungarns	Péter Márki-Zay**					4	2,0 ****
DK* Demokratische Koalition	Péter Márki-Zay**					16	8,0 ****
Momentum* Dialog für Ungarn	Péter Márki-Zay**					11	5,5 ****
PM* Dialog für Ungarn	Péter Márki-Zay**					7	3,5 ****

* 2022 Teil der Oppositionsallianz neben MSPZ, DK und Jobbik an MLP (Ungarische Liberale Partei), MM (Momentum, liberal-konservativ) und PM (Párbeszéd, Dialog für Ungarn).

** als gemeinsamer Ministerpräsidentenkandidat der Oppositionsallianz. Er nahm nach der Wahl sein Mandat nicht an, um weiterhin Bürgermeister seiner Heimatstadt bleiben zu können.

*** Prozentwert der gesamten Stimmen für die – von Péter Márki-Zay angeführte – Oppositionsliste.

**** Prozentsumme der – gemeinsam mit dem fraktionslosen Abgeordneten Ákos Hadházy – 57 auf die verbündeten Oppositionsparteien entfallenden Mandate: 28,6 Prozent.

MHM Unsere Heimat Bewegung (Abspaltung von Jobbik)	Lászlo Toroczkai	332 487	2836	5,88	0	6	3,0
LdU (Landes-selbstverwaltung der Ungarn-deutschen)	Imre Ritter	24 630	0	0,44	0	1	0,5
Alleinregierung Wahlbündnis Fidesz/KDNP; Ministerpräsident Viktor Orbán							

Quelle: https://magyarnemetintezet.hu/documents/doc/Endgueltige_Wahlergebnisse.pdf; Zugriff am 22.10.2022

V. Das politische Entscheidungssystem

1. Parlament

a. Abgeordnete

Ungarns Abgeordnete sind rechtlich vom Wahlvolk unabhängig; niemand kann ihnen bindende Aufträge oder Weisungen erteilen. Sie werden von der Bevölkerung aber politisch kontrolliert, und zwar im Rahmen von gesellschaftlichen und politischen Veranstaltungen im Wahlkreis, durch persönlichen Austausch in Bürgerbüros oder im Internet, sowie aufgrund der nur vierjährigen Wahlperiode. An deren Ende geht es nämlich um innerparteiliche Renominierung und um die meist angestrebte Wiederwahl, für die man eine Wählermehrheit im Wahlkreis oder einen vorderen Platz auf einer stimmenträchtigen Parteiliste braucht. Wie wirkungsvoll diese Anforderungen sind, zeigt Ungarns Wahlgeschichte: Während der letzten gut dreißig Jahre wurden gar nicht wenige politische Karrieren beendet und sind etliche, einst bedeutende Parteien verschwunden, wenn nämlich Personen und Politik den ausschlaggebenden Erwartungen der Wählerschaft nicht länger gerecht wurden.

Mit ihren Parteien sind die Abgeordneten insofern eng verbunden, als sie diesen einst aus freien Stücken beigetreten sind, an der Festlegung der Parteipositionen mitwirken, diese durch konkrete Politik umsetzen wollen und deshalb gegenüber von Öffentlichkeit oder politischen Konkurrenten als Mitglieder einer zusammenhaltenden Mannschaft auftreten. Auch verdanken sie ihren landesweiten Einfluss der Attraktivität ihrer Partei und ihre innerparteiliche Stellung der Unterstützung durch Parteikollegen. Natürlich wird derlei Solidarität wechselseitig erwartet. Einmal gewählt, haben alle Abgeordneten dieselben Rechte und Pflichten, und zwar unabhängig davon, ob sie ein Direktmandat, ein Listenmandat oder das Mandat einer nationalen Minderheit errungen haben. Beim Ausscheiden eines Listenabgeordneten rückt allerdings der nächste auf der Liste nach, während beim Ausscheiden eines Direktabgeordneten eine Nachwahl stattfindet.

Zu den Rechten der Abgeordneten gehört die Teilnahme an der Parlamentsarbeit im Plenum und in den Ausschüssen, dabei vor allem das Rederecht, das Stimmrecht, das Recht zur Vorlage von Gesetzentwürfen oder Anträgen sowie das Recht auf den Zugang zu Informationen, welche für die Ausübung des Mandats erforderlich sind. Zu diesem Zweck sind die Regierungsbehörden den Parlamentariern gegenüber auskunftspflichtig, und umgekehrt haben Abgeordnete Zugang zu allen öffentlichen Institutionen und zu deren Dokumentationen. Andere Rechte von Abgeordneten sichern die Funktionsfähigkeit des Parlaments. Sie umschließen u.a. die – durch eine Zweidrittelmehrheit der Nationalversammlung aufhebbare – Immunität als Parlamentarier sowie die Entschädigung für die Ausübung des Amts eines Abgeordneten. Diese besteht aus einem Amtsgehalt in der Höhe der Bezüge eines Staatssekretärs, aus Mitteln für die Wahlkreisarbeit, aus einer Tankkarte sowie aus der Finanzierung einer Wohnung in Budapest. Außerdem kann jeder Abgeordnete aus Parlamentsmitteln einen Mitarbeiter bezahlen.

Ferner sollen manche Inkompatibilitätsregeln die Unabhängigkeit der Parlamentarier sichern. Dazu gehört, dass ein Abgeordneter nicht zugleich Bürgermeister sein kann. Auch darf er kein anderes öffentliches Amt bzw. keine bezahlte Tätigkeit in Wirtschaft und Gesellschaft ausüben, die anderen als wissenschaftlichen, künstlerischen oder publizistischen Zwecken dient. Insbesondere darf er nicht als Rechtsbeistand für staatlich finanzierte bzw. besessene Unternehmen oder für staatliche Behörden tätig werden. Zu den Pflichten ungarischer Abgeordneter gehört die Teilnahme an der Parlamentsarbeit, weshalb Abgeordnete sich – abgesehen von jeweils einzelnen Ausschusssitzungen – nicht vertreten lassen können. Bei Präsenzmängeln kommt es zu Abzügen am Amtsgehalt. Ferner muss jeder Abgeordnete jährlich eine im Internet öffentlich einsehbare Vermögenserklärung abgeben, die seine Besitztümer, Einkünfte und wirtschaftlichen Interessen offenlegt, desgleichen die seines Ehepartners und von im gleichen Haushalt lebenden Kindern. Journalisten achten sorgsam auf diese Vermögenserklärungen und verfolgen, wie sich die Vermögensverhältnisse von Jahr zu Jahr verändern.

b. Parlamentsstrukturen

Anders als in Deutschland oder in den USA, wo dem Bundestag bzw. Repräsentantenhaus in Gestalt des Bundesrates bzw. Senats eine »Föderalkammer« zur Seite gestellt ist, gibt es im nichtföderalen Ungarn seit dem Ende des dortigen Ständeparlamentarismus keine Zweite Kammer mehr. Rechtsgrundlage der Nationalversammlung ist neben der Verfassung ein Gesetz aus dem Jahr 2012, das u. a. ihren inneren Aufbau, die Bezahlung der Abgeordneten sowie die Zusammenarbeit des Parlaments mit der Regierung in europäischen Angelegenheiten regelt. Die Geschäftsordnung gibt sich – zuletzt 2014 – die Nationalversammlung selbst. Abgestimmt wird offen mittels einer Stimmanlage, die anschließend das Abstimmungsverhalten jedes einzelnen Abgeordneten zeigt. Ausnahmsweise – etwa beim Beschluss der Tagesordnung – wird auch durch das Handzeichen abgestimmt. Wahlen werden mit verdeckten Stimmzetteln durchgeführt. In der Regel – doch nicht immer – reicht bei Abstimmungen die einfache Mehrheit der abgegebenen Stimmen. Beschlussfähigkeit besteht, wenn mehr als die Hälfte der Parlamentarier sich an der Abstimmung beteiligt. Die Sitzordnung ist hufeisenförmig, wobei die Abgeordneten ihre Plätze gegenüber der Tribüne des Sitzungspräsidiums haben. Die Regierungsmitglieder sitzen vor der ersten Reihe der Abgeordneten, ihnen also – anders als in Deutschland – nicht gegenüber.

Die Plenarsitzungen und die Sitzungen der meisten Ausschüsse sind öffentlich. Allerdings kann bei geheimhaltungsbedürftigen Themen die Öffentlichkeit auch ausgeschlossen werden. Zwischen 1990 und 2018 geschah das anlässlich von Plenarsitzungen dreimal, nämlich bei der Beratung von Verteidigungsangelegenheiten. Die Wortprotokolle der Plenarsitzungen und die Ergebnisprotokolle der Ausschusssitzungen werden über die Webseite des Parlaments veröffentlicht. Über diese werden auch alle öffentlichen Sitzungen direkt im Internet übertragen.

Die Ungarische Nationalversammlung wird alle vier Jahre gewählt, umfasst seit der Wahl von 2014 stets 199 Abgeordnete und hat regelmäßige Tagungszeiten mit meist wöchentlichen oder zweiwöchentlichen Sitzungen pro Monat vom 1. Februar bis zum 15. Juni sowie vom 1. September bis zum 15. Dezember. Zu seiner konstituierenden Sitzung wird ein neu gewähltes Parlament binnen eines Monats nach dem Wahltermin vom Staatspräsidenten einberufen. Auf dieser konstituierenden Sitzung – geleitet vom ältesten Abgeordneten unter Assistenz der acht jüngsten Abgeordneten – wird u.a. die ordnungsgemäße Wahl der Abgeordneten festgestellt, leisten diese ihren Amtseid, werden die parlamentarischen Amtsträger gewählt und die ständigen Ausschüsse eingerichtet. Den letztgenannten Entscheidungen liegen stets Absprachen zwischen den Parlamentsfraktionen zugrunde. Das gilt auch für die Tagesordnung der einzelnen Sitzungen, über die an Sitzungstagen dann formell vom Plenum beschlossen wird.

Auf Verlangen eines Fünftels der Abgeordneten, der Regierung oder des Staatspräsidenten muss das Parlament zu einer Sondersitzung einberufen werden. Im Übrigen besitzt das ungarische Parlament ein Selbstauflösungsrecht; zu dessen Nutzung kam es allerdings noch nicht. Ferner kann der Staatspräsident das Parlament auflösen und Neuwahlen anordnen, falls die Nationalversammlung keine neue Regierung zu bilden vermag oder bis zum 31. März keinen Staatshaushalt beschlossen hat. Auch von dieser Form der Parlamentsauflösung wurde bislang kein Gebrauch gemacht.

Wie jedes gestaltungsfähige Parlament wird Ungarns Nationalversammlung nicht nur als *Plenum* tätig, in dem Gesetze oder Anträge debattiert, Beschlüsse gefasst oder Wahlen durchgeführt werden. Vielmehr untergliedert sich auch Ungarns Parlament arbeitsteilig. Jene Sacharbeit, die den Plenarverhandlungen vorausgeht, wird in 14 bis 25 ständigen *Ausschüssen* geleistet, desgleichen in weiteren, fallweise eingesetzten Ausschüssen. Diese dürfen grundsätzlich nicht gleichzeitig mit dem Plenum tagen. Zusammengesetzt sind die Parlamentsausschüsse – bei sechs bis meist nicht mehr als 15 Mitgliedern – proportional zu den Mandatszahlen der einzelnen Parlamentsfraktionen, was freilich bei geringen Ausschussgrößen in einem Viel-Fraktionen-Parlament an Grenzen stößt. Ausnahmen sind der Immunitätsausschuss sowie ein jeder Untersuchungsausschuss; dorthin entsenden regierungstragende und oppositionelle Fraktionen jeweils die gleiche Anzahl von Mitgliedern. Jeder Abgeordnete hat das Recht, in mindestens einem ständigen Ausschuss mitzuwirken. Bekleidet ein Parlamentarier auch das Amt eines Ministers oder Staatsministers, so erlischt dieses Recht. Ausschüsse sind beschlussfähig, wenn mehr als die Hälfte ihrer Mitglieder an der entsprechenden Sitzung teilnimmt. Abwesende – nicht allerdings ein Ausschussvorsitzender und sein Stellvertreter – können für genau jene Sitzung, in der sie fehlen müssen, einen Stellvertreter entsenden. Seit 2012 tagen die Ausschüsse öffentlich; es kann aber die Öffentlichkeit wegen geheimhaltungsbedürfender Beratungsgegenstände ausgeschlossen werden. Der Verteidigungs- und der Immunitätsausschuss tagen grundsätzlich nicht öffentlich.

Die Aufgabenbereiche der ständigen Ausschüsse entsprechen zwar nicht allesamt, doch vielfach den Geschäftsbereichen der Ministerien. Gesetzlich vorgesehen sind Ausschüsse zum Status und Verhalten von Abgeordneten, zu Verfassungsfragen, zu den Finanzen, zu Auswärtigen Angelegenheiten, zur Verteidigung und zu den ungarischen Minderheiten im Ausland. Insgesamt widerspiegeln die Ausschüsse im Parlament die Tätigkeit der

Regierung. Auf diese Weise sind sie ständige Organe parlamentarischer Regierungskontrolle. Sie haben auch das Selbstbefassungsrecht, können also auf ihren Zuständigkeitsgebieten kraft eigenen Entschlusses tätig werden. Außerdem führen sie Anhörungen von Kandidaten für Ministerämter durch, ebenso von Bewerbern um höhere Positionen der Parlamentsverwaltung und ihrer Abteilungen. Eine Sonderrolle spielt der Ausschuss der Nationalen Minderheiten. Ihm gehören die ins Parlament gewählten Nationalitätenvertreter an, andernfalls die von deren Selbstverwaltungsorganen bestellten »Sprecher« der jeweiligen Volksgruppe. In diesem Ausschuss haben jene »Sprecher« – anders als im Plenum oder in anderen Ausschüssen – auch das Stimmrecht. Zu den Aufgaben dieses Ausschusses gehört u. a. die Erarbeitung einer Stellungnahme zum jährlichen Regierungsbericht über die Lage der nationalen Minderheiten im Land.

Eine wieder andere Sonderrolle spielt der seit 2014 bestehende Gesetzgebungsausschuss. Mit fast vierzig Parlamentariern hat er nicht nur sehr viele Mitglieder, sondern wird auch von einem genau damit betrauten Stellvertreter der Parlamentspräsidenten geleitet. Die Besonderheit dieses Ausschusses ist es, dass er einerseits gegenüber der Regierung keine Kontrollaufgaben besitzt, und dass andererseits in ihm – anders als in den ständigen Fachausschüssen des Parlaments – die Gesetze in gewisser Weise unabhängig vom konkret zu regelnden Gegenstandsbereich behandelt werden. Es geht in jenem Ausschuss nämlich um die Stimmigkeit der vorgelegten Gesetzestexte im Rahmen der gesamten ungarischen Gesetzgebung, insbesondere auch um die Übereinstimmung von Gesetzen mit den (Ziel-) Bestimmungen der Verfassung. Um gesetzgeberische Inkonsistenzen zu vermeiden, wie sie etwa in Deutschland immer wieder beim politischen Tauschhandel im Vermittlungsausschuss von Bundestag und Bundesrat entstehen, sind insbesondere alle Änderungsanträge zu einer in der Ausschussphase befindlichen Gesetzesvorlage dem Gesetzgebungsausschuss vorzulegen. Solche Änderungsanträge können einerseits aus dem zuständigen Fachausschuss hervorgehen, andererseits aus den Reihen des Parlaments. Der Gesetzgebungsausschuss berät dann über sämtliche Änderungsvorschläge, einigt sich mehrheitlich darauf, welche davon er unterstützt, und legt diese dem Parlamentsplenum als Teil eines zusammengefassten Änderungsvorschlags zur endgültigen Beschlussfassung vor. Allerdings kann der Gesetzgebungsausschuss nicht selbst mit Änderungswünschen initiativ werden, sondern setzt nur das ihm Vorgelegte in einen rechtlich kohärenten und verfassungskonformen Gesetzestext um, bzw. nimmt gegenüber dem Parlamentsplenum Stellung zu Änderungsanträgen, die ihm unterbreitet wurden.

Neben ihren ständigen Ausschüssen richtet die Nationalversammlung Ad-hoc-Ausschüsse für jeweils besondere Aufgaben ein. Einst geschah das zur Erarbeitung der jetzigen Verfassung oder zur Vergabe von Sendelizenzen, und immer wieder vollzieht sich das bei der Nominierung von Kandidaten für öffentliche Ämter wie die Präsidentschaft des Landes, die Richterstellen am Verfassungsgericht, die Mitgliedschaft im Medienrat oder den Vorsitz im Rechnungshof. Auch Untersuchungsausschüsse kann die Nationalversammlung einsetzen, allerdings nicht zu Sachverhalten, die in den Zuständigkeitsbereich des Verfassungsgerichts, des Rechnungshofes oder der Kommunen fallen. Ebenso wenig können gerade erst im Entscheidungsprozess befindlichen Themen Gegenstand eines Untersuchungsausschusses werden oder Vorgänge, die bereits gerichtlich untersucht werden. Wie in Deutschland sind Untersuchungsausschüsse ein politisches Instrument vor allem der Opposition. Eingesetzt werden sie – wie alle Ausschüsse – vom Plenum des Parlaments, dem sie auch ihre Berichte zur Debatte und Beschlussfassung vorlegen. Nach Abschluss eines Beratungs- oder Beschlussvorgangs in einem Ausschuss erläutern im Parlamentsplenum je ein Berichterstatter der Mehrheit und der Minderheit das im Ausschuss Beschlossene bzw. vom Ausschuss Empfohlene. Ergebnisprotokolle der Ausschusssitzungen werden überdies auf der Webseite der Nationalversammlung veröffentlicht.

Die wichtigste politische Untergliederung der Nationalversammlung sind die *Fraktionen*, also die parlamentarischen Gruppen der gewählten Mandatsträger einer Partei. Dort werden politische Positionen soweit geklärt und verdichtet, dass sie zwischen den Fraktionen, in den Ausschüssen und im Plenum griffig debattiert und klar entschieden werden können. Eine Fraktion kann von mindestens drei Mitgliedern einer ins Parlament gelangten Partei gebildet werden, die ihrerseits bei der jeweils letzten Wahl auf einer eigenen Liste kandidiert haben. Im Fall von Listenverbindungen braucht es zur Bildung einer Fraktion fünf Abgeordnete. Kein Parlamentarier kann mehr als einer Fraktion angehören; und als Vertreter einer Nationalität gewählte Abgeordnete können überhaupt keiner Fraktion angehören.

Die Fraktionen, unterstützt von Parlamentsbediensteten, koordinieren alle parlamentarischen Tätigkeiten. Das gelingt aber nur, solange ihre Mitglieder – wie üblich – Mannschaftsverhalten und Teamdisziplin praktizieren. Unter solchen Umständen werden stets die Vorsitzenden bzw. Geschäftsführer der Fraktionen zu den zentralen Parlamentariern: Sie bestimmen im Ältestenrat über alle Verfahrensfragen der Parlamentsarbeit; sie sprechen in den parlamentarischen Gremien politisch für ihre Fraktionen oder delegieren diese Aufgabe; sie legen fest, wer für eine Fraktion im Plenum des Parlaments auftritt; sie können von den Ausschüssen zurückgewiesene Anträge dennoch dem Plenum vorlegen; und sie müssen angehört werden, bevor der Staatspräsident das Parlament auflösen darf. Ihre Geschäftsordnungen legen die Fraktionen selbst fest. Grundsätzlich tagen sie nicht öffentlich.

Um das Zusammenwirken von Ausschüssen und Fraktionen sowie das Geschehen im Plenum des Parlaments zu regeln, gibt es *Steuerungsgremien*, die der Leitung des Parlamentspräsidenten unterstehen. Die Plenarsitzungen werden beispielsweise vom – mit verdeckten Stimmzetteln gewählten – Parlamentspräsidenten sowie von dessen Stellvertretern unter Beiziehung von jeweils zwei Schriftführern geleitet; von denen gehört jeweils einer der

Regierungsmehrheit an, der andere der Opposition. Diese Schriftführer sowie die stellvertretenden Parlamentspräsidenten werden in offener Abstimmung gewählt. Die Tagesordnung der Plenarsitzungen, die sich ihrerseits aus der Tätigkeit von Ausschüssen und Fraktionen ergibt, wird von einem Ausschuss aufgestellt, der mit dem ganzen parlamentarischen Leitungsgeschehen befasst ist. In etwa dem deutschen Ältestenrat entsprechend, tagt er nicht öffentlich. Ihm gehört auch ein Vertreter der Regierung an, da in diesem Gremium die parlamentarische Abarbeitung der Regierungsagenda geklärt wird; ebenso kann der Vorsitzende des Ausschusses der ethnischen Minderheiten Ungarns an den Sitzungen dieses Gremiums teilnehmen. In ihm werden auch Geschäftsordnungsfragen geklärt, zeremonielle Ereignisse vorbereitet sowie die internationalen Beziehungen des Parlaments geplant. Politische Debatten finden in diesem Steuerungsgremium nicht statt. Stimmrecht haben dort auch nur die Geschäftsführer der Parlamentsfraktionen, die ihrerseits auf Konsens über die festzulegenden Verfahrensweisen auszugehen pflegen. Kommt es nicht zum Konsens, so entscheidet der Parlamentspräsident.

Anders als in Deutschland haben in Ungarn zwei der inzwischen sechs stellvertretenden Parlamentspräsidenten besondere Aufgaben. Dem einen untersteht – im Auftrag des Parlamentspräsidenten – der Parlamentsdienst. In der Alltagspraxis von einem Generaldirektor geleitet, erbringt dieser die für die gesamte parlamentarische Tätigkeit erforderlichen technischen, sekretariatsmäßigen und sachlichen Dienstleistungen; ferner unterhält er internationale Beziehungen zu anderen Parlamenten und trägt zur politischen Bildungsarbeit bei. Der andere stellvertretende Parlamentspräsident leitet den wichtigen Gesetzgebungsausschuss. Dieser stellvertretende Parlamentspräsident führt – anders als seine Kollegen – niemals bei Plenarsitzungen der Nationalversammlung den Vorsitz.

Die Aufgaben bzw. Ämter aller parlamentarischen Funktionsträger sind an deren Zugehörigkeit zu den sie vorschlagenden

Fraktionen gebunden. Der Parlamentspräsident gehört dabei stets der stärksten Fraktion an. Neben seiner parlamentarischen Steuerungstätigkeit und seiner Rolle als Arbeitgeber der Parlamentsdienste hat er noch weitere wichtige Aufgaben: Er vertritt nicht nur den Staatspräsidenten, sondern führt auch den Vorsitz in Gremien wie dem Konsultativgremium für Europäische Angelegenheiten, dem Forum der Vertreter ungarischer Volksgruppen im Karpatenbecken oder dem nationalen Rat für nachhaltige Entwicklung.

c. Parlamentsfunktionen

Wie alle Parlamente demokratischer Verfassungsstaaten erfüllt die Ungarische Nationalversammlung vier Aufgaben. Erstens hat sie *Wahlfunktionen*. Die wichtigste Aufgabe dieser Art ist die Wahl des Ministerpräsidenten, was Ungarns Regierungssystem zu einem »parlamentarischen« Regierungssystem macht. Sie erfolgt so, dass der Staatspräsident nach der Neuwahl des Parlaments erkundet, welcher Politiker – in der Regel der Spitzenkandidat einer zur Wahl angetretenen Partei – die Aussicht darauf hat, bei einer Abstimmung mit verdeckten Stimmzetteln die absolute Mehrheit der Abgeordneten für sich zu gewinnen. Verfügt eine Partei ohnehin über diese absolute Mehrheit, so verbleibt dem Präsidenten kein Entscheidungsspielraum. Anders wäre es hingegen, wenn in einem aufgesplitterten Viel-Parteien-Parlament das Zuraten oder Warnen des Präsidenten den Ausschlag dafür gäbe, auf welchen gemeinsamen Kandidaten für das Amt des Ministerpräsidenten sich die Anführer möglicher Koalitionspartner einigten. Dank der mehrheitsbildenden Wirkung des ungarischen Wahlrechts gab es seit 1990 niemals solche Entscheidungsspielräume des Staatspräsidenten. Der vom Staatspräsidenten vorgeschlagene Kandidat stellt sich dann im Parlament zur Wahl. Nach Vereidigung durch den Parlamentspräsidenten tritt er dann sein Amt an. Von diesem kann er jederzeit zurücktreten. Doch gegen seinen Willen kann er – nach deutschem Verfassungsvorbild – nur durch ein »konstruktives

Misstrauensvotum« um sein Amt gebracht werden, also dadurch, dass die Nationalversammlung mit absoluter Mehrheit einen Nachfolger wählt.

Sehr wichtig sind auch weitere Wahlfunktionen der Ungarischen Nationalversammlung. Vor allem wählt sie alle fünf Jahre den Staatspräsidenten mit Zweidrittelmehrheit, und zwar auf schriftlichen Vorschlag durch mindestens ein Fünftel der Abgeordneten. Ebenfalls mit Zweidrittelmehrheit wählt sie, auf der Grundlage eines Vorschlags des Staatspräsidenten sowie nach Anhörung der von Auswahlkommissionen gelisteten Kandidaten, den Ombudsmann für Grundrechte sowie den Generalstaatsanwalt, ferner die Präsidenten des Nationalen Amtes für das Justizwesen und des Rechnungshofes, den Präsidenten und die Mitglieder der Nationalen Wahlkommission, der Nationalen Behörde für Medien und Kommunikation sowie des Medienrates, desgleichen die Mitglieder des Aufsichtsrates der Ungarischen Nationalbank. Auch wählt die Nationalversammlung mit Zweidrittelmehrheit den Präsidenten der Kurie, d. h. des Obersten Gerichtshofs, und – wie in Deutschland Bundestag und Bundesrat im Wechsel – die Richter und den Präsidenten des Verfassungsgerichts. Weil in einer Demokratie auch die richterliche Gewalt vom Volk ausgeht, ist die Bestellung bzw. Bestätigung der Inhaber höchster Richterämter durch eine demokratisch gewählte Volksvertretung selbstverständlich und deshalb in vielen westlichen Demokratien die übliche Verfassungspraxis. Natürlich entsteht durch eine solche Wahl kein Überordnungsverhältnis. Anders als etwa der Ministerpräsident sind die von der Nationalversammlung gewählten Richter auch in keiner Weise dem Parlament gegenüber verantwortlich. Außerdem sind die – variierenden – Amtszeiten der Gewählten stets länger als eine Legislaturperiode, wobei etliche – nicht alle – dieser Amtsinhaber wiedergewählt werden können. Gewählt werden für fünf Jahre der Staatspräsident, für sechs Jahre der Beauftragte für Menschenrechte und dessen Stellvertreter, für neun Jahre die Präsidenten der Kurie und des Nationalen Amts für das Justizwesen, der Generalstaatsanwalt, der Präsident sowie die Mitglieder des Medienrates, und für zwölf Jahre der Präsident des Rechnungshofes sowie die Verfassungsrichter.

Die zweite wichtige Aufgabe eines Parlaments ist die *Kontrolle der Regierung* sowie von weiteren Institutionen, die dem Parlament gegenüber rechenschaftspflichtig sind. Zu diesen gehören etwa die Ungarische Nationalbank, die Wettbewerbsbehörde oder die Behörde für das öffentliche Auftragswesen. Dabei geht es zwar auch, doch erst in zweiter Linie darum, ob die Regierung und andere Institutionen – wie in einem Rechtsstaat ohnehin zu erwarten – im Rahmen der Gesetze handeln. Vielmehr bezieht sich die parlamentarische Regierungskontrolle darauf, ob die Regierungspolitik überhaupt wünschenswert ist und ob die entsprechenden Leitungsaufgaben auch sachgerecht oder fehlerfrei wahrgenommen werden.

Darauf gerichtete Regierungskontrolle vollzieht sich zunächst einmal *innerparlamentarisch*. Die erste Quelle derartiger Kontrollmacht besteht darin, dass die Regierung insgesamt, desgleichen jeder einzelne ihrer Minister, der Nationalversammlung gegenüber verantwortlich ist. Das heißt: Es gilt, auf noch so scharfe Fragen und Vorwürfe öffentlich zu antworten. Falls ein Minister dabei immer wieder mit solchen Gründen angegriffen wird, welche die Öffentlichkeit überzeugen, wird ihn ein kluger Regierungschef bei der nächsten sich bietenden Gelegenheit entlassen. Ein Ministerpräsident seinerseits, der das Vertrauen der ihn bislang tragenden Parlamentsmehrheit verloren hat, besitzt keine Gestaltungskraft mehr und tritt dann meist zurück. Obendrein kann er vom Parlament nach Ermessen der bisherigen Regierungsmehrheit – oder einer neuen Regierungsmehrheit – dadurch gestürzt werden, dass mit absoluter Mehrheit ein Nachfolger gewählt wird.

Der tatsächlichen Nutzung solcher parlamentarischer Kontrollmöglichkeiten dienen vielerlei parlamentarische Rechte und Verfahren, mit denen Regierungsverantwortung ganz gezielt sowie aus rein politischen Gründen eingefordert werden kann.

Hinsichtlich des *Plenums* führt zu praktizierter Verantwortlichkeit, dass die Regierung die durch Gesetz oder Parlamentsbeschluss herbeigeführte Pflicht hat, dem Parlament immer wieder Berichte zu den verschiedensten Politikfeldern vorzulegen. Diese werden im Plenum debattiert und kritisiert, akzeptiert oder abgelehnt. Ferner kann ein Fünftel der Abgeordneten – ebenso wie die Regierung selbst – eine Debatte über eine aktuelle politische Frage auf die Tagesordnung des Plenums setzen. Damit lassen sich insbesondere von der Opposition gezielte Kontrollanlässe schaffen. Wirklich wurden von den rund hundert »Aktuellen Stunden« dieser Art zwischen 1990 und 2018 nicht weniger als drei Viertel von Oppositionsabgeordneten veranlasst. Thematisch ging es meist um die Umsetzung des Regierungsprogramms oder um kritische Politikfelder wie Wirtschaft und Landwirtschaft, Gesundheit und soziale Sicherheit oder die Kommunalverwaltung. Auch Probleme in den Beziehungen mit Institutionen der Europäischen Union werden oft im Rahmen solcher Debatten behandelt. Im Übrigen kann sich bei Parlamentsdebatten jederzeit der Ministerpräsident oder ein Minister zu Wort melden, im Anschluss woran auch die Vorsitzenden der Oppositionsfraktionen Rederecht haben.

Auch den *Ausschüssen* sind von der Regierung immer wieder Berichte vorzulegen, die Anlass zum oppositionellen Verlangen nach weiteren Regierungsmaßnahmen werden können. Wegen anderweitiger Inanspruchnahme von Plenarzeit werden die meisten von der Regierung oder von wichtigen Institutionen aufgrund gesetzlicher Pflichten vorzulegenden Berichte tatsächlich in den Ausschüssen erörtert und verabschiedet, während im Plenum meist nur jene Berichte debattiert werden, die von der Verfassung vorgeschrieben sind. Im Anschluss an solche Beratungen werden dem Plenum Beschlussvorschläge hinsichtlich zu veranlassender Maßnahmen oder anzugehender Aufgaben unterbreitet. Ferner gibt es im jeweils fachlich zuständigen Ausschuss eine jährliche Anhörung bzw. Vernehmung der Minister, bei welcher Rechenschaft über die Amtsführung und über deren Erträge abzulegen ist. Außerdem hat jeder ständige Ausschuss einen Unterausschuss einzusetzen, der die Umsetzung von Gesetzen überwacht, desgleichen deren soziale oder wirtschaftliche Auswirkungen sowie die Folgen von Deregulierungsprozessen.

Obendrein kann das Parlament jederzeit Untersuchungsausschüsse zum Regierungshandeln einsetzen. Diese verfügen dann über weitreichende Ermittlungsbefugnisse. Etwa können sie alle Personen vorladen, deren Aussagen sie wünschen, sowie alle für den Untersuchungszweck wichtigen Dokumente einsehen, soweit sie sich auf das Funktionieren der Regierung oder eines ihrer Organe beziehen. Im Übrigen hatte schon im Jahr 2003 das Verfassungsgericht ein verfassungsrechtliches Versäumnis der Nationalversammlung darin gesehen, dass sie das Recht der Untersuchungsausschüsse und ihrer Untersuchungstätigkeit noch nicht gesetzlich geregelt hatte. Im April 2012 wurde dies im Gesetz über die Nationalversammlung nachgeholt.

Natürlich haben auch *einzelne Abgeordnete* oder *Gruppen von Abgeordneten* Möglichkeiten zur Kontrolle der Regierung und ihrer Minister, auch des Generalstaatsanwalts, des Präsidenten des Rechnungshofes, des Beauftragten für Grundrechte oder des Gouverneurs der Zentralbank. Hier geht es um das parlamentarische »Interpellationsrecht«, also um die Möglichkeit, mündlich oder schriftlich solche Fragen zu Fakten, Vorkommnissen und Maßnahmen zu stellen, auf welche Regierungsmitglieder oder vom Parlament gewählte Amtsträger mit Pflicht zur Wahrheitstreue selbst dann antworten müssen, wenn sie die entsprechenden Sachverhalte lieber im Dunkel ließen. Falls die Antwort eines Regierungsmitglieds oder eines der genannten Amtsträger auf solche Fragen den Fragesteller nicht zufriedenstellt, kann die Interpellation ins Plenum eingebracht werden. Es gibt allerdings keine Pflicht der Nationalversammlung, über eine Billigung der Antworten auf die gestellten Fragen dann abzustimmen. Natürlich nutzen Oppositionsabgeordnete dieses Kontrollinstrument häufiger als solche von regierungstragenden

Parteien. Im Übrigen können Abgeordnete auch außerhalb der Tagesordnung des Plenums zu allen Themen das Wort ergreifen, über die sie sich der Regierung und Öffentlichkeit gegenüber äußern wollen. Vor dem Eintritt in die jeweilige Tagesordnung können das etwa die Fraktionsvorsitzenden oder von ihnen beauftragte Abgeordnete tun; nach Abarbeitung der jeweiligen Tagesordnung hat dann jeder Parlamentarier – und auch jeder Sprecher für eine nationale Minderheit – das Recht, im Plenum das Wort zu ergreifen.

Die zweite Quelle parlamentarischer Kontrollmacht sprudelt deshalb, weil die Regierung für ihre Gestaltungspolitik immer wieder neue – oder zumindest veränderte – gesetzliche Grundlagen braucht. Dazu gehört insbesondere das jährlich zu beschließende Haushaltsgesetz, ohne das der Regierung die Hände finanziell gebunden sind. Wann immer nämlich eine Regierung für ihre Politik eine Mehrheit braucht, gewinnen die zur Mehrheitsbildung gerade noch erforderlichen innerfraktionellen oder innerparlamentarischen Minderheiten einen ins Gewicht fallenden Einfluss auf die Regierung und auf die von der Regierung vertretenen Positionen. In Grenzfällen kann das sogar für einzelne Abgeordnete gelten. Natürlich ist solche »Vetomacht« am geringsten beim Erfordernis einer nur einfachen Mehrheit. Sie wächst dann steil entsprechend jenen Mehrheitsanforderungen an, die in der Verfassung, in Gesetzen oder in Geschäftsordnungen festgelegt sind: von der absoluten Mehrheit der Parlamentarier (nötig für die Wahl des Ministerpräsidenten) über eine Zweidrittelmehrheit (erforderlich für Verfassungsänderungen) sowie eine Vierfünftelmehrheit (in Ungarn zeitweise benötigt für Anträge auf Verfassungsänderungen) bis hin zur Einstimmigkeit (wie sie vielfach im Rat der EU verlangt wird).

Verfügt – wie in Ungarn meistens seit 2010 – die Regierung über eine stabile parlamentarische Zweidrittelmehrheit, dann kann der Einfluss von Einzelabgeordneten oder von kleinen Parlamentariergruppen bei vielen Entscheidungen ins ganz Unbeträchtliche absinken.* Also lässt sich Regierungskontrolle über parlamentarische Vetomacht umso wirkungsvoller erfüllen, je schwächer die Regierung ist, d.h. auf eine je knappere Parlamentsmehrheit sie sich stützt, bzw. je weniger sie sich auf die Belastbarkeit ihrer Mehrheit verlassen kann. Vor diesem Hintergrund frustriert es Ungarns Opposition zutiefst, dass der Fidesz seit 2010 regelmäßig Zweidrittelmehrheiten in der Nationalversammlung errang, die meist auch während der Wahlperioden fortbestanden. Anschließend konnte die Regierung gut die – in anderen Fällen so wirkungsvolle – Vetomacht eines Drittels der Parlamentarier überwinden. Sie tat das auch regelmäßig, gerade beim Prozess der Verfassungsgebung und der institutionellen Neugestaltung des ungarischen Staates. Also ist es kein Wunder, dass sich Ungarns Opposition als völlig machtlos erlebt. Allerdings geht das eher auf ihre anhaltende Erfolglosigkeit bei landesweiten Wahlen zurück als darauf, dass die Staatsordnung die einer Diktatur wäre, welche ihrerseits die Opposition erstickte.

Im Übrigen ist zu bedenken, dass oppositionelle Regierungskontrolle zwar öffentlich gut sichtbar ist, praktisch aber nur bei groben Fehlern der Regierung tatsächliche Wirkungen entfalten kann. Die Rolle der Opposition hat man nun einmal deshalb, weil man keine parlamentarische Mehrheit errungen hat. Hingegen ist die partei- oder koalitionsinterne Regierungskontrolle öffentlich nur selten sichtbar. Sie hat aber stets dann große Wirkungen, wenn eine Partei-, Koalitions- oder Regierungsspitze so viel politische Klugheit besitzt, dass sie auf substanziierte Kritik aus den eigenen Reihen eingeht und diese – möglichst ohne viel öffentliches Aufsehen – in Politikänderungen umsetzt. Andernfalls kann sie, statt hinter den Kulissen zu wirken, zum Schauspiel einer Regierungskrise führen. Während der sozialistisch-liberalen Regierungen zwischen 2002 und 2010 erzwang etwa

* Die Zweidrittelmehrheit der Fidesz-Regierung hing ihrerseits allerdings in den Jahren von 2010 bis 2015, wonach sie zeitweise verlorenging, sowie zwischen 2019 und 2022 an einem einzelnen Abgeordneten.

die seitens der Koalitionsfraktionen vollzogene Regierungskontrolle während jeder Wahlperiode einen Wechsel im Amt des Regierungschefs. 2008 kam es dabei sogar zum Koalitionsbruch samt der Einrichtung einer Minderheitsregierung, und zwar im Weg eines zu diesem Zweck rein taktisch eingesetzten konstruktiven Misstrauensvotums.

Hingegen schrumpfte zur Zeit der mit Zweidrittelmehrheiten ausgestatteten Fidesz-Regierungen seit 2010 nicht nur die oppositionelle Regierungskontrolle ins ziemlich Unbeträchtliche. Angesichts einer so übergroßen Parlamentsmehrheit fanden nämlich auch Gruppen von regierungstragenden Abgeordneten kaum wirkungsvolle Hebel, um auf die eigene Regierungs- und Parteispitze politischen Druck auszuüben. Solche Hebel fehlen insbesondere dann, wenn Regierungspolitik eher erfolgreich ist und zugleich nicht unübersehbare schädliche Nebenwirkungen für die eigene Wählerschaft zeitigt. Des Weiteren dient es wirkungsvoller Machtsicherung einer Regierung gegenüber oppositioneller oder mehrheitsinterner Kontrolle, wenn sie über das Mediensystem sowie mittels ihrer gesellschaftlichen Vernetzungsstrukturen die öffentliche Meinung mitprägen kann. Und überdies hängt die Nachhaltigkeit von Regierungsmacht eben davon ab, wie sensibel die Regierungs- und Parteispitze mit interner Kritik umgeht. Idealerweise wird sie verhindern, dass es im eigenen Lager zur »inneren Kündigung« gegenüber dem Regierungschef und seinem Kabinett kommt, und sie wird tunlichst solche Politik unterlassen, die zu größeren Stimmenverlusten bei der kommenden Parlamentswahl führen könnte. Mit allen diesen Herausforderungen sind die Fidesz-Regierungen seit 2010 anscheinend erfolgreich zurechtgekommen.

Im Übrigen gibt es vom Parlament gewählte Staatsorgane wie den Rechnungshof, den Medienrat oder den Beauftragten für Grundrechte, die das Handeln der Regierung von außen her zu überwachen haben. Der im Jahr 1990 eingerichtete Rechnungshof gibt etwa eine Stellungnahme zum Entwurf des Haushaltsgesetzes ab, überwacht dessen Umsetzung und kontrolliert allgemein die Verwendung der öffentlichen Mittel sowie die Verwaltung des öffentlichen Vermögens. Seine Befugnisse erstrecken sich auf sämtliche Verwaltungstätigkeiten, bei denen öffentliche Mittel verwendet werden, und er kann Prüfungen auf allen staatlichen Organisationsebenen durchführen. Ferner gibt es seit 1993 den »Parlamentarischen Beauftragten für die Rechte der Bürger«, der nicht nur die Rechte der Bürger schützen, sondern auch die öffentliche Verwaltung überwachen soll. Konkret ist es seine Aufgabe, alle ihm zur Kenntnis gebrachten Unregelmäßigkeiten hinsichtlich von verfassungsmäßigen Rechten zu untersuchen sowie allgemeine oder besondere Maßnahmen zu deren Behebung einzuleiten. Damals wurden auch die Ämter eines Parlamentarischen Beauftragten für Nationalitäten und Minderheiten sowie eines Datenschutzbeauftragten eingerichtet. Seit 1997 legen diese Beauftragten jährlich dem Parlament einen Bericht vor. Im Jahr 2012 wurden jene Funktionen zusammengefasst: Es gibt als parlamentarischen Ombudsmann nur noch den Beauftragten für Grundrechte sowie dessen zwei Stellvertreter, welche die Interessen künftiger Generationen sowie die Rechte der nationalen Minderheiten zu schützen haben.

Ansonsten vollzieht sich ein sehr wichtiger Teil der Regierungskontrolle *außerparlamentarisch*, indem nämlich die Regierung seitens von Medien und Zivilgesellschaft mit dem Ziel kritisiert wird, entweder von abgelehnter Politik abzulassen oder nach dem Ablauf der Legislaturperiode abgewählt zu werden. In Ungarn kommt als besonderes Merkmal außerparlamentarischer Regierungskontrolle hinzu, dass es nicht weniger als zwei durchaus getrennte, doch jeweils für sich folgenreiche Kontrollkreisläufe gibt. Der eine ist der inner-ungarische Kontrollkreislauf zwischen dem Regierungsapparat, dem öffentlichen Fernsehen, den im ländlichen Ungarn verbreiteten Zeitungen sowie der Bevölkerung. Da überall dort die Fidesz-Regierung entweder Parteigänger in wichtigen Funktionen hat oder breite gesellschaftliche Sympathien genießt, ist das eine vielfach »interne« Kontrollstrecke, deren Wirkungsweise die Regierung in der

Regel zur Beseitigung unterlaufender Fehler zu nutzen versteht. Auch deshalb wurde sie dreimal mit großer Wählermehrheit im Amt bestätigt. Der andere Kontrollkreiskauf bezieht auch das Ausland ein und bewerkstelligt externe Regierungskontrolle. Er verläuft zwischen der Fidesz-Regierung, der ungarischen Opposition sowie vielen oppositionsnahen zivilgesellschaftlichen Vereinigungen, die zumal in Budapest wirkungsvoll organisiert und dann auch international gut vernetzt sind. Vor allem aber schließt er ebenfalls viele Journalisten ausländischer Medien ein, die bei der Berichterstattung über Ungarn oft eng mit oppositionellen zivilgesellschaftlichen Vereinigungen zusammenwirken. In diesem Kontrollkreislauf wird die ungarische Regierung mit immer wieder großem internationalem Echo kritisiert. Einerseits bezieht sich solche Kritik auf die tatsächliche Politik der Regierung. Andererseits beginnen Kritikerargumente oft mit der Behauptung, Ungarns Regierung entziehe sich innerstaatlich sämtlichen Kontrollmöglichkeiten, weshalb – um der Interessen der ungarischen Bevölkerung willen – eben von außen her Kontrolldruck auf die ungarische Regierung ausgeübt werden müsse. Dieses Zusammenwirken innerungarischer Opposition mit ausländischen Medien sowie mit international gut vernetzten zivilgesellschaftlichen Organisationen entfaltet beträchtliche Hebelwirkungen. Insbesondere auf den Umgang von Institutionen der EU mit Ungarn hat dieser Kontrollkreislauf große Wirkungen.

Doch leider beeinflussen beide Kontrollkreisläufe einander bislang kaum, sondern machen eher ihre jeweils wichtigsten Akteure rechthaberisch. Ungarns Regierung etwa sieht sich im Inland von einer stabilen Bevölkerungsmehrheit getragen, was ihr als Nachweis guter und deshalb fortzusetzender Politik gilt, empfindet sich vom Ausland her aber zu Unrecht angegriffen oder gar verleumdet. Die Opposition wiederum erlebt sich im Inland um alle Gestaltungsmacht gebracht und deshalb auf Unterstützung gerade vom Ausland her angewiesen; und dass sich Ungarns Regierung dann gegen solche Einflussversuche sperrt, erlebt man als Versuch, ein sich isolierendes, autoritärplebiszitäres Regime zu errichten. Beiderseits wird auf diese Weise die außer- und innerparlamentarische Regierungskontrolle um ihren wichtigsten Mehrwert gebracht. Der nämlich besteht darin, stets zum wechselseitigen politischen Lernen angehalten zu werden.

Die dritte Parlamentsaufgabe ist die *Gesetzgebung*.* Abweichend von anderen Ländern, und zurückgehend auf die Umstände der 1989 vollzogenen Machtübergabe aus den Händen der Kommunisten an eine neue Politikerschicht, ist die Ungarische Nationalversammlung auch der – jeweils mit Zweidrittelmehrheit beschließende – Verfassungsgesetzgeber. Eine weitere ungarische Eigentümlichkeit, grundsätzlich bekannt freilich schon aus der polnischen Verfassungspraxis des späten 18. Jahrhunderts, sind die sogenannten »Kardinalgesetze« oder »Schwerpunktgesetze«, die – ebenso wie Verfassungsänderungen – einer Zweidrittelmehrheit bedürfen. Zwischen der Verfassung und der einfachgesetzlichen Ebene angesiedelt, wurden sie 1989 ausdrücklich als Mittel einer schrittweisen Verfassungsgebung eingeführt. Ursache dafür war, dass die kleineren Parteien durch eine Sperrminorität von einem guten Drittel der jeweils abgegebenen Stimmen verhindern wollten, dass sich die größeren Parteien bei wichtigen Gesetzen mit einfacher Mehrheit über ihre Interessen hinwegsetzten. Die Möglichkeit, dass eines Tages eine einzige Partei bzw. Listenverbindung über eine Zweidrittelmehrheit verfügen könne, wurde damals nicht wie realistisch behandelt. In der Verfassung von 2012 wurde der Typ eines Kardinalgesetzes dann beibehalten; anschließend wurde er umfangreich gerade zur Schaffung des Staatsorganisationsrechts

* Zwischen 1990 und 2022 wurden von der Ungarischen Nationalversammlung nicht weniger als 4739 Gesetze beschlossen, davon während der ersten drei Wahlperioden jeweils 432, 499 und 460 Gesetze. In den zwei folgenden, sozialistisch geführten Wahlperioden waren es dann 573 bzw. 587 Gesetze, während der »Fidesz-Revolution« zwischen 2010 und 2014 nicht weniger als 859 Gesetze. Zwischen 2014 und 2018 gab es dann 730 verabschiedete Gesetze, zwischen 2018 und 2022 dann 597 Gesetze. Einmal erlassen, kann ein Gesetz natürlich nur durch einen neuerlichen Gesetzgebungsvorgang verändert werden, was bei der Interpretation dieser Zahlen zu berücksichtigen ist.

verwendet. Tatsächlich verlangt inzwischen die Verfassung eine Nutzung von Kardinalgesetzen bei der Ausgestaltung der zentralen Institutionen Ungarns, etwa der Nationalversammlung, des Verfassungsgerichts, des Rechnungshofes oder der Nationalbank, desgleichen zur Regelung des Wahlrechts, des Mediensystems, des Datenschutzes, der Verteidigungspolitik, des Pensionssystems oder wichtiger natürlicher Ressourcen.

Diese Kardinalgesetze wurden zu einem großen Ärgernis für die Opposition, seit zwischen 2010 und 2022 Fidesz-Regierungen meist eine Zweidrittelmehrheit im Parlament hatten und diese systematisch für die Verabschiedung solcher Kardinalgesetze nutzten. Zwar sind an der förmlichen Beratung und Beschlussfassung über Kardinalgesetze stets auch die Oppositionsfraktionen beteiligt. Doch wer für eine Entscheidung gar nicht gebraucht wird, hat eben auch keinen Einfluss. Weil aber der Gewinn einer Zweidrittelmehrheit seitens der jetzigen Oppositionsparteien auf absehbare Zeit als unrealistisch erscheint, dürfte die Umgestaltung Ungarns durch den Fidesz wohl selbst dann Bestand haben, wenn die jetzige Regierungspartei eines Tages abgewählt sein wird. Auch das motiviert Ungarns Oppositionskreise dazu, dem Fidesz eine »verfassungskonforme Beseitigung von Demokratie« zuzuschreiben. Plausibilisiert werden solche Vorwürfe dann, wenn – wie mehrfach geschehen – sogar der Einfluss aus den Reihen der Fidesz-Mehrheit auf das Regierungshandeln verringert wird, nämlich durch die taktische Nutzung des Gesetzesinitiativrechts. Tatsächlich wurden bisweilen selbst höchst folgenreiche Gesetze als Gesetzentwürfe von Einzelabgeordneten ins Parlament eingebracht, was dann – formell völlig korrekt – die parlamentarische Beratungszeit so sehr verkürzte, dass sich das gesamte Parlament zur Akklamationsinstanz gemacht fand.

Gesetzesinitiativen können in Ungarn vom Staatspräsidenten, von der Regierung, von jedem Ausschuss der Nationalversammlung sowie von jedem einzelnen Abgeordneten eingebracht werden. Wie auch in anderen parlamentarischen

Regierungssystemen gehen die meisten Gesetzesinitiativen von der Regierung, von den sie tragenden Fraktionen oder von sie unterstützenden Einzelabgeordneten aus. Der durch die Geschäftsordnung von 2014 neu geregelte Gesetzgebungsprozess gibt den Ausschüssen eine wichtige Rolle, unterscheidet grundsätzliche Aussprachen von vertieften Beratungen, sieht das Recht auf Änderungsanträge sowohl für Ausschüsse als auch für einzelne Abgeordnete vor und legt ein zweistufiges Abstimmungsverfahren fest: Erst geht es um Änderungsanträge, dann um den Gesetzentwurf insgesamt. Die wichtigste Neuerung von 2014 besteht darin, dass vertiefte Beratungen nicht länger im Plenum, sondern in den Ausschüssen stattfinden; dass Änderungsanträge der ständigen Ausschüsse im Ausschuss für Gesetzgebung behandelt und dort in Entscheidungsvorschläge für das Plenum verdichtet werden; und dass im Plenum nur noch nach kurzer Debatte über diese Entscheidungsvorschläge sowie dann über den Gesetzesvorschlag insgesamt beschlossen wird.

In der Vergangenheit, vor allem zwischen 2012 und 2014, spielten immer wieder Gesetzentwürfe eine besondere Rolle, die von einzelnen Abgeordneten vorgelegt werden. Wird nämlich ein Gesetzentwurf auf diese Weise eingebracht, dann kann die zeitaufwendige Einholung der Stellungnahmen von Interessenverbänden und zivilgesellschaftlichen Vereinigungen entfallen, kann die Ausschussphase abgekürzt und das gewünschte Gesetz sogar binnen zweier Tage beschlossen werden. So verfuhr die Fidesz-Regierung damals immer wieder, um ihre Reformen rasch voranzubringen. Doch derlei bringt Opposition und Interessengruppen um ihre Mitberatungs- und Vetomöglichkeiten. Das mag zwar im Sinn eines wirkungsvollen »Durchregierens« sein, steht aber nicht im Dienst eines lebendigen, auf politische Lernfähigkeit und auf gesellschaftliche Legitimation ausgehenden Parlamentarismus.

Die vierte Parlamentsaufgabe ist die *Gewährleistung ständiger Kommunikation* zwischen dem zentralen politischen Entscheidungssystem in der Hauptstadt und allen Zweigen der Gesellschaft im ganzen Land. Diese Aufgabe wird auf mannigfache Weise und in kaum einer Demokratie bestmöglich erfüllt. Erstens reichen unterschiedliche Parteien aufgrund ihrer Klientelgruppen und Mitglieder eben auch in unterschiedliche Gesellschaftsbereiche hinein. In Ungarn erreichen etwa linke, liberale und grüne Parteien viel stärker die städtischen und intellektuellen Gesellschaftsschichten als ländliche und nichtakademische Kreise, während sich das beim Fidesz gerade umgekehrt verhält. Zweitens können regierungstragende Parlamentsfraktionen auch die öffentlichkeitswirksamen Auftritte ihrer Regierungsmitglieder zur Erfüllung ihrer kommunikativen Vernetzungsaufgabe nutzen, wobei der Fidesz vom – scharf polarisierenden – Charisma des Partei- und Regierungschefs Orbán sehr profitiert. Drittens unterhalten in Ungarn sowohl das Regierungs- als auch das Oppositionslager ihnen jeweils treu ergebene Medien, was inzwischen auf eine ziemlich ausgeglichene Mediensituation hinausläuft. Deswegen haben sich mittlerweile Echokammern gebildet und Filterblasen-Effekte eingestellt, die einen politisch integrierenden Diskurs weitgehend verhindern. Im Grunde vernetzt heute das ungarische Parlament nicht mehr »die« Gesellschaft mit »dem« Regierungssystem, sondern vernetzt das jeweilige, im Parlament konfrontativ auftretende politische Lager und dessen Anführer mit dem landesweiten Fußvolk. Allerdings führen die vergleichsweise geringe Fläche und Bevölkerungszahl des Landes dazu, dass jene vergleichsweise wenigen Ungarn, die sich in der Politik ab der Komitatsebene politisch betätigen, einander meist kennen sowie in ihren Komitaten gut vernetzt sind. Insofern hält Ungarns politische Funktionselite die gespaltene Gesellschaft des Landes eben doch zusammen und macht – wie das in einer repräsentativen Demokratie auch zu sein hat – das Parlament zu einem zentralen Kommunikationsknoten im politischen System.

2. Regierung

Wie in anderen Staaten obliegt in Ungarn die Gesamtleitung aller staatlichen Tätigkeiten der Regierung. Diese hat auch die Pflicht zur Prärogative, also zum Tätigwerden bei politischem Handlungsbedarf. Bei alledem hat die Regierung die gesamte staatliche Exekutivtätigkeit anzuleiten, soweit diese nicht durch Verfassung oder Gesetz anderen staatlichen Organen oder Ebenen zugeordnet ist.

Ungarns Regierung besteht aus dem Ministerpräsidenten und jenen Ministern, die der Staatspräsident gemäß den Vorschlägen des Ministerpräsidenten ernennt. Das Mandat der Regierung endet mit dem Zusammentritt eines neu gewählten Parlaments; neu erteilt wird es im Fall des Ministerpräsidenten durch die Wahl ins Amt, bei Ministern durch ihre Ernennung seitens des Staatspräsidenten. Die vom Ministerpräsidenten nominierten Kandidaten für ein Ministeramt müssen sich zunächst einer Anhörung im fachlich zuständigen Parlamentsausschuss stellen, der ihre Ernennung zum Minister unterstützen, sich aber auch dagegen aussprechen kann. Einen oder mehrere Minister betraut der Ministerpräsident durch Erlass mit seiner Stellvertretung. Er kann Ministern auch Querschnittsaufgaben übertragen, welche die einzelnen Ressortzuständigkeiten übergreifen. Derzeit ist beispielsweise der stellvertretende Ministerpräsident zuständig für die Minderheitenpolitik und für die Belange der Kirchen.

Die Gesamtstruktur der Regierung legt der Ministerpräsident dadurch fest, dass er die Geschäftsbereiche der Regierungsarbeit ordnet und einzelnen Ministerien zuweist. In Ungarn gibt es neben den klassischen Ministerien wie für Inneres, Äußeres (derzeit unter Einschluss der Außenwirtschaft), Verteidigung, Finanzen und Justiz auch immer wieder »Superministerien«. Diese haben breite, oft querschnittartige Geschäftsbereiche wie – während früherer Wahlperioden – »Volkswirtschaft« oder »Humanressourcen«. Gegenwärtig gibt es etwa Ministerien für »Technologien und Industrie«, »Bauwesen und Investitionen« oder »Kultur und Innovationen«. Konkret führen die Ministerien die ihnen zugewiesenen Regierungsaufgaben mittels der ihnen unterstehenden Behörden auf Komitats- und Bezirksebene aus. Mitunter gibt es auch »Minister ohne Geschäftsbereich«, denen Kommunikations- und Verhandlungsaufgaben obliegen.

Aufgabe des Ministerpräsidenten ist es, unterstützt vom Minister im Ministerpräsidentenamt, die Richtlinien der Politik festzulegen sowie die gesamte Regierungstätigkeit zu leiten und zu koordinieren. Dem dienen auch die Beratungen im Kreis des Kabinetts, die in Ungarn nicht formal gehandhabt werden, sondern oft Stätten substanzieller Erörterungen sind. Aufgabe der Minister ist die Leitung ihres Ministeriums und die Erledigung der diesem Ministerium übertragenen Aufgaben. Dazu gehört ganz wesentlich die Erarbeitung von erforderlichen Gesetzesvorlagen oder Erlassen. Ferner hat ein Minister hinsichtlich seines Ressorts die ungarische Regierung im Rahmen der EU oder anderer internationaler Organisationen zu vertreten. Unterhalb dieser politischen ministeriellen Leitungsebene agieren »Staatsminister«, denen die konkreten Aufgabenbereiche eines Ministeriums anvertraut sind. Alle Regierungsmitglieder sind gegenüber dem Parlament verantwortlich, die Minister auch gegenüber dem Ministerpräsidenten.

3. Staatspräsident

Das ungarische Staatsoberhaupt* wird von der Nationalversammlung für fünf Jahre mit Zweidrittelmehrheit in geheimer Abstimmung gewählt. Kommt diese Mehrheit beim ersten Wahlgang nicht zustande, so erfolgt zwischen den beiden best-

* Ungarns Staatspräsidenten waren seit dem Ende der kommunistischen Herrschaft Árpád Göncz 1990–2000, Ferenc Mádl 2000–2005, László Sólyom 2005–2010, Pál Schmitt 2010–2012, János Áder 2012–2022 und Katalin Novák seit 2022.

platzierten Kandidaten eine Stichwahl, bei der die Mehrheit der abgegebenen gültigen Stimmen zum Wahlsieg reicht. Einmalige Wiederwahl ist möglich. Das Mindestalter für das Präsidentenamt beträgt 35 Jahre. Zur Nominierung als Präsidentschaftskandidat braucht es die schriftliche Unterstützung von mindestens einem Fünftel der Abgeordneten der Nationalversammlung. Jeder Abgeordnete hat das Nominierungsrecht; nominiert er aber mehrere Kandidaten, so sind alle seine Nominierungen ungültig.

Das Präsidentenamt ist unvereinbar mit allen anderen staatlichen, gesellschaftlichen, wirtschaftlichen und politischen Ämtern bzw. Mandaten. Strafverfahren können gegen den Präsidenten nur nach dem Ende seiner Amtszeit eingeleitet werden. Bei Gesetzesverstößen oder Straftaten während der Amtszeit kann allerdings ein Fünftel der Abgeordneten die Amtsenthebung des Staatspräsidenten vorschlagen, woraufhin eine Zweidrittelmehrheit der Parlamentarier das entsprechende Verfahren einleiten kann. Dieses endet – bei Leitung des gesamten Prozesses durch das Verfassungsgericht – in einer Parlamentsabstimmung mit verdeckten Stimmzetteln über den Verbleib des Präsidenten im Amt. Während des ganzen Verfahrens darf der Präsident sein Amt nicht ausüben. Dann – wie in jedem Fall der Verhinderung des Präsidenten bei seiner Amtsführung – vertritt ihn der Parlamentspräsident.

Auf symbolischer Ebene verkörpert der Präsident Ungarns die Einheit der Nation und repräsentiert den ungarischen Staat. Instrumentell hat der ungarische Präsident Kompetenzen, welche über die des deutschen Bundespräsidenten hinausgehen. Er ist nämlich nicht nur zuständig für die Ansetzung von Wahlen und die Auflösung des Parlaments, für den Vorschlag des Regierungschefs und für die Ernennung von Ministern, für die Beglaubigung von Botschaftern, die Ernennung von Richtern, die Verleihung von Orden und die Ausübung des Begnadigungsrechts. Sondern er darf auch an Parlamentssitzungen teilnehmen und in ihnen das Wort ergreifen, besitzt ein Initiativrecht für

Gesetze und Volksabstimmungen, kann verabschiedete Gesetze zur Überprüfung ihrer Verfassungsmäßigkeit ans Parlament zurückverweisen oder dem Verfassungsgericht vorlegen, ist Oberbefehlshaber der Streitkräfte und schlägt dem Parlament zur Wahl den Präsidenten der Kurie, den obersten Staatsanwalt sowie den Beauftragten für Grundrechte vor.

VI. Verfassung und Gerichtsbarkeit

1. Die Verfassungsgebung

Erstmals 1949 erhielt Ungarn eine geschriebene Verfassung. Sie war großenteils eine Übersetzung der sowjetischen »Stalin-Verfassung« aus dem Jahr 1936, weshalb das Jahr 1949 in der ungarischen Verfassungsgeschichte – anders als in der deutschen – negative Assoziationen, aber keine positiven Erinnerungen hervorruft. Zuvor hatte das Land eine – so der ungarische Sprachgebrauch – »historische Verfassung«, die aus mehreren Gesetzen sowie aus Rechtsdoktrinen bestand, die in der Staatspraxis befolgt wurden. Jedenfalls verlangte der Systemwechsel von 1989 zumindest nach Abänderungen der seit vier Jahrzehnten geltenden Verfassung. Solche wurden am »Nationalen Runden Tisch« erörtert, beschlossen und dann auch am 23. Oktober 1989 rechtswirksam verkündet. Das war der Tag der Ausrufung der nachkommunistischen Republik, begangen genau 33 Jahre nach dem antikommunistischen Aufstand. Gemeinsam mit bald darauf verabschiedeten Gesetzen, die oft deutschen Vorbildern folgten, entstand hieraus eine neue Verfassungsordnung. Gleichwohl blieb der Verfassungstext selbst, abgesehen von seinen – materiell wesentlichen – Ergänzungen und Veränderungen, weithin der aus dem Jahr 1949. Weil er schrittweise und entlang vieler Kompromisse umgestaltet worden war, enthielt er nun auch – bemessen an den neuen rechtsstaatlichen Anforderungen – mancherlei Lücken und Widersprüche. Um dieses Flickwerk bestmöglich mit dem Aufbau des neuen Systems vereinbar zu halten, kam es bis 2010 zu nicht weniger als 34 Verfassungsänderungen. Obendrein spielte bei der für deren Erarbeitung wegweisenden Verfassungsauslegung das ungarische Verfassungsgericht eine so aktive Rolle, dass es zeitweise zu einem der weltweit politisch einflussreichsten Verfassungsgerichte wurde. Wie der Gesetzgeber orientierte sich auch das Verfassungsgericht dabei sehr oft an deutschen Regelungen.

Jahrelang bestand Einvernehmen darüber, dass nach dem Ende der Transformationsphase eine neue, in sich stimmige Verfassung wünschenswert wäre. Doch schon im Vorfeld einiger darauf abzielender Versuche, die in den 1990er- und 2000er-Jahren unternommen wurden, gab es nie den politischen Willen zur Schaffung oder Nutzung einer – zur Verfassungsgebung unbedingt erforderlichen – parlamentarischen Zweidrittelmehrheit. Dabei war eine solche zwischen 1994 und 1998 unter dem Ministerpräsidenten Horn durchaus vorhanden. Seitens der Bevölkerung wurde das vielfach als Mangel an Entschlossenheit jener Politiker kritisiert, welche doch die Macht zur Einleitung eines Verfassungsgebungsprozesses hatten. Das änderte sich 2010. Damals errangen der Fidesz und die KDNP nicht nur eine verfassungsändernde Mehrheit der Parlamentssitze, sondern verstanden ihren Wahlsieg auch als Auftrag zur Umgestaltung des Staatswesens. Tatsächlich hatte im Wahlkampf der Spitzenkandidat Orbán als Leitsatz ausgegeben: »Kleine Mehrheit – kleine Änderungen; große Mehrheit – große Änderungen«. Deshalb betrachtete man nach der Erringung der Zweidrittelmehrheit die Ausarbeitung einer neuen Verfassung als eine nun vordringlich anzugehende Aufgabe.

Allerdings war nach dem jahrelangen »kalten Bürgerkrieg« zwischen dem Fidesz und der – zwei Wahlperioden lang regierenden – Koalition aus Sozialisten und Liberalen das innenpolitische Klima völlig vergiftet. Das machte solche Kompromisse, welche die bestehenden Zustände verändert hätten, schwierig bis unmöglich. Und weil die Fidesz-Regierung ohnehin über die zur Verfassungsgebung erforderliche Zweidrittelmehrheit verfügte, bemühte sie sich auch gar nicht um ein Eingehen auf

Wünsche oder Besorgnisse der parlamentarischen Opposition bzw. oppositioneller zivilgesellschaftlicher Organisationen. Zwar wurde der Prozess der Verfassungsgebung durch »nationale Konsultationen« flankiert. Doch weder in deren Fragestellungen noch in den erhaltenen Antworten fand die Opposition ihre eigenen Anliegen wieder.

Der in diesem konfrontativen Klima entstandene Verfassungsentwurf, in vielen Passagen freilich mit dem bisherigen Verfassungstext identisch, wurde am 14. März 2011 von der Regierungskoalition zur – faktisch nur formellen – parlamentarischen Beratung eingebracht. Bereits am 18. April 2011 wurde die Verfassung verabschiedet. Sieben Tage später wurde sie – wie in Deutschland »Grundgesetz« genannt – vom Staatspräsidenten verkündet. Am 1. Januar 2012 trat die Verfassung dann in Kraft. Diese sehr zügige Verfahrensweise ließ freilich die Verfassungsgebung von einem möglichen Prozess politischer Integration geradewegs zur Umsetzung jenes politischen Kurses werden, den die neugewählte Regierung nun einmal einschlagen wollte. Der Absicherung dieses Kurses dienten auch weitere, nur mit Zweidrittelmehrheit abzuändernde Kardinalgesetze, die viele Bereiche der Staatsorganisation näher ausgestalteten. Für die Opposition war dieses Verhalten der Regierungsmehrheit umso schmerzlicher, als Kardinalgesetze – seit dem Ende der kommunistischen Herrschaft im allseitigen Einvernehmen verwendet – eigentlich dem Schutz der parlamentarischen Minderheit und der Absicherung gegen das dienen sollten, was Alexis de Tocqueville (1805–1859) einst die »Tyrannei der Mehrheit« nannte. Nun aber brauchten Fidesz und KDNP kein Mitziehen der Opposition, um mit Zweidrittelmehrheit Gesetze verabschieden zu können. Diese Empfindung politischer Hilflosigkeit angesichts des tatkräftig ins Werk gesetzten Gestaltungswillens der neuen Regierung war besonders schmerzlich nach acht Jahren eigener Machtausübung. Gerade der selbstgewisse Reformschwung der Fidesz-Regierung verschärfte anschließend die ohnehin schon schroffe, verfestigte Polarisierung des gesamten politischen Lebens in Ungarn.

Außerdem gab es rechtstechnische Ungeschicklichkeiten bei der Verfassungsgebung, und zwar besonders bei der Regelung des Übergangs von der alten zur neuen Verfassung. Inhaltlich waren die Oppositionsparteien vor allem über die Präambel der neuen Verfassung aufgebracht, die im Wesentlichen die politischen Zielvorstellungen der Regierungskoalition ausdrückte und fortan eben auch bei der Verfassungsauslegung zu berücksichtigen war. Zu großer oppositioneller Empörung kam es ebenfalls bei den neun seit 2012 erfolgenden Verfassungsänderungen. Immer wieder hatte es nämlich Konflikte zwischen dem Fidesz-dominierten Parlament und dem Verfassungsgericht um die Grenzen der jeweiligen Befugnisse gegeben. Dieser Streit wurde von der Regierungsmehrheit dahingehend aufgelöst, dass Vorrechte des – vom Fidesz dominierten – Parlaments gegenüber dem Verfassungsgericht gesichert sowie politische Grundsatzentscheidungen der Regierung auch noch mit Verfassungsrang ausgestattet wurden. Letzteres geschah besonders markant durch die siebte Grundgesetzänderung vom Juni 2018. Die wurde unter dem Eindruck des Streits zwischen Ungarn und westlichen Staaten um die Migrationspolitik vorbereitet. Im Wesentlichen bekräftigte sie die Abgrenzungen zwischen der Rechtsetzung der EU und den Kompetenzen des ungarischen Gesetzgebers. Es müsse nämlich die Mitgliedschaft Ungarns in der EU ...

> »vereinbar sein mit den grundlegenden Rechten und Freiheiten, wie sie im Grundgesetz niedergelegt sind, und darf Ungarns unverzichtbares Verfügungsrecht in Bezug auf seine territoriale Integrität, Bevölkerung, Regierungsform und Regierungsorganisation nicht begrenzen«. (Art. E Abs. 2 des ungarischen Grundgesetzes)

Beim Ringen um die angemessene Rolle einerseits des volksgewählten Parlaments und andererseits des zur Sicherung von Rechtsstaatlichkeit verpflichteten Verfassungsgerichts war vor allem die vierte Grundgesetzänderung von 2013 wichtig. Sie beschnitt jene im Staatenvergleich einzigartige Macht des ungarischen Verfassungsgerichts, die das Gericht vor dem Inkrafttreten des neuen Grundgesetzes besessen hatte. Bei der Entwicklung einer neuen Verfassungsordnung, die das 1989 und in den Folgejahren entstandene Flickwerk weiter ausarbeitete, war nämlich das Verfassungsgericht einer der wichtigsten Akteure gewesen und hatte eine durchaus auch politische Rolle gespielt. Diese versuchte das Verfassungsgericht auch unter der neuen Verfassung von 2012 fortzusetzen. Bei inhaltlichen Meinungsunterschieden konnten da Konflikte mit dem Fidesz-dominierten Parlament nicht ausbleiben. Als deren Ergebnis wurden die Inhalte einiger Gesetze, die – nach Einleitung eines entsprechenden Verfahrens durch die Opposition – vom Verfassungsgericht aufgehoben worden waren, nun ihrerseits in die Verfassung aufgenommen, was sie fortan »verfassungsgerichtsfest« machte. Auch unterband die Grundgesetzänderung von 2013 eine verfassungsgerichtliche Überprüfung der Inhalte – freilich nicht des Zustandekommens – von Verfassungsänderungen. Ferner wurden im Verfassungstext selbst solche Entscheidungen des Verfassungsgerichts für nicht mehr anwendbar erklärt, die vor der Einführung der neuen Verfassung ergangen waren. Obendrein wurden etliche Politikbereiche, zumal die inhaltliche Ausgestaltung von Staatshaushalt und Steuern, der verfassungsgerichtlichen Überprüfungskompetenz entzogen und einer neugeschaffenen Institution übertragen, nämlich dem Haushaltsrat.* Aus der Warte der Parlamentsmehrheit befreite man sich so von einer »vormundschaftlichen Rolle« des Verfassungsgerichts, die im Rahmen des neuen Grundgesetzes entbehrlich schien, und sicherte einfach die Durchsetzungskraft des demokratisch gewählten Parlaments. Aus der Warte der Opposition hingegen entzog sich die Regierung seither der verfassungsge-

* Zu ihm siehe detailliert im Kapitel 4 den Abschnitt II/3 über die Haushalts-, Arbeitsmarkt- und Wirtschaftspolitik.

richtlichen Kontrolle so weit, dass sie mit dem Aufbau einer die Demokratie erstickenden autoritären Herrschaft beginnen konnte.

2. Das streitauslösende »Nationale Bekenntnis«

Die langfristigen Gestaltungsabsichten der Fidesz-Regierung finden sich klar in jenem »Nationalen Bekenntnis« formuliert, das dem ungarischen Grundgesetz als eine – bei der Verfassungsauslegung zu berücksichtigende – Präambel vorangestellt wurde. Weil Ungarns linke, liberale und grüne Parteien sich allenfalls manche Leitgedanken dieses »Bekenntnisses« zu eigen machen, nicht aber dessen nationale und konservative Sprache, erlaubt dieser Teil des Grundgesetzes gute Einblicke in jene durchaus umstrittenen Tiefenschichten der geistigen Verfassung Ungarns, die ihrerseits die rechtliche und die politische Verfassung des Landes prägen. Im Übrigen erkennt man in diesem Text solche Eigentümlichkeiten heutigen politischen Denkens in Ungarn, die vielen Deutschen das politische Grundgefühl von Fidesz-Anhängern schwer nachvollziehbar machen.

Provozierend für die – nun stets zusammenfassend formuliert – Linke in Ungarn, vielfach auch im Westen, ist bereits der Vorspruch des Nationalen Bekenntnisses. Dieser ist zugleich der erste Satz der Nationalhymne und lautet »Gott, segne den Ungarn!«. Auf diese Weise wird Religion nicht wie ein bloß kulturgeschichtlich oder identitätspolitisch wichtiges Merkmal Ungarns behandelt, sondern sie wird durch die Wiederholung der Anfangsworte jenes Gebets, das die ungarische Nationalhymne eindeutig ist, auch ausdrücklich praktiziert sowie zum Teil der Verfassung im weitesten Sinn des Wortes gemacht. Die Kritiker eines so dichten Gottesbezugs empört bis heute, wie entwaffnend er ins ungarische Grundgesetz gelangte, nämlich als offensichtlicher Teil der Nationalhymne. Unter solchen Umständen lief eine Distanzierung von diesem Gottesbezug letztlich auf eine Distanzierung von der Nationalhymne hinaus, also aufs Abstandnehmen von einem wichtigen Integrationssymbol des Landes – und das kann man sich im patriotischen Ungarn bis heute nicht wirklich leisten. Inzwischen macht Ministerpräsident Orbán jenen Gebetscharakter der Nationalhymne bisweilen sogar besonders sinnfällig, indem er am Ende von Großveranstaltungen darum bittet, die üblicherweise sie beschließende Hymne nicht zu singen, sondern ihre Worte einfach zu sprechen. Das aber hat dann die gleiche Wirkung wie das gemeinschaftliche Vaterunser in einem christlichen Gottesdienst.

Warum ein so intensiver Gottesbezug als angemessener Auftakt des Verfassungstextes gilt, geht aus gleich mehreren Passagen der Präambel hervor. Diese betonen den besonderen Rang des Christentums für Ungarn. Da wird Stolz darüber bekundet, dass »unser König, der heilige Stephan I., ... unsere Heimat zu einem Bestandteil des christlichen Europas machte«. Es wird ausdrücklich »die Rolle des Christentums bei der Erhaltung der Nation« anerkannt, wenn auch verbunden mit Achtung vor den »unterschiedlichen religiösen Traditionen unseres Landes«. Außerdem wird der religiöse Glaube – gemeinsam mit Treue und Liebe – bewusst zu den »grundlegenden Werten unserer Zusammengehörigkeit« gezählt.

Obendrein wird das gegenwärtige und künftige politische Wirken auf klassisch-konservative Weise in eine sehr breite geschichtliche Perspektive gestellt, aus der sich dann konkrete Forderungen für die Gegenwart ergeben. Die Verfassungsgeber – »wir, die Mitglieder der ungarischen Nation« – erklären nämlich »zu Beginn des neuen Jahrtausends« Stolz auf die Errichtung des ungarischen Staats »vor tausend Jahren auf festen Fundamenten«. Deshalb halte man »die Errungenschaften unserer historischen Verfassung und die Heilige Krone in Ehren«. Ferner leiste man »das Versprechen, dass wir die geistige und seelische Einheit unserer in den Stürmen des vergangenen Jahrhunderts in Stücke gerissenen Nation bewahren«. Auf diese Weise zurückschauend, wird zugleich nach vorne geblickt:

»Wir tragen die Verantwortung für unsere Nachfahren. Deshalb beschützen wir die Lebensgrundlagen der folgenden Generationen durch den sorgfältigen Umgang mit unseren materiellen, geistigen und natürlichen Ressourcen«. In genau diesem Sinn sei das Grundgesetz »die Grundlage unserer Rechtsordnung: ein Vertrag zwischen den Ungarn der Vergangenheit, der Gegenwart und der Zukunft«. Und im Rahmen dieses Vertrages vertraue man »auf die gemeinsam gestaltete Zukunft, auf das Engagement der jungen Generationen. Wir glauben, dass unsere Kinder und Kindeskinder mit ihrem Talent, ihrer Ausdauer und ihrer seelischen Kraft Ungarn wieder zu seiner würdigen Größe verhelfen«.

Viel ist in der Verfassungspräambel die Rede vom Stolz auf Ungarn als Land und als Nation. In dem, worauf man Stolz bekundet, werden jene Werte sichtbar, die das politische Denken der Verfassungsgeber prägen. Stolz ist man auf jene »Vorfahren, die für das Bestehen, die Freiheit und die Unabhängigkeit unseres Landes gekämpft haben«. Stolz ist man darauf, »dass unser Volk Jahrhunderte hindurch Europa in Kämpfen verteidigt und mit seinen Begabungen und seinem Fleiß die gemeinsamen Werte Europas vermehrt hat«. Stolz ist man »auf die großartigen geistigen Schöpfungen ungarischer Menschen«. Deshalb wird auch der Glaube daran betont, »dass unsere Nationalkultur einen reichhaltigen Beitrag zur Vielfalt der europäischen Einheit darstellt«. Und also verpflichten sich die Verfassungsgeber dazu, »unser Erbe, unsere einzigartige Sprache, die ungarische Kultur, die Sprache und Kultur der in Ungarn lebenden Nationalitäten, die durch den Menschen geschaffenen und von der Natur gegebenen Werte des Karpatenbeckens zu pflegen und zu bewahren«.

Darüber hinaus werden manche als universell geltende Werte betont. Man bekennt sich dazu, »dass die Würde des Menschen die Grundlage allen menschlichen Seins ist ..., dass sich die individuelle Freiheit nur im Zusammenwirken mit Anderen entfalten kann ..., dass die Grundlage der Kraft der Gemeinschaft und der Ehre des Menschen die Arbeit und Leistung des menschlichen Geistes [ist] ..., [und] dass der wichtigste Rahmen unseres Zusammenlebens Familie und Nation sind«. Weitere, als universell unterstellte Werte werden für die politische Ausgestaltung der solchermaßen als generationenübergreifender Handlungs- und Kulturverband begriffenen Nation hervorgehoben. Man bekennt sich dazu, »dass das gemeinsame Ziel des Bürgers und des Staates die Vervollkommnung des guten Lebens, der Sicherheit, der Ordnung, der Wahrheit, der Freiheit ist«. Man bekennt sich ferner dazu, »dass die wahre Volksherrschaft nur dort existiert, wo der Staat seinen Bürgern dient, sich ihren Angelegenheiten mit Billigkeit, ohne Missbrauch oder Voreingenommenheit widmet«. Eben deshalb bekennt man sich auch »zum Gebot der Unterstützung der Hilfsbedürftigen und der Armen«. Ausdrücklich wird betont: »Die mit uns zusammenlebenden Nationalitäten sind staatsbildender Teil der ungarischen politischen Gemeinschaft«. Und indem derselbe Gedanke gleichsam nach außen gewendet wird, klingt er so: »Wir achten die Freiheit und die Kultur anderer Völker und streben eine Zusammenarbeit mit allen Nationen der Welt an«.

Am Ende wird jener »neue Geist der Gesetze«, der Ungarns Verfassung prägen soll, in klarer Abwendung von der jüngeren Geschichte des Landes verdeutlicht. Man anerkenne gerade nicht jene »Aufhebung unserer historischen Verfassung«, die »infolge der Besetzung durch fremde Mächte« eingetreten sei. In diesem Zusammenhang dürften dann viele Ungarn nicht nur an die – ausdrücklich erwähnte – nationalsozialistische und sowjetische Besetzung denken, sondern auch an die Fremdherrschaften der Habsburger und der Osmanen. Jedenfalls wird die durch das neue Grundgesetz abgelöste Verfassung von 1949 als »Grundlage einer Willkürherrschaft« ausdrücklich für ungültig erklärt. Entsprechend wird betont, »dass unsere heutige Freiheit unserer Revolution von 1956 entsprungen ist«. Die scheiterte freilich; und also wird der wirkliche Beginn »der neuen Demokratie und verfassungsmäßigen Ordnung unserer Heimat« mit der konstituierenden Sitzung der ersten frei gewählten Ungarischen Nationalversammlung am 2. Mai 1990 angesetzt. In dieser neuen Ordnung aber verstehen die Verfassungsgeber ihre eigene Aufgabe so: »Wir bekennen uns dazu, dass nach den zur moralischen Erschütterung führenden Jahrzehnten des zwanzigsten Jahrhunderts unsere seelische und geistige Erneuerung unbedingt notwendig ist«.

An das, was ihr als eine solche Erneuerung erschien, machte sich die 2010 mit verfassungsändernder Mehrheit ins Amt gelangte Regierung rasch und tatkräftig. Ihre Anhänger begeisterte das. Hingegen fühlten ihre Gegner sich durch nicht wenige Aussagen dieses »Nationalen Bekenntnisses« gezielt angegriffen, empörten sich über die ihnen unerwünschten neuen Akzente und empfanden schmerzende Hilflosigkeit angesichts der das Land wirklich umgestaltenden Fidesz-Politik. Bis heute zeichnet sich weder eine Milderung solcher Spannungen ab noch die Entstehung eines lagerübergreifenden Einverständnisses über wenigstens die meisten Aussagen jenes »nationalen Bekenntnisses«.

3. Das Verfassungsgericht

Das ungarische Verfassungsgericht entstand durch Parlamentsbeschluss im Januar 1989, bekam seine erste Rechtsgrundlage im Verfassungsgerichtsgesetz vom Oktober 1989, nahm seine Tätigkeit im Januar 1990 auf, spielte zwanzig Jahre lang eine auch politisch-gestalterisch große Rolle und bekam diese durch die Verfassung von 2012 sowie durch einige folgende Verfassungsänderungen deutlich beschnitten. Den einen gilt das als Zurückführung der Verfassungsgerichtsbarkeit auf jenes Normalmaß, das zu einer Demokratie passt, den anderen hingegen als Schritt hin zur Errichtung eines autoritären Regimes, das sich rechtsstaatlichen Normen und deren verfassungsgerichtlicher Durchsetzung entzieht.

Gemäß den heute geltenden Regeln besteht das ungarische Verfassungsgericht aus 15 Richtern, die vom Parlament mit

Zweidrittelmehrheit für eine einmalige Amtszeit von zwölf Jahren gewählt werden. Mit dem vollendeten 45. Lebensjahr beginnt und mit dem 70. Lebensjahr endet die Wählbarkeit. Die Nominierung als Kandidat erfolgt durch einen Ausschuss, der aus je einem Mitglied jeder Parlamentsfraktion besteht. Wählbar sind nur nicht vorbestrafte ungarische Staatsbürger mit juristischem Studienabschluss, außergewöhnlichem theoretischen Wissen, etwa als Universitätsprofessor oder einer Berufserfahrung im juristischen Bereich von wenigstens zwanzig Jahren. Auch den Präsidenten des Gerichts und dessen zwei Stellvertreter wählt das Parlament in geheimer Abstimmung mit Zweidrittelmehrheit, und zwar jeweils für deren gesamte verbleibende Amtszeit als Verfassungsrichter. Den eigenen Haushalt stellt das Verfassungsgericht zwar selbst auf, hat ihn aber dem Parlament als Teil des Staatshaushalts zur Billigung vorzulegen.

Zu den Kompetenzen des Gerichts gehört vor allem die Überprüfung der verfahrensmäßigen – nicht der inhaltlichen – Verfassungsmäßigkeit von Verfassungsänderungen; die Überprüfung von Gesetzen auf ihre Verfassungsmäßigkeit gemäß Antrag der Regierung oder eines Viertels der Parlamentsmitglieder (abstrakte Normenkontrolle, möglich sowohl vorab als auch nachträglich) bzw. auf Verlangen eines Richters, der ein Gesetz in einem konkreten Rechtsverfahren anzuwenden hat (konkrete Normenkontrolle); die Klärung der Verfassungsmäßigkeit von Rechtsverordnungen der Regierung sowie die Entscheidung über Verfassungsbeschwerden einzelner Bürger. Ferner klärt das Verfassungsgericht mögliche Konflikte zwischen ungarischer Gesetzgebung und internationalen Verträgen. Es erfüllt auch noch weitere gesetzlich vorgesehene Pflichten, etwa die Überprüfung von Parlamentsbeschlüssen zur Durchführung von Volksabstimmungen. Es trifft Entscheidungen über die verfassungswidrige Tätigkeit von Religionsgemeinschaften, kann Anordnungen von Kommunalverwaltungen überprüfen, hat Kompetenzkonflikte staatlicher Institutionen aufzulösen sowie strittige Verfassungsnormen auszulegen, und wird tätig bei einem Amtsenthebungsverfahren gegen den Staatspräsidenten. Hingegen wurde das einstige Jedermannsrecht, ein Normenkontrollverfahren herbeizuführen, durch die Verfassung von 2012 beseitigt.

Über Verfassungsbeschwerden und die Verfassungsmäßigkeit von Rechtsverordnungen beschließt jeweils ein Gremium von drei Verfassungsrichtern; über alle anderen Streitfragen entscheidet das Plenum des Gerichts mit Mehrheitsbeschluss. Im Amtsblatt veröffentlicht werden jene Gerichtsbeschlüsse, die eine Rechtsregel für nichtig erklären oder eine Verfassungsbestimmung auslegen. Gegen Entscheidungen des Verfassungsgerichts gibt es keine Rechtsmittel. Doch natürlich kann der Verfassungsgesetzgeber jene Rechtsgrundlagen verändern, auf denen verfassungsrichterliche Entscheidungen beruhen. Um nicht wieder in jene Kompetenzkonflikte mit dem Gesetzgeber zu geraten, welche die ersten Jahre nach dem Erlass der Verfassung von 2012 kennzeichneten, erlegt sich das Gericht seither bei politisch sensiblen Fällen große Zurückhaltung auf und wendet unter den zielführenden Korrekturen verfassungswidriger Gesetzgebung oft die mildeste an. Dazu gehört es etwa, eine Rechtsvorschrift nicht aufzuheben, sondern ein sie betreffendes Versäumnis des Gesetzgebers festzustellen.

4. Die ordentliche Gerichtsbarkeit

Spätestens seit 2010 ist umstritten, wie unabhängig von politischen Einflüssen das ungarische Justizwesen ist. Tiefster Grund dieses Streites ist, dass in Ungarn keine Revolution die kommunistische Herrschaft zu Fall brachte, sondern dass die alte Herrschaftselite ihre politische Macht auf dem Verhandlungsweg abgab, sich dafür großen wirtschaftlichen und kulturellen Einfluss sicherte sowie im Justizwesen auf ihren Posten blieb. Anders als etwa auf dem Gebiet der DDR konnte unter den Funktionseliten auch deshalb kein sonderlicher Personalaustausch stattfinden, weil es nun einmal keinen nichtkommunistischen Teilstaat gab, dessen Personal fortan im jetzt nicht mehr kommunistischen Teilstaat hätte tätig werden können. Der Fidesz, antikommunistisch von Anfang an, betrachtete deshalb sein mit einer Zweidrittelmehrheit ausgestattetes Regierungsmandat von 2010 als Auftrag, die 1989 begonnene Systemtransformation zu vollenden. Entsprechend stellte man die personalpolitischen Weichen – und zwar vom Mediensystem über das Kultursystem bis hin zum Justizsystem. Politisch genutzt wurden dabei Strukturreformen ebenso wie Pensionierungs- oder Neuberufungsmöglichkeiten.

Neben der Beschneidung der politischen – nicht der grundrechts-, verfassungs- oder gesetzeswahrenden – Rolle des Verfassungsgerichts diente diesem Zweck auch die Trennung der Fachaufsicht über die Justiz vom Personal- und Verwaltungswesen der Gerichtsbarkeit. 2012 wurde nämlich – auf der Grundlage von Gesetzen aus dem Jahr 2011 über die Organisation der Gerichte und die Rechtsstellung sowie die Vergütung der Richter – als zentrales Personalführungs- und Verwaltungssystem des gesamten Gerichtswesens das Nationale Amt für das Justizwesen eingerichtet. Seither ist der Präsident der Kurie, also des obersten Gerichts, zuständig für die Einheitlichkeit und fachliche Qualität der Urteile im ungarischen Gerichtssystem, der Präsident des Amtes für das Justizwesen hingegen für die Verwaltung der Gerichte. Vom Parlament mit Zweidrittelmehrheit gewählt, ist letztlich er für die Bestellung der Richter und Präsidenten an Ungarns Gerichten zuständig und nimmt – unter Aufsicht des Nationalen Rates für das Justizwesen – auch die allgemeinen Verwaltungsbefugnisse wahr, darunter den dafür erforderlichen Erlass von Verordnungen, Beschlüssen und Empfehlungen, desgleichen die Dienstaufsicht über die reine Verwaltungstätigkeit der Gerichtspräsidenten. Ihm steht der Landesrichterrat als Aufsichtsgremium der zentralen Verwaltung der Gerichte zur Seite. Dieser besteht aus dem Präsidenten der Kurie sowie aus vierzehn Richtern.

Für das Richteramt kann man sich nach abgeschlossenem juristischem Studium ab dem Alter von 30 Jahren beim Nationalen Amt für das Justizwesen bewerben. Dort wird – gemeinsam mit dem Richterrat – die Bewerbung geprüft. Anschließend macht der Präsident des Nationalen Amtes für das Justizwesen dem Staatspräsidenten Vorschläge zur Ernennung von Bewerbern zu Richtern und weist sie nach Ernennung in eine Planstelle ein. Versetzungen wider den Willen eines Richters sind nur zeitweise und bloß im unabweisbaren Bedarfsfall möglich. An den Regeln zur Bestellung und Dienstaufsicht von Richtern sowie überhaupt an der Tätigkeit des Nationalen Amtes für das Justizwesen und des Landesrichterrates wird immer wieder ein eventueller und unzulässiger politischer Einfluss auf das ungarische Gerichtswesen kritisiert.

Die gleiche Kritik traf den Versuch, in Ungarn – westlichen Modellen entsprechend – eine gesonderte Verwaltungsgerichtsbarkeit einzuführen. Sie hatte es bis zur Auflösung bei der Machtübernahme der Kommunisten durchaus gegeben. In kommunistischen Staaten aber war dergleichen sinnwidrig, denn gemäß den Leitgedanken sozialistischer Gesetzlichkeit hatte nicht das Rechtswesen die Politik der Partei zu kontrollieren, sondern die Partei das Rechtswesen. Nach 2014 begonnene Versuche der Fidesz-Regierung, in Ungarn eine eigenständige Verwaltungsgerichtsbarkeit einzuführen, scheiterten an – auch auf EU-Ebene vorgetragenen – Einwänden dahingehend, der Fidesz wolle über ihm genehme Verwaltungsrichter eine unabhängige rechtliche Kontrolle des administrativen Staatshandelns unterbinden und in dieser Hinsicht vollenden, was es mit der Beseitigung einer verfassungsgerichtlichen Kontrolle des Staatshandelns begonnen habe: den Aufbau autoritärer Herrschaft. In diesem Debattenklima gab die ungarische Regierung 2019 die Absicht auf, eine gesonderte Verwaltungsgerichtsbarkeit einzuführen. Vielmehr kommen verwaltungsgerichtliche Streitsachen nun vor entsprechend spezialisierte Kammern der »ordentlichen Gerichtsbarkeit«.

Bei dieser geht es – wie in Deutschland – zunächst einmal um Zivil- und Strafsachen. Doch obendrein ist ihr Instanzenzug auch für arbeits- und verwaltungsrechtliche Streitsachen zuständig. Dieser Instanzenzug hat insgesamt vier Stufen: die Amtsgerichte, die Land- bzw. Komitatsgerichte, die fünf Tafelgerichte in den Städten Budapest, Pécs, Szeged, Debrecen und Győr sowie – falls es nicht um Verfassungs- oder Grundrechtsfragen geht – als Oberstes Gericht die schon 1949 gegründete, letztlich auf eine Justizreform von 1723 zurückgehende Kurie. Die Amtsgerichte sind zivilrechtlich zuständig für u. a. Scheidungs- und Unterhaltsfragen sowie für Schadensersatzforderungen unter 30 Millionen Forint, also knapp 75 000 Euro,* strafrechtlich bei u. a. Diebstahl, Betrug, Körperverletzung und Vandalismus. Die Land- bzw. Komitatsgerichte sind in zweiter Instanz zuständig für Berufungen gegen zivil-, straf-, arbeits- und verwaltungsrechtliche Entscheidungen der Amtsgerichte, in erster Instanz u. a. bei Geldforderungen über 30 Millionen Forint, bei medienrechtlichen Klagen sowie bei gesellschaftsrechtlichen, arbeitsrechtlichen und sozialrechtlichen Streitsachen, ferner strafrechtlich bei etwa Mord, Entführung und lebensbedrohenden Körperverletzungen. Die Tafelgerichte entscheiden bei Berufungen gegen Urteile der Landgerichte. Zu diesem Zweck gibt es bei ihnen Senate bzw. Kollegien für Straf-, Zivil- und Arbeitssachen. Das Budapester Tafelgericht hat obendrein ein Kollegium für Verwaltungssachen.

Die Kurie schließlich sorgt für eine einheitliche Rechtsprechung, nämlich als Gericht dritter Instanz in bestimmten Strafangelegenheiten, ferner durch die Prüfung von Wiederaufnahme- oder Prüfungsanträgen, desgleichen mittels von Rechtseinheitsbeschlüssen sowie anhand von Rechtspraxisanalysen. Zu diesem Zweck hat sie Senate bzw. Kollegien für Straf-, Zivil- und Verwaltungssachen, speziell für Kommunalverwaltungsfragen sowie für Beschwerden zur Wahrung der Rechtseinheit; desgleichen unterhält sie Arbeitsgruppen zur Untersuchung der

* Bei allen Umrechnungen zwischen Forint und Euro ist zu bedenken, dass sich zwischen der Niederschrift des Textes und seiner Veröffentlichung der Umtauschkurs geändert haben kann. Derzeit liegt er bei ca. 1:400.

Rechtspraxis der Gerichte. Rechtsvereinheitlichende Wirkung haben allerdings nur die seit 2012 veröffentlichten Entscheidungen der Kurie. Der Präsident der Kurie wird aus dem Kreis der Richter auf Vorschlag des Staatspräsidenten vom Parlament mit Zweidrittelmehrheit gewählt.

Rund 87 Prozent aller Rechtsstreitigkeiten werden innerhalb eines Jahres bei der maßgeblichen Instanz erledigt und somit rascher als in früheren Jahren. In komplizierteren Fällen kann es allerdings bis zu drei Jahren dauern, bevor eine rechtskräftige Entscheidung vorliegt. Bei Zivilprozessen ist anlässlich der Eröffnung des Verfahrens eine gesetzlich vorgesehene Gerichtsgebühr zu entrichten, wobei grundsätzlich jene Partei zum Vorstrecken der Gerichtskosten verpflichtet ist, die im Verfahren etwas beweisen möchte. Die unterlegene Partei muss – falls sie den Zivilprozess angestrengt hat – dann der obsiegenden Partei die Prozesskosten erstatten. Aus Gründen sozialer Gerechtigkeit können vom Gericht allerdings Kostenvergünstigungen oder Befreiungen von den Gerichtskosten festgelegt werden.

Die Staatsanwaltschaft hat laut dem sie betreffenden Gesetz aus dem Jahr 2011 Straftaten und andere rechtswidrige Handlungen oder Versäumnisse zu verfolgen und der Vorbeugung rechtswidriger Handlungen zu dienen. Sie gliedert sich in die Generalstaatsanwaltschaft, die Hauptstaatsanwaltschaft und in die Kreisanwaltschaft. Dabei führt und leitet der Generalstaatsanwalt – nicht der Justizminister – die Organisation der Staatsanwaltschaft und ernennt die Staatsanwälte. Gewählt wird er aus den Reihen der Staatsanwälte auf Vorschlag des Staatspräsidenten vom Parlament mit Zweidrittelmehrheit für eine Dauer von neun Jahren. Obendrein gibt es zur Sicherung der Grundrechte den Ombudsmann für Grundrechte sowie dessen Stellvertreter, die vom Parlament mit Zweidrittelmehrheit für sechs Jahre gewählt werden. Der Ombudsmann kann von jedermann angerufen werden. Seine Stellvertreter haben sich auch besonders für die Interessen zukünftiger Generationen sowie der in Ungarn lebenden Nationalitäten einzusetzen.

VII. Interessenverbände und zivilgesellschaftliche Vereinigungen

Nicht nur die Parteien verbinden das zentrale politische Entscheidungssystem eines Landes mit dessen Gesellschaft, ebenso tun das Interessenverbände. Zwar sind diese nicht flächendeckend aktiv wie die Parteien, welche sich alle paar Jahre allgemeinen Wahlen zu stellen haben. Doch umso wirkungsvoller können Interessenverbände auf jenem Themengebiet sein, auf das sie sich spezialisiert haben. Bezüglich seiner vertreten sie gesellschaftliche Gruppeninteressen durch den Umgang mit hochrangigen Ministerialbeamten und Politikern als ihren bevorzugten Ansprechpartnern, durch ihr Verhandlungsgewicht bei passender Organisations- und Konfliktfähigkeit samt strategischem Geschick, desgleichen dank effektiver Öffentlichkeits- und Medienarbeit. Deshalb gehören die Interessenverbände ebenfalls zum Regierungssystem eines Landes. Ohnehin gibt es – gerade in Demokratien – kein »Politikmonopol für gewählte Politiker« und deren Parteien. Gleiches gilt für jene Vereinigungen, in denen sich die Bürgerschaft eines Landes außerhalb des Wirtschafts- und Arbeitslebens organisiert, um beispielsweise kulturelle, ökologische oder humanitäre Anliegen zu befördern. Auf diese Weise macht sich nämlich die (staats-)bürgerliche Gesellschaft eines Landes, oft auch »Zivilgesellschaft« genannt, ihrerseits handlungsfähig. Obendrein gibt es vielerlei Vereine, die – etwa im Bereich des Sports – Strukturen gemeinsamer Freizeitgestaltung aufrechterhalten und die aufgrund ihrer gesellschaftlichen Bedeutung durchaus einflussreich, mitunter auch finanzstark sein können. In allen genannten Organisationen findet das Regierungssystem eines Landes sein gesellschaftliches Widerlager und seinen Ankergrund.

1. Interessenverbände

Der zivilgesellschaftliche Raum gesellschaftlicher Selbstorganisation war in allen realsozialistischen Staaten parteipolitisch vermachtet. Deshalb musste er sich nach dem Schwinden und Wegfall der führenden Rolle einer kommunistischen Partei erst einmal neu als vor- und interessenpolitischer Raum organisieren. Das geschah unter zunächst ganz unübersichtlichen Neubedingungen. Auch wandelten sich – oft zufallsgetrieben – etliche alte politische Machtstrukturen zu neuen, vor allem wirtschaftlichen und gesellschaftlichen Einflussstrukturen. Zumal jene, die belastbare Netzwerke persönlicher Loyalität bereits zu kommunistischen Zeiten aufgebaut hatten, konnten im fortan mehr und mehr privatisierten Wirtschaftsbereich eine zum raschen Wohlstand führende Karriere machen. Doch sehr viel mehr Ungarn mussten sich während der wirtschaftlichen und gesellschaftlichen Umbruchzeiten nach 1989 erst einmal um den Fortgang ihres persönlichen Lebenswegs kümmern. Nur wenige von diesen brachten dann auch noch die Kraft und Zeit auf, sich in solchen gemeinsamen Interessenvertretungen zu engagieren, die nicht unmittelbar mit dem Wirtschafts- und Arbeitsleben verbunden waren oder zu politischen Parteien wurden.

Deshalb entstanden in den post-sozialistischen Transformationsgesellschaften – und zwar nicht allein in der ungarischen – zunächst einmal nur schwache zivilgesellschaftliche Strukturen. Das gilt insbesondere im Vergleich mit den im Vor- und Umfeld regelmäßiger Wahlen aufkommenden oder sich stabilisierenden Parteien. Diese hatten obendrein aufgrund ihrer bald übernommenen Regierungs- und Oppositionsfunktionen starke Anreize zur organisatorischen Festigung. Auch verfügten sie rasch über vergleichsweise gut dotierte Positionen, die – etwa über Abgeordnetenmandate – letztlich der Staat finanzierte. Ähnliches galt für solche Verbände, die im Bereich des Wirtschafts- und Arbeitslebens entstanden. Gerade dort war es nämlich wünschenswert, über persönliche Beziehungen hinaus, die oft genug auf kommunistische Zeiten zurückgingen und als »Seilschaften« in der Transformationszeit sehr wichtig gewesen waren, fortan unter Normalbedingungen leistungsfähige kollektive Strukturen aufzubauen, mit denen sich Informationen gewinnen, Einfluss ausüben und durchsetzungsfähige Verhandlungspositionen gegenüber politischen Entscheidungsträgern und staatlichen Verwaltungsstrukturen erreichen ließen. Wer gerade in solchen Verbänden hauptamtliche Positionen einnahm, hatte bald schon wirtschaftliche und gesellschaftliche Stellungsvorteile.

Was die auf diese Weise entstandene Verbändelandschaft betrifft, war mit Stand vom März 2019 knapp jeder zehnte Beschäftigte Mitglied einer der ungarischen Einzelgewerkschaften. Die sind bis heute nach Wirtschaftssektoren, Regionen und Berufszweigen organisiert. Zusammengefasst werden sie in fünf großen Gewerkschaftsgruppen, die ihrerseits parteipolitisch unterschiedlich ausgerichtet sind. Im öffentlichen Dienst und bei Unternehmen im Besitz des Staates ist sogar jeder fünfte Arbeitnehmer Gewerkschaftsmitglied, im privaten Sektor allerdings nur jeder zwanzigste. Besonders organisationsstark sind die ungarischen Gewerkschaften in den Bereichen von Energie, Transport, Erziehung und Gesundheit. Insgesamt sank die – zu kommunistischen Zeiten recht hohe – Zahl der Gewerkschaftsmitglieder in der ersten Hälfte der 1990er-Jahre aufgrund der wirtschaftlichen und gesellschaftlichen Umgestaltungen sehr rasch; seither fällt sie langsam. Zu den Ursachen für den Fortgang der Abwärtsbewegung gehört die zahlenmäßige Vermehrung von kleineren und mittleren ungarischen Industrieunternehmen, in denen Gewerkschaften schwer Fuß fassen können, ferner die wachsende Menge ausländischer Unternehmensniederlassungen mit antigewerkschaftlichem Management sowie die Ausweitung befristeter Arbeitsverhältnisse.

Weiterhin vollziehen sich gewerkschaftliche Aushandlungsprozesse vor allem auf der Ebene von Unternehmen, wofür allerdings ein Organisationsgrad von zehn Prozent Gewerkschaftsmitgliedern im Unternehmen bzw. Wirtschaftssektor die Voraussetzung ist. Wohl auch deshalb spielen sektorale Vereinbarungen zwischen Gewerkschaften und Unternehmen nur eine begrenzte Rolle. Den Gewerkschaften stehen ihrerseits fünf Arbeitgeberorganisationen gegenüber, von denen – neben VOSZ, der »Nationalen Vereinigung der Unternehmer und Arbeitgeber« – der MGYOSZ, nämlich der »Bund ungarischen Arbeitgeber und Industrieller«, die größte ist. Zum letztgenannten Verband gehören mehr als 50 Branchenorganisationen sowie 16 regionale Arbeitgeberverbände. In verschiedenen Beratungsgremien des ungarischen Regierungssystems vertreten, desgleichen in etlichen Organisationen auf europäischer und internationaler Ebene, geht es diesem Verband um Einfluss auf die ungarische Wirtschafts- und Arbeitspolitik, wobei natürlich die Sichtweisen und Interessen der Unternehmen bzw. Unternehmer im Vordergrund stehen.

Sándor Gallai und andere haben für die Zeit zwischen 1990 und 2014 ausfindig gemacht, wer die knapp sechzig wichtigsten ungarischen Verbände damals waren, und sie haben auf der Grundlage von Interviews mit Verbändevertretern gezeigt, auf welche Weise diese Verbände politischen Einfluss ausübten. Vermutlich bestehen die seinerzeit entdeckten Einflussmuster noch heute. Ein Fünftel jener Verbände war im Bereich von Erziehung und Ausbildung tätig, jeweils rund 15 Prozent in den Bereichen von Sozial-, Gesundheits- und Umweltpolitik. Jeder zehnte wichtige Verband kümmerte sich um Wirtschafts-, Landwirtschafts- oder Kulturpolitik, ein halb so großer Teil der wichtigen Verbände um Sportpolitik. Knapp die Hälfte dieser Interessengruppen führte ihren Einfluss auf eine zahlenstarke Mitgliedschaft zurück, jeweils gut ein Zehntel auf persönliche Verbindungen zu Entscheidungsträgern sowie auf gute Beziehungen zu den Medien. Als Ursache für eigenen Einfluss wurde immer wieder der vom Verband in die Politik einzubringende und seitens der Politik ebenfalls nachgefragte Sachverstand genannt. Als die häufigsten – und auch die wirkungsvollsten – Instrumente zur Ausübung von Einfluss wurden formelle Kontakte zu staatlichen Amtsträgern angeführt, in geringerem Grad auch informelle Kontakte, ferner Kooperationen mit anderen Interessengruppen, Kontakte mit den Medien sowie – immer noch von über der Hälfte der befragten Verbände erwähnt – Kontakte mit internationalen Organisationen. Weniger häufig greift man zur Mobilisierung der Öffentlichkeit oder zu rechtlichen Instrumenten. Bemerkenswert ist der Befund, dass für die Ausübung politischen Einflusses die Kontakte mit europaweiten oder internationalen Organisationen kaum weniger genutzt werden als direkte Kontakte mit staatlichen Amtsträgern Ungarns. Das internationale Verbändewesen scheint somit für die ungarische Innenpolitik eine beachtenswerte Rolle zu spielen.

Zur Mobilisierung der Öffentlichkeit nutzen ungarische Verbände – neben der Verwendung von Rechtsmitteln – die Möglichkeiten einer demonstrativen Kooperationsverweigerung, desgleichen Massenaktionen wie Demonstrationen. Das geschieht auf allen von Verbänden bespielten Politikfeldern in jeweils ähnlichem Umgang. Dabei gibt es in Ungarn traditionell nur wenige Streiks, dafür eben häufiger Demonstrationen, die oft von den Gewerkschaften veranlasst werden. Als Ergebnis all dessen schrieben sich über zwei Drittel der wichtigsten Verbände Ungarns zu, sie hätten politische Entscheidungsprozesse beeinflusst und ihre Anliegen auf die politische Agenda gebracht. Über die Hälfte der Verbände betonte auch, an der praktischen Umsetzung von solchen Politiken beteiligt gewesen zu sein, die ihre Interessen betrafen. In derlei Fällen waren für rund zwei Drittel der Verbände Kontakte zu den politischen Entscheidungsträgern ein wirksames Instrument, für jeweils ein gutes Drittel einerseits schriftliche Vorlagen und Konferenzbeiträge, andererseits Pressemitteilungen und Medienkampagnen. Obendrein übte ein Fünftel der Verbände

Entscheidungseinfluss über die Netzwerke zivilgesellschaftlicher Akteure aus.

Als am leichtesten für verbandliche Einflussversuche zugänglich nannte man ungarische und internationale Interessengruppen sowie sonstige internationale Organisationen, desgleichen die staatlichen Ombudsleute, die Medien sowie – mit ein wenig Abstand – die Institutionen der Europäischen Union. Als am wenigsten zugänglich für verbandspolitischen Einfluss erachtete man den jeweiligen Ministerpräsidenten sowie die Regierung insgesamt, gefolgt von Einzelministern und dem Parlament. Die letztgenannten Akteure sind zugleich jene, denen ein besonders großer politischer Einfluss zugeschrieben wird. Also wird man feststellen können, dass die Wirkungen von Verbandseinfluss im Allgemeinen – nicht freilich in jedem Einzelfall – umso begrenzter sind, je größer die eigene Macht jener politischen Akteure ist, auf die man Verbandseinfluss auszuüben versucht. Im Übrigen wurden fast alle befragten Verbände mindestens einmal von Ministerien konsultiert; für zwei Drittel von ihnen waren Beratungen mit Ministerien sogar sehr üblich. Beinahe alle untersuchten Verbände wurden auch von staatlichen Behörden kontaktiert, drei Viertel von Parlamentsausschüssen. Parteien wiederum legen besonders großen Wert auf die Zusammenarbeit mit möglichst mitgliedsstarken Verbänden. Im Übrigen empfand mindestens bis zum Jahr 2014 gut die Hälfte der Verbände den Fidesz als die ihnen inhaltlich nächststehende Partei. Für gut ein Drittel der Verbände waren das die Sozialisten, für weniger als ein Drittel die Christdemokraten, für ein Viertel bzw. ein Fünftel die Grünen bzw. die Liberalen, und für kein Zehntel Jobbik. Der Fidesz kann sich anscheinend auf breite Unterstützung aus dem Verbändesystem verlassen, muss allerdings entsprechende Bereitschaft dann auch immer wieder durch geeignete politische Maßnahmen absichern.

2. Zivilgesellschaftliche Vereinigungen

Große Hoffnungen hinsichtlich gesellschaftlicher und kultureller Gestaltungskraft setzen viele Ungarn in die Rolle von »zivilgesellschaftlichen Vereinigungen« oder »non-profit organizations«. Deren Angehörige oder Mitarbeiter bezeichnen sich selbst nicht selten als »civilek« und schreiben sich in besonderem Maße zu, guten Willen zu haben, Altruismus zu praktizieren sowie öffentliche Güter hervorzubringen. Das alles wird vielen zivilgesellschaftlichen Vereinigungen ebenfalls von außen zugeschrieben. Wohl auch dank eines solchen, sehr positiven Selbst- und Fremdverständnisses hat die Anzahl ungarischer zivilgesellschaftlicher Vereinigungen von rund 53 000 im Jahr 2003 auf gut 65 000 im Jahr 2012 zugenommen; seither ist sie allerdings wieder auf knapp 61 000 abgesunken.

Ein schwer abzuschätzender Teil dieser zivilgesellschaftlichen Organisationen versteht sich als oppositionell zur Fidesz-Regierung. Das hat eine seiner Ursachen darin, dass vor 2010 die sozialistisch geführten Regierungen die zivilgesellschaftlichen Vereinigungen Ungarns sehr oft – und nicht selten zu Recht – als ihre Partner ansahen und behandelten. Also hatten viele zivilgesellschaftliche Vereinigungen nach dem Machtwechsel von 2010 mit einer Regierungspartei zu tun, die sie als ihren politischen Gegner wahrnahmen, auch entsprechend mit ihr umgingen, und die sie sich selbst gegenüber immer wieder allerdings als Gegner auftreten sahen. Umgekehrt hatte der Fidesz gleich nach der Wahlniederlage von 2002 damit begonnen, in Gestalt von »Bürgerkreisen« sozusagen »eigene« zivilgesellschaftliche Strukturen um seine Parteistrukturen herum aufzubauen. Auf diese Weise sollte besser als zuvor von der Partei her die Gesellschaft durchdrungen werden, was den als gegnerisch angesehenen zivilgesellschaftlichen Vereinigungen einen Widerpart schüfe. Die Wahlerfolge des Fidesz zwischen 2010 und 2022 zeigen, dass dies nicht ohne die erwünschte Wirkung blieb.

Jedenfalls spiegelt sich die politische Polarisierung Ungarns inzwischen auch in Form von »zweierlei zivilgesellschaftlichen Strukturkomplexen«. Diese Polarisierung hat zur Folge, dass Fidesz-nahe Organisationen in der Regel nicht mitgemeint sind, wenn im politischen Diskurs von »ungarischen zivilgesellschaftlichen Gruppen« die Rede ist. Anscheinend wirkt hier das in den späten 1980er-Jahren vom ungarischen Schriftsteller György Konrád (1933–2019) in die intellektuelle Debatte eingeführte Konzept der »Antipolitik« nach. Gemeint waren damit alltägliche, doch auf Politik bezogene Aktivitäten außerhalb des politischen Bereichs. Mit solchen erzeugt man Einfluss aus dem moralischen und kulturellen Gewicht von Teilen der Zivilgesellschaft und kann dann, gestützt auf solche »Antipolitik«, der Welt der »professionellen« Politik eigene Macht entgegensetzen. Eingebettet in solche Zusammenhänge versteht sich die Zivilgesellschaft als so etwas wie einen »nicht-institutionalisierten« Teil des Systems der Gewaltenteilung, nachgerade als eine Art »Immunsystem der Demokratie«. Darüber hinaus kann »Antipolitik« die Demokratie vertiefen, indem sie Möglichkeiten politischer Beteiligung nahe dem eigenen Arbeitsplatz oder in solchen Gruppierungen schafft, die zur eigenen sozialen oder lokalen Lebenswelt gehören. Letztlich meint »Antipolitik« somit das, was in westlichen Demokratien die »neuen sozialen Bewegungen« zu leisten versuchen. Ihrerseits gehören sie zum Kernbereich zivilgesellschaftlicher Vereinigungen.

Diese wurden gegen Ende der kommunistischen Herrschaft in allen zuvor realsozialistischen Ländern wichtig, weil sie schon aktiv waren, als die neuen Parteien sich erst zu formen begannen. Manche Parteien entstanden sogar aus ihnen. Mit der einsetzenden Professionalisierung auch von neuen Parteien begann dann wieder das Leitbild einer »antipolitisch aktiven« Zivilgesellschaft als Alternative zum »korrupten Politiksystem« aufzuleuchten. Spiegelbildlich werden inzwischen seitens der ungarischen Regierung international vernetzte Organisationen, die regierungskritisch eine Art Wachhund-Rolle erfüllen, als Gruppen von »aus dem Ausland bezahlten Aktivisten« angesehen. Als »echt zivilgesellschaftlich« gelten ihr hingegen solche Organisationen, die – darin ganz regierungsfreundlich – der »Nation als Gemeinschaft« dienen wollen.

In Ungarn haben die meisten zivilgesellschaftlichen Vereinigungen – mit freilich abnehmender Tendenz – ihren Sitz in der Hauptstadt Budapest. Ihre Zahl ist allerdings in den übrigen Verwaltungszentren des Landes angestiegen, während sie im ländlichen Raum stabil blieb. Auch gibt es im westlichen Ungarn weiterhin eine größere Anzahl zivilgesellschaftlicher Vereinigungen als in Ostungarn. Insgesamt waren im Jahr 2020 knapp 312 000 Ehrenamtliche im Rahmen von zivilgesellschaftlichen Vereinigungen tätig, ferner gut 156 000 als Beschäftigte, davon die meisten in Budapest. Von den insgesamt gut 3,5 Millionen Mitgliedern beteiligte sich wohl jeder Vierte auch an öffentlichen Versammlungen und nahm jeder Achte an Demonstrationen teil.

Die meisten jener zivilgesellschaftlichen Organisationen sind ziemlich finanzschwach mit monatlichen Einkünften von nur 160 bis allenfalls 160 000 Euro. Anders als in Deutschland können die ungarischen Steuerpflichtigen allerdings bei ihrer Steuererklärung ein Prozent ihrer Einkommensteuer einer zivilgesellschaftlichen Vereinigung zukommen lassen,* wovon für das Jahr 2022 etwa 1,4 Millionen Steuerpflichtige Gebrauch machten. Insgesamt wurden rund 28 000 Verbänden Geldbeträge zugewendet. Die Regierung ihrerseits hat ihre für zivilgesellschaftliche Vereinigungen bereitgestellten Mittel seit 2010 verringert, wenngleich sie im Jahr 2012 für weiterhin rund 40 Prozent der von Non-Profit-Organisationen verausgabten Mittel aufkam. Umgekehrt nahm der Finanzierungsanteil von sonstigen Förderorganisationen zivilgesellschaftlicher Vereinigungen zu. Die größten Zuwendungen stammten jahrelang aus norwegischen

* Ein weiteres Hundertstel ihrer Einkommenssteuer kann man einer Glaubensgemeinschaft zuwenden.

Fonds zum Abbau von Ungleichheiten im Europäischen Wirtschaftsraum (EEA and Norway Grants), aus Mitteln der Europäischen Union, aus dem Visegrád-Fund* oder von privaten internationalen Geldgebern wie den Open Society Foundations des amerikanischen Milliardärs George Soros. Deren Anliegen ist die Förderung des Gedankens einer »offenen Gesellschaft«, und zwar nicht zuletzt durch die Unterstützung zivilgesellschaftlicher Initiativen und Aktivitäten in Mittel- und Osteuropa. Mit einem Stiftungskapital von rund 18 Milliarden Dollar belegen die Soros-Stiftungen den international zweiten Platz hinter der Bill & Melinda Gates Foundation.

Nach 1989 stieg die Zahl zivilgesellschaftlicher Organisationen in Ungarn jedenfalls stark an; von 1993 bis 2017 vervierfachte sie sich sogar. Für die Jahre 2015 bzw. 2017 lassen sich dabei gemäß jener Klassifikation, die EU-weit für statistische Zwecke verwendet wird, folgende Schwerpunktbereiche unter Ungarns rund 61 000 zivilgesellschaftlichen – also nicht auf Gewinne ausgehenden – Vereinigungen erkennen. Solche aus den Bereichen Kultur, Sport und Freizeit machen gut 45 Prozent jener Organisationen aus; 13 Prozent sind – offenbar sehr fragmentiert – im Bildungsbereich tätig. Alle anderen Tätigkeitsbereiche weisen nur wenige auf sie spezialisierte zivilgesellschaftliche Vereinigungen auf; die meisten gibt es noch im Bereich der Sozialarbeit mit knapp 9 Prozent, der Stadtentwicklung mit rund 5 Prozent sowie der Gesundheit mit 4 Prozent. Um den Schutz von Bürgerrechten nimmt sich etwa ein Prozent der zivilgesellschaftlichen Vereinigungen an (nämlich rund 660 im Jahr 2015), um Politik ein halbes Prozent (gut 350 im Jahr 2015). Zu bedenken ist beim Blick auf diese Zahlen allerdings, dass in Ungarn viele gemeinnützige Tätigkeiten informell im Familien- oder Freundeskreis ausgeübt werden.

* Ihn finanzieren Ungarn, die Slowakei, Tschechien und Polen mit jährlich rund 8 Millionen Euro. Andere Staaten schossen seit 2012 rund 6,3 Millionen Euro zu, darunter Deutschland, die Niederlande, Schweden und die USA.

Ein großer Bereich jener zivilgesellschaftlichen Akteure nimmt – mit begrenztem Einfluss – teil an ungarischen Entscheidungsprozessen über die Verwendung und Verteilung von EU-Mitteln, und zwar oft auf der Ebene von lokalen »Runden Tischen«, die dann mitunter die Rolle ständiger konsultativer Gremien einnehmen. Auf diese Weise erhalten zivilgesellschaftliche Vereinigungen gleichsam eine Bühne für »informelles Lobbying«. Bespielt wird diese dann mitunter auch durch ein demonstratives Verlassen solcher Gremien, um nämlich so gegen ungarische Regierungspolitik zu protestieren. Allerdings läuft das durchaus nicht auf eine geschlossene Front »zivilgesellschaftlichen Widerstands« gegen den Staat und seine Regierung hinaus. Derart überspitzt wird das allenfalls von der Regierung wahrgenommen. Diese hält jedenfalls zivilgesellschaftliche Vereinigungen auf Distanz sowie finanziell kurz, womit sie so behandelten Gruppen einen gewissen, nicht zuletzt internationalen Sympathiebonus verschafft.

Im Grunde wollen Ungarns Staat und Regierung zivilgesellschaftliche Organisationen möglichst unter politischer, administrativer und finanzieller Aufsicht halten. Das führt von deren Seite natürlich zum Vorwurf eines illiberalen und repressiven Umgangs mit ihnen. Gegen solche Behandlung wehren sich zivilgesellschaftliche Vereinigungen selbstverständlich, und zwar auch in Form öffentlichkeitswirksamer Demonstrationen. Klugerweise thematisieren diese vor allem breitere und öffentlich umstrittene Regierungsmaßnahmen. Entsprechend richteten sie sich Demonstrationen – beispielsweise – im Jahr 2011 gegen das neue Mediengesetz, 2014 gegen eine von der Regierung geplante Internetsteuer, 2016 gegen die Zentralisierung des Bildungssystems, 2017 gegen Regierungsmaßnahmen hinsichtlich der Budapester Central European University, 2018 gegen arbeitspolitische Gesetzesvorhaben und 2019 gegen Maßnahmen der Wissenschaftspolitik. Insbesondere durch gemeinsame Aktionen von professionell geführten zivilgesellschaftlichen Vereinigungen und von Gewerkschaften versucht man, sich schlagkräftig zu machen. Diesem Ziel dienen auch transnationalen Aktivitäten, bei denen es um die Mobilisierung grenzüberschreitender Netzwerke mit entsprechend vergrößerten politischen Hebelwirkungen geht.

Bei alledem können sich Ungarns zivilgesellschaftliche Vereinigungen nicht über mangelnden sozialen Rückhalt beklagen. Anhand neuerer Umfragedaten zeigte etwa Dániel Mikecz, dass über 90 Prozent der Ungarn der Ansicht sind, zivilgesellschaftliche Organisationen sollten soziale Gruppen repräsentieren und deren Selbst-Organisation fördern. Gut die Hälfte der repräsentativ befragten Ungarn meinte sogar, zivilgesellschaftliche Organisationen sollten ihrerseits den Staat und die Gemeinden kontrollieren. Über zwei Drittel der Befragten hielten zivilgesellschaftliche Organisationen sogar für vertrauenswürdiger als politische Parteien. Zudem war weit über die Hälfte der Befragten der Ansicht, die zivilgesellschaftlichen Organisationen sollten – wie die Parteien – Politikempfehlungen erarbeiten. Knapp die Hälfte der Befragten meinte in diesem Zusammenhang, solche Organisationen böten ohnehin bessere Politikalternativen als die Parteien. Einfluss auf solche Einschätzungen hatten weder der Bildungsstand noch das Einkommen der Befragten, auch nicht praktische Erfahrungen aus der Arbeit in oder mit zivilgesellschaftlichen Organisationen.

Als zentraler Prägefaktor solcher Urteile erwies sich vielmehr der Grad der Befürwortung eines Wahlsieges linker oder liberaler Parteien bei den nächsten Parlamentswahlen. Hochburg zivilgesellschaftlicher Organisationen ist denn auch die wahlgeografisch oppositionelle Landeshauptstadt Budapest. Doch nicht nur in Form gemeinsamen Auftretens, sondern ebenfalls inhaltlich hängt in Ungarn eine Ablehnung der Politik des Fidesz eng mit einer besonderen Sympathie für zivilgesellschaftliche Vereinigungen und mit deren Aktivitäten zusammen. Im Übrigen scheint es eine enge Zusammenarbeit zwischen Fidesz-kritischen zivilgesellschaftlichen Vereinigungen und zumal ausländischen Journalisten zu geben. Sie wirkt sich dahingehend aus, dass Ungarns Bild in nicht-ungarischen Medien wesentlich entlang der Einschätzungen und Darstellungswünsche jener zivilgesellschaftlichen Gruppierungen gezeichnet wird, die von Journalisten als objektive Beobachter von Ungarns innenpolitischer Lage behandelt werden, ohne das aber notwendigerweise stets zu sein.

VIII. Medien

Für alles, was außerhalb der eigenen Lebenswelt liegt, sind Medienbilder – falls sie nicht klar als Kunstform einherkommen – durchaus Wirklichkeitsbilder. Letztere erheben den Anspruch, mit den dargestellten Tatsachen übereinzustimmen. In dieser Rolle sind Medienbilder besonders wichtig für die gesellschaftliche Verständigung über Politik. Es werden nämlich auch jene, die sich für Politik gar nicht interessieren, von den Folgen politischen Handelns betroffen, weshalb sie dann oft begreifen wollen, warum ihnen das widerfährt, was gerade geschieht. Und wer sein Wahlrecht ausübt, tut dies nicht selten auf der Grundlage dessen, was er auch ohne sonderliches politisches Interesse über Politik, Parteien und Politiker mitbekommen hat, und was er nun als jene Wirklichkeit nimmt, auf die hin er seine Wahlentscheidung bedenkt. Natürlich informieren sich ebenfalls Politiker über Politik aus den Medien. Einerseits kennen auch sie von Politik meist nur jenen kleinen Ausschnitt gründlich, für den sie ihrerseits zuständig sind, oder in dem sie selbst persönliche Erfahrungen sammeln konnten. Andererseits sind für Politiker Kenntnisse darüber sehr wichtig, wer denn wohl was über Politik wissen oder meinen dürfte. Nur auf solcher Grundlage lässt sich nämlich – rechtfertigend, erklärend oder werbend – zielgerichteter Einfluss auf die Bürgerschaft nehmen. Das alles macht die Medien zu einem sehr wichtigen Bestandteil eines politischen Systems.

Aus den schon geschilderten Gründen entwickelte sich in Ungarn nach dem Ende des Kommunismus im privaten Medienssektor eine linksliberale Deutungsdominanz. Die öffentlichen Medien hingegen wurden stets als Sprachrohr der jeweiligen Regierung genutzt. Also stellten sich wirkungsstarke mediale Synergieeffekte gerade in Zeiten sozialistisch geführter Regierungen ein, nämlich zwischen 1994 und 1998 sowie von 2002 bis 2010. In eine solche linksliberale Medienhegemonie fand sich auch die erste Fidesz-Regierung in den Jahren von 1998 bis 2002 hineingestellt. Sie hatte – sofern sie nicht ihrerseits Einfluss auf die öffentlichen und privaten Medien nahm – in einer Medienumgebung zu agieren, die sich ihr gegenüber nicht nur kritisch, sondern auch gegnerisch verhielt. Ähnliches widerfuhr schon der ersten frei gewählten Regierung nach der Wende, der konservativen Regierung um József Antall. Etliche politische Beobachter meinten denn auch, dass die knappe Wahlniederlage des Fidesz im Jahr 2002 samt der anschließenden Bildung einer sozialliberalen Regierung zu einem nennenswerten Anteil auf Meinungsdruck seitens solcher Medien zurückzuführen wäre, denen die Fidesz-Politik viel weniger willkommen war als die Grundhaltung der vorangegangenen linken Regierung. Ob sich das genauso verhielt oder nicht, ist freilich weniger wichtig als die Tatsache, dass die Fidesz-Führung die damalige Rolle der Medien gerade so wahrnahm. Deshalb war die Fidesz-Führung schon zu Oppositionszeiten fest entschlossen, Ungarns mediale Mehrheitsverhältnisse besser auszubalancieren, sobald sich eine Gelegenheit dafür bot. Als Ziel gab man aus, dass eine möglichst breite – also: gerade auch nicht-linke – Medienlandschaft entstehen solle, deren Akteure sich gegenüber dem bürgerlichen Lager nicht in einer als unfair empfundenen Weise verhielten. Um das zu bewirken, galt es auch die Eigentumsverhältnisse im Medienbereich ausgeglichener zu gestalten. Weil die Fidesz-Regierung diese nicht länger von ausländischen Verlegern oder von ausländischen TV-Unternehmern dominiert sehen wollte, sollte der Medienmarkt vor allem auf der Grundlage von inländischem, nicht mehr von ausländischem Kapital funktionieren.

Die Ergebnisse der aus diesen Gründen vollzogenen Änderungen in Ungarns Medienlandschaft werden je nach politischem Lager sehr unterschiedlich beurteilt. Allseits unbestritten ist nur, dass sich die Marktanteile und Reichweiten der Fidesz- und somit regierungsfreundlichen Medien seit 2010 sehr stark vergrößert haben. In den Augen von Fidesz-Anhängern wurde dadurch einfach »mediale Waffengleichheit« hergestellt, freilich mit der in Ungarn »üblichen Dominanz« der Regierung in den öffentlichen Medien. Hingegen wurde nach Wahrnehmung der nunmehrigen Opposition die Medienfreiheit beseitigt sowie ein System staatlicher Indoktrination aufgebaut. Journalisten oder Wissenschaftler, die bei diesem Streit nicht Partei ergreifen wollen, sondern einfach zu klären versuchen, was wohl wirklich der Fall ist, scheint es in Ungarn nur selten zu geben. Selbst das, was sich im Folgenden nach bestem Vermögen sowie mit Anspruch auf Übereinstimmung mit den Tatsachen zusammengestellt findet, wird wohl umstritten sein.

Das liegt allerdings auch an den allgemein verfügbaren Datengrundlagen. Sie machen es schwer, die jeweiligen Marktanteile und Reichweiten von regierungs- bzw. oppositionsfreundlichen Medien abzuschätzen. Nur auf die jeweilige Anzahl entsprechender Titel oder Sender zu blicken, besagt nicht viel über deren Reichweite. Doch Befunde zu den Reichweiten einzelner Medien sind anscheinend nicht in einer Aufbereitung zugänglich, die auf Vergleichbarkeit ausginge oder gar auf einzelne Adressatengruppen bezogen wäre. Solche Daten bräuchte man aber, um hinter den Namen und den Anzahlen von regierungsfreundlichen oder regierungskritischen Medien ebenfalls zu erkennen, welchen realen Einfluss sie auf welche Teile von Ungarns Bevölkerung mit welchen politischen Folgen haben dürften. Ferner ist hinsichtlich des ungarischen Mediennutzungsverhaltens zu bedenken, dass die meisten gedruckten Presseerzeugnisse inzwischen eine Online-Version verfügbar machen; dass es – damit zusammenwirkend – immer weniger Zeitungskioske gibt; und dass man deshalb für Printausgaben, zumindest außerhalb von Budapest, meist auf Abonnements angewiesen ist – die sich allerdings ein Großteil der Bürgerschaft aus finanziellen Gründen lieber spart. Im Übrigen haben gerade die größten Online-Nachrichtenportale kein »Heimatmedium«, auf dem das Portal aufbaut.

Seit dem Mediengesetz von 2010 ist die Regulierung des ungarischen Mediensystems Sache der Nationalen Behörde für Medien und Kommunikation. Diese besteht aus drei Teilinstitutionen: aus dem Präsidenten, aus dem Medienrat, und aus dem Sekretariat des Medienrats. Die Mitglieder des Medienrats werden vom Parlament gewählt. Üblicherweise handelt es sich dabei um Mitglieder der Mehrheitspartei, nicht auch um Oppositionsabgeordnete. Der Präsident des Medienrats wird ebenfalls vom Parlament gewählt, der Präsident der Nationalen Behörde für Medien und Kommunikation vom Staatspräsidenten ernannt. Dabei kann nur dieselbe Person beide Ämter gleichzeitig bekleiden. Einmal im Amt, besitzt dieser Doppelpräsident wichtige Kompetenzen. Vor allem nominiert er die Kandidaten für die einflussreichsten Positionen im ganzen Bereich der öffentlich-rechtlichen Medien bzw. ernennt die Inhaber von Spitzenpositionen. Ihm unterstehen die Direktionen der Medienbehörde, darunter die Verwaltung der staatlichen Kommunikationsressourcen, die Aufsicht über den Kommunikationssektor und die Medienregulierung, desgleichen die Verantwortlichen für IT-Sicherheit sowie die Innenrevision. Die ebenfalls in der Medienbehörde angesiedelte Direktion für Kommunikation ist eine eigene organisatorische Einheit und untersteht dem vom Präsidenten ernannten Vizepräsidenten für Kommunikation. Ebenso unterstehen der Medienbehörde die Verwaltung der nicht-zivilen Frequenzen sowie das Nationale Filmbüro.

Seit Jahren wird die von der Mehrheitspartei dominierte Besetzung der Führungsfunktionen dieser Behörden kritisiert, doch dabei selten mit den Bestellungspraktiken etwa in Frankreich oder in Deutschland verglichen. Kritisiert wird ebenfalls eine – regierungsseitig unter Verweise auf Durchführungsbestimmungen und die Rechtsprechung bestrittene – Unklarheit von Kriterien, nach denen die Gesetzeswidrigkeit gesendeter

Medieninhalte fair beurteilt werden könne.* Im Übrigen wurde zur Regulierung der Aktivitäten von Online-Plattformen im Frühjahr 2021 ein Ausschuss beim Justizministerium eingesetzt, der – auch auf der Grundlage von Vorschlägen und Bemerkungen aus den Reihen der Bürgerschaft – entsprechende Gesetzesvorschläge erarbeiten soll.

Ausländische Medieneigentümer, die nach 1990 den privaten Medienmarkt Ungarns im Wesentlichen übernommen hatten, wurden in den 2000er-Jahren – gemäß einer offen erklärten Absicht der Fidesz-Führung – weithin aufgekauft sowie durch ungarische Unternehmer bzw. Oligarchen mit einer klaren Präferenz für den Fidesz ersetzt. Ausnahme blieb der Fernsehsender RTL, welcher weiterhin in deutschen Händen ist. Schon anfangs der 2000er-Jahre wurde auf Veranlassung des bürgerlichen Lagers eine eigene Medienholding gegründet, wie sie sich auch in anderen Ländern – etwa in Deutschland – finden. Im ungarischen Fall bestand sie aus *Magyar Nemzet*, einer der größten Tageszeitungen Ungarns, ferner aus dem Fernsehsender »Hír TV«, der 2002 – gleich nach der für den Fidesz verlorenen Wahl – neu gegründet wurde, sowie seit 2007 auch aus dem Radiosender »Lánchíd Rádio«. Obendrein fusionierte die *Magyar Nemzet* unter Beibehaltung ihres Namens mit der Fidesz-nahen Zeitschrift *Napi Magyarország*, wobei die gemeinsame Redaktion vom letzteren Blatt gestellt wurde. Diese Zeitungen und Sender gelangten dann ins Medienimperium von Viktor Orbáns Freund Lajos Simicska, der – bis zu einem Streit mit Ministerpräsident Orbán im Jahr 2015 – seine Medien straff auf Fidesz-Linie brachte.

Nach diesem Streit wurde Simicska allerdings immer regierungskritischer, bis er nach dem Fidesz-Wahlsieg von 2018 sozusagen aufgab, seinen Radiosender schloss und sowohl die Tageszeitung *Magyar Nemzet* als auch »Hír TV« zunächst einstellte.

* Die vom Medienrat verhängten Geldstrafen betrafen mehrheitlich regierungsnahe Personen und regierungsnahe Medien. Das lässt sich als Doppelhinweis auf wirklich abzustellende Missstände sowie auf einen durchaus gegebenen Kontrollwillen des Medienrats verstehen.

Letzteres gelangte später wieder in regierungsnahe Hände. Als bürgerliche, aber kritische Wochenzeitung ist in diesem Zusammenhang *Magyar Hang* zu erwähnen. Diese Zeitung gründeten – nachdem *Magyar Nemzet* im April 2018 eingestellt worden war – einige von deren früheren Mitarbeitern als Nachfolgeblatt. Der frei gewordene Name »Magyar Nemzet« wurde dann im Februar 2019 von *Magyar Idők* übernommen, die seither unter diesem Titel erscheint. Unter den wöchentlich erscheinenden Titeln ist auch auf das wirtschaftsliberale und immer wieder investigativ auftretende Wochenmagazin *HVG* hinzuweisen, das – gemeinsam mit seinem Online-Portal – Artikel über Wirtschaft, Politik sowie Kultur aus dem In- und Ausland veröffentlicht.

Die wichtigsten Veränderungen, die zum heutigen ungarischen Printmediensystem führten, vollzogen sich zwar erst nach 2010, d.h. nach der Rückkehr des Fidesz an die Regierungsmacht. Doch schon zuvor – nämlich 2005/6 – war die ehedem linksliberale Tageszeitung *Magyar Hírlap* vom konservativen Unternehmer Gábor Szeles übernommen worden. Damals wurde auch das von der deutschen Telekom-Gruppe besessene Nachrichtenportal Origo in regierungsnahe Hände verkauft. Im Jahr 2016 wurde ferner die traditionell linke Tageszeitung *Népszabadság* eingestellt. Unter Miteigentümerschaft von Ungarns sozialistischer Partei war sie einst Ungarns auflagenstärkste überregionale Qualitätszeitung sowie eine Bühne linksliberaler Parteien gewesen. Da sie, zunächst im Besitz von Springer und Ringier mit einer Minderheitsbeteiligung der MSZP, erhebliche Verluste machte, wurde sie – unter ausdrücklicher Zustimmung der Sozialistischen Partei als Miteigentümerin – zunächst an die Holding »Mediaworks« veräußert, die dem Wiener Finanzinvestor Heinrich Pecina gehörte. Dieser stellte nach jahrelangen weiteren Verlusten diese Zeitung im Jahr 2016 ein. »Mediaworks« wurde anschließend samt einem Portfolio von Lokalzeitungen an die Gesellschaft »Optimus« verkauft, die ihrerseits Lőrinc Mészáros gehört, einem ungarischen Oligarchen und Vertrauten von Ministerpräsident Orbán.

Besonders folgenreich war die 2015 erfolgte Umstrukturierung der Hauptfernsehkanäle des öffentlich-rechtlichen Rundfunks »Magyar Televizio« (MTV). Alle fünf Kanäle dieser Gruppe sind nach wie vor eindeutig regierungsfreundlich. Unter ihnen ist »M1« ein rund um die Uhr sendender Nachrichtenkanal, der auch fremdsprachige Nachrichten bringt. 2016 wurde der zweitstärkste private Fernsehsender »TV2«, früher zur ProSieben-Sat1-Gruppe gehörend, durch den ungarischen Hollywood-Produzenten Andrew Vajna aufgekauft. Der wiederum pflegte bis zu seinem Tod im Jahr 2019 eine regierungsfreundliche Nachrichtengebung. 2018 wurde das einst konservative, ab 2015 aber regierungskritische Wochenmagazin *Heti Válasz* eingestellt. Dessen dadurch beschäftigungslos gewordenen Journalisten gründeten später mit dem Internetportal »valasz.hu« sozusagen eine regierungskritische online-Ausgabe ihrer früheren Zeitung. Obendrein wurden im November 2018 auch noch die Eigentumsrechte an insgesamt 470 Pressemedien, Fernseh- und Radiosendern einer Stiftung namens KESMA übertragen und dadurch unter dem Dach der Fidesz-nahen »Mitteleuropäischen Presse- und Medienstiftung« zusammengefasst. An deren Spitze stand mit Gábor Liszkay ein langjähriger Unterstützer Viktor Orbáns. Die Ziele dieser Stiftung schließen ausdrücklich die Stärkung des Ungarischen Nationalbewusstseins sowie die Förderung entsprechender Werte ein, was ganz den politischen Vorstellungen des Fidesz entspricht. Tatsächlich wird aus dieser Medienholding eindeutig regierungsfreundlich berichtet, wobei unter den Radiosendern zumal »Rádió 1« und »Karc FM« zu erwähnen sind. Im Zusammenhang mit dieser Umstrukturierung wurden ebenfalls an die 200 Journalisten entlassen. Hinsichtlich der am Arbeitsplatz Verbliebenen weisen zivilgesellschaftliche Vereinigungen auf politische Einflussversuche aus Regierungskreisen hin.

Neben diesem Fidesz-nahen Mediensektor findet sich allerdings ein zweiter Medienbereich, der klar regierungskritisch positioniert ist. Hier handelt es sich um ein Dutzend von Fernseh- und Radiosendern, Zeitungen, Zeitschriften und Medienportalen, von denen viele ein ziemlich großes Publikum erreichen. Unter den Radiosendern hatten besonders hohe Einschaltquoten der Sender »RTL Klub« sowie das – neben »Tilos« – sehr regierungskritische »Klubrádio«. Allerdings verlor dieses im Februar 2021 nach einem Streit mit dem Medienrat seine Lizenz. Gegenstück zum regierungsfreundlichen Nachrichtensender »Hír TV« ist der weiterhin Fidesz-kritische Nachrichtenkanal »ATV«, auf dem insbesondere Oppositionspolitiker und linksliberale Persönlichkeiten zu Wort kommen. Unter den Online-Portalen – »24.hu«, »hvg.hu«, »444.hu« und »telex.hu« – sind die meisten ebenfalls regierungskritisch. Zu ihnen gehörte einst auch »index.hu«, das sich inzwischen – ebenso wie »infostart« – neutral aufgestellt hat.

Neben rechtlichen Regelungen, welche zu einem Fidesz-freundlichen öffentlichen Rundfunk führten, sind es vor allem staatliche Anzeigen im privaten Mediensektor, mit denen – oder mit deren Ausbleiben – die ungarische Regierung Anreize für eine ihr nicht missliebige Berichterstattung setzt. Schon seit dem Systemwechsel von 1989 wurde das in Ungarn so gehalten, konnten also regierungsloyale Medien mit sie begünstigenden Aufträgen rechnen. Dabei gingen viele staatliche Werbegelder so lange an ausländische Unternehmen, bis ungarische Investoren – meist Fidesz-nahe – ab 2010 damit begannen, auch ihrerseits auf dem ungarischen Medienmarkt Fuß zu fassen. Inzwischen bekommen staatliche Werbeaufträge unter den regierungskritischen Blättern nur noch die große Tageszeitung *Népszava* sowie das Boulevardblatt *Blikk*, das seinerseits die größte Tageszeitung Ungarns und im Online-Bereich an der Spitze liegt. Im Jahr 2018 gingen jedenfalls an die 80 Prozent der staatlichen Werbeausgaben an regierungsfreundliche Medienunternehmen. Bei manchen Medienunternehmen scheinen staatliche Werbeaufträge sogar über 60 Prozent der Gesamtwerbeeinnahmen auszumachen. Den nicht-regierungsfreundlichen oder unabhängigen Medien fehlt – trotz leichter Zuwächse in den letzten Jahren – derart umfangreiche staatliche Unterstützung durch Werbeeinnahmen, was ihren

Betrieb deutlich erschwert. Zwar ist das Mediengeschäft insgesamt nicht mehr ganz so ertragreich wie früher; doch insbesondere die regierungsnahen Medien erzielen weiterhin erhebliche Gewinne.

Zusammenfassend wird man bei der Presse als regierungsfreundlich die Tageszeitung *Magyar N*emzet einzuschätzen haben, als regierungsgegnerisch hingegen die führende Tageszeitung *Népszava* sowie die tägliche Boulevardzeitung *Blikk*. Bemessen an der Zahl der Titel liegen derzeit Fidesz-freundliche Druckerzeugnisse vorn, bemessen an ihrer vermutlichen Reichweite hingegen die Fidesz-gegnerischen Printmedien. Im Fernsehbereich sind alle MTV-Kanäle regierungsfreundlich, desgleichen »Hír TV«; überwiegend regierungsgegnerisch sind hingegen die privaten Kanäle »RTL Klub« und »ATV«. Hinsichtlich einer verallgemeinernden Bewertung kommt vielleicht die folgende Formel dem tatsächlichen Zustand ziemlich nahe: Die Online-Portale sind recht bunt, wobei in den Kommentaren regierungskritische Themen und Meinungen zu dominieren scheinen; die Radiosender und die Regionalzeitungen sind überwiegend regierungsnah; bei den überregionalen Qualitätszeitungen besteht eine in etwa ausgewogene Situation mit Feldvorteilen für den Fidesz bei den Tageszeitungen; und die überregionalen politischen Wochenzeitungen und Wochenzeitschriften sind meist regierungskritisch oder zumindest nicht Fidesz-freundlich. Dabei erreichen die überregionalen Zeitungen überwiegend ein städtisches und eher gegen die Regierungsparteien gerichtetes Publikum; gemeinsam mit diesem prägen sie auch die öffentlichen Debatten. Bei der Berichterstattung über Lokales dominieren hingegen die regierungsfreundlichen Lokalzeitungen, und zwar in großer Resonanz mit dem öffentlichen Fernsehen, aus dem sich viele Ungarn über die politische Gesamtlage informieren. Auf diese Weise spiegeln – und prägen zugleich – die Medien jene Spaltungen, die für die ganze Gesellschaft Ungarns typisch sind: In den großen Städten – allen voran in Budapest – trifft die national-konservative Fidesz-Regierung weithin auf Opposition, auf dem Land hingegen flächendeckend auf Unterstützung.

IX. Politische Kultur

Tiefste Grundlage des Regierungssystems eines Landes ist dessen politische Kultur. Unter der versteht man die in einer Gesellschaft weithin gehegten Vorstellungen über Politik, die in dieser Gesellschaft vorherrschenden Einstellungen oder Meinungen zu politischen Inhalten, Vorgängen und Strukturen, sowie die von den Regierten praktizierten, politisch ins Gewicht fallenden Verhaltensweisen. Durch Erziehung, Bildung und Massenmedien geprägt, oft auch etliche geschichtliche Erfahrungen eines Landes spiegelnd, meint politische Kultur letztlich all das, was in einem Staat im Guten oder Schlechten als allgemeine oder gruppenbezogene »politische Selbstverständlichkeit« gilt. Diese politische Kultur, gleich ob allgemein geteilt oder nur von Teilen der dortigen Gesellschaft getragen, ist somit genau das, worauf man sich besser einstellt, wenn man nicht anecken will oder sich nicht isolieren und gar in Gefahr bringen mag, oder wenn man beim Versuch erfolgreich sein möchte, sich in einem Land viele Freunde zu machen. Leider sind für Ungarn nicht zu allen Zügen seiner politischen Kultur Daten aus mehreren Jahren verfügbar. Allerdings finden sich viele wichtige Befunde in den regelmäßigen »Eurobarometern«, ebenso in der Studie von Giorgia Ramazotti zu den politisch-kulturellen Grundlagen der »Fidesz-Revolution«. Anhand solcher Informationen lässt sich das folgende Bild von Ungarns politischer Kultur zeichnen.

Zunächst einmal ist das Land – bei all seiner politischen Stabilität – tiefgreifend gespalten. Dabei überschneiden einander mehrere Trennlinien. Wichtigster Indikator aller Spaltungen ist das Verhältnis zum Fidesz und zu Viktor Orbán. Die Wahlgeografie sowie die Wählersoziografie machen diese gespaltene politische Kultur augenfällig: Hinter dem Fidesz und dem nun schon zum fünften Mal gewählten Regierungschef Orbán – einmal amtierend von 1998 bis 2002, dann seit 2010 bis heute – steht weitgehend das ländliche und kleinstädtische Ungarn, stehen religionsnahe Wähler, stehen eher ältere und nicht akademisch gebildete Leute, und vor allem unterstützt den Fidesz, wem ungarisch zu sein auch kulturell wichtig ist. In solchen Kreisen gelten Konservatismus und Patriotismus als ganz normale politische Haltungen. Hinter der Opposition hingegen, sofern sie nicht rechtsradikal ist, steht eine Mehrheit der großstädtischen Bevölkerung Ungarns, vor allem die von Budapest oder von Großstädten mit bedeutenden Universitäten wie Szeged und Pécs. Gerade das großstädtische Milieu von Budapest ist für das ganze linke und liberale Ungarn tonangebend, weil in ihm die landesweit tätigen zivilgesellschaftlichen Vereinigungen oppositioneller Ausrichtung meist ihre Zentralen haben. Auch wird in den – oft zu Budapest erscheinenden – landesweiten Zeitungen bzw. Zeitschriften der Liberalen und Linken ein Großteil der ins Ausland oder aus dem Ausland wirkenden politischen Debatten Ungarns geführt. Diese Gegner des Fidesz sind großenteils säkular eingestellt, politisch liberal oder linksliberal, vergleichsweise jung und vor allem akademisch gebildet. Sie sind mit sowohl internationalen als auch europäischen zivilgesellschaftlichen Organisationen gut vernetzt, ebenso mit ausländischen Journalisten, und sie hegen meist die Ansicht, »Europa« sei wichtiger als »Ungarn«. Die Auseinandersetzungen zwischen diesen beiden Lagern ungarischer politischer Kultur gestalten sich rechthaberisch bis zur Selbstgefälligkeit, polemisch bis zu persönlicher Feindseligkeit, uneinsichtig bis zur Zurückweisung selbst von Tatsachen, sobald die Gegenseite auf sie verweist. Erschwerend kommt seitens der politischen Linken Ungarns hinzu, dass sie um nachgerade keinen Preis den Gedanken zulassen will, die Wahlerfolge Viktor Orbáns seit 2010 könnten auch noch andere Ursachen haben als großflächige Korruption, als die mediale Hegemonie des Fidesz außerhalb von Budapest oder als jenes Grabenwahlrecht aus Mehrheits- und Listenwahl, dem freilich auch schon dreimal die Sozialisten ihre Regierungsmacht verdankten.

Gefördert wird die Dynamik solcher Polarisierung ebenfalls dadurch, dass die in Ungarn bei politischen Diskussionen allseits verwendete Sprache vergleichsweise grob und die wechselseitige Lust an Zuspitzung und Emotionalisierung ziemlich groß ist. Das wiederum stößt gar nicht wenige Ungarn von einer persönlichen Teilhabe am politischen Leben ab. Tatsächlich diskutierten – ausweislich entsprechender Umfragen – im Durchschnitt der Jahre zwischen 1990 und 2001 nicht weniger als 59 Prozent der Ungarn nur selten oder überhaupt nicht über Politik – und das, obwohl damals gerade durch Politik das ungarische Alltagsleben tiefgreifend umgestaltet wurde. Die Wahlbeteiligung lag seit 1990 meist zwischen gut 60 und gut 70 Prozent, wobei es am Ende der ersten sozialistischen Regierungsperiode im Jahr 1998 einen Tiefpunkt von nur rund 56 Prozent der Wahlberechtigten gab, die sich zur Stimmabgabe entschlossen hatten. Einer politischen Partei gehört nur etwa ein Prozent der Ungarn an; Kontakt zu einem Politiker oder zu einer Amtsperson hatten – gemäß einer 2016 durchgeführten Umfrage – während der vorangegangenen zwölf Monate nur fast sieben Prozent der Ungarn (Deutschland: knapp 18 Prozent). An einer genehmigten öffentlichen Demonstration hatten sich im gleichen Zeitraum 2,4 Prozent der Ungarn beteiligt (Deutsche: an die 12 Prozent), an Unterschriftensammlungen gut vier Prozent (Deutsche: knapp 38 Prozent). Mitgearbeitet in einer politischen Partei oder in einer politischen Gruppierung hatte damals nur gut ein Prozent der Ungarn (Deutsche: 4,7 Prozent), und von einer Betätigung in anderen Organisationen oder in einem anderen Verband berichteten auch nicht mehr als fast vier Prozent der Ungarn (Deutsche: knapp 31 Prozent). Und während im Durchschnitt der mittel- und osteuropäischen Länder zwischen 1990 und 2001 gut neun Prozent der Bevölkerung Mitglied eines Vereins oder eines Verbandes waren, traf das damals in Ungarn auf keine vier Prozent zu – in Ostdeutschland hingegen, um zwei ehedem realsozialistische Länder miteinander zu vergleichen, auf knapp 14 Prozent. Im Jahr 2008 erreichte Ungarn auf dem »Active Citizenship Index« denn auch nicht mehr als 171 Punkte und lag damit unter den in die Untersuchung einbezogenen EU-Ländern auf dem 19. und damit letzten Platz. Spitzenreiter war – wie bei vielen Maßzahlen zum demokratischen Entwicklungsstand eines Landes – Norwegen mit 766 Punkten; und selbst das mit 533 Punkten auf Platz 9 nur mittelmäßige Deutschland lag noch weit vor Ungarn. Im Übrigen sank nach den Daten des Bertelsmann Transformationsindex zwischen 2009 und 2021 in Ungarn die – ohnehin niedrige – politische Beteiligung um ein weiteres Drittel ab.

Als Land mit »aktiver Bürgergesellschaft« wird man Ungarn, seinerseits überwiegend ländlich wie Norwegen, deshalb keineswegs bezeichnen können. Eher handelt es sich um ein Land, das sich einem »wohlmeinenden Staatslenker« – doch nur einem nachweislich wohlmeinenden und dabei auch erfolgreichen – solange willig unterordnet, wie keine Übergriffigkeit in persönliche Freiheitsrechte empfunden wird. Letzteres zu verstehen ist wichtig, um die Grenzen der Gestaltungsmacht auch einer starken Regierungsmacht wie der des Fidesz zu begreifen. Sogar Viktor Orbán pflegt immer wieder zu betonen, Ungarn zu regieren sei schwer, weil das Land zehn Millionen »Freiheitskämpfer« habe. Gemeint ist damit die in Ungarn weitverbreitete Neigung zur sprungbereiten Aufsässigkeit, zum Rebellieren, zum Hinterfragen von Regierungsentscheidungen. Natürlich verdankt sich das alles der Geschichte Ungarns, die von der Osmanenzeit über die Habsburgerepoche bis hin zur kommunistischen Ära eine Geschichte von Fremdherrschaft und Auflehnung gegen sie war. In gerade dieser Tradition steht auch der Unwille der jetzigen ungarischen Regierung, sich solchen EU-Vorgaben zu fügen, die man als nicht im Interesse der eigenen Bevölkerung oder im Widerspruch zur ungarischen Staatsräson empfindet. Innenpolitisch zeigt sich das alles im

Scheitern etlicher Reformversuche selbst der mit parlamentarischen Zweidrittelmehrheiten ausgestatteten Fidesz-Regierungen. Beispielsweise ließ sich angesichts von Massenprotesten die im Jahr 2014 eingeführte Besteuerung der Internetnutzung nicht halten, und es scheiterten Versuche, die Sonntagsruhe für Geschäfte oder überhaupt die einst neu verordneten Ladenschlusszeiten für mehr als ein Jahr beizubehalten. Auch leben weiterhin Hunderttausende Ungarn unter einer anderen Wohnadresse als der offiziell angemeldeten, was zur Steuervermeidung nützlich sein kann und bei nationalen Wahlen zu einem absurd anmutendem Reiseverhalten führt, um nämlich den Abgeordneten des »eigenen« Wahlkreises wählen zu können – obwohl man derlei auch an jedem anderen Ort Ungarns tun könnte. Obendrein sperren sich viele Ungarn geradezu irrational dagegen, für einen Verwaltungsvorgang wie die Verlängerung eines Ausweises einen Termin zu vereinbaren, sondern beharren darauf, ganz nach eigenem Ermessen auf dem zuständigen Amt – oder beim Arzt – zu erscheinen, auch wenn das am Ende zu Zeitverlusten führt. Im ärgerlichen Kleinen drückt sich so aus, was im heroischen Großen Ungarns National- und Revolutionsdichter Sándor Petőfi (1823–1849) so formulierte:

> Freiheit und Liebe
> sind all mein Streben!
> Für meine Liebe
> könnt' ich das Leben,
> doch für die Freiheit
> die Liebe selbst geben.

Auch die demoskopischen Befunde zu den Erwartungen der ungarischen Bevölkerung an die Politik zeigen, dass es den meisten Ungarn eher auf eine gute, tatkräftige Regierungsführung ankommt, solange sie nicht als in Freiheitsrechte übergriffig erlebt wird, als aufs eigene politische Mitmachen. Nicht weniger als 70 Prozent der Ungarn meinten sogar im Durchschnitt der unmittelbar auf die Diktatur folgenden Jahre zwischen 1990 und 2001, einen starken Führer zu besitzen sei für ein Land besser, als viele Demokraten aufzuweisen. Von einer tüchtigen Regierung erwarteten damals 85 Prozent der Ungarn, sie solle für ein gutes Gesundheitssystem sorgen; weitere 70 Prozent wünschten die Bereitstellung von Arbeitsplätzen, 57 Prozent die Sicherung des Lebensstandards auch von Arbeitslosen. Es wünscht sich anscheinend ein Großteil der Ungarn von der Politik für ihre eigene Lebensführung unmittelbar Nützliches, und viel weniger geht es ihnen um Möglichkeiten einer politischen Auseinandersetzung über Prinzipien. Dazu passt auch, dass zwischen 2005 und 2009 sich nicht mehr als durchschnittlich drei Prozent der Ungarn – entlang der seit den 1980er-Jahren zum Umfragestandard gewordenen Kategorien Ronald Ingleharts – als (eher) »postmaterialistisch« einschätzten, nicht weniger als 44 Prozent hingegen als klar »materialistisch«.

Was einige jener konkreten Werte betrifft, auf deren Verwirklichung Politik auszugehen hätte, waren zwischen 2005 und 2009 zwar nicht weniger 63 Prozent der Ungarn keineswegs der Meinung, Männer hätten mehr Recht auf eigene Berufstätigkeit als Frauen. Doch jeweils nur knapp ein Drittel der Ungarn widersprach auch Aussagen dahingehend, Erziehung sei wichtiger für Jungen als für Mädchen, oder Männer wären bessere politische Anführer als Frauen. Ferner erachtete nur eine Minderheit von acht Prozent der befragten Ungarn Abtreibungen als gerechtfertigt, und nicht mehr als 15 Prozent befanden Ehescheidungen für gut. Außerdem war mit Homosexualität nur jeder Zehnte einverstanden. Das alles weist auf eine mehrheitlich sehr konservative politische Kultur hin, in der die Fidesz-Regierungen seit 2010 tiefe Wurzeln geschlagen haben. Im Durchschnitt der gleichen Jahre zwischen 2005 und 2009 wünschten sich ferner 77 Prozent der Ungarn bei der Vergabe von Arbeitsplätzen einen Vorrang ihrer Landsleute vor Zuwanderern, nannten sich 43 Prozent stolz auf ihre Nationalität, und trauten 34 Prozent der Befragten solchen Leuten wenig oder gar nicht, die von anderer Herkunft als sie selbst wären. Hinsichtlich des Erwerbs der ungarischen Staatsbürgerschaft meinten 78 Prozent der Bevölkerung, es sei sehr oder ziemlich wichtig, auch ungarische Vorfahren zu haben, während es 54 Prozent als für einen Ungarn nicht wichtig ansahen, auch auf ungarischem Staatsgebiet geboren zu sein. Das zeigt, dass schon in den Jahren vor der anschließenden, langen Regierungszeit des Fidesz in Ungarn eine Gesellschaft mit patriotischen Werten bestand, für die das Ungarntum nicht an den eigenen Staatsgrenzen endete. Weil nun aber vor jenen Veränderungen in Ungarns Mediensystem, die nach 2010 einsetzten, in Ungarn ein linker bzw. liberaler Medientenor vorherrschte, lässt sich der nationale Konservatismus so vieler Ungarn schwerlich auf den Einfluss Fidesz-naher Medien zurückführen. Vielmehr verhält es sich genau andersherum: Der Fidesz hat sich durch die eigene Kursänderung Mitte der 1990er-Jahre seinerseits auf diese politisch-kulturelle Grundströmung im ganzen ländlichen Ungarn eingelassen; und eben dadurch, dass er dann seine Regierungspolitik klar an derlei national-konservativen Leitvorstellungen ausrichtete, sicherte er auch die Voraussetzungen seiner zunächst einmal bis 2022 währenden Wahlsiege.

Natürlich wird den Fidesz-Regierungen seitens der Linken ebenso wenig Vertrauen entgegengebracht, wie das einst der Fidesz mit Ungarns sozialistisch-liberalen Regierungen hielt. Was der ungarischen politischen Kultur offenbar fehlt, ist die Selbstverständlichkeit eines Vertrauensvorschusses für den am Wahltag siegreichen politischen Gegner. Allerdings ist auch das nur ein Teil eines viel breiteren kulturellen Musters. Diesbezüglich ist aufschlussreich, dass beim European Value Survey aus dem Jahr 2008 nur gut 21 Prozent der Ungarn meinten, man könne den meisten Leuten vertrauen. In Sonderheit zu ihren politischen Parteien hegten im Durchschnitt der Jahre zwischen 1990 und 2001 drei Viertel der Ungarn »nicht viel Vertrauen« oder »gar kein Vertrauen«. In ihre – parteipolitisch wechselnden – Regierungen hatten im gleichen Zeitraum 60 Prozent der

Bevölkerung »nicht viel Vertrauen« oder »gar kein Vertrauen«. Ins Parlament hatten damals knapp 55 Prozent der Ungarn »gar kein« oder nur »wenig« Vertrauen; und so hielt es die Hälfte der jeweils Befragten auch mit der Polizei sowie gut 44 Prozent mit der Armee. Hier zeigt sich das ebenfalls für Deutschland übliche Muster, dass gerade jene Organisationen – nämlich die Parteien – besonders wenig Vertrauen genießen, die den politischen Streit als Kern von Demokratie konkret durchführen. Das wirkt sich dann natürlich auch verschlechternd auf die Vertrauenslage eines Parlaments aus, das nun einmal aus Abgeordneten besteht, die ihrerseits von den politischen Parteien ausgewählt und zur Wahl aufgestellt werden.

Wohl deshalb neigten ebenfalls im Winter 2020/21 nur 38 Prozent der Ungarn (EU-weit: 35 Prozent) dazu, ihrem Parlament zu vertrauen; 57 Prozent hingegen (EU-weit: 60 Prozent), in etwa so viele wie schon zwanzig Jahre zuvor, mochten dem Parlament gerade nicht vertrauen. In jener Zeit hatten aber 44 Prozent der Ungarn Vertrauen in ihre nationale Regierung (EU-Bürger: 36 Prozent), und umgekehrt »kein Vertrauen« in ihre Regierung bekundeten damals 52 Prozent der Ungarn (EU-Bürger: 60 Prozent). Womöglich hat dieser im Vergleich zur Gesamt-EU etwas geringere Vertrauensmangel in Ungarn auch damit zu tun, dass sich die dortige Regierungsmehrheit – ausweislich der Wahlergebnisse – stärker in Übereinklang mit weitverbreiteten politischen Ansichten der Wählerschaft zu befinden scheint, als das in anderen EU-Ländern der Fall ist.

Verständlicherweise bleiben die Anlässe von Vertrauensmängeln zu Parteien, Parlament und Regierung nicht ohne abträgliche Folgen für die Einschätzung der im eigenen Land praktizierten Demokratie. Tatsächlich waren zwischen 1990 und 2001, dem ersten Jahrzehnt neu errungener Freiheit, 81 Prozent der Ungarn nur wenig oder gar nicht zufrieden mit dem Stand der Konsolidierung ihrer Demokratie. Es meinten damals auch 40 Prozent der Ungarn, die Entwicklung ihres Landes seit dem Ende des Kommunismus sei schlechter als erwartet, und es glaubten sogar 62 Prozent, die von ihnen empfundenen Probleme mit Ungarns Demokratie würden wohl bleiben, wenn nicht gar noch größer werden. Dennoch stieg die Unterstützung für die Demokratie seitens der ungarischen Bevölkerung von 50 Prozent im Jahr 1994 – nach einem folgenden Tiefpunkt im Jahr 1996 von nur noch 38 Prozent – auf über 62 Prozent im Jahr 1998, und sie erreichte im Jahr 1999 sogar 82 Prozent. Tatsächlich erwies sich Ungarns Staatswesen, das auf periodische freie Wahlen und bestandskräftige Regierungen gegründet ist, als stabiler denn jene politischen Systeme, die es in manch anderen postsozialistischen Ländern einzurichten gelang.

Im Übrigen meinten im Winter 2021/22 nicht weniger als 81 Prozent der Ungarn zumindest tendenziell, es sei ein Problem für die Demokratie, wenn es Nachrichten oder Informationen gäbe, welche die Wirklichkeit verzerrten oder gar falsch wiedergäben. Unter den EU-Bürgern waren das allerdings ebenfalls 81 Prozent. Dass tatsächlich die Verbreitung verzerrter oder falscher Nachrichten und Informationen für das eigene Land ein Problem darstelle, sagten damals 79 Prozent der Ungarn und 78 Prozent der EU-Bürger. Und dass einem derlei falsche Nachrichten oder Informationen sogar oft begegneten, meinten 81 Prozent der Ungarn, doch nur 70 Prozent der EU-Bürger – wobei allerdings offenbleibt, ob damit falsche Behauptungen *über* das eigene Land oder *im* eigenen Land gemeint waren. Umgekehrt sagten 67 Prozent der Ungarn und 62 Prozent der EU-Bürger, es sei für sie leicht, verzerrte Nachrichten oder falsche Informationen zu erkennen. Es wäre wünschenswert, dass die hier einschlägigen Zusammenhänge zwischen einerseits der Mediennutzung und Medienwahrnehmung sowie andererseits dem Vertrauen ins eigene Regierungssystem und in dessen Politikerschaft gerade für Ungarn besser geklärt würden, als das bisher gelang.

Und wie steht es um »Ungarn und Europa«, einem wichtigen politischen Streitpunkt seit vielen Jahren? Im Jahr 2019 befürworteten 60 Prozent der Ungarn die EU-Mitgliedschaft ihres Landes; unter allen EU-Bürgern waren das laut Eurobarometer 59 Prozent. »Voll und ganz« als Bürger der EU sah sich zwischen dem Frühjahr 2019 und der Parlamentswahl vom April 2022 ein gutes Drittel der Ungarn. Noch fünf Jahre vorher war das nur ein gutes Viertel der ungarischen Bevölkerung gewesen, wobei dieser Wert seit 2017 klar angestiegen war. Im Einzelnen natürlich abhängig von der genauen Formulierung der jeweiligen Fragestellung, gaben sich seither rund drei Viertel der Ungarn klar pro-europäisch. Um die Jahreswende 2021/22 fand das Eurobarometer sogar, dass sich nicht weniger als 81 Prozent der Ungarn »auch« als EU-Bürger empfanden, während das unter allen EU-weit Befragten nur 71 Prozent waren. Bei der gleichen Umfrage vertrauten in die Europäische Union 58 Prozent der Ungarn, unter den EU-Bürgern hingegen nur 47 Prozent; und kein Vertrauen in die EU zu haben, bekundeten damals 37 Prozent der Ungarn – doch 44 Prozent der EU-Bürger insgesamt.

An konkreter EU-Politik befürworteten beim Euro-Barometer von 2020/21 nicht weniger als 88 Prozent der Ungarn die Sicherung freier Bewegungsmöglichkeiten innerhalb der EU beim Leben, Studieren und Arbeiten (EU-Bürger: 85 Prozent), 81 Prozent eine gemeinsame Handelspolitik (EU-Bürger: 77 Prozent), 76 Prozent eine gemeinsame Sicherheits- und Verteidigungspolitik (EU-Bürger: 78 Prozent) sowie 68 Prozent die Erweiterung der EU um zusätzliche Staaten (EU-Bürger: 46 Prozent). Für eine gemeinsame europäische Währung waren ein Jahr später 61 Prozent der Ungarn, dagegen 32 Prozent (unter den EU-Bürgern insgesamt 69 Prozent bzw. 24 Prozent). 2020/21 fühlten sich 53 Prozent der Ungarn (EU-Bürger: 59 Prozent) schlecht über die Angelegenheiten der EU informiert; für gut informiert hielten sich 47 Prozent der Ungarn (EU-Bürger: 40 Prozent). Auf der Grundlage all dessen bekundeten 2021/22 nicht weniger als 47 Prozent der Ungarn (EU-Bürger: 44 Prozent), ein positives Bild von der EU zu haben; ein negatives Bild von der EU hegten 13 Prozent der Ungarn, doch 17 Prozent der EU-Bürger.

Die oft wie eine Tatsache behandelte Wahrnehmung Ungarns als einem »Land, das die EU ablehnt«, ist somit schlechterdings falsch. Allerdings wünschen sich die meisten Ungarn gerade nicht, dass ihre Nation fortan gleichsam nachrangig würde. Vielmehr legen sie Wert auf die EU als einer Zone gemeinsamer Sicherheit und Wohlfahrt, in der Europas Nationalstaaten dann aber in aller Selbstverständlichkeit fortbestehen und im eigenen Rahmen – bei wechselseitigem Respekt und entlang gemeinsamer Grundregeln – alles das bewahren und pflegen könnten, was ihnen, und vielleicht wirklich nur ihnen, schlicht wichtig ist.

Alle Zahlenwerte, mit denen sich Ungarns politische Kultur vermessen lässt, geben freilich nur das wieder, was auf der Oberfläche des geschichtlich Gewordenen und weiterhin sich Wandelnden fassbar wird. Um diese Oberfläche ihrerseits zu verstehen, ist ein Blick in die Tiefenschichten politischer Kultur erforderlich. Ihn ermöglicht eine Studie von György Csepeli. Diese arbeitet als besonders wichtigen Zug Ungarns das von geschichtlichen Traumata geprägte Selbstverständnis eines Volkes heraus, welches sich stark von seiner gemeinsamen Abstammung her definiert. Innerhalb dieser Herkunfts- und Geschichtsgemeinschaft ist man in Ungarn allerdings hochgradig individualistisch und möglichst nur im Kleingruppenbereich solidarisch, vertraut man besser niemandem außerhalb der eigenen Familie, und stellt man zwar Sicherheit über alles, pflegt aber zugleich sehr selbstdestruktive Züge etwa beim Ess- und Trinkverhalten. Diese führen dann ihrerseits zu einer im Vergleich mit anderen Staaten klar geringeren Lebenserwartung.

Und natürlich versteht man Ungarn auch nur von seiner Einbettung in den ostmitteleuropäischen Kulturkreis her. Dessen Völkerschaften folgten bei ihrer Selbstfindung bis etwa um das Jahr 1500 allgemeinen europäischen Mustern. Dann aber wurden sie daran jahrhundertelang durch die besonderen Merkmale der osmanischen, habsburgischen und russischen Imperien gehindert. Nach dem Ersten und dem Zweiten Weltkrieg kam es außerdem zu – im Einzelnen sehr brutalen – ethnischen

Umschichtungen, die ihrerseits tiefgreifende kulturelle Brüche zeitigten. Anschließend legten sich über das alles auch noch die jahrzehntelangen Unterdrückungspraxen des Sowjetkommunismus. Und seit den selbstkritischen Bestandsaufnahmen des Reformpolitikers Graf István Széchenyi im frühen 19. Jahrhundert ist in das alles obendrein das Narrativ eingebettet, allenthalben wäre man in Ungarn »noch nicht« so weit, wie man eigentlich »sein müsste« und auch »sein könnte«, wenn man denn endlich einen eigenen, nicht an fremde Vorgaben gebundenen Weg gehen würde. Dabei wechselt im Grunde nur, wem dieses ungarische Zurückbleiben zuzuschreiben wäre: den Osmanen, welche die einst fruchtbare und dicht besiedelte zentralungarische Tiefebene verwüsteten; den Habsburgern, die Ungarn wie ein Kolonialland behandelten; den unfairen Friedensbedingungen von Trianon; der sowjetischen Unterdrückung; oder der Gängelung durch »Brüssel« sowie jenen Fallstricken, die das »neoliberal-globalisierende Netzwerk von George Soros« der ungarischen Regierung immer wieder auslege. Gegen das alles richten sich dann ungarischer Freiheitsdrang und Selbstbehauptungswille. Dabei wird umso entschiedener mit Zurückweisung und Trotz gerade dort reagiert, wo man empfindet, es werde auf Ungarn solcher Druck ausgeübt, der den eigenen Gestaltungswillen zu kanalisieren und zu begrenzen versuche.

Gleichsam seelisch abgerundet wird diese Wahrnehmung der eigenen Rolle in Europa durch ein Grundgefühl dahingehend, als Land immer wieder alleingelassen zu werden, als Staat auf sich allein gestellt zu sein, als Volk wiederkehrend zum Opfer fremder Bevormundung zu werden. Auch hier wechseln letztlich nur jene Anlässe, die solche Empfindungen auslösen: Allein stand man gegen Mongolen und Osmanen; 1956 kam niemand zur Hilfe beim Aufstand gegen die sowjetische Herrschaft; und derzeit isoliert man Ungarn im Rahmen der EU. Dabei halte doch niemand besser als Ungarn jene jüdisch-christliche Kultur in Achtung, ja verteidige sie auch entschlossen gegen kulturelle wie reale Anstürme, die das wirklich Europäische an der westlichen Halbinsel Eurasiens ausmache. Hinsichtlich der aktuellen Migrationsthematik überlagern sich in Ungarn geradezu, einander verstärkend, zwei Wahrnehmungsmuster: Öffne man seine Grenzen wie Deutschland, so werde – ohne eine Weiterwanderung von Geflüchteten – das eigene, so viel kleinere Land bald überfremdet; und gerade auf diesem für Ungarn existenziell wichtigen Politikfeld übten Deutschland und die EU-Institutionen unfair großen Druck auf Ungarn aus.

Hinzu kommt die Abgeschlossenheit von Ungarns Kultur durch eine von Nicht-Ungarn meist weder verstandene noch gar aktiv beherrschte Sprache. Diese trennt alle nicht-mehrsprachigen Ungarn von der Bevölkerung jener Länder, die um Ungarn herumgelegen oder für Ungarn wichtig sind. Als durchaus fremdartig empfindet man dann die Slawen im Norden und Süden Ungarns, die Rumänen im Osten, desgleichen die Deutschen im Westen und – einst – überall in Ungarn. Nur für Gebildete tritt inzwischen das Englische, nunmehr weit vor dem Deutschen, dem binnenbegrenzten Ungarischen als ein mit der ganzen Welt verbindendendes Kommunikationsmittel so zur Seite, wie das vom Mittelalter bis weit ins 19. Jahrhundert das Lateinische als Sprache des gesamten Abendlandes und seiner Eliten leistete. Und im Kleinen wird die Liebe der Ungarn zu ihrer Sprache dort zum echten Problem, wo ungarische Minderheiten, etwa in Rumänien oder in der Ukraine, untereinander vor allem das Ungarische sprechen, deshalb die nachwachsende Generation nicht akzentfrei die jeweilige Landessprache erlernt und deshalb später mannigfache Schwierigkeiten hat, in aller Selbstverständlichkeit als Teil ihrer jetzigen Staatsnation akzeptiert zu werden.

Einen guten Schlüssel zu genau jenen Tiefenschichten ungarischer politischer Kultur bieten einige Verse aus der Langfassung der ungarischen Nationalhymne. Sie wurde 1823 vom ungarischen Schriftsteller Ferenc Kölcsey (1790–1838) verfasst, im Jahr 1844 vom großen ungarischen Opernkomponisten

Ferenc Erkel (1810–1893) als Sieger eines entsprechenden Wettbewerbs vertont und inzwischen mit Verfassungsrang ausgestattet. Die tatsächlich gesungenen Verse sind nachstehend hervorgehoben, während die insgesamt zum Verständnis Ungarns wichtigen Verse so lauten:

Gott, segne den Ungarn
mit Frohsinn und mit Überfluss.
...
Denn dies Volk hat schon genug gebüßt
für Vergangenes und Kommendes.
...
Doch wegen unserer Sünden
sammelte sich Zorn in deiner Brust,
und deine Blitze trafen uns
aus deinen donnernden Wolken.
Erst zogen die räuberischen Pfeile
der Mongolen über uns,
dann trugen wir das Sklavenjoch
der Türken auf den Schultern.
...
Auch gegen den Gehetzten im Versteck
führte man das Schwert in seiner Heimat.
Vergebens blickte er sich um,
doch fand er nicht nach Hause in seiner Heimat.
Er stieg über Berge, in die Täler,
von Kummer und Zweifel umgeben,
Blutlachen unter seinen Füßen
und Flammenmeere über ihm.
...
Hab' Mitleid, Herr, mit dem Ungarn,
den die Gefahren schütteln.
Beschütze ihn mit deiner Hand,
wenn er sich mit dem Feinde schlägt.
Denen, die schon lange vom Schicksal nicht verschont:

Bring ihnen eine bessere Zeit!
Denn dies Volk hat schon gebüßt
für Vergangenes und Kommendes.

Gerade der Kontrast dieser düsteren und zugleich flehenden Worte von Ferenc Kölcsey mit der gefälligen B-Dur-Melodie Ferenc Erkels macht fühlbar, auf einem wie wenig festem Grund die Pfeiler ungarischen Selbstverständnisses ruhen, sodass man für sie stets nach neuer Bewehrung sucht – und dann auch nach Bewährung. In einem solchen Denk- und Gefühlshorizont wirkt Solidarität mit einem größeren Ganzen immer riskant, während man jedes Selbstbehauptungsverlangen immer wieder als gefährdet vom Spiel der europäischen Großmächte erlebt. Diesem Wechselspiel kann man sich allenfalls entziehen, während es mitzugestalten jenseits ungarischer Möglichkeiten liegt. Das Beste, was sich dann tun lässt, ist der Aufbau eigener Kraft sowie ein solcher Schulterschluss mit anderen, der – erfahrungsbelehrt – unter dem Vorbehalt eines Rückzugs bei sich andeutendem Verrat steht.

Anhand solcher Verständnisschlüssel begreift man vieles an der gegenwärtigen ungarischen Innen- und Außenpolitik wohl besser als mit den in Deutschland beliebten Deutungsfiguren von Rechtspopulismus und Autoritarismus, von Nationalismus und Rassismus. Also wäre der Versuch nicht schlecht, Ungarns Regierungssystem und Politik grundsätzlich auch im Licht der besonderen kulturellen Voraussetzungen und historischen Prägungen dieses Landes zu verstehen – und nicht nur entlang der oft geschichtlich allzu flachen Kategorien vergleichender Demokratieforschung.

LITERATUR:

Barlai, Melani, 2021: Tradierte gesellschaftliche Konfliktlinien und ihre Einflüsse auf das ungarische Parteiensystem, in: Bos/Lorenz, Politisches System Ungarns, S. 93–110

Barlai, Melani/Hartleb, Florian/Mikecz, Dániel, 2022: Das politische System Ungarns, Baden-Baden: Nomos

Bauer, Bence, 2022: Das System der Komitate in der Kommunalverfassung von Ungarn, Budapest: Deutsch-Ungarisches Institut, https://magyarnemetintezet.hu/de/wahlen-in-ungarn/das-system-der-komitate-in-der-kommunalverfassung-von-ungarn-1, Zugriff am 22.10.2022

Bauer, Bence, 2022: Der Freiheitdrang der Ungarn. Essay über den Individualismus und Freiheitsbegriff im ungarischen Denken, in: BZ-Magazin. Das Magazin der Budapester Zeitung, Nr. 13 vom 8.7.2022, S. 5–8, https://www.budapester.hu/inland/der-freiheitsdrang-der-ungarn/, Zugriff am 22.10.2022

Bauer, Bence, 2022: Missverständnisse und Trugschlüsse, Budapest: Deutsch-Ungarisches Institut, https://magyarnemetintezet.hu/de/forschung/missverstandnisse-und-trugschlusse, Zugriff am 22.10.2022

Bauer, Bence, 2022: Sachliche Kritik und reine Parteipolitik. Die verschiedenen Ebenen der Auseinandersetzung mit der EU, in: Budapester Zeitung vom 8.10.2022, https://www.budapester.hu/ausland/sachliche-kritik-und-reine-parteipolitik/, Zugriff am 22.10.2022

Bauer, Bence/Fonay, Tamás Álmos, 2022: Parlamentswahlen in Ungarn, Deutsch-Ungarisches Institut, Reihe Faktenwissen Ungarn, https://magyarnemetintezet.hu/de/wahlen-in-ungarn/wahlkampf-in-ungarn, Zugriff am 22.10.2022

Bos, Ellen/Lorenz, Astrid, Hrsg., 2021: Das politische System Ungarns. Nationale Demokratieentwicklung, Orbán und die EU, Wiesbaden: Springer

Center for media, data and society, 2020: The past ten years of the Hungarian media, https://drive.google.com/file/d/1JafkHaGiF1tlFwU-iS1FQsSz1uuypD8D5/view, Zugriff am 26.3.2023

Commissioner for Human Rights, 2021: Memorandum on freedom of expression and media freedom in Hungary, Brüssel: Council of Europe

Csepeli, György, 2018: Hungarian negativity. Some remarks about Hungarian's political culture, in: Central European Political Science Review, 19/74, S. 131–153

Deli, Gergely/Sulyok, Tamás, 2021: Zur Rolle und der Geschichte der Verfassungsgerichtsbarkeit in Ungarn, in: Szalai/Orbán, Ungarischer Staat, S. 39–53

Dieringer, Jürgen, 2009: Das politische System der Republik Ungarn. Entstehung – Entwicklung – Europäisierung, Opladen: Barbara Budrich

Friedrich-Ebert-Stiftung, 2020: Strategiedebatten Ungarischer Parteien im Rahmen der Europawahl 2019, https://www.fes.de/internationale-politikanalyse/monitor-soziale-demokratie/strategiedebatten-global/strategiedebatten-italien-1-1-3, Zugriff 30.3. 2022

Furedi, Frank, 2017: Populism and the European Culture Wars. The conflict of values between Hungary and the EU, London: Routledge

Gallai, Sándor, et al., 2015: What makes them successful? Influential interest groups in Hungary (1990–2014), in: Europe-Asia Studies 67/9, S. 1469–1486

Greskovits, Béla, 2020: Rebuilding the Hungarian right through conquering civil society: the Civic Circles Movement, in: East European Politics 36/2, S. 247–266

Gulyás, Gergely, 2021: Politikauffassungen in Deutschland und Ungarn. Fragen der deutschen und ungarischen Identität, in: Szalai/Orbán, Ungarischer Staat, S. 11–24

Horváth, Attila, 2021: Die Stephanskrone und andere Symbole der ungarischen Staatlichkeit, in: Szalai/Orbán, Ungarischer Staat, S. 115–137

Jakab, András/Bodnár, Eszter, 2021: Agonie eines jungen Verfassungsstaates. Die ungarische Verfassung 1989 bis 2019, in: Bos/Lorenz, Politisches System Ungarns, S. 57–74

Mezei, Balázs Mihály, 2021: Die Rolle des Christentums in der ungarischen Staatlichkeit, in: Szalai/Orbán, Ungarischer Staat, S. 71–93

Mikecz, Dániel, 2020: Civil society as a counterbalance to democratic backlash? The civil society master frame and discoursive opportunities of politically active civil organizations in Hungary, in: Journal of Contemporary Central and Eastern Europe 28, S. 45–59

Mikecz, Dániel, 2021: Zivilgesellschaft, soziale Bewegungen und politische Partizipation in Ungarn. Vielfältig, aber schwach organisiert, in: Bos/Lorenz, Politisches System Ungarns, S. 135–152

Office of the National Assembly, 2018: The National Assembly of Hungary, Budapest: Office of the National Assembly

Olejnik, Maciej, 2020: A new model of corporatism in states governed by populist political parties. The cases of Poland and Hungary, in: Czech Journal of Political Science 27/2, S. 178–195

Oltay, Edith, 2013: Fidesz and the reinvention of the Hungarian center-right, Budapest: Századvég Publishing House

O'Sullivan, John/Pócza, Kálmán, Hrsg., 2015: The second term of Viktor Orbán. Beyound prejudice and enthousiasm, Budapest/London: Danube Institute

Pállinger, Zoltán Tibor, 2021: Volksabstimmungen in Ungarn. Instrumentalisierung der direkten Demokratie durch die (Regierungs-)Parteien in einem zunehmend illiberalen Umfeld, in: Bos/Lorenz, Politisches System Ungarns, S. 111–134

Patyi, András, 2021: Öffentliche Verwaltung im System des ungarischen Staates, in: Szalai/Orbán, Ungarischer Staat, S. Szalai/Orbán, Ungarischer Staat, S. 317–346

Pillók, Péter, 2021: Die aktuelle Zusammensetzung der ungarischen Gesellschaft, Szalai/Orbán, Ungarischer Staat, S. 95–112

Pócza, Kálmán, 2021: Umkämpftes Terrain. Politik und Verfassungsgericht in Ungarn seit 1990, in: Bos/Lorenz, Politisches System Ungarns, S. 75–92

Ramazotti, Giorgia, 2019: Underneath the Fidesz's Revolution in Hungary. Long term political culture as the deep root of today's autocratization, Undergraduate Dissertation Libera Università Internazionale degli Studi Sociali (LUISS Guido Carli), Rom

Róka Jolán, 2019: Hungarian media system in constant transition. Is it just the target of a political battle and manipulation?, in: Publizistik 64, S. 345–362

Szabó, Máté/Márkus, Eszter, 2015: Civil society in Hungary, in: Schreier, Christian, Hrsg., 2015: 25 Years After. Mapping civil societies in the Visegrád countries, Berlin: Maecena Institute for Philanthropy and Civil Society, S. 9–59

Szájer, József, 2021: Über die Staatsauffassung des ungarischen Grundgesetzes, in: Szalai/Orbán, Ungarischer Staat, S. 227–245

Szalai, Julia/Svensson, Sara (with contributions by Daniel Vince), 2017: Contested forms of solidarity. An overview of civil society organisations in Hungary and their impact on policy and the social economy, Budapest: Solidus – Center for Policy Studies (= Working Papers Series, 10)

Szalai, Zoltán/Orbán, Balázs, 2021: Der ungarische Staat. Ein interdisziplinärer Überblick, Wiesbaden: Springer

Trócsányi, Lászlo, 2021: Zur konstitutionellen Identität Ungarns, in: Szalai/Orbán, Ungarischer Staat, S. 25–37

Wilkin, Peter, 2018: The rise if "illiberal democracy". The Orbánization of Hungarian political culture, in: Journal of World-Systems Research 24/1, S. 5–42

Kapitel 4:
Ungarns Politik

I. Politikfelder und ihre Untersuchung

Politikfelder sind die unmittelbaren Arbeitsgebiete des Regierens, beispielsweise die Familienpolitik oder die Wirtschaftspolitik. Die Leitfragen zur Untersuchung tatsächlichen Regierens lauten deshalb: *Was* tun Regierungen eigentlich auf den einzelnen Politikfeldern, und *wie* tun sie das? Hier geht es um die Prozesse und Ergebnisse der politischen Entschlussfassung, um die Umsetzungen politischer Gestaltungswünsche in konkrete Programme, sowie um die verwaltungsmäßige Durchführung der beschlossenen Politikprojekte und Politikprogramme. Die zweite Frage richtet sich darauf, *warum* denn Regierungen genau das tun, was sie tun. Hier betrachtet man jene Denkweisen und Diskurse, in denen sich eine bestimmte Problemsicht und Problemdefinition entwickelt und in denen sie gegen konkurrierende Problemsichten oder Problemdefinitionen durchgesetzt wird. Zugleich klärt man, wer denn alles – formell und insbesondere informell – an solchen folgenreichen Diskursen beteiligt ist, und wie die Beteiligten ihre eigenen Deutungswünsche und Interessen mit welchen Folgen einbringen. Drittens fragt man nach den *Folgen* politischen Tuns und Lassens, und dabei auch nach Unterschieden zwischen den geplanten und den ungeplanten, den erwarteten und den unerwarteten Folgen der ergriffenen politischen Maßnahmen. Viertens gilt es ausfindig zu machen, was Beamte, Politiker und Medien aus solchen Folgen *lernen*, weshalb dies und nichts anderes, und zu welchen Veränderungen von Politik es aus welchen Gründen kommt.

Indem man den ganzen Aufgabenbereich eines Staates – und somit den gesamten Tätigkeitsbereich seiner Regierung – auf diese Weise durchgeht, bekommt man ein sehr klares Bild davon, nach welchen tatsächlich befolgten Leitideen, in wessen Interesse und mit welchem Grad an Fehlerhaftigkeit ein Regierungssystem arbeitet. Leider liegt eine umfassende Untersuchung solcher Art für das heutige Ungarn nicht vor. Sie kann auch hier nicht geleistet werden. Möglich ist es aber, einige Grundzüge der ungarischen Regierungspolitik auf den wichtigsten Politikfeldern knapp zu umreißen. Anders als die Strukturen eines Regierungssystems kann sich konkrete Politik allerdings rasch ändern. Deshalb lohnt es sich nicht, bei einem bloßen Überblickstext zu sehr ins Detail zu gehen. Im Übrigen sind die – oft vielfältigen – Absichten und Auswirkungen konkreter Politiken zwischen Regierungs- und Oppositionsparteien regelmäßig sowie aus ganz legitimen Gründen umstritten. Also wird auch deren folgende Darstellung nicht jedem gleich gut gefallen.

II. Ausgewählte Politikfelder

1. Erinnerungspolitik

Es ist nicht verwunderlich, dass eine Regierung viel Wert auf »Erinnerungspolitik« legt, die ihre Motive und Absichten so systematisch von den geschichtlichen Erfahrungen des eigenen Landes herleitet, wie das die ungarische Regierung tut. Mehr noch als in Deutschland bei hitzigen politischen Debatten der Verweis auf Lehren aus dem Nationalsozialismus nachgerade unvermeidbar ist, greift man bei ungarischen Diskussionen über Politik und Alltag immer wieder auf die eigene Geschichte zurück und bezieht sich auf deren Wendepunkte oder Persönlichkeiten, wenn man den eigenen politischen Standpunkt klären oder erklären will.

Die große Rahmenerzählung ungarischer Erinnerungspolitik beginnt mit der das Karpatenbecken umfassenden »Landnahme« der Magyaren, setzt sich fort mit der Christianisierung als identitätsstiftender Aufnahme Ungarns in den lateinisch-europäischen Kulturverbund, und mündet – nach Berichten über lange, leidvolle Zeiten von Fremdherrschaft und Freiheitskämpfen – in die Wiederherstellung eines freien Ungarn nach dem Ende des Kommunismus. Auch dieses sieht das ganze Karpatenbecken als – nunmehr mit anderen Staaten geteilten – Verantwortungsbereich der ungarischen Nation an. Und weiterhin empfindet man sich teils als Bollwerk oder Schutzburg europäisch-christlicher Kultur.

Symbolisch dicht wurde das bei den ungarischen Millenniumsfeiern von 1896 zum Ausdruck gebracht. Deren eindrücklichstes architektonisches Erbe ist der Budapester Heldenplatz mit seinen Denkmälern. In der Mitte ragt eine sehr hohe Säule, auf welcher der Erzengel Gabriel die Stephanskrone und das apostolische Doppelkreuz trägt und so den Ungarn ihre geschichtliche Aufgabe verkündet wie einst der jüdischen Jungfrau Maria die ihre. An der Basis dieser Säule sitzen zu Pferde der die Eroberung des Karpatenbeckens leitende Fürst Árpád mit sechs weiteren Stammesfürsten. Links und rechts umgeben dieses Monument Kolonnaden mit den Statuen der wichtigsten ungarischen Könige sowie des – gegen die Osmanen siegreichen – Reichsverwesers János Hunyadi. Allerdings wurden die Statuen der habsburgischen Könige Ungarns zur kommunistischen Zeit durch solche von wichtigen ungarischen Freiheitskämpfern ersetzt.* Links und rechts der gesamten, auf dem riesigen Platz doch etwas verloren wirkenden Denkmalsanlage befinden sich mit dem Museum der bildenden Künste und der Kunsthalle zwei aufeinander bezogene Museumsgebäude im römisch antikisierenden Monumentalstil, womit Ungarns Geschichte in das auf römische und griechische Zeiten zurückgehende Kulturerbe Europas eingebettet wird. So in ein umfassendes kulturelles Koordinatensystem hineingestellt, fanden auf dem Heldenplatz immer wieder große politische Liturgien statt, insbesondere – als symbolischer Höhepunkt des antikommunistischen Volksaufstandes im Oktober 1956 – die öffentliche Neubeisetzung der Opfer des ersten Schauprozesses von 1949, und im Juni 1989, gleichsam als Vollendung des durch Staatsterror dann doch unterdrückten damaligen Selbstbefreiungsversuchs, die Neubeisetzung von Imre Nagy und seinen Gefährten.

* Ferdinand I. wurde ersetzt durch István Bocskai, Karl III. durch Gábor Bethlen, Maria Theresia durch Imre Thököly, Leopold II. durch Franz II. Rákóczi, Franz Joseph durch Lajos Kossuth; zu ihnen allen siehe das Kapitel über Ungarns Geschichte. Während der Räterepublik hatte man die national-christlichen Teile des Denkmals abgedeckt, die Statue von Árpád durch eine von Karl Marx ersetzt und so eine Weihestätte der internationalen Arbeiterbewegung geschaffen.

Weil während der kommunistischen Jahrzehnte Ungarns jedes offizielle Gedenken an den Vertrag von Trianon und an die damalige Verstümmelung Ungarns schlicht tabu war, regte sich seit 1990 umso stärker das Verlangen nach einer entsprechenden Erinnerungspolitik. Hunderte von Gemeinden stellten Denkmäler zur Erinnerung an »Trianon« auf, wobei nicht selten die historischen Staatsgrenzen veranschaulicht wurden. Deren Umriss wurde alsbald auch zum Symbol von national-radikalen und rechtsextremen politischen Organisationen, bisweilen verbunden mit den rot-weißen Streifen des árpádischen Königshauses, mitunter ergänzt um den Turul-Vogel aus der ungarischen Mythologie.

Eine systematische Erinnerungspolitik setzte im Jahr 2010 ein. Schon kurz nach dem Amtsantritt der Fidesz-Regierung wurde ein Gesetz beschlossen, das den 4. Juni, den Tag der Unterzeichnung des Friedensvertrags von Trianon, zum »Tag der nationalen Zusammengehörigkeit« erklärte, also die ungarischen Minderheiten in den umgebenden Ländern symbolisch wieder ins Staatsvolk aufnahm. 2020, zum hundertsten Jahrestag von »Trianon«, wurden auch überall im Land Erinnerungsveranstaltungen in diesem Sinn durchgeführt. Am 20. August dieses Jahres, dem sommerlichen Staatsfeiertag, wurde eigens ein »Denkmal der nationalen Zusammengehörigkeit« gegenüber dem ungarischen Parlament eingeweiht. Es handelt sich um eine abwärts zu einer ewigen Flamme führende Steinrampe, an deren Seitenwänden die Namen aller im Jahr 1913 zum ungarischen Königreich gehörenden 12537 Ortschaften und Städte aufgeführt sind. Die umschließen natürlich auch solche in Ungarns heutigen Nachbarstaaten Österreich, Slowakei, Ukraine, Rumänien, Serbien, Kroatien und Slowenien sowie in den am historischen Ungarn angrenzenden Ländern Tschechien, Polen, Bosnien/Herzegowina und Italien. Bei seiner Einweihungsrede erklärte Ministerpräsident Orbán, nun habe man die »ungarische Einsamkeit von 100 Jahren Trianon« überwunden, während der ein Ungarn verletzlich gewesen sei, das sich den

Herausforderungen der Geschichte ganz alleine stellen wollte.* Inzwischen jedoch habe Ungarn verstanden, dass es anstelle von Nationalismus und Revanchismus auf Dialog und Zusammenarbeit zu setzen gilt, um endlich wieder Ungarn und Mitteleuropa selbst – nicht aber andere – zu Gestaltern des ungarischen Schicksals zu machen.

Natürlich muss ungarische Erinnerungspolitik auch Stellung zum Holocaust beziehen, zur Auslieferung rund einer halben Million jüdischer Ungarn an die sie ermordenden ungarischen Pfeilkreuzler und an die deutsche SS samt deren Unterstützern. Dieses Verbrechen wurde während der kommunistischen Zeit in den Schatten des Gedenkens an die Befreiung Ungarns durch die siegreiche Sowjetarmee gestellt, auch in den Zusammenhang der Erinnerung an jenen antifaschistischen Widerstand, gegen den die Eliten und Träger des alten Systems eben doch ihre Verbrechen begangen hätten. Hin zum Ende der kommunistischen Zeit wurden dann zunächst Erinnerungsmale für die Retter von jüdischen Ungarn aufgestellt, für die jüdischen Opfer selbst allerdings erst seit den 1990er-Jahren. Über die angemessene Vergegenwärtigung oder Darstellung der Ausgegrenzten und Ermordeten entbrannte dabei ein bis heute andauernder Streit. Zu dessen Tiefenschichten gehört die Tatsache, dass es nach dem Zweiten Weltkrieg keine Aufarbeitung jener spätestens in der Zwischenkriegszeit beginnenden Vorgeschichte des ungarischen Holocaust gab, die über kommunistische Geschichtsdeutungen hinausgereicht hätte. Doch wie stellt man in einem Klima von Verdrängung, Verheimlichung und Selbstentlastung durch Zuweisung von Kollektivschuld an andere in wirklich angemessener Weise dar, was es an hunderttausendfachem Leid

* Quelle: https://abouthungary.hu/speeches-and-remarks/address-by-prime-minister-viktor-orban-at-the-inauguration-of-the-memorial-to-national-cohesion, Zugriff am 22. Juli 2022. Ebenso hatte sich Orbán schon am 6. Juni des gleichen Jahres bei einer Gedenkveranstaltung am Denkmal »Magyar Kálvária« (d. h. Ungarischer Kalvarienberg) im nordostungarischen Sátoraljaújhely geäußert; siehe https://miniszterelnok.hu/prime-minister-viktor-orbans-commemoration-speech/, Zugriff am 22. Juli 2022.

gab, doch eben an auch individuellem Mut und an systemischen Verursachungszusammenhängen?

Nach vielen Debatten wurde 1999 entschieden, ein Museum zur Geschichte des Holocaust zu gründen und mit einer Synagoge zu verbinden. Es wurde als eines der größten seiner Art im Jahr 2005 eröffnet. Im Jahr 2000 beschloss die ungarische Regierung ferner, an jedem 16. April, dem Jahrestag der 1944 beginnenden Einrichtung von Ghettos und Sammellagern für jüdische Ungarn, einen nationalen Gedenktag für die Opfer des Holocaust zu begehen. Doch bis heute wurde ein Europäisches Bildungszentrum »Haus der Schicksale« wegen Streitigkeiten um dessen Konzept nicht eröffnet, obwohl dies für das Jahr 2014 geplant war und der dafür vorgesehene Gebäudekomplex großenteils eingerichtet ist.

Geschichtspolitisch nicht minder umstritten ist die Rolle Ungarns im Zweiten Weltkrieg sowie der Grad der Unabhängigkeit – und somit auch der politischen Verantwortlichkeit – des ungarischen Staates während der deutschen Besatzung vom März 1944 bis zum April 1945. Zunächst im wissenschaftlich-kulturellen Bereich debattiert, wurde das seit 2011 zum rundum politischen Thema. Im »Nationalen Bekenntnis« der neuen ungarischen Verfassung wurde nämlich erklärt, Ungarn habe mit Beginn der deutschen Besetzung am 19. März 1944 schlicht seine staatliche Selbstbestimmung eingebüßt und erst am 2. Mai 1990 mit dem Zusammentritt der ersten frei gewählten Volksvertretung wiedererlangt. Dann freilich ist – auch unwillentlich – das Tor dafür geöffnet, den ungarischen Holocaust ganz der deutschen Besatzungsmacht zuzuschreiben. Weil das aber auf Geschichtsklitterung hinausliefe, löste es breite Empörung aus, als ein großes, 2014 auf dem Budapester Freiheitsplatz aufgestelltes Denkmal für die Opfer der deutschen Besatzung nur Ungarn als solches versinnbildlichte. Es greift dort nämlich der deutsche Reichsadler den Erzengel Gabriel als Sinnbild eines unschuldigen Ungarn an, während kein Aufheben davon gemacht wird, dass auch viele Ungarn am ungarischen Holocaust beteiligt waren – und zwar als Mittäter, nicht nur als Opfer der Deutschen. Plausibilisiert wurde der Vorwurf einer »Geschichtsverfälschung von oben« dadurch, dass eine öffentliche Debatte um die Gestaltung des Denkmals schlicht unterbunden wurde. Am 31. Dezember 2013 wurde nämlich durch eine Regierungsverordnung ein beschleunigtes Genehmigungsverfahren für das Denkmal ermöglicht; und schon am 3. Januar 2014 endete die Abgabefrist für den – anschließend auch gar nicht veröffentlichten, sondern bloß durchgestochenen – Entwurf des Denkmals. Es folgten monatelange Proteste. An ihrer Schärfe änderten auch Erklärungen der ungarischen Regierung wenig, das Denkmal vergegenwärtige schlicht den ungarischen Schmerz über den Verlust der Freiheit und gemahne zum Gedenken an sämtliche Opfer. Zivilgesellschaftliche Vereinigungen unterhalten jedenfalls bis heute unmittelbar vor diesem Denkmal eine Art provisorisches Gegen- oder Ergänzungsdenkmal, und zwar in Form von niedrigen Aufstellern mit Bildern und Zeitungsausschnitten, welche jüdische Opfer und ungarische Mittäter zeigen.

Zur ungarischen Erinnerungspolitik seit 2010 gehört auch die Proklamation weiterer Gedenktage. Auf Initiative Ungarns, Polens und Litauens erklärt die EU im Jahr 2011 den 23. August zum europäischen Gedenktag für die Opfer totalitärer Diktaturen, also den Jahrestag der Unterzeichnung des Molotow-Ribbentrop-Pakts. Ein Jahr später erklärte das ungarische Parlament, auf diese Weise in Mittel- und Osteuropa ein Novum schaffend, den 19. Januar zum Gedenktag für die Verschleppung und Vertreibung eines Großteils der Ungarndeutschen. Insgesamt wurden nach dem Zweiten Weltkrieg rund 220 000 Deutsche aus Ungarn vertrieben, und an jenem Januartag von 1946 fuhr der erste Zug mit zwangsausgesiedelten Deutschen aus Budaörs/Wudersch ab. Während der kommunistischen Jahrzehnte weitgehend tabuisiert, findet seit 2013 jährlich an jeweils einem anderen Ort eine zentrale nationale Gedenkfeier statt. Schon seit 2006 gibt es ein Landesdenkmal für die Vertreibung von

Ungarndeutschen auf dem Alten Friedhof in Budaörs/Wudersch. 2016, zum 70. Jahrestag des Beginns der Vertreibung, erklärte dort Ministerpräsident Orbán:

> »Die ungarische schwäbische Gemeinschaft stellt einen organischen und unveräußerlichen Bestandteil der ungarischen Kultur dar. Wenn vor 70 Jahren die Vertriebenen all das mitgenommen hätten, was die Ungarndeutschen oder Menschen deutscher Abstammung seit ihrer Ansiedlung für die ungarische Wirtschaft und Kultur getan hatten, dann wäre Ungarn heute bedeutend ärmer.« (Dobrowiecki, Erinnerungspolitik, S. 13; orig. in https://2010-2015.miniszterelnok.hu/in_english_article/orban_viktors_rede_am_gedenktag_der_verschleppung_und_vertreibung_der_ungarndeutschen, Zugriff am 22.7.2022)

Auch dank so gesinnter Erinnerungspolitik belasten die – zu Recht im Bewusstsein gehaltenen – Erinnerungen an für Ungarn und Deutschland schlimme Zeiten heute die deutsch-ungarischen Beziehungen nicht mehr.

Viel spannungsreicher gestaltet sich in Ungarn die Politik zur Erinnerung an die kommunistische Diktatur. Seit deren Ende wurden die meisten kommunistisch geprägten Werke von öffentlichen Plätzen entfernt, wobei gar nicht wenige in den 1993 eröffneten Budapester Memento-Park gelangten. An ursprünglicher Stelle – und inzwischen restauriert – ist in Budapest nur noch das 1945 auf dem Freiheitsplatz errichtete Denkmal für die siegreiche Sowjetarmee verblieben. Zwar sind sich Ungarn weitestgehend einig in der Verurteilung der Diktatur von Mátyás Rákosi (1892–1971), dem »besten Schüler Stalins«. Doch an das Regime von János Kádár (1912–1989), welches sich nach dem Volksaufstand von 1956 etablierte und seit den 1960er-Jahren zum »Gulaschkommunismus« und zur »lustigsten Baracke des Kommunismus« abschliff, wird weiterhin von nennenswerten Teilen der ungarischen Gesellschaft mit einiger Nostalgie erinnert.

Prominenteste Erinnerungsstätte an die Verbrechen der kommunistischen Diktatur ist das Museum »Haus des Terrors«, das 2002 in Budapest eröffnet wurde. Jahrelang war es deshalb sehr umstritten, weil es auf Ungarns Diktaturgeschichte aus der Warte derer blickt, die sie eben voller Schrecken erlebten. Also macht es hinsichtlich ihrer grauenvollen Auswirkungen auch keinen Unterschied zwischen dem faschistischen und dem kommunistischen Terror in Ungarn. Eingerichtet wurde das »Haus des Terrors« ohnehin in jenem Gebäude der Pester Innenstadt, das erst als Gefängnis der faschistischen Pfeilkreuzler, dann als Hauptquartier des kommunistischen Staatssicherheitsdienstes diente. Zu Regierungszeiten des Fidesz wurden ansonsten noch zwei weitere Gedenktage festgelegt: 2001 der 25. Februar für die Opfer des Kommunismus, und 2012 der 25. November für die ungarischen Heimkehrer aus sowjetischen Gulag-Lagern. Obendrein beschloss das Parlament im Jahr 2013 die Einrichtung eines Nationalen Gedenkausschusses, der sich um die Wahrung des staatlichen Gedenkens an die kommunistische Diktatur, um die geschichtliche Analyse ihrer Machtausübung sowie um eine Zusammenarbeit mit der Staatsanwaltschaft bei der Aufdeckung des Täterkreises von solchen Straftaten aus kommunistischen Zeiten kümmern soll, die nicht verjähren.

Im Übrigen wurden seit 2010 viele öffentliche Plätze – allen voran der Platz vor dem Parlamentsgebäude – samt den sie schmückenden Statuen wiederhergestellt bzw. jenen Zustand zurückversetzt, in dem sie sich vor ihrer Zerstörung im Zweiten Weltkrieg oder zu kommunistischen Zeiten befanden. Auch wurde inzwischen ein Großteil der kriegszerstörten Gebäude auf der Budapester Burg mit originalgetreuen Straßenfluchten und Fassaden wiederaufgebaut sowie für Verwaltungsgebäude oder öffentliche Veranstaltungen verwendet.

Erinnerungspolitisch besonders wichtig ist das Gedenken an den Volksaufstand von 1956. Gemeinsam mit dem Freiheitskampf von 1848/49 gilt dieser als Inbegriff einer nationalen Bewegung, die auf eine Wiedererlangung von Freiheit und

Eigenstaatlichkeit Ungarns gerichtet war. Zu kommunistischen Zeiten als Konterrevolution dargestellt, fing mit der Richtigstellung dieser Geschichtslegende bereits am Ende der 1980er-Jahre der Reformflügel der kommunistischen Partei an. Am Jahrestag des ausbrechenden Volksaufstandes, nämlich dem 23. Oktober, rief 1989 der damalige vorläufige Staatspräsident Mátyás Szűrös (*1933) auf einem Balkon des Parlaments die Dritte Republik Ungarns aus; später wurde dieser Tag zum dritten jener Nationalfeiertage Ungarns, die den Jahresverlauf durchziehen. Doch es entzweiten sich Ungarns politische Lager auch hinsichtlich des Volksaufstands von 1956: Die linksliberalen Parteien rücken in dessen Mittelpunkt den damaligen, später zum Tod verurteilten reformkommunistischen Ministerpräsidenten Imre Nagy (1896–1958), während die bürgerlichen Parteien die Rolle der »Jungs von Pest« herausstreichen, um so auf die namenlos gebliebenen Beteiligten dieses massenhaften Aufstands hinzuweisen.

Verständlicherweise wurden auch die kommunistischen Nationalfeiertage verändert. Einst waren neue Feiertage eingeführt worden, etwa der 21. März als Tag der Verkündung der Räterepublik und der 7. November als Jahrestag der russischen Oktoberrevolution; beide wurden abgeschafft. Umgekehrt machen die Kommunisten den bis vor dem Zweiten Weltkrieg wichtigen 15. März, Gedenktag der Revolution von 1848/49, im Jahr 1951 zum normalen Werktag. 1956 formten sie ihn zum »Revolutionären Jugendtag« um. Dieser wurde dem Regime allerdings zu revolutionär, weshalb man ihn 1987 wieder zum Nationalfeiertag machte. Der 20. August wiederum, Festtag von König Stephan d. Heiligen und einst auch ein religiöses Fest, war bis 1945 der »sommerliche« Staatsfeiertag. Er sollte der Bevölkerung nicht genommen werden, war dafür aber seines religiösen und nationalen Gehalts zu entkleiden. Also wurde er zunächst zum »Feiertag des neuen Brotes« und dann zum Verfassungstag. Nach 1989 wurde auch er – wie so vieles andere ebenfalls – wieder zurückgesetzt auf das, wofür er vor dem Aufkommen des

Kommunismus gestanden hatte. Heute hat Ungarn jedenfalls nicht weniger als drei Nationalfeiertage: den »Stephanstag« im August, die Erinnerung an den Ausbruch der Revolution von 1848 am 15. März, und das Gedenken an den Aufstand von 1956 am 23. Oktober.

Natürlich ist auch die Öffnung des »Eisernen Vorhangs« ein Thema ungarischer Erinnerungskultur, da er in den Folgejahren das Gesicht Europas völlig veränderte. Diese Öffnung bot sich an, weil ungarische Staatsbürger ohnehin seit dem 1. Januar 1988 einen sogenannten »Weltpass« beantragen und mit ihm frei ausreisen konnten. Im Herbst jenes Jahres erklärte denn auch der damalige Staatsminister Imre Pozsgay bei einem Besuch in der grenznahen Stadt Győr/Raab, dass die Grenzsperranlagen nicht nur technisch, sondern auch politisch und moralisch überholt seien. Später fiel dem Ministerpräsidenten Miklós Németh, im November 1988 ins Amt gelangt, bei der Durchsicht des Budgetentwurfs für das Jahr 1989 ein recht hoher, doch codierter Etatposten auf. Bei Nachfragen stellte er sich als jene Summe heraus, welche für die Erneuerung der ungarischen Grenzanlagen eingeplant war, insbesondere für die Instandsetzung des viele Fehlalarme auslösenden Signalzauns vor der Grenze. Im Grunde brauchte es die Ertüchtigung solcher Anlagen aber nur zur Gewährleistung dessen, dass niemand von den vielen, jährlich am Balaton urlaubenden DDR-Bürgern sich an eine Ausreise ins nichtsozialistische Ausland machte.

Németh entschied sich gegen diese Investition sowohl aus finanziellen als auch aus politisch-moralischen Gründen. Tatsächlich stellte man am 28. Februar 1989 im ungarischen Politbüro Einvernehmen über den Abbau der Grenzanlagen her, informierte am 3. März den Generalsekretär der KPdSU und begann am 18. April streng geheim an ausgewählten Stellen mit den Abbauarbeiten. Dieser bereits laufende Vorgang wurde am 2. Mai dann bei hastig einberufenen internationalen Pressekonferenzen in Sopron und Hegyeshalom auch öffentlich verkündet. Das ließ die Reisegesuche von DDR-Bürgern nach Ungarn bald schon anschwellen. Wer von diesen dann dort Urlaub machte, erwog und versuchte gar nicht selten den – weiterhin illegalen – Grenzübertritt. Ihn schafften 6200 DDR-Bürger bis zur offiziellen Grenzöffnung im September; weitere 7200 wurden beim Versuch aufgegriffen. Andere ausreisewillige DDR-Bürger begehrten Zuflucht in der deutschen Botschaft in Budapest, die alsbald völlig überfüllt war.

Zwischenzeitlich, nämlich am 19. August 1989, fand in der Nähe von Sopron ein »Paneuropäisches Picknick« statt, organisiert von ungarischen Oppositionellen gemäß einer Idee, die anlässlich eines Besuchs von Otto v. Habsburg am 20. Juni 1989 entstanden war. Bei dieser Veranstaltung gelang einigen hundert hinzugereisten DDR-Bürgern ein Durchbruch durch die damals noch bewachte Grenze. Dass wirkungsvolle Abgrenzungsmaßnahmen anschließend unterblieben, motivierte weitere Zehntausende von DDR-Bürgern zur Reise nach Ungarn. Von dort wollte man irgendwie in den Westen gelangen. Gegen dringliche Bitten der DDR-Regierung gab die ungarische Regierung in der Nacht vom 10. auf den 11. September 1989 die offizielle Öffnung der Grenze – und somit des »Eisernen Vorhangs« – bekannt.

Doch die historische Erinnerung prägt ein Einzelereignis, nämlich eine österreichisch-ungarische Inszenierung vom 27. Juni: An einem leicht mit PKWs erreichbaren, auch schon bei der weichenstellenden Pressekonferenz am 2. Mai genutzten Ort durchschnitten der ungarische Außenminister Gyula Horn, erst am 10. Mai 1989 ins Amt gelangt und 1956 bei der Niederschlagung des antikommunistischen Aufstands aktiv, sowie Österreichs Außenminister Alois Mock vor einer großen Journalistenschar mit eher ungeschickt gehandhabten Drahtscheren den dort für genau diesen Zweck verbliebenen Signalzaun. Auf diese Weise schufen sie für die symbolpolitisch überaus wichtige Bilderwelt nachgerade eine Ikone. Seither wird die »ungarische Grenzöffnung« voller Dankbarkeit dem Postkommunisten Gyula Horn zugeschrieben, obwohl dieser in einer Zeit zum

Außenminister wurde, in der Ungarns Entscheidungen über das Ende des dortigen Eisernen Vorhangs längst getroffen waren. Vor allem in Deutschland entwickelte sich ein regelrechter Horn-Kult. Er erklärt die anschließend großen Sympathien auch führender CDU-Repräsentanten für die ungarischen Postkommunisten.* Diesen Sympathievorschuss konnten Ungarns Bürgerliche nie aufholen. Jedenfalls erhielt niemand anderes als Gyula Horn 1990 den Aachener Karlspreis. Wie unter einer Lupe erkennt man hier, dass Erinnerungskultur gar nicht wenig mit Imaginationen und Retuschen zu tun hat, Erinnerungspolitik also wesentlich mehr ist als ein In-Geltung-Halten »historischer Wahrheit«.

2. Minderheitenpolitik im In- und Ausland

a. Ungarisches Nationsverständnis

Ungarn ist nicht nur ein Land mit vielen Minderheiten, sondern hat auch große Minderheiten im Ausland. Beides kommt von Ungarns Geschichte. Einerseits spielten Deutsche seit der Zeit von König Stephan d. Heiligen (969–1038) eine wichtige Rolle in Ungarn, zumal am Hof und in den Städten. Desgleichen wurden seit der Zeit von Ungarns Königin Maria Theresia (1717–1780) viele Deutsche dort angesiedelt, wo die Osmanenkriege verwüstetes Land hinterlassen hatten. Außerdem wanderten seit dem 14./15. Jahrhundert auch noch Roma zu. Ursprünglich in Indien – wahrscheinlich im heutigen Pakistan – beheimatet, führte sie Druck durch Kriege, Vertreibung oder Not seit dem 8. bis 10. Jahrhundert über Persien und Kleinasien, später über Griechenland und den Balkan nach Mitteleuropa. Anders als es die turkstämmigen Kumanen oder die Petschenegen in Ungarn

* Bundeskanzler Helmut Kohl etwa rief 1990 den ersten demokratisch gewählten Ministerpräsidenten Antall eigens an, um ihn zur Neubestellung Horns als Außenminister zu drängen. Den unerfahrenen, einst nicht kommunistischen Neupolitikern traute er nämlich weniger zu und war damit typisch für einen bis heute nachwirkenden Sympathievorschuss für Ungarns Postkommunisten; siehe hierzu v.a. Bauer 2022b.

getan hatten, vermischten sie sich nicht mit der einheimischen Bevölkerung. Andererseits brachte 1920 der Friedensvertrag von Trianon ein Drittel der ungarischen Bevölkerung unter die Herrschaft von Ungarns nunmehrigen Nachbarstaaten. Zwar waren bei weitem nicht alle einstigen ungarischen Staatsbürger auch ethnische Ungarn, eine große Zahl aber eben doch. Vor allem war das so im Grenzbereich zwischen Ungarn und der Slowakei bzw. der Karpatenukraine, desgleichen in ziemlich geschlossenen ungarischen Siedlungsgebieten, wie es sie im mittlerweile rumänischen Siebenbürgern und in der inzwischen serbischen Wojwodina gab.

Weil man den Vertrag von Trianon für ungerecht hielt, galt es patriotischen Ungarn in der Zwischenkriegszeit als mit Tatkraft anzustrebendes Ziel, die wichtigsten abgetrennten Gebiete und die dort lebenden Landsleute mit dem verbliebenen Ungarn wiederzuvereinigen. Selbstverständlich traf dies auf den entschiedenen Widerstand der von solchen Revisionswünschen betroffenen Nachbarstaaten, und ebenso auf den der Siegermächte des Ersten Weltkriegs, die zugesagt hatten, jene Grenzen zu garantieren. Also trieb solches Verlangen Ungarns Reichsverweser Horthy ins Bündnis mit Deutschland als der anderen, ungleich durchsetzungsstärkeren revisionistischen Macht Europas. Teile der Slowakei und den Nordteil Siebenbürgens erlangte Ungarn dann auch mit deutscher Unterstützung zurück. 1945 von nationalsozialistischer Herrschaft befreit und zugleich besiegt, musste Ungarn diese Gebiete samt ihrer Bevölkerung natürlich an die Nachbarstaaten zurückgeben. Mit diesen fand sich das Land alsbald in einem kommunistischen Bündnis wieder, dessen Vormacht – die Sowjetunion – Störungen ihrer Machtausübung durch Nationalitätenkonflikte zu unterbinden trachtete. Grundrechte von Nationalitäten wurden zwar akzeptiert. Doch ein institutioneller Rahmen, in dem diese sich zum kollektiven Handeln hätten befähigen können, vertrugen sich nicht mit kommunistischen Geboten wie dem Vorrang der Klassenzugehörigkeit vor der ethnischen Zugehörigkeit oder der

Gleichbehandlung aller Werktätigen. Doch auch gut vierzig Jahre Kommunismus führten nicht zur flächendeckenden Assimilation nationaler Minderheiten. Diese bestanden vielmehr überall fort, wo sie nicht vertrieben wurden, wie es den Deutschen nach 1945 in weiten Teilen Ost- und Südosteuropas widerfuhr, oder wo man sie nicht »freikaufte«, wie es bundesdeutsche Regierungen mit fortbestehenden deutschen Minderheiten hielten, etwa in Rumänien nach 1977.

Also kehrte für Ungarn nach dem Ende des Kommunismus und der Errichtung eines wieder unabhängigen magyarischen Staates die Frage zurück, wer denn nun als Angehöriger jener ungarischen Nation zählen sollte, die sich nach einem neuen Aufbruch sehnte. Weil es im eigenen Land weiterhin zahlenstarke nicht-ungarische Minderheiten gab, kam – wie schon zur Zeit des kaiserlich-königlichen Dualismus – ein ethnischer Nationsbegriff nicht in Frage. Doch weil nun eben auch starke ungarische Minderheiten in den Nachbarländern lebten, war ein rein staatsbezogener Nationsbegriff ebenso wenig brauchbar. In Auseinandersetzung mit diesem Dilemma verfestigte sich ein ungarisches Nationsverständnis, das sich von dem jener europäischen Staaten sehr unterscheidet, deren Grenzen jahrzehntelang unverändert geblieben sind. Als Angehörige der ungarischen Nation betrachtet man nämlich nicht nur jene, die innerhalb der Grenzen Ungarns leben und sich – unbeschadet ihrer ethnischen Herkunft – als Teil der ungarischen Nation verstehen, sondern ebenso alle, welche sich sprachlich oder kulturell mit dem ungarischen Mutterland verbunden fühlen. Diese können ebenso in der weltweiten »ungarischen Diaspora« leben wie auch als zusammenhaltende Minderheiten in Ungarns Nachbarstaaten.

Über ein solches Nationsverständnis entbrannte ein heftiger innenpolitischer Streit, als der konservative József Antall als erster nachkommunistischer Regierungschef öffentlich erklärte, er verstehe sich nicht nur als Ministerpräsident der im Mutterland lebenden zehn Millionen Ungarn, sondern wünsche »in der Seele und den Empfindungen der Ministerpräsident von fünfzehn Millionen Ungarn zu sein« – also auch derer, die in anderen Staaten lebten. Seitens der linksliberalen Opposition trug ihm das sogleich den Vorwurf ein, er betreibe Revisionismus und wolle die Politik von Miklós Horthy (1868–1957) fortsetzen. Erst recht entzweiten sich Ungarns Rechte und Linke im Jahr 2004, als es bei einem Referendum darum ging, ob man Auslandsungarn mit anderer Staatsbürgerschaft, welche auch die ungarische Staatsbürgerschaft erlangen wollten, nicht eine vereinfachte Einbürgerung ermöglichen sollte. Die damalige sozialistisch-liberale Regierung von Ministerpräsident Gyurcsány war dagegen und riet zu einem Nein oder zur Abgabe einer ungültigen Stimme. Auch deshalb erreichte dieses Referendum nicht die für die Gültigkeit seines Ergebnisses erforderliche Quote von mehr als 50 Prozent der Stimmberechtigten. Daraufhin fühlten sich viele Auslandsungarn von der politischen Linken aus ihrer eigenen Nation ausgegrenzt.

Eben das machte sich die Regierung des Fidesz ab 2010 zunutze, indem ihre Parlamentsmehrheit Mitte Mai 2010 – also noch vor der Bestellung der neuen Fidesz-Regierung – ein Staatsbürgerschaftsgesetz beschloss, das die 2004 verweigerte leichte Einbürgerung mit doppelter Staatsbürgerschaft ermöglichte. Seit die späteren Wahlrechtsreformen es ungarischen Staatsangehörigen erlaubten, auch ohne festen Wohnsitz in Ungarn an ungarischen Wahlen teilzunehmen, stimmen die Auslandsungarn – darunter vor allem jene mit auch nicht-ungarischer Staatsangehörigkeit – bei Parlamentswahlen wohl zu weit über 90 Prozent für die Liste des Fidesz, was auf etwa 200 000 Wähler hinausläuft. Auf Dauer ist freilich wichtiger, dass damit – sowie mit dem freien grenzüberschreitenden Verkehr innerhalb der EU, welcher die meisten an Ungarn grenzenden Staaten inzwischen angehören – jene praktischen Probleme nationalen Zusammenhalts weitestgehend gelöst sind, die einst der Friedensvertrag von Trianon geschaffen hatte.

b. Ungarische Staatsangehörigkeit und ihr Erwerb

9,75 Millionen Menschen mit ungarischer Staatsangehörigkeit leben heute in Ungarn. In der weltweiten ungarischen Diaspora gibt es weitere 2,5 Millionen Ungarn, darunter 1,4 Millionen Ungarn in den USA, gut 315 000 in Kanada, rund 200 000 in Israel, 120 000 in Deutschland, 90 000 in Österreich, 75 000 in Brasilien und etwa 67 000 in Australien. Überdies leben im Karpatenbecken, außerhalb der ungarischen Grenzen, rund 2,2 Millionen ethnische Ungarn, davon etwa 1,4 Millionen in Siebenbürgen/Rumänien, gut 150 000 in der Ukraine, rund 450 000 in der Slowakei, knapp 5000 in Österreich, 15 000 in Slowenien, 14 000 in Kroatien und 300 000 in der der Wojwodina/Serbien. Angesichts dieser Nichtübereinstimmung von Staatsangehörigkeit und Volkszugehörigkeit sehr vieler Ungarn verfuhr das Staatsangehörigkeitsgesetz von 1993 im Wesentlichen nach den folgenden Grundsätzen:

- Ungarn akzeptiert grundsätzlich doppelte Staatsangehörigkeit oder Mehrstaatlichkeit.
- Der Staatsangehörigkeitserwerb durch Einbürgerung ist dem durch Abstammung gleichgestellt.
- Uneingeschränkt erwirbt man die ungarische Staatsangehörigkeit durch Abstammung von ungarischen Staatsangehörigen, in Fällen drohender Staatenlosigkeit auch durch Geburt in Ungarn.
- Als Ungar eingebürgert werden kann man nach einem legalen, achtjährigen Aufenthalt im Land. Zudem braucht es einen Wohnsitz in Ungarn sowie eigenes Einkommen, desgleichen einen bestandenen Einbürgerungstest. Ausnahmeartig können auch Familienmitglieder, Flüchtlinge, Staatenlose, Minderjährige und Adoptivkinder eingebürgert werden.
- Ehemalige Staatsbürger und deren Nachkommen können in einem vereinfachten Verfahren eingebürgert oder wiedereingebürgert werden.
- Den Abschluss des Einbürgerungsverfahrens bildet die Ablegung eines Gelöbnisses auf Ungarns Verfassung.

- Die ungarische Staatsangehörigkeit kann jeder kraft freier Willenserklärung aufgeben. Entzogen werden kann sie nur in eng umgrenzten Ausnahmefällen – und grundsätzlich nicht, wenn sie durch Geburt erworben wurde.

Zwischen 1993 und 2010 erhielten gut 135 000 Personen die ungarische Staatsbürgerschaft durch Einbürgerung. Die meisten von ihnen besaßen die Staatsbürgerschaft eines Nachbarlandes mit einer regional starken ungarischen Minderheit. Zwei Drittel der damals Eingebürgerten stammten aus Rumänien, weitere jeweils rund zehn Prozent aus Serbien und der Ukraine.

Im Jahr 2011 wurde durch eine Änderung des Staatsangehörigkeitsgesetzes die Einbürgerungsvoraussetzung gestrichen, einen Wohnsitz in Ungarn zu haben. Das entsprach einem alten Wunsch der außerhalb Ungarns lebenden ungarischen Gemeinschaften. Nunmehr konnten auch alle ehemaligen ungarischen Staatsangehörigen sowie deren Nachkommen die ungarische Staatsbürgerschaft erwerben. Seither beantragten rund 1,2 Millionen Personen die ungarische Staatsbürgerschaft; meist erhielten sie diese auch. 93 Prozent dieser Eingebürgerten leben in Rumänien, der Slowakei, der Ukraine sowie Serbien. Auf solche Weise entstandene doppelte Staatsangehörigkeiten können nicht nur außenpolitisch brisant sein wie im Fall der Ukraine. Sondern sie sind für Ungarn auch innenpolitisch folgenreich, weil bei allen seitherigen Wahlen über 90 Prozent der eingebürgerten Ungarn ihre Stimme für den Fidesz abgaben. Das war nämlich die Partei, welche ihnen – gegen den Widerstand vor allem der ungarischen Sozialisten beim Referendum von 2004 – die erleichterten Einbürgerungsmöglichkeiten verschafft hatte.

c. Auslandsungarn

Mit oder ohne ungarische Staatsbürgerschaft leben derzeit rund 2,2 Millionen ethnische Ungarn innerhalb des Karpatenraums oder als Minderheiten im Ausland. Ihre Wohnorte liegen vor allem in Rumänien (in Siebenbürgen knapp 20 Prozent der dortigen Bevölkerung, Anteil an der Gesamtbevölkerung 7 Prozent), in der serbischen Wojwodina (dort rund 14 Prozent der Bevölkerung), in der Karpatenukraine (gut 20 Prozent) und in der Slowakei (gut 9 Prozent). Wie es aus der gemeinsamen Geschichte heraus nachvollziehbar wird, kam es immer wieder zu Spannungen und zu Konflikten beim Aufeinandertreffen einer Fürsorgerolle des ungarischen Staates für Auslandsungarn mit den Minderheitenpolitiken der Staaten, in denen diese lebten, und zwar insbesondere im Fall der Ukraine, der Slowakei und Rumäniens. Nicht selten fühlen sich Ungarns Nachbarstaaten allein schon dadurch provoziert, dass in ungarischen Siedlungsgebieten allenthalben – im öffentlichen wie im privaten Bereich – solche Landkarten zu sehen sind, welche die historischen Grenzen des einstigen Königreichs Ungarn zeigen.

Verständlicherweise versuchen viele Angehörige der ungarischen Minderheiten im Ausland die Bewahrung ihrer Kultur und Sprache. Wenn sie zu diesem Zweck in ihren Familien Ungarisch sprechen, nicht aber zugleich für eine gute Aneignung der jeweiligen Landessprache sorgen, führt das später sehr leicht zu Nachteilen bei der Schul- oder sogar Hochschullaufbahn jener Kinder, die aus solchen Familien kommen. Wenn ein so verursachter geringerer Berufserfolg dann eher als Ausdruck von Assimilationsdruck statt als Folge elternseitig verursachter Bildungslücken empfunden wird, geraten sehr leicht Bitterkeit und wechselseitiges Misstrauen in die Beziehungen einer ethnischen Minderheit zur sie umgebenden Mehrheitsgesellschaft. Wie sehr solche Nationalitätenprobleme heute noch die auswärtigen Beziehungen Ungarns belasten können, zeigte sich etwa im Sommer 2010: Damals warf die Slowakei gemeinsam mit Tschechien der neuen ungarischen Regierung vor, mit ihrem Gesetz über den »nationalen Zusammenhalt« wolle sie den Vertrag von Trianon grundsätzlich in Frage stellen. Das slowakische Parlament verabschiedete auch umgehend ein Gesetz, das bei Annahme einer zweiten Staatsbürgerschaft den Verlust der slowakischen Staatsbürgerschaft nach sich zog,* und aus den Reihen der slowakischen Regierungsparteien kam die Warnung, man müsse nun die eigene Verteidigungsfähigkeit gegen das erneut revisionistische Ungarn stärken.

Wie unter einer Lupe zeigen sich derlei fortbestehende Spannungen und die hieraus entstehenden Folgeprobleme auch angesichts des russischen Krieges gegen die Ukraine. Es will nämlich die Budapester Regierung die rund 150 000 Leute umfassende ungarische Minderheit in der Karpatenukraine, also dem südwestlichen Zipfel der Ukraine, keinesfalls zum Ziel russischer Vergeltungsmaßnahmen für unmittelbare ungarische oder durch Ungarn führende Waffenlieferungen an die Ukraine machen. Für diese Politik nahm die Regierung sogar wachsende Spannungen mit Polen und der Slowakei im Rahmen der – eigentlich auf enge Zusammenarbeit ausgehenden – Visegrád-Gruppe in Kauf. Auch Ungarns öffentliche Meinung, welche die Aufnahme von ukrainischen Kriegsflüchtlingen** sehr wohl unterstützt, war gegen direkte Waffenlieferungen durch die Siedlungsgebiete der ungarischen Minderheit der Ukraine. Befürchtet wird nämlich, dass man andernfalls – gerade bei russischen Angriffen auf jene Gebiete – selbst zur Kriegspartei werde; immerhin sind schon hunderte von Soldaten mit zugleich ukrainischer und ungarischer Staatsangehörigkeit gefallen. Weil Ungarn außerdem aus geografischen Gründen von russischen Energielieferun-

* Dieses Gesetz, das zur Rückgabe der slowakischen Reisedokumente verpflichtet sowie bei Angestellten im öffentlichen Dienst (etwa Polizisten, Feuerwehrleute, Soldaten) auch zum Verlust des Arbeitsplatzes führt, ist weiterhin in Geltung. Es hat bei knapp 4000 Personen zum Verlust der slowakischen Staatsbürgerschaft geführt. Gut 900 von diesen erlangten die tschechische Staatsbürgerschaft, weniger als 900 die deutsche, knapp 600 die österreichische – und knapp 140 die ungarische. Also traf dieses als Gegenmaßnahme gedachte Gesetz viel eher slowakische Doppelstaatler mit tschechischem, deutschem oder österreichischem Pass als ethnische Ungarn.

** Bis zum Oktober 2022 gab es knapp 1,6 Millionen Grenzübertritte geflüchteter Ukrainer nach Ungarn; fünf- bis sechstausend kommen täglich hinzu; 30 000 Geflüchtete sind im Rahmen verschiedener Unterstützungsprogramme im Ungarn registriert; rund 470 000 ukrainische Geflüchtete werden als in Ungarn befindlich geschätzt. Ein Großteil der übrigen über die ungarische Grenze Geflüchteten wird innerhalb des Schengen-Raums weitergezogen sein, nicht zuletzt nach Deutschland.

gen noch abhängiger ist als Deutschland, ist die Haltung des Landes beim russisch-ukrainischen Krieg besonders vorsichtig: Man trägt aus den übergeordneten Gründen europäischer Solidarität die EU-Sanktionen gegen Russland mit, auch wenn man sie für selbstschädigend und hinsichtlich ihres Hauptzwecks für gescheitert hält, und man dringt auf Verhandlungen zwischen den USA und Russland als den letztendlich auf dem ukrainischen Kriegsschauplatz einander gegenüberstehenden Mächten.

Im Hintergrund all dessen steht überdies, dass jene ukrainische Sprach- und Bildungspolitik, die auf die Profilierung des eigenen Landes als einer besonderen Nation ausging, von der ungarischen Minderheit als übergriffig und einschränkend empfunden wurde. Zwar hatten das ukrainische Bildungsgesetz von 2017 und das Sprachgesetz von 2019 in erster Linie den Zweck, die russische Sprache zurückzudrängen. Doch natürlich trafen die entsprechenden Maßnahmen, Einschränkungen sowie Verbote auch die ungarische Minderheit und empörten deshalb Ungarns Regierung, die sich für deren Schutz verantwortlich sieht.* Zum weiteren Streitpunkt wurde die doppelte Staatsbürgerschaft. Zwar ist Ukrainern eine zweite Staatsbürgerschaft eigentlich nicht möglich, doch auch nicht klar verboten. Vielmehr nahm die ukrainische Regierung den ungarischen Zweitpass von Zehntausenden ihrer Bürger in der Karpatenukraine schlicht zur Kenntnis, war aber weiterhin mit ihm nicht einverstanden. Vor allem die russische Minderheit im Visier, brachte die ukrainische Regierung im März 2021 ein Gesetz ein, das Ukrainern mit doppelter Staatsbürgerschaft den Zugang zu öffentlichen Ämtern verwehrte. Erst nach entsprechenden Protesten der ungarischen Regierung wurde diese Bestimmung auf die russischen Ukrainer eingeschränkt. Über den ganzen Vorgang war Ungarns Regierung umso empörter, als sie in den Jahren zuvor den Aufbau von Schulen und öffentlicher Infra-

* Siehe dazu etwa https://magyarnemetintezet.hu/de/fatenwissen-ungarn/fatenwissen-ungarn-die-situation-der-ungarischen-minderheit-in-der-karpatenukraine, Zugriff am 22.7.2022.

struktur in der Karpatenukraine mit erheblichen eigenen Finanzmitteln unterstützt hatte. Zugleich gab es eine Reihe von ukrainisch-nationalistischen Übergriffen auf die ungarische Minderheit, die im Februar 2018 in Brandanschlägen auf das ukrainische Kulturzentrum und die Geschäftsstelle der ungarischen Minderheit in Ungvár/Ungwar gipfelten. Das alles zeigt, welch ein brisantes und fallenreiches Politikfeld der Umgang mit ungarischen Auslandsminderheiten sein kann, und zwar nicht nur für die Regierungen der sie jeweils beherbergenden Staaten, sondern auch für die ungarische Regierung.

d. Nationalitäten in Ungarn

In Ungarn selbst leben – mit ungarischer Staatsbürgerschaft – laut der letzten Volkszählung von 2011 rund 645 000 Angehörige nationaler Minderheiten. Das entspricht etwa 6,5 Prozent der Bevölkerung. Die größte nationale Minderheit sind die Roma mit 316 000 Angehörigen, nach manchen soziologischen Untersuchungen sogar mit bis zu 900 000 Angehörigen. Es folgt die Minderheit der gut 186 000 Deutschen. Deren Volksgruppe wäre noch viel größer, wenn es nach dem Zweiten Weltkrieg nicht zur Vertreibung von rund 220 000 Deutschen gekommen wäre. In diesem Zusammenhang ist es durchaus bemerkenswert, dass seit dem Ende des Kommunismus die Zahl jener ungarischen Staatsbürger deutlich zugenommen hat, die sich als Angehörige der deutschen Minderheit bezeichnen. Mit fünfstelligen Mitgliederzahlen folgen die Minderheiten der Rumänen (knapp 36 000), Slowaken (fast 35 000)* und Kroaten (an die 27 000). Bis zu rund 10 000 Mitglieder haben – in absteigender Reihenfolge – die Minderheiten der Serben und Ukrainer, der Polen sowie Bulgaren. Weniger als 5000 Angehörige haben hingegen die Minderheiten der Griechen, Ruthenen, Armenier und

* Im Zug eines von den Beneš-Dekreten erzwungenen Bevölkerungsaustauschs wurden 1946 rund 75 000 Ungarn in der Slowakei enteignet und dann vertrieben, während im Gegenzug ca. 60 000 Slowaken aus Ungarn in die Tschechoslowakei zwangsumgesiedelt wurden.

Slowenen. Rechtsgrundlage für Sonderrechte der nationalen Minderheiten ist ein Gesetz aus dem Jahr 1993, welches durch das Nationalitätengesetz von 2011 abgelöst wurde.

Statt von »Minderheiten« ist seither erneut von »Nationalitäten« die Rede, die allesamt seit 1989/1993 sowie in der Verfassung von 2012 als »staatsbildende Faktoren« bzw. als »staatsbildender Teil der ungarischen politischen Gemeinschaft« bezeichnet werden.* Wenn eine Minderheit anderswo – wie etwa die Deutschen in Deutschland – über ein eigenes Vater- oder Mutterland verfügt, dann spricht man von einer »nationalen Minderheit«, andernfalls – wie bei den Roma – von einer »ethnischen Minderheit«. Allen Nationalitäten ist das Recht zum Bekenntnis auf ihre Eigenart sowie zu deren Bewahrung zugesichert. Das schließt den Gebrauch der Muttersprache ein, den individuellen und kollektiven Namensgebrauch in der eigenen Sprache, die Pflege der eigenen Kultur sowie Unterricht in der Muttersprache. Ebenso besitzen die Nationalitäten die Möglichkeit, kommunale Selbstverwaltungen einzurichten. Ferner wurde dem – vom Parlament gewählten – Ombudsmann für Grundrechte ein für die Nationalitäten zuständiger Stellvertreter beigegeben. Das Wahlrecht – oben beschrieben – ermöglicht außerdem eine parlamentarische Vertretung der Minderheiten. Allerdings schafften es bislang vor allem die nicht nur zahlreichen, sondern auch besonders gut organisierten Deutschen, über ihre Nationalitätenliste einen regulären Abgeordneten als Vertreter ihrer Minderheiteninteressen zu wählen. Doch auch alle anderen Nationalitäten können einen Sprecher mit Rederecht – doch ohne Stimmrecht – in der Nationalversammlung haben, falls sie eine Nationalitäten-

* Ungarns Staatsbürgerschaftsrecht und praktizierte Minderheitenpolitik sind klar auf Inklusion und Integration angelegt. Geschäftsgrundlage dieser Politik ist es, dass Ungarn selbst bestimmt, wer ins Land zuwandert, und dass es anschließend eigener Integrationsanstrengungen des Zuwanderers bedarf, um Angehöriger der ungarischen Willensnation zu werden. Dieser Grundansatz unterscheidet Ungarns Migrationspolitik sehr vom deutschen Laissez-faire und Multikulturalismus in Einwanderungs- und Integrationspolitik.

liste aufstellen und für diese mindestens eine einzige Stimme erhalten.*

Überdies erlaubt die Gesetzeslage jeder Kommune, ab dem Anteil einer Nationalität von mindestens zehn Prozent der Bevölkerung in etlichen Lebensbereichen Mehrsprachigkeit einzuführen, etwa bei Straßen- und Ortsnamen sowie bei Mediendienstleistungen. Bei einem Minderheitenanteil von zwanzig Prozent steht der Minderheit sogar das Recht auf – für das Alltagsleben wichtige – muttersprachliche Beamte zu. Die Eheschließung ist stets in der Muttersprache zulässig; man muss nur einen Standesbeamten finden, der diese Sprache beherrscht. Im Bereich des Schulwesens wird ohnehin an Grundschulen und weiterführenden Schulen die Förderung und Bildung der nächsten Generation in ihrer Muttersprache ermöglicht. Gerade die deutsche Minderheit, stark nicht nur entlang der Grenze zu Österreich, sondern auch westlich von Budapest sowie in Südungarn, verfügt über ein gut ausgebautes Bildungswesen, das 278 deutschsprachige Kindergärten, 291 deutschsprachige Grundschulen und 19 Schulen mit Abiturabschluss umfasst, in denen auf Deutsch, in manchen Fächern aber auch auf Ungarisch unterrichtet wird. An Gymnasien in Baja, Győr, Budapest und Pilisvörösvár, einer Kleinstadt in den Budaer Bergen mit starker ungarndeutscher Minderheit, kann auch das deutsche Abitur abgelegt werden. Anschließend kann man an der deutschsprachigen Andrássy Universität Budapest (AUB), gegründet durch einen Staatsvertrag zwischen Ungarn und mehreren deutschsprachigen Ländern, seinen ganzen Bildungsgang mit einem Masterexamen oder gar einer Promotion auf Deutsch abschließen.**

---

* In der Ungarischen Nationalversammlung bilden die Sprecher der Nationalitäten den Nationalitätenausschuss. Diesem sitzt, einer längeren Tradition folgend, auch derzeit der Abgeordnete der Ungarndeutschen vor. Damit vertritt er nicht nur die eigene Nationalität, sondern tritt auch als Sachwalter der anderen Volksgruppen auf. Das unterstreicht die Bedeutung der Deutschen in Ungarn.

** Den Bindungen zwischen den Ungarndeutschen, den in Ungarn lebenden Bundesdeutschen, Ungarn selbst sowie Deutschland widmen sich Institutionen wie das

Alle Nationalitäten können Nationalitätenselbstverwaltungen gründen und zur Wahrung ihrer Interessen nutzen. Am Beispiel der Landesselbstverwaltung der Ungarndeutschen lässt sich das wie folgt umreißen. Sie ist – mit elf Regionalbüros in Gebieten mit einer ins Gewicht fallenden deutschen Minderheit – die Dachorganisation für 406 lokale Minderheitsselbstverwaltungen sowie für über 500 Kulturgruppen und ungarndeutsche Vereine; diese wiederum betreiben die deutschen Schulen und Kultureinrichtungen in Ungarn. Das Ziel all dessen ist die Erhaltung und Förderung der deutschen Sprache, des geistigen Kulturerbes der Ungarndeutschen, ihrer geschichtlichen Traditionen und ihrer Identität. Nicht nur die Förderung des Deutschunterrichts im ungarischen Schulwesen trägt dazu bei, sondern auch der Austausch mit Deutschland in Form von Partnerschaften und gemeinsamen Veranstaltungsprogrammen.

Viel größer als die deutsche Minderheit in Ungarn ist die der Roma. Im 15. Jahrhundert ins heutigen Ungarn gelangt, lebten sie vor allem vom Wandergewerbe und zogen als Handwerker, Schmiede oder Musiker durchs Land. Die habsburgischen Könige wollten sie sesshaft machen; also wurden ihnen im 18. Jahrhundert Siedlungen an den Rändern der Dörfer zugewiesen. Das prägt viele Dorfstrukturen bis heute. Mit der Industriellen Revolution erübrigten sich viele traditionelle Berufe der Roma,

Deutsch-Ungarische Institut für Europäische Zusammenarbeit, das Deutsch-Ungarische Jugendwerk, die Deutsch-Ungarische Gesellschaft, das vom Jugendwerk gemeinsam mit der Andrássy-Universität organisierte Deutsch-Ungarische Forum, das Goethe-Institut von deutscher Seite und das Balassi-Institut sowie das Liszt-Institut von ungarischer Seite, die für Ungarn zuständigen Auslandsvertretungen der Konrad-Adenauer-Stiftung, der Friedrich-Ebert-Stiftung sowie – in geringerem Umfang – der Hanns-Seidel-Stiftung, und natürlich auch die Deutsche Botschaft in Budapest sowie der jeweilige Beauftragte der Bundesregierung für Aussiedlerfragen und nationale Minderheiten. Die letztere Verbindung der Betreuung nationaler Minderheiten, darunter deutscher Minderheiten im Ausland, mit Aussiedlerfragen lässt erkennen, dass sich Deutschlands Blick auf Deutsche im Ausland – anders als Ungarns Blick auf Ungarn im Ausland – intensiv auf als vergangen zu behandelnde Zustände richtet, doch viel weniger auf die Förderung von Auslandsdeutschen, von deren Kultur und von deren bleibender Verbindung mit Deutschland.

was zu verbreiteter Arbeitslosigkeit führte. Als im 19. Jahrhundert weitere Roma aus Rumänien zuwanderten, verschlimmerte sich diese Lage erst recht. Auch in den folgenden Jahren schafften es sehr viele Roma nicht, sich dem wirtschaftlichen, kulturellen und gesellschaftlichen Wandel anpassen. Das machte ihresgleichen nicht selten zu verachteten oder gefürchteten Außenseitern. Daran änderte sich bis heute nicht viel: Noch im Jahr 2019 ergaben Umfragen, dass sich 40 Prozent der Ungarn von den Roma bedroht fühlen. Im Jahr 2011 meinten nicht weniger als 60 Prozent der ungarischen Staatsbürger, Roma hätten die Neigung zu Straftaten »im Blut«, und sogar 80 Prozent sagten, die Probleme der Roma ließen sich erst dann lösen, wenn diese »endlich anfingen zu arbeiten«.

Zur Zeit der deutschen Besatzung lebten rund 200 000 Roma in Ungarn. Um die 5000 von ihnen kamen damals in Arbeits- und Vernichtungslagern um. In der kommunistischen Zeit fanden viele geringqualifizierte Roma einen Arbeitsplatz in den Zentren der Schwerindustrie. Auch wirkte man auf die Integration der Roma durch eine Erhöhung der Einschulungsquote von Kindern hin. Tatsächlich besuchten 1957 nur noch zehn Prozent der Kinder oder Jugendlichen aus Roma-Familien überhaupt keine Schule. Gegen Ende der 1960er-Jahre löste der Staat dann die Roma-Siedlungen an den Ortsrändern auf und gab den bislang dort Lebenden für den Erwerb von Wohnungen Darlehen oder überließ ihnen aufgegebene Häuser. Die Folge war, dass viele ungarischen Einwohner aus den von solchen Maßnahmen betroffenen Dörfern oder Stadtvierteln ihrerseits weggezogen. Anfangs der 1970er-Jahre gingen dann zwar 85 Prozent der erwachsenen männlichen Roma und 30 Prozent der Roma-Frauen einer Erwerbstätigkeit nach, doch mehr als die Hälfte nur als Hilfsarbeiter. Ein Grund dafür war, dass die Analphabetenrate trotz des inzwischen üblichen Schulbesuchs immer noch bei knapp 40 Prozent lag.

Die mit dem Ende des Kommunismus einhergehenden Wirtschaftsschwierigkeiten brachten dann den Großteil der

Roma um ihre Arbeitsstellen. Deshalb gingen 1993 nur noch 29 Prozent der männlichen und 15 Prozent der weiblichen Roma einer regelmäßigen Arbeit nach. Zu den Folgen gehörten Verarmung, der Verlust von Wohnungen und der Wegzug in die ärmlicheren Gegenden Ungarns, insbesondere in den Südwesten und den Nordosten des Landes, wo sie dann vielfach auf gemeinschaftliche Selbsthilfe angewiesen waren. Trotz – oder gerade wegen – so randständiger Lebenslagen hat sich die Anzahl der ungarischen Roma seit den 1980er-Jahren schätzungsweise verdoppelt. Ihre Geburtenrate ist nämlich mit 2,3 viel höher als bei der übrigen ungarischen Bevölkerung mit gut 1,5. Diese Bevölkerungsdynamik führte auch – erhoben im Jahr 2011 – zu einem mit 26,3 Jahren viel geringeren Durchschnittsalter, als es die ungarischen Nicht-Roma mit 41,5 Jahren aufweisen. Im Übrigen war die Muttersprache der mit Abstand meisten Roma – nämlich 87 Prozent – im Jahr 2003 Ungarisch, gefolgt von Romani mit acht Prozent und Beás mit fünf Prozent.

Das Nationalitätengesetz von 1993 und die neue Gesetzeslage von 2011 sicherte auch den Roma die in Ungarn üblichen Möglichkeiten der politischen Organisation und Selbstverwaltung. Deren Befugnisse und Möglichkeiten sind dieselben, die auch der deutschen Minderheit zur Verfügung stehen. Im Lauf der 1990er-Jahre erhöhte sich die Zahl der Selbstverwaltungsgremien von Roma; 2006 waren es gut 1100 lokale Organisationen, gegliedert in regionale Büros und in die nationale Selbstverwaltung. Doch schwieriger als für die Ungarndeutschen gestaltet sich für die Roma die Finanzierung ihrer Aktivitäten. Auch sind die Selbstverwaltungsgremien allzu schwach in der Roma-Gesellschaft verankert, weil deren grundlegende Sozialeinheit nun einmal Großfamilien sind. Außerdem sind Ungarns Roma, anders als die deutschen, keine kulturell homogene Gruppe, sondern zerfallen in drei – oft untereinander zerstrittene – Untergruppen, die zu unterschiedlichen Zeiten ins Land kamen. Auch deshalb gestaltet sich deren lokales Zusammenwirken immer wieder schwierig. Und weil die Roma sich bei den Generalversammlungen ihrer Landesselbstverwaltung kaum auf eine Landesliste und deren Kandidaten einigen können, dann aber auch keine Stimmen bei der Parlamentswahl gewinnen, stellten sie noch nie einen eigenen Abgeordneten ihrer Nationalität im Parlament und seit 2022 – anders als 2014 und 2018 – nicht einmal mehr einen »Fürsprecher«. Also mangelt es ihnen an politischem Einfluss als ethnische Minderheit. Anders war es nur 1990, als drei ihre Identität betonende Roma-Abgeordnete in die Nationalversammlung einzogen. Inzwischen werden die Roma außerparlamentarisch von Parteien vertreten, die es allerdings nicht in die Nationalversammlung schafften. Umgekehrt waren jene zwei Roma, die 2002 in die Nationalversammlung einzogen, Kandidaten auf den Wahllisten der Sozialisten sowie des Fidesz; und von den vier Roma-stämmigen Abgeordneten, die 2010 einen Parlamentssitz erlangten, taten dies gleich drei auf der Parteiliste des Fidesz – und einer auf jener der LMP, den ungarischen Grünen.* Im Europaparlament befindet sich mit Livia Járóka (Fidesz) eine Roma-Frau sogar an vorderster Front der europäischen Politik: Seit 2019 ist sie Vizepräsidentin des Europäischen Parlaments.

Um die soziale Lage der Roma zum Besseren zu wenden, wurde 1996 die »Stiftung für die Zigeuner** Ungarns« gegründet. Sie vergibt Fördermittel für – vor allem landwirtschaftliche – Projekte von Roma-Familien. Besondere Beachtung fand in Roma-Kreisen das Programm der öffentlichen Beschäftigungsmaßnahmen. In dessen Blütezeit mit ca. 200 000 Beschäftigten erwies sich dieses von der Fidesz-Regierung eingeführte Programm als durchaus erfolgreich. Viele Teilnehmer gingen nun einer festen Arbeit nach, gewannen einen geregelten Tages-

* Bei der Wahl von 2022 wurde ein Roma-Politiker auf den höchst aussichtsreichen Platz 17 der Fidesz-Landesliste gesetzt. In der Nationalversammlung ist er nun Mitglied der Ausschüsse für Gesetzgebung und für Volksfürsorge.

** Das ist die ungarische Selbstbezeichnung eines Großteils der Roma. Unter insbesondere deutschem Einfluss breitet sich aber »Roma« als Selbstbezeichnung immer weiter aus.

ablauf und nicht zuletzt Selbstachtung. Viele schafften es dann auch in den regulären Arbeitsmarkt.

Das 1994 errichtete, vor allem von Roma besuchte Gandhi-Gymnasium in Pécs gibt Hoffnung, dass mit der Zeit eine gebildete Roma-Elite heranwächst. 2011 wurde außerdem die »Nationale Inklusionsstrategie« ins Leben gerufen, die ein umfassendes Programm zur Armutsbekämpfung einschließt und die Roma als besondere Zielgruppe definierte. Zugleich wurde die Vorschulpflicht eingeführt, sodass nun knapp 80 Prozent der Roma-Kinder einen Kindergarten besuchen. Zumindest angekündigt wurde, dass auch Unterricht über die Geschichte und Kultur der Roma ein Teil des nationalen Schullehrplans sein solle. Doch weiterhin haben nur fünf Prozent der Roma Abitur, während das beim Rest von Ungarns Bevölkerung ein Drittel ist. Einen Hochschulabschluss hat nur ein Prozent der Roma, obwohl sich die Zahl der von Roma erworbenen Hochschuldiplome in den letzten zehn Jahren verdoppelt hat. Bei den übrigen Ungarn haben rund 21 Prozent einen Hochschulabschluss. Umgekehrt verlassen gut 15 Prozent der Roma das Schulsystem ohne jeden Abschluss, während es unter den übrigen Ungarn nur einer von Hundert ist. Vielleicht trägt zu diesem Zustand auch bei, dass es in Ungarn über 350 sogenannte »Ghetto-Schulen« gibt, in denen Roma die Mehrheit der Schüler ausmachen. Einerseits kann das in ländlichen Siedlungsgebieten mit Roma-Mehrheit schwerlich anders sein. Von diesen gab es im Jahr 2020 – mit seit über einem Jahrzehnt steigender Tendenz – an die 280, wobei geschätzt wird, dass insgesamt 15 bis 25 Prozent der ungarischen Roma in ethnisch segregierten Gebieten leben. Andererseits pflegen Nicht-Roma-Eltern ihre Kinder aus Schulen mit hohem Roma-Anteil zu nehmen – teils aus ethnischen, teils aus sozialen Gründen. Auch gibt es, wie schon zu kommunistischen Zeiten, in Regionen mit starker Roma-Minderheit sogenannte »Zigeuner-Klassen« mit zwar gleichem Lehrplan, doch zusätzlichen romabezogenen Inhalten und – in der Praxis – zum Ausgleich vereinfachtem Lehrstoff. Derlei Segregation ist zwar gesetzlich untersagt, wird aber in Gebieten mit ausgeprägtem Anti-Ziganismus dennoch in vielerlei Formen praktiziert.

Trotz allen auf eine Besserung der Lage ausgehenden Bemühungen* gibt es weiterhin große Unterschiede bei den Lebenschancen der Roma und der übrigen ungarischen Bevölkerung. Nur 55 Prozent der männlichen Roma im erwerbsfähigen Alter (Nicht-Roma: 76 Prozent) und 36 Prozent der weiblichen Roma (Nicht-Roma: 62 Prozent) standen 2017 in einem Beschäftigungsverhältnis. Davon wiederum war damals mehr als ein Drittel – im Jahr 2020: noch knapp ein Fünftel – im Rahmen staatlicher Arbeitsbeschaffungsprogramme angestellt. Bei diesen wird als Anreiz zur Aufnahme regulärer Arbeit ein Gehalt unterhalb des Mindestlohns, doch oberhalb der sozialen Mindestsicherung gezahlt. Weil die dort Beschäftigten keine Arbeitslosen mehr sind, sank zwischen 2013 und 2019 die Arbeitslosenquote unter den Roma von knapp 40 Prozent auf 17 Prozent. Unter den weiblichen Beschäftigten – für die männlichen ließen sich keine gesonderten Zahlen auffinden – geht freilich mehr als die Hälfte einer Arbeit nach, die keiner besonderen fachlichen Ausbildung bedarf (ungarische Gesamtbevölkerung: 10 Prozent), während nur fünf Prozent der weiblichen Roma eine Arbeit intellektueller Art verrichten (ungarische Gesamtbevölkerung: 43 Prozent). Also befindet sich ein Großteil der ungarischen Roma in großer Armut. Mehr als die Hälfte von ihnen wohnt abgesondert in eigenen Vierteln, in denen oft die Infrastruktur sowie die Wasser- und Energieversorgung unzulänglich sind. Nach Schätzungen des ungarischen Statistikamts lebte im Jahr 2016 mehr als die Hälfte der Roma in überfüllten Wohnungen, während es unter den Nicht-Roma nur 13 Prozent waren, und lebten 46 Prozent der Roma in Wohnungen, in denen eine sanitäre Grundversorgung zum Teil oder ganz fehlte; bei der restlichen Bevölkerung Ungarns waren das knapp drei Prozent. Ein

* Womöglich geht auch auf sie zurück, dass inzwischen schätzungsweise 90 Prozent der wahlberechtigten Roma für den Fidesz zu stimmen pflegen.

Drittel der Roma gab 2011 sogar an, in Elendsvierteln oder Wohnwagen zu leben. Auch wenn sich diese Lage seither verbessert hat, liegt die durchschnittliche Lebenserwartung der ungarischen Roma immer noch um zehn Jahre unter jener der übrigen Ungarn, die ihrerseits mit 76,4 Jahren im europäischen Vergleich auch nicht hoch ist.

Ganz anders sieht die Lage der jüdischen Ungarn aus. Juden siedelten in der römischen Provinz Pannonien schon im 2./3. Jahrhundert, und aufstrebende jüdische Gemeinden gab es bereits zur Zeit der ungarischen Landnahme im 9. Jahrhundert. Deren Zahl erhöhte sich stetig, und zwar – abgesehen von wenigen antijüdischen Einschnitten – ohne die anderswo in Europa üblichen Judenverfolgungen. Zu solchen kam es erst in jenen innerungarischen Wirren, die der osmanischen Invasion vorangingen. Unter türkischer Herrschaft, und zumal im religiös toleranten Fürstentum Siebenbürgen, konnten sich die jüdischen Gemeinden dann weiter entfalten. Auch während der folgenden habsburgischen Regierung nahm die Anzahl der jüdischen Bevölkerung zu und lag 1787 im historischen Ungarn wohl bei 80 000. Zur Blütezeit jüdischen Lebens in Ungarn wurden die Jahrzehnte zwischen dem Österreichisch-Ungarischen Ausgleich von 1867 und dem Ersten Weltkrieg. Dies ging mit einer magyarischen Assimilierung insbesondere der liberalen jüdischen Gemeinden einher. Drei Viertel der jüdischen Bevölkerung des Königreichs – ohne Kroatien – gaben denn auch 1910 als Muttersprache Ungarisch an, ein gutes Fünftel Deutsch. In Ungarn lebten damals mehr als 900 000 jüdische Ungarn, und in Budapest machten sie über 20 Prozent der Stadtbevölkerung aus. Mehr als die Hälfte der im Handels- und Banksektor Beschäftigten war jüdisch, weniger als ein Zehntel in der Landwirtschaft. Rund 280 jüdische Familien waren zu Beginn des 20. Jahrhunderts sogar geadelt, 26 davon mit dem Titel eines Barons, was in Europa eine vergleichsweise hohe Anzahl darstellte.

Wie beim Gang durch die ungarische Geschichte schon beschrieben, verschlechterte sich die Lage der jüdischen Ungarn während der Zwischenkriegszeit. 1944/45 wurden über drei Viertel der auf dem Land lebenden jüdischen Bevölkerung und fast die Hälfte der Budapester Juden ermordet. Gleich nach dem Krieg kam es auch noch zu einer ersten großen Auswanderungswelle nach Israel; etwa 50 000 Juden verließen ihr bisheriges Land. Eine zweite Auswanderungswelle von rund 20 000 Personen folgte nach dem Volksaufstand von 1956. Erst nach dem Ende des Kommunismus konnte sich das ungarische Judentum wieder verlässlich reorganisieren, freilich unter ständigem Bevölkerungsschwund sowie mit einer steigenden Anzahl von Mischehen. Zahlreiche jüdische Kulturstätten und Institutionen wurden neu gegründet, enteignete Gebäude und Vermögen zurückgegeben, Synagogen restauriert. 2004 wurde das Budapester Holocaust-Dokumentationszentrum eröffnet, das damals fünfte weltweit und das erste im östlichen Europa. 2008 wurde in Békéscsaba sogar der größte Synagogenneubau Ostmitteleuropas seit 1945 eingeweiht.

Heute gibt es – geschätzt, nicht durch eine Volkszählung ermittelt – zwischen 60 000 und 110 000 jüdische Ungarn. Etwa 80 Prozent von ihnen leben in Budapest, der einzigen europäischen Hauptstadt, in der mehr Juden als Muslime leben. Quer übers Land gibt es mehr als einem Dutzend liturgisch genutzte Synagogen. Allein in Budapest lassen sich gut 20 Synagogen und Gebetsräume finden, in denen jüdisches Gemeinschaftsleben floriert. Insgesamt bilden die jüdischen Ungarn die größte jüdische Gemeinde in Mitteleuropa sowie die drittgrößte in der EU – nach Frankreich mit rund 500 000 und Deutschland mit mehr als 200 000 Gemeindemitgliedern. Bei allen diesen Zahlen ist allerdings zu bedenken, dass bei ungarischen Volkszählungen »jüdisch« als Religion, nicht als »Nationalität« ermittelt wird, und dass sich obendrein viele Antwortverweigerungen finden. Im Übrigen ist unter den jüdischen Ungarn – wie seit dem 19. Jahrhundert üblich – das Bildungsniveau weitaus höher als im Landesdurchschnitt. Ausweislich entsprechender Erhebungen haben vier Fünftel der jüdischen Budapester beispielsweise einen Hochschulabschluss; unter den nicht-jüdischen Budapestern ist das hingegen nur ein Drittel. Auch werden jüdisch-selbstbewusste Bildungsgrundlagen in mehreren jüdischen Kindergärten und an drei jüdischen Gymnasien gelegt; hinzu kommt mit der Jüdischen Universität in Budapest noch das älteste weiterhin bestehende Rabbinerseminar der Welt. Freilich praktiziert nur etwa ein Zehntel der jüdischen Ungarn regelmäßig den überkommenen Glauben. Viel lebendiger ist die jüdische Kultur. In Budapest gibt es etwa das jüdische Gólem-Theater oder das JCC Bálint Ház als eines von mehreren Kulturzentren, desgleichen eine Reihe von jüdischen Zeitschriften. Jedes Jahr findet auch eine Vielzahl jüdischer Festivals statt, darunter vor einigen Jahren sogar die – den Olympischen Spielen ähnliche – größte internationale jüdische Sportveranstaltung, nämlich die Makkabi-Spiele.

Politisch sind die jüdischen Ungarn – klar überwiegend im weit überdurchschnittlich liberalen Budapest lebend – viel liberaler eingestellt als der Rest des Landes. Auch deshalb gaben bei einer soziologischen Studie im Jahr 2017 weniger als zwei Prozent unter ihnen an, für den Fidesz stimmen zu wollen. Die Repräsentation des ungarischen Judentums übernahm nach dem politischen Umbruch zunächst allein die »Föderation der jüdischen Gemeinden in Ungarn« (Mazsihisz) als Nachfolgeorganisation der vorherigen Einheitsorganisationen MIOK. Von ihr – neolog ausgerichtet, also liberal und modernisierungsfreundlich – spaltete sich eine orthodoxe Gemeinde ab. 2004 wurde dann die »Vereinigte Jüdische Gemeinde Ungarns« (EMIH) gegründet, die sich bei Glaubensfragen in der Tradition des *status quo ante* sieht. Sie wuchs rasch, auch dank großzügiger finanzieller Unterstützung seitens des ungarischen Staates, und bildet nun einen Gegenpol zu Mazsihisz. Wie im politisch tiefgehend polarisierten Ungarn nicht anders zu erwarten, streiten beide Vertretungen sich über die wünschenswerte oder abzulehnende Nähe zur Fidesz-Regierung, wobei EMIH von ihrer Konkurrentin immer wieder des Opportunismus bezichtigt wird.

Weiterhin gibt es in Ungarn antisemitische Denkmuster und Vorurteile. Eine Studie aus dem 2021 fand, dass Ungarn damit in einer Reihe mit Polen, Rumänien und Griechenland EU-weit an der Spitze stand. Mehr als 40 Prozent der ungarischen Befragten bekundeten damals mittlere bis starke antisemitische Vorurteile, und 21 Prozent meinten sogar, Ungarns Juden sollten am besten auswandern. Allerdings wird in Ungarn – im Gegensatz zu Westeuropa – der Antisemitismus als kein zunehmendes, sondern als ein abnehmendes gesellschaftliches Problem empfunden. Führende jüdische Persönlichkeiten Ungarns weisen regelmäßig darauf hin, wie unbedroht jüdisches Leben in Ungarn sei. Auch die ungarische Kriminalstatistik belegt eine Abnahme antisemitischer Straftaten in den letzten Jahren, insbesondere der – ohnehin seltener als in anderen europäischen Ländern vorkommenden – physischen Gewaltsamkeit. Unter den politischen Parteien vertrat früher Jobbik offen antisemitische Positionen. Hinsichtlich der kulturellen und religiösen Minderheit der jüdischen Ungarn hat Ungarns Politik anscheinend keine sonderlichen Probleme mehr zu lösen – außer dem, jedwedem Aufwachsen von Judenfeindlichkeit entgegenzutreten.

3. Haushalts-, Arbeitsmarkt- und Wirtschaftspolitik

a. Die Ausgangslage

Ungarns Fidesz-Regierung kam im Jahr 2010 nach den internationalen Finanzkrisen von 2008 und 2009 an die Macht. Während dieser Zeit war das stark nach neoliberalen Wirtschaftsgrundsätzen regierte Ungarn zum staatlich wie privat hoch verschuldeten Krisenfall geworden. Die Kernprobleme waren ...

- ein hohes Haushaltsdefizit, das in jedem Jahr zwischen 2002 und 2007 oberhalb von fünf Prozent des Bruttoinlandsprodukts lag.
- eine starke Steigerung der Staatsverschuldung. Die Defizitquote stieg von 55 Prozent im Jahr 2002 auf 65 Prozent im

Jahr 2007, und sie hatte im Jahr 2010 rund 80 Prozent erreicht. Deshalb lief seit 2004 gegen Ungarn ein Defizitverfahren der Europäischen Union, das erst im Jahr 2013 nach dem Greifen der 2010 eingeleiteten Reformen eingestellt wurde.

- ein großer Anteil von Fremdwährungshypotheken, aufgenommen – oft in Schweizer Franken – sowohl vom Staat als auch von immobilienfinanzierenden Privatleuten. Das hatte üble Auswirkungen, als die einst niedrigen, doch als variabel vereinbarten Zinsen nach oben schossen und zugleich der Wert des Schweizer Franken und anderer Währungen immer weiter stieg, während die Einkommen in ungarischen Forint blieben. 2010 war Devisenkreditbestand auf nicht weniger als ein Fünftel des Bruttoinlandsprodukts angewachsen.
- ein hoher Steuersatz bei der Lohn- bzw. Einkommenssteuer, und zwar mit weiteren Erhöhungen, als die EU Ungarn kurz nach dessen Beitritt zur Überprüfung seiner makroökonomischen Pläne aufforderte.
- eine niedrige, seit 2006 ständig gesunkene Beschäftigungsquote von nur noch rund 55 Prozent der Erwerbsfähigen, was die zweitniedrigste unter den EU-Staaten war. Ein wichtiger Grund war – neben zu wenigen Arbeitsplätzen – eine vergleichsweise mäßige Nachfrage nach mehr Arbeit, ihrerseits verursacht durch hohe Steuern auf Einkommen, durch großzügige Sozialleistungen, durch frühe Verrentungsmöglichkeiten sowie durch fehlende Teilzeitarbeitsplätze – samt zugleich mangelnder Kinderbetreuung für Frauen mit Kindern.
- vielerlei Praxen der Steuervermeidung als Reaktion darauf, dass der Staat versuchte, von immer weniger Beschäftigten immer höhere Steuern einzutreiben.

Die Wachstumsraten der ungarischen Wirtschaft von vier bis fünf Prozent vor der internationalen Finanzkrise waren im Grunde nur durch besonders hohe, schuldenfinanzierte Staatsausgaben bewirkt worden. Als diese Politik mangels ungarischer Kreditwürdigkeit nicht mehr möglich war, schrumpfte die

Wirtschaft drastischer als sonst in der EU. Ein Zusammenbruch von Wirtschaftsleben und Arbeitsmarkt wurde letztlich nur durch einen Kredit des Internationalen Währungsfonds abgewendet. Ein entsprechendes, im Herbst 2008 vereinbartes internationales Abkommen stellte Ungarn zwar 19 Milliarden Euro zur Verfügung, band Ungarns Politik aber an sehr einschränkende Auflagen.

Auf die reagierte Ungarns bis 2010 sozialistisch-liberale Regierung durch die Abschaffung der 13. Monatsgehälter sowie der 13. Monatsrenten im Bereich des öffentlichen Dienstes, durch Gehaltsdeckelungen, desgleichen durch eine Verringerung des Krankengelds. Natürlich wirkte sich das alles negativ auf das Bevölkerungsvertrauen in die Regierung aus. Der Fidesz förderte dies durch eine Nein-Kampagne bei einem im Jahr 2008 angesetzten Referendum über die – sachlich sinnvolle – Einführung von Arzt-, Krankenhaus- und Studiengebühren. Weiter verschärft wurde die Lage durch große, krisenbedingte Nachfragerückgänge auf den Absatzmärkten. Zugleich konnte Ungarn wegen seiner hohen Verschuldung im Ausland keine antizyklische Konjunkturpolitik betreiben, was hingegen in vielen anderen Ländern entlang der dort fortbestehenden Möglichkeiten weiterer Staatsverschuldung versucht wurde. Somit standen Ungarn nicht die Standardmöglichkeiten des Umgangs einer staatlichen Wirtschafts- und Finanzkrise offen.

b. Grundzüge von Ungarns »unorthodoxer« Wirtschaftspolitik

Deshalb begann die neue Regierung 2010 mit einer – selbst eingestanden – sehr »unorthodoxen« Politik. Statt einen Sparkurs einzuschlagen, wollte sie haushaltsmäßige Stabilität und Wirtschaftswachstum gleichzeitig erreichen. Das verlangte nach strukturellen Reformen, und zwar vor allem bei der Arbeitsmarkt- und Steuerpolitik. Weil aber die Vorteile solcher Reformen immer erst mit einiger Verzögerung sichtbar sind, ihre – auch sozialen – Kosten hingegen sofort fällig werden, lassen sie sich nur unter zwei Voraussetzungen durchführen. Erstens braucht es eine stabile, gesellschaftlich breit unterstützte Regierung; zweitens wird rasch Kapital benötigt, um die kurzfristig anfallenden Kosten der Reformen zu decken. Die erste Voraussetzung war durch die 2010 errungene parlamentarische Zweidrittelmehrheit der neuen Regierung erreicht. Die zweite wurde geschaffen durch die Zurücklenkung der in den bislang privat organisierten Rentenversicherungen angefallenen Beiträge – außer den privat entrichteten – in den Staatshaushalt sowie durch sektorale Sondersteuern in den Bereichen Banken, Telekommunikation und Einzelhandel.

Leitgedanke der unter solchen Umständen durchgeführten Reformen war es, das verschuldungsbasierte ungarische Wirtschaftssystem zu einem solchen umzubauen, das auf reguläre Arbeitsverhältnisse gegründet ist. Angestrebt wird also eine »workfare economy«, ihrerseits basierend auf einer »workfare society«, in der es selbstverständlich ist, einer geregelten Arbeit nachzugehen.* Um zu diesem Ziel zu gelangen, mussten – erstens – viel mehr Ungarn als bislang regulär berufstätig werden, galt es die anschließend für Kredite verfügbaren landesinternen Ersparnisse durch Erhöhung der Netto-Einkommen zu mehren, und sollte das alles durch eine Steigerung der Kinderzahlen auch noch nachhaltig gemacht werden. Zweitens war die äußere finanzielle Verletzlichkeit des Landes zu verringern. Das verlangte nach einer tatkräftigen Haushaltskonsolidierung durch Abbremsung der bislang stets zunehmenden Staatsverschuldung, desgleichen nach der Verringerung der Auslandsschulden von Staat und Bevölkerung. Zugleich sollte ein wirtschaftliches Gleichgewicht hergestellt werden zwischen dem inländischen

* Der Art. XII der neuen Verfassung drückt das so aus: »(1) Jeder hat das Recht, Arbeit und Beruf frei zu wählen sowie unternehmerische Tätigkeit auszuüben. Jeder ist verpflichtet, durch eine seinen Fähigkeiten und Möglichkeiten entsprechende Arbeit zum Wachstum der Gemeinschaft beizutragen. (2) Ungarn ist bestrebt, die Bedingungen dafür zu schaffen, dass alle arbeitsfähigen Menschen, die arbeiten wollen, einer Arbeit nachgehen können.«

und dem – damals dominierenden – ausländischen Besitz an der ungarischen Wirtschaft, wofür es die Exporte zu steigern sowie kleine und mittlere Unternehmen in ungarischem Eigentum zu fördern galt. Weil diesem letzteren Zweck auch die – mitunter recht freihändige – Vergabe von aus EU-Mitteln finanzierten Aufträgen an ungarische Unternehmen dient, ist hier die politikprogrammatische Ursache dessen zu erkennen, was zu den allenthalben wiederholten Korruptionsvorwürfen an die Adresse der ungarischen Regierung führt.

Aus diesem Gesamtansatz ergaben sich – erstens – steuerpolitische Maßnahmen. Die Regierung entschloss sich, trotz ihrer Finanznot die Einkommenssteuer auf einheitlich 15 Prozent zu senken, die Mehrwertsteuer zu erhöhen und – sobald die staatlichen Auslandsschulden deutlich reduziert wären – eine für in Ungarn tätige Unternehmen anreizstarke, niedrige Besteuerung einzuführen. Damit diese Maßnahmen nicht im Lauf der Zeit durch laxe Haushaltsführung verpufften, wurden – zweitens – im neuen Grundgesetz Ungarns verfassungsrechtliche Grenzen für parlamentarische Verschuldungswünsche gezogen. Einerseits wurde im Artikel 36, der gemeinsam mit dem Art. 37 das Haushaltsrecht regelt, das Folgende formuliert:

> (4) Das Parlament darf kein Gesetz über den zentralen Staatshaushalt verabschieden, als Ergebnis dessen die Staatsverschuldung die Hälfte des gesamten Bruttoinlandsprodukts übersteigen würde.
> (5) Solange die Staatsverschuldung die Hälfte des gesamten Bruttoinlandsprodukts übersteigt, darf das Parlament nur ein solches Gesetz über den zentralen Staatshaushalt verabschieden, das eine Senkung des Verhältnisses der Staatsverschuldung zum gesamten Bruttoinlandsprodukt beinhaltet.
> (6) Von den Bestimmungen in den Absätzen 4 und 5 darf nur in Zeiten einer besonderen Rechtsordnung und in einem Maße, das zur Milderung der Folgen der die besondere Rechtsordnung auslösenden Umstände erforderlich ist, oder aber bei einem

> dauerhaften und wesentlichen Rückgang der Volkswirtschaft in einem zur Wiederherstellung des Gleichgewichts der Volkswirtschaft notwendigen Maße abgewichen werden.

Im Artikel 37, der die Haushaltsdurchführung seitens der Regierung regelt, wurde überdies festgelegt:

> (2) Bei der Durchführung des zentralen Staatshaushalts dürfen – mit den in Artikel 36 Absatz 6 bestimmten Ausnahmen – keine Darlehen aufgenommen und keine finanziellen Verbindlichkeiten eingegangen werden, die zur Folge haben würden, dass die Staatsverschuldung die Hälfte des gesamten Bruttoinlandsprodukts übersteigt.
> (3) Solange die Staatsverschuldung die Hälfte des gesamten Bruttoinlandsprodukts übersteigt, dürfen bei der Durchführung des zentralen Staatshaushalts – mit den in Artikel 36 Absatz 6 bestimmten Ausnahmen – keine Darlehen aufgenommen und keine finanziellen Verbindlichkeiten eingegangen werden, die zur Folge haben würden, dass das Verhältnis der Staatsverschuldung zum gesamten Bruttoinlandsprodukt gegenüber dem Zustand des Vorjahres ansteigt.
> (4) Solange die Staatsverschuldung die Hälfte des gesamten Bruttoinlandsprodukts übersteigt, darf das Verfassungsgericht im Rahmen seiner Zuständigkeit gemäß Artikel 24 Absatz 2 Buchstaben b) bis e) die Vereinbarkeit der Gesetze über den zentralen Staatshaushalt, über die Durchführung des zentralen Staatshaushalts, über die zentralen Steuerarten, über Gebühren und Beiträge, über die Zölle sowie über die zentralen Voraussetzungen der örtlichen Steuern mit dem Grundgesetz ausschließlich hinsichtlich des Rechts auf Leben und Menschenwürde, auf Schutz der personenbezogenen Daten, auf Gedanken-, Gewissens- und Religionsfreiheit oder hinsichtlich der Rechte, die mit der ungarischen Staatsbürgerschaft einhergehen, überprüfen und wegen deren Verletzung für nichtig erklären. Das Verfassungsgericht ist berechtigt, auch Gesetze, die in diesen Regelungsbe-

> reich fallen, uneingeschränkt für nichtig zu erklären, wenn die im Grundgesetz für ihre Verabschiedung und Verkündung vorgesehenen Verfahrensanforderungen nicht eingehalten wurden.
> (5) Absatz 4 ist auf gesetzliche Bestimmungen, die in dem Zeitraum in Kraft getreten sind, in dem die Staatsverschuldung die Hälfte des gesamten Bruttoinlandsprodukts überstieg, hinsichtlich dieses Zeitraumes auch dann anzuwenden, wenn die Staatsverschuldung die Hälfte des gesamten Bruttoinlandsprodukts nicht mehr übersteigt.
> (6) Die Art und Weise der Berechnung der Staatsverschuldung und des gesamten Bruttoinlandsprodukts sowie die Regelungen zur Durchführung der Bestimmungen des Artikels 36 und der Absätze 1 bis 3 bestimmt ein Gesetz.

Obendrein wurde im Artikel 44 der Verfassung mit dem Haushaltsrat ein besonderes Organ geschaffen, das disziplinierend auf das Parlament als Haushaltsgesetzgeber einwirken soll:

> (1) Der Haushaltsrat ist ein Organ zur Unterstützung der gesetzgeberischen Tätigkeit des Parlaments, das die Schlüssigkeit des zentralen Staatshaushalts prüft.
> (2) Der Haushaltsrat wirkt auf gesetzlich bestimmte Weise bei der Vorbereitung des Gesetzes über den zentralen Staatshaushalt mit.
> (3) Zur Verabschiedung des Gesetzes über den zentralen Staatshaushalt ist im Interesse der Einhaltung der Bestimmungen in Artikel 36 Absätze 4 und 5 die vorherige Zustimmung des Haushaltsrates erforderlich.
> (4) Die Mitglieder des Haushaltsrates sind der Präsident des Haushaltsrates, der Präsident der Ungarischen Nationalbank und der Präsident des Staatsrechnungshofes. Der Präsident des Haushaltsrates wird vom Präsidenten der Republik für sechs Jahre ernannt.
> (5) Das Nähere über die Tätigkeit des Haushaltsrates regelt ein Kardinalgesetz.

Drittens wurde durch im Jahr 2013 vorgenommene Veränderungen im Arbeitsgesetzbuch die Einstellung bzw. Entlassung von Arbeitskräften erleichtert, was einen sehr flexiblen Arbeitsmarkt entstehen ließ. Auf ihm begünstigte der Staat durch gezielte Begünstigungen die Beschäftigung von vulnerablen Arbeitnehmergruppen wie Jüngeren, Älteren, Müttern, ehemaligen Arbeitslosen und Unausgebildeten. Tatsächlich stieg in den Folgejahren die Beschäftigungsquote in Ungarn deutlich an, was sich auch im Anstieg der Nettolohnquote ausdrückte. Zur Steigerung der Beschäftigungsquote wurden ebenfalls Veränderungen im sozialen Sicherungsnetz vorgenommen. Einerseits wurde der Mindestlohn auf inzwischen rund 500 Euro pro Monat erhöht. Andererseits wurde darauf hingewirkt, dass jene, die noch nicht – oder noch nicht wieder – einen regulären Arbeitsplatz gefunden hatten, nicht passiv gehalten würden, sondern sich rasch erneut in die Arbeitswelt integrierten. Dem diente die Einführung verpflichtender sozialer Arbeit für Arbeitslose mittels öffentlicher Beschäftigungsprogramme, und zwar mit Beschäftigungsfristen zwischen 220 Tagen und 18 Monaten. Leitgedanke war, dass ein geregelter Tagesablauf, weitere Erfahrungen in einem Job sowie jene Selbstachtung, die mit alledem einhergehen kann, einem neuerlichen Berufseinstieg förderlich wären. Bald zeigte sich, dass viele, die zu gemeinnütziger Arbeit einberufen wurden, tatsächlich bereits einen Arbeitsplatz hatten, der freilich nicht gemeldet worden war und somit auch kein Steueraufkommen generierte. Jetzt aber wurde er gemeldet und dann steuerlich veranschlagt. Als besonders wirkungsvoll bei der Steigerung der Beschäftigungsquote erwies sich obendrein die folgende Staffelung: Die sozialstaatlichen Beihilfen für weiterhin beruflich inaktive Bevölkerungsteile sind niedriger als die Entlohnung gemeinnütziger Arbeit, und die wiederum liegt – je nach Tätigkeit und Qualifikation – bei 76 bis 88 Prozent jenes Mindestlohns, den man nach dem Eingehen eines regulären Arbeitsverhältnisses auf alle Fälle erhielte. Tatsächlich ging seit 2016 die Zahl der in solchen Programmen Beschäftigten zurück, während die Gesamtbeschäftigtenzahl anstieg. Insgesamt lag im Jahr 2010 die Zahl der steuerpflichtig Beschäftigten Ungarn bei knapp 1,7 Millionen, während sie im Jahr 2021 rund 4,7 Millionen betrug.

Viertens wurden rentenpolitische Maßnahmen eingeleitet. Vor allem wurden die Kriterien für das Beziehen einer Frührente verschärft, wovon zuvor nennenswerte Teile der eigentlich erwerbsfähigen Bevölkerung profitiert hatten. Seit 2012 können – abgesehen von besonderen Ausnahmefällen – nur Frauen eine Frührente beziehen, wenn sie ein mindestens 40 Jahre dauerndes Arbeitsverhältnis nachweisen können. Frühere Vergünstigungen, beispielsweise für Bergbauern oder Künstler, wurden abgeschafft. Zudem wurde das Renteneintrittsalter erhöht, nämlich seit 2022 auf 65 Jahre. Durch diese Maßnahmen wuchs die Beschäftigungsrate bei den 55- bis 64-Jährigen zwischen 2010 und 2017 um 16,2 auf 49,8 Prozent an. Doch damit liegt Ungarn, bezogen auf die gleiche Altersgruppe, immer noch deutlich zurück hinter deutschen (68,6 Prozent) oder gar schwedischen (75,5 Prozent) Arbeitsmarktverhältnissen. Im gleichen Zeitraum stieg der Anteil der Beschäftigten in der gesamten Altersgruppe der Erwerbstätigen – 15 bis 64 Jahre – um 11,6 auf 66,5 Prozent an. Allerdings betrug im Jahr 2017 der Anteil der wirtschaftlichen Aktiven an der erwerbsfähigen Bevölkerung, einschließlich der gemeinnützig Arbeitenden, immer noch nur 70,1 Prozent.

Fünftens wurden eng mit dem Arbeitsmarkt zusammenwirkende Veränderungen des Bildungssystems vorgenommen. Mit ihnen versuchte man, dessen folgende Schwächen zu beheben: das weitere Absinken des Anteils der Berufsschüler zwischen 1990 und 2010 von 43 Prozent der Jugendlichen auf nur noch 23 Prozent; die vergleichsweise geringe Zahl von Abiturienten mit zugleich abgeschlossener Berufsausbildung (2015 in Ungarn 43 Prozent, in Deutschland 58 Prozent); die daraus resultierenden geringeren Aufstiegschancen von Kindern aus sozial schwachen Schichten, deren Weg nach oben meist über einen tatsächlich nachgefragten Beruf führt; und ein vergleichsweise hoher Anteil von Studierenden der Sozialwissenschaften im Vergleich mit solchen, die natur- oder technikwissenschaftliche Studiengänge absolvieren. Ferner setzte man Anreize zum ergebnisorientierten Studium dahingehend, dass die vom Staat finanzierten Studienkosten nachentrichten muss, wer weder tatsächlich einen Hochschulabschluss erreicht noch anschließend in Ungarn berufstätig wird.

Im Übrigen war eine Besonderheit Ungarns in den 1990er-Jahren die großflächige Vergabe öffentlicher Dienstleistungen wie der Gas-, Strom- oder Wasserversorgung an ausländische Investoren gewesen, desgleichen der Verkauf strategisch wichtiger Unternehmen an ausländische Konzerne. Sogar Banken, der Telekommunikationssektor sowie die nationale Ölgesellschaft wurden in dieser Weise privatisiert. Zwar gab es damals kaum ungarisches Kapital für den Erwerb von Firmen, die über staatliche Ausschreibungen veräußert wurden. Doch vor allem entsprach die Bevorzugung ausländischer Investoren dem neoliberalen Zeitgeist und den Politikvorstellungen der zwischen 1994 und 1998 sowie 2002 und 2010 verantwortlichen sozialistisch-liberalen Regierungen. Dabei vollzog sich derlei Privatisierung nicht selten zum persönlichen Vorteil derer, welche darauf Einfluss hatten, früheres Staatseigentum in ganz bestimmte private Hände – und eben in keine anderen – gelangen zu lassen.* Deshalb machte sich – sechstens – seit 2010 die ungarische Regierung daran, den ausländischen Besitzanteil nicht nur am ungarischen Finanzsektor von einst rund 80 Prozent auf nunmehr etwa die Hälfte zu verringern. Ferner wurde auch der Besitzanteil des ungarischen Staates an den Unternehmen mit monopolistischer oder oligopolistischer Marktstellung erhöht, also vor allem bei den Gas-, Strom- und Wasseranbietern. Dabei kamen für füh-

* Ähnliche Kritik trifft die seit einigen Jahren zu beobachtende Praxis der ungarischen Regierung, auf der Grundlage von mit Zweidrittelmehrheit gefassten Parlamentsentscheidungen öffentliches Vermögen in ihr politisch nahestehende Stiftungen auszugliedern, die dann nicht selten von Fidesz-Angehörigen geleitet werden.

rende Positionen – gemäß der politischen Logik in einer hochgradig zerstrittenen Gesellschaft – natürlich keine Gegner, sondern idealerweise Unterstützer der neuen Regierung in Frage. Nicht zuletzt das hat vor Augen, wer an Ungarn staatliche Korruption kritisiert.

Ein weiteres Instrument zur Minderung der Abhängigkeit der ungarischen Wirtschaft vom Ausland ist die – durch Kaufangebote eingeleitete – Übernahme von Unternehmen in Staatsbesitz, sobald sie zu einer Größe aufgewachsen sind, die strategisch ins Gewicht fällt. Überdies dienen verschiedene Maßnahmen der Ungarischen Nationalbank dazu, kleine und mittlere Unternehmen in ungarischem Besitz gerade bei ihren Exportversuchen besserzustellen. Insgesamt wurde seit 2010 – in Abkehr von der früheren Privatisierungspolitik – auf eine starke wirtschaftsregulative Rolle des Staates ausgegangen, also an die Stelle einer »liberalen« Wirtschaftspolitik eine eher »sozialdemokratische« Wirtschaftspolitik gesetzt. Zu deren Ausübung gehören beispielsweise auch staatliche Preisdeckelungen bei den Treibstoffen für Kraftfahrzeuge und für manche Lebensmittel. Allerdings wird derlei nicht nachhaltig sein, sondern kann nur zeitweise den Anstieg der Inflation abfangen oder kurzfristige Bevölkerungssorgen abpuffern.

c. Ergebnisse und fortbestehende Herausforderungen

Als Ergebnis dieser haushalts-, arbeitsmarkt- und wirtschaftspolitischen Maßnahmen wies Ungarn seit 2011 nur noch leichte Haushaltsdefizite sowie eine schrumpfende Staatsverschuldung auf. 2017 war dann zum sechsten Mal in Folge, dass das jährliche Haushaltsdefizit unterhalb von drei Prozent des Bruttoinlandsprodukts lag. Das Wachstum der impliziten Staatsverschuldung nahm ebenfalls in der Weise ab, dass der – aufgrund jeweils aktueller Rechtsregeln zu erwartende – Unterschied zwischen künftigen Ausgaben und fortan zu erwartenden Einnahmen verringert wurde. Auch die Sozialversicherungsausgaben mussten sich fortan nach den Einnahmen richten; und außerdem wurde die Verschuldungsmöglichkeit der Gemeinden beschränkt. Die vor 2010 in großem Umfang aufgenommenen Fremdwährungsschulden wurden durch Regierungsmaßnahmen reduziert. Zu diesen gehörte die staatlich subventionierte Endtilgung, die Festlegung von Wechselkursobergrenzen sowie die Konvertierung der Fremdwährungsschulden in Forint. Finanziert wurde das großenteils durch Sondersteuern, die internationalen Unternehmen mit hoher Wertschöpfung in Ungarn auferlegt wurden. Alsbald verschwand der größte Teil der Schulden aus Devisenkrediten. Die Staatsverschuldungsquote insgesamt sank zwischen 2010 und 2022 – mit einigem Auf und Ab – freilich nur auf rund 78 Prozent des Bruttoinlandsprodukts. Dabei fiel die Staatsverschuldung in Fremdwährungen bis 2016 von 49 Prozent der Gesamtverschuldung auf nur noch 25 Prozent, und die Verschuldung Ungarns im Ausland sank von 112,6 Prozent des Bruttoinlandsprodukts auf 69,5 Prozent. Das wurde einerseits gefördert durch ein Selbstfinanzierungsprogramm der Ungarischen Nationalbank, welches inländische Banken dazu veranlasste, ihre liquiden Mittel vor allem in Staatsanleihen zu halten. Andererseits diente der inländischen Staatsfinanzierung der regierungsseitig sehr geförderte und dafür auch EU-Mittel nutzende Aufbau einer neuen Schicht von – im Inland steuerlich veranlagten – reichen ungarischen Unternehmern. Eben das wird vielfach als staatliche Korruption kritisiert. Weil zugleich das ungarische Lohnniveau eines der niedrigsten innerhalb der EU ist, wird diese Art der Förderung von Unternehmen, von Beobachtern und Opposition in der Regel als »Umverteilung von unten nach oben« verurteilt.

Erleichtert wurde diese Politik dadurch, dass Ungarns Bruttoinlandsprodukt zwischen 2013 und 2017 kumuliert um 17 Prozent wuchs. Das lag nicht nur über dem im gleichen Zeitraum kumulierten Wachstum im EU-Durchschnitt von 9,2 Prozent, sondern auch über dem von Deutschland mit seinen 8,5 Prozent. Die Beschäftigungsquoten der Bevölkerung stiegen dann auch rasch an. Freilich wurde im Nachgang der Corona-Krise ebenfalls die ungarische Wirtschaft nach unten gezogen, desgleichen durch die wirtschaftlichen Begleitschäden des russischen Kriegs in der Ukraine. Das zeigt sich nicht nur in der – trotz staatlicher Preisdeckelungen und entschlossener Gegenwehr der Notenbank – stark steigenden Inflation, die im Mai 2022 rund 11 Prozent bei den Verbraucherpreisen und in etwa 29 Prozent bei den Erzeugerpreisen erreichte. Zu den Folgen gehört nämlich auch, dass im Jahr 2020 das Bruttoinlandsprodukt um fünf Prozent zurückging, das Staatsdefizit wieder gut acht Prozent des Bruttoinlandsprodukts erreichte und die Staatsschulden auf 81 Prozent des Bruttoinlandsprodukts anstiegen. Auch die Arbeitslosenquote stieg auf 4,7 Prozent im Jahr 2020, was die Regierung durch Beschäftigungsprogramme aufzuhalten versuchte. Im April 2022 lag sie dann bei 3,6 Prozent – und zwar in einer sehr unsicheren und instabilen wirtschaftlichen Gesamtlage.

Von allergrößter Bedeutung war für die ungarische Wirtschaft der Beitritt des Landes zur EU im Jahr 2004. Heute gehen über drei Viertel der ungarischen Exporte in die EU, darunter rund 28 Prozent nach Deutschland. Die Ausfuhren nach China und Südkorea wuchsen in den letzten Jahren deutlich. Gut 70 Prozent der ungarischen Importe kommen ebenfalls aus der EU, und zwar zu einem Viertel aus Deutschland, mit weitem Abstand gefolgt von China und dann Österreich, Polen und Tschechien. Ferner haben Ungarns Infrastruktur und Wirtschaft in großem Umfang von direkt dem Land zugewiesenen EU-Mitteln profitiert. Zwischen 2013 und 2020 erhielt Ungarn beispielsweise 25 Milliarden Euro aus dem EU-Haushalt. Freilich relativiert sich diese Summe, wenn man ihr das ungarische Bruttoinlandsprodukt allein schon des Jahres 2019 in Höhe von 144 Milliarden Euro oder des Jahres 2021 von 154 Milliarden Euro gegenüberstellt. Seit die EU die aus manchen ihrer Programme für Ungarn vorgesehenen Mittel als Hebel im Streit mit der ungarischen Regierung über verschiedene von deren Politiken einzusetzen begonnen hat, stellt sich Ungarn das längerfristige Ziel, auch ohne EU-Gelder auskommen zu können. Vor diesem Hintergrund ist erst recht nicht abzusehen, wie sich die im Zug von gegen Ungarn eingeleiteten EU-Verfahren* teils schon vollzogene, teils drastischer als bislang in Aussicht gestellte Einbehaltung von EU-Mitteln für Ungarn auf die Haushaltslage, auf Wirtschaftspolitik und überhaupt auf die Europapolitik des Landes auswirken wird.

Während in den Jahren vor der Pandemie eine Abwanderung ungarischer Arbeitskräfte ins Ausland zu beobachten war, gibt es seit 2020 mehr Rückkehrer als Auswanderer. Zu den Ursachen gehören gestiegene Löhne in Verbindung mit einem anreizstarken Steuerrecht, die Familienfreundlichkeit und verlässliche innere Sicherheit des Landes, desgleichen die Wahrnehmung, Ungarns Wirtschaft und Gesellschaft habe die Pandemie gut überwunden. Diese Entwicklung ist wichtig für Ungarn, weil es inzwischen einen Mangel von passend qualifizierten Arbeitskräften im Inland gibt. Er könnte zu einem Hemmnis der wirtschaftlichen Entwicklung Ungarns werden; allerdings finden sich Arbeitskraftreserven nicht nur unter den nach dem Westen abgewanderten Wirtschaftsmigranten, sondern auch unter den Auslandsungarn und den heimischen Roma. Ohnehin wurde das Ziel noch nicht nachhaltig erreicht, Ungarn zu einem – insbesondere mit Deutschland industriell eng verflochtenen – Produktionszentrum in Europa zu machen. Allerdings waren in den letzten Jahren die Versuche der staatlichen Investitionsförderungsagentur durchaus erfolgreich, ausländische Unternehmen

* Die EU kann verschiedene Verfahren gegen ihre Mitgliedsstaaten einleiten, darunter Defizitverfahren, Vertragsverletzungsverfahren, Artikel-7-Verfahren (hier geht es um Verletzungen von Werten der EU) oder Verfahren im Zusammenhang mit dem Konditionalitätsmechanismus, der die Streichung von einem Land eigentlich zustehenden EU-Mitteln für den Fall vorsieht, dass dieses Land entweder systematische oder einzelne Verstöße gegen Grundsätze der Rechtsstaatlichkeit begeht oder sich schwerwiegende Versäumnisse beim Umgang mit EU-Geldern zuschulden kommen lässt. Zu dem, was konkret der Fall ist, siehe den Abschnitt über Ungarns Europapolitik sowie Bauer 2022c.

für Forschungs- und Entwicklungsaktivitäten an ungarischen Standorten zu gewinnen. Als Schlüsselinvestitionssektoren wurden dabei die »Life Sciences« definiert, die erneuerbaren Energien, Informations- und Kommunikationstechnologien, der Automobilbau, die Elektronik, Lösungen für logistische Probleme, die Medizintechnik, die Nahrungsmittelindustrie sowie wirtschaftsbezogene Dienstleistungen. Wirtschaftsansiedlungen in diesen Bereichen können dann zu Grundlagen für eine weitergehende, zukunftsorientierte bilaterale Zusammenarbeit werden. Um seitens der ungarischen Regierung auf solche Entwicklungen besser hinwirken zu können, hat das Ministerium für Innovation und Technologie – seit 2022: Ministerium für Industrie und Technologie – zusätzliche Kompetenzen erhalten und sich zu einem Schlüsselministerium entwickelt. Das alles ändert aber nichts an der grundsätzlichen Herausforderung ungarischer Wirtschaftspolitik, dass Ungarns offene und relativ kleine Volkswirtschaft nun einmal sehr stark von internationalen Entwicklungen abhängt – im Bereich der Industrie von Deutschland, im Bereich der Energieversorgung von Russland.

4. Steuerpolitik

Ungarns Regierung wirkt insgesamt auf eine Gesellschaft hin, in der möglichst jeder zwischen seiner Ausbildungszeit und seinem Eintritt in den gesetzlich vorgesehenen Ruhestand tatsächlich arbeitet. Doch niemand soll für seinen beruflichen Erfolg dadurch gleichsam bestraft werden, dass bei höherem Einkommen auch seine Steuerlast steigt. Deshalb wurde durch Steuerreformen, die sich größtenteils in den Jahren bis 2013 vollzogen, die Besteuerung weg von Lohn- und Kapitalsteuern hin zu Konsum- und Sondersteuern verschoben, wobei letztere großenteils den in Ungarn tätigen internationalen Unternehmen auferlegt wurden, um mit ihnen Fremdwährungskredite umschulden oder tilgen zu können. Leitgedanke dieser Steuerpolitik ist es, dass Konsum- und Umsatzsteuern das Wirtschaftswachstum und die

Beschäftigungsquote weniger beeinträchtigen als Einkommens- oder Lohnsteuern. Also wurde bei der Einkommenssteuer – wie in Bulgarien, Rumänien, Tschechien, Estland und Schweden auch – ein fester Steuersatz (»flat tax«) eingeführt. In Ungarn liegt er bei 15 Prozent des Einkommens (Bulgarien und Rumänien: jeweils 10 Prozent, Tschechien 15 Prozent, Estland 20 Prozent; Schweden gut 52 Prozent). In Deutschland liegt hingegen der Spitzensteuersatz bei über 47 Prozent; Spitzenreiter sind Frankreich und Österreich mit rund 55 Prozent.

Im Vergleich der OECD-Staaten ist dafür die von jedermann zu entrichtende Mehrwertsteuer mit 27 Prozent (ermäßigte Sätze: 5 und 18 Prozent) in Ungarn am höchsten. In Deutschland liegen diese Sätze nur bei 19 bzw. ermäßigt 7 Prozent. Auf Ungarn folgen mit Normalsätzen bei der Mehrwertsteuer von 25 Prozent Dänemark, Schweden und Kroatien; am niedrigsten liegt die Mehrwertsteuer in der Schweiz mit knapp 8 Prozent (ermäßigte Sätze: 2,5 bzw. 3,7 Prozent). Gleichzeitig wurden von der ungarischen Regierung Maßnahmen zur Beseitigung der steuervermeidenden Schattenwirtschaft getroffen. Auch zu diesem Zweck wurde im Jahr 2012 eine Pauschalsteuer für Kleinunternehmen und Selbständige (KATA) eingeführt, nämlich ein fester, monatlicher Steuerbetrag, der nicht nur alle zu entrichtenden Steuern, sondern auch die Pflichtbeiträge wie die zur Krankenversicherung abdeckt. Das ließ sich mit minimalem Verwaltungsaufwand erledigen und bescherte dem Staat dennoch Einnahmen, steigerte also die Beschäftigung und senkte den Anreiz für Schwarzgeschäfte. Diese Steuerform konnte wählen, wer einen jährlichen Netto-Umsatz von nur bis zu 30 000 Euro hatte, worauf monatlich ca. 130 Euro Pauschalsteuer zu bezahlen war. Findige Unternehmer nutzten diese Möglichkeit, um auf KATA-Basis Scheinselbstständige zu beschäftigen, statt reguläre Arbeitsverhältnisse für sie zu schaffen und für diese dann entsprechend höhere Steuern und Sozialabgaben abzuführen. Zwischen den Jahren 2013 und 2019 vervierfachte sich jedenfalls die Zahl derer, die auf der

Grundlage von KATA tätig waren. Um diese wettbewerbsverzerrende und steuervermeidende Umnutzung eines an sich sinnvollen Steuerinstruments zu bremsen, erließ die Regierung im Juli 2022 – wie üblich im parlamentarischen Hauruck-Verfahren ohne vorangehende öffentliche Debatten und somit anschließende Proteste auslösend – eine Reform, die für viele Ungarn fortan zu höheren Steuern, doch auch später höheren Sozialleistungen führt.

Ein weiteres Instrument zur Vermeidung von Schwarzarbeit und Steuervermeidung waren die Einführung von Online-Registrierkassen, die seit dem September 2013 im gesamten Einzelhandel verwendet werden müssen, desgleichen die seit 2020/21 verpflichtende Ermöglichung von Kartenzahlungen, und zwar beides samt einer automatischen Übermittlung der Information über die gezahlten Beträge an die Steuerbehörde. 2015 wurde auch noch ein elektronisches Kontrollsystem für den Warenverkehr installiert, um auch diesen zu überwachen, Steuerumgehung zu erschweren und gesundheitsschädigende Lebensmittelmissbräuche nach Möglichkeit zu unterbinden. Alle diese Maßnahmen führten dazu, dass der Effektivsteuersatz rasch um zwei Prozentpunkte anstieg, also dass deutliche staatliche Mehreinnahmen aus der Mehrwertsteuer ohne jegliche Erhöhung des tatsächlichen Steuersatzes erzielt wurden.

Besonders hoch sind in Ungarn die vielfältigen steuerlichen Entlastungen für Familien. Als Ergebnis dieses Steuersystems stieg das tatsächlich verfügbare ungarische Durchschnittseinkommen von Einzelpersonen zwischen 2010 und 2020 um rund 80 Prozent. Im Einzelnen betrug im Jahr 2022 das durchschnittliche monatliche Bruttoeinkommen in Ungarn 1283 Euro, das entsprechende Medianeinkommen rund 990 Euro. Vergleicht man in den EU-Staaten verheiratete Paare mit zwei Kindern, mit einem landesbezogenen Durchschnittseinkommen sowie mit zwei Dritteln eines weiteren Durchschnittseinkommens, so betrug im Jahr 2020 der Anteil der Einkommens- oder Lohnsteuer am Bruttoarbeitslohn in Ungarn 9,3 Prozent, in Deutschland 10 Prozent (Spitzenreiter ist in dieser Hinsicht Belgien mit 19,5 Prozent; am Ende liegt Tschechien mit 9,3 Prozent). Die Anteile der Sozialabgaben lagen bei den gleichen Familienstrukturen in Ungarn bei 24 Prozent vom Bruttoarbeitslohn, in Deutschland bei knapp 30 Prozent. Spitzenreiter war Dänemark mit 30,5 Prozent; am Ende lag Estland mit 7 Prozent.

Die von Unternehmen zu zahlenden Steuern sind in Ungarn – knapp vor dem Nicht-EU-Mitglied Schweiz – die niedrigsten in der gesamten EU. Der Standardsatz der Körperschaftssteuer liegt bei 9 Prozent, die Besteuerung von Anteilseignern bei einem Abgeltungssatz von 15 Prozent. In Deutschland beträgt die Körperschaftssteuer – doch *ohne* Gewerbesteuer – knapp 6 Prozent, der Abgeltungssatz 25 Prozent. Die Gesamtbelastung von Kapitalgesellschaften lag im Jahr 2020 in Ungarn bei fast 11 Prozent des Gewinns, in Deutschland bei etwa 30 Prozent des Gewinns. Weltweiter Spitzenreiter war außerhalb der EU mit einer Besteuerung von gut 30 Prozent des Gewinns Japan, in Europa Malta mit 35 Prozent; am Ende lag Bulgarien mit 20 Prozent. Betrachtet man die maximale Besteuerung auf Unternehmens- und Anteilseignerebene, so lag sie im Jahr 2020 in Ungarn bei gut 24 Prozent, in Deutschland bei rund 48 Prozent. Spitzenreiter war Bulgarien mit über 14 Prozent; am Ende lag Frankreich mit insgesamt etwa 60 Prozent. Gegenzurechnen ist, dass es in Ungarn nur relativ niedrige Abschreibungsmöglichkeiten gibt.

Der Anteil des Steueraufkommens am Bruttoinlandsprodukt lag 2019 in Ungarn – gerade so wie damals in Deutschland – bei 24,1 Prozent. Spitzenreiter unter den OECD-Staaten war Schweden mit 33,7 Prozent; am Ende lagen die USA mit 18,4 Prozent. Der gemeinsame Anteil von Steuern *und* Abgaben lag in Ungarn bei 35,8 Prozent vom Bruttoinlandsprodukt, in Deutschland bei 38,8 Prozent. Spitzenreiter war hier Dänemark mit 46,3 Prozent; am Ende lag Irland mit 22,7 Prozent. Alles in allem macht Ungarns Steuerpolitik dieses Land zu einem attraktiven Wirtschaftsstandort. Dessen Wettbewerbsfähigkeit möchte Ungarns Regierung nicht durch eine – derzeit international geforderte – Anhebung des Mindeststeuersatzes für Unternehmen mindern.

5. Sozialpolitik

Leitgedanke der ungarischen Sozialpolitik seit 2010 ist es, dass der Lebensunterhalt auf der Grundlage eines erzielten, hinsichtlich von Familien auch steuerlich sehr begünstigten Arbeitseinkommens bestritten werden soll, doch möglichst nicht auf der Grundlage von staatlichen Hilfen. Der in dieser Hinsicht wichtige Mindestlohn beträgt in Ungarn derzeit knapp 500 Euro pro Monat. 2022 gab es eine Erhöhung um 19,5 Prozent; doch die auch in anderen europäischen Ländern steigende Inflation hat sie aufgezehrt.

Natürlich gibt es auch ein System der sozialstaatlichen Mindestsicherung. Es umfasst Leistungen für Personen im Erwerbsalter, die Invalidenrente sowie die Altersbeihilfe. Personen im Erwerbsalter zwischen dem 18. Lebensjahr und dem Erreichen des Rentenalters erhalten Leistungen, wenn sie arbeitslos sind und keinen Anspruch mehr auf das gesetzlich vorgesehene Arbeitslosenentgelt haben, nicht gerade eine Schulbildung durchlaufen, sich nicht selbst auf dem gesetzlich vorgesehenen Mindestlebensstandard halten können oder an einem Behinderungsgrad von 50 Prozent bzw. einer Minderung ihrer Erwerbsfähigkeit von mindestens 67 Prozent leiden. Eine Invalidenrente erhält ab frühestens dem 18. Lebensjahr, wer vor dem Erreichen des 25. Lebensjahres eine gesundheitliche Schädigung von mindestens 70 Prozent erlitt und keinen Anspruch auf eine sonstige Rente oder Leistung für Personen mit geänderter Erwerbsfähigkeit hat. Anspruch auf Altersbeihilfe haben ältere Menschen mit – entlang rechtlicher Kriterien definierten – unzureichendem Einkommen, etwa mit einer für die Lebensführung nicht ausreichenden Rente.

Anspruch auf eine Altersrente haben Ungarn, die das derzeitige Renteneintrittsalter von 65 Jahren erreicht haben. Unabhängig von ihrem Alter steht Frauen eine Altersrente zu, wenn sie eine Erwerbstätigkeit von mindestens 32 Jahren sowie eine Anwartschaft von 40 Jahren aufweisen können. Zu dieser zählen nicht nur Zeiten der Erwerbstätigkeit, sondern auch solche, die der Kinderbetreuung und Kindererziehung gewidmet waren. Für einige besondere Berufsgruppen, vor allem für solche mit gefährlichen Arbeitsbedingungen, gibt es auch Leistungen vor dem Renteneintritt. Ein besonderes »Prämienjahre-Programm« soll älteren Arbeitnehmern im öffentlichen Dienst den Übergang in den Ruhestand durch Teilzeitarbeit erleichtern. Für Hinterbliebene gibt es Witwer- bzw. Witwenrente, Waisenrente oder Elternrente mit jeweils auf Fallgerechtigkeit ausgehenden Bestimmungen.

Krankenversicherte Personen haben Anspruch auf Lohnfortzahlung durch den Arbeitgeber sowie auf Krankengeld durch ihre Krankenversicherung. Die Lohnfortzahlung beträgt 70 Prozent des Bruttotagesverdienstes und wird für bis zu 15 Werktage des jeweiligen Jahres gewährt. Das Krankengeld beträgt in der Regel 60 Prozent des durchschnittlichen Bruttotagesverdienstes, als tägliche Beihilfe jedoch höchstens das Doppelte des Bruttomindestlohns pro Tag. Es muss unter Vorlage eines ärztlichen Attests beim Arbeitgeber beantragt werden. Ferner hat ein Elternteil Anspruch auf Krankengeld für ein Kind, wenn dieses – unter ständigem Beisein des Elternteils – im Krankenhaus ist oder zuhause gepflegt wird. Die Arbeitsunfähigkeit muss von einem Arzt bescheinigt werden, wobei eine Rückdatierung des Attests von fünf Tagen bis zu höchstens sechs Monaten möglich ist. Bezahlt wird das Krankengeld maximal ein Jahr lang, wobei regelmäßige Untersuchungen nach Anweisung des behandelnden Arztes erforderlich sind. Ferner gibt es gesonderte Leistungen bei Arbeitsunfällen und Berufskrankheiten.

Bei Arbeitslosigkeit werden alle, die von diesem Schicksal betroffen sind, völlig gleichbehandelt. Es steht dann ein Arbeitslosengeld bis zur Höhe von 60 Prozent des Durchschnittslohns der letzten vier Quartale vor dem Eintritt der Arbeitslosigkeit zu, falls man vor dem Eintritt der Arbeitslosigkeit mindestens ein Jahr lang gearbeitet hat. Lässt sich kein durchschnittlicher Arbeitslohn berechnen, beträgt das Arbeitslosengeld 130 Prozent des jeweiligen nationalen Mindestlohns von derzeit rund 500 Euro. Weil zehn Arbeitstage den Anspruch auf Leistungen für einen Tag verleihen, wird das Arbeitslosengeld für mindestens 36 und höchstens 90 Tage gewährt. Überdies erhalten Arbeitslose Informations-, Beratungs- und Umschulungsleistungen. Ferner gibt es die Arbeitslosenhilfe vor Beginn der Rente für solche Arbeitslose, die – beispielsweise – in den nächsten fünf Jahren das Rentenalter erreichen werden oder die keinen Anspruch auf Arbeitslosengeld mehr haben, doch die vorgesehene Versicherungszeit zur Gewährung einer Rente von üblicherweise 15 Jahren erreicht haben. Die Höhe der Arbeitslosenhilfe beträgt 40 Prozent des Mindestlohns. Während des Bezugs dieser Leistung darf ihr Bezieher eine bezahlte Arbeit aufnehmen, die – anders als beim Arbeitslosengeld – keinen Einfluss auf die Zahlung der Arbeitslosenhilfe hat.

Bei verminderter Erwerbsfähigkeit, also einem Gesundheitszustand mit einer Leistungsminderung von 60 Prozent und mehr, sowie beim Vorliegen gewisser Mindestarbeitszeiten während der letzten Jahre, kommt der Staat maximal drei Jahre lang mit Leistungen zwischen 35 und 45 Prozent des durchschnittlichen Monatseinkommens und 30 bis 50 Prozent eines Grundbetrags von 282 Euro für Rehabilitationsmaßnahmen auf. Falls eine Rehabilitation medizinisch unmöglich erscheint oder das Rentenalter ohnehin innerhalb von fünf Jahren eintreten wird, gibt es die gesetzlich vorgesehenen Leistungen bei Erwerbsunfähigkeit. Sie betragen 40 bis 70 Prozent des durchschnittlichen Monatseinkommens und 30 bis maximal 150 Prozent des Grundbetrags von 282 Euro.

6. Familienpolitik

Die Familienpolitik ist ein sehr wichtiges Politikfeld. Dem ungarischen Staat gilt nämlich die Familie als die grundlegende Einheit einer Gesellschaft. Tatsächlich nennt die Präambel der Verfassung – das »Nationale Bekenntnis« – die Familie, gemeinsam mit der Nation, den »wichtigsten Rahmen des Zusammenlebens« in Ungarn. Der Artikel K der Verfassung konkretisiert das so:

> (1) Ungarn schützt die Institution der Ehe als eine aufgrund einer freiwilligen Entscheidung zwischen einem Mann und einer Frau zustande gekommene Lebensgemeinschaft, sowie die Familie als Grundlage des Fortbestehens der Nation. Die Grundlage des Familienverhältnisses ist die Ehe beziehungsweise die Eltern-Kind-Beziehung. Die Mutter ist eine Frau, der Vater ist ein Mann.
> (2) Ungarn unterstützt die Elternschaft.
> (3) Den Schutz der Familien regelt ein Kardinalgesetz.

Entsprechend formuliert das seit 2012 geltende Familienschutzgesetz in seiner Präambel, dass die Familie die »wichtigste nationale Ressource« des Landes ist, deshalb die Ehe – als Grundpfeiler von Familiengründung und Erziehung – einen besonderen staatlichen Schutz genießt, und dass aus allen diesen Gründen der Staat hinwirken soll auf ein familienfreundliches Umfeld, auf die Vereinbarkeit von Familie und Arbeitsleben sowie auf eine gute Kinderbetreuung.

Nicht selten wird kritisiert, dass Ungarn in die Verfassung als Rechtssatz aufnahm, was viele Jahrhunderte lang als eine weiter nicht erörterungsbedürftige Selbstverständlichkeit galt: Eine Ehe wird geschlossen zwischen einem Mann und einer Frau; und die Mutter eines Kindes ist eine Frau, dessen Vater ein Mann. Zugleich wird oft kritisiert, dass aufgrund einer solchen rechtlichen Definition das Zusammenleben von zwei Männern oder von zwei Frauen auch dann nicht rechtlich als Ehe anerkannt wird, wenn es sich um eine aufgrund freiwilliger Entscheidung zustande gekommene Lebensgemeinschaft handelt. Doch sehr wohl können seit 1996 gleichgeschlechtliche Paare eine rechtlich definierte Lebensgemeinschaft eingehen. Diese Lebensgemeinschaft kann man seit 2009 auch – wie eine Ehe – staatlich eintragen lassen. Steuerrechtlich macht Letzteres keinen Unterschied, weil es in Ungarn ohnehin kein Ehegattensplitting gibt. Verpartnerte Paare haben im Wesentlichen die gleichen Rechte wie gemischtgeschlechtliche Eheleute – abgesehen davon, dass sie nicht als Paar Kinder adoptieren dürfen. Einzelpersonen können das aber sehr wohl, und die Elternschaft selbst wird auch bei gleichgeschlechtlichen Paaren staatlich unterstützt.

Aus Sicht der Regierung besteht der individuelle Wert einer aktiven Familienpolitik darin, dass durch sie der weit verbreitete Wunsch vieler junger Ungarinnen und Ungarn besser verwirklichbar gemacht wird, eine Familie zu gründen. Der kollektive Wert besteht darin, dass eine wirksame Familienpolitik jener Unterjüngung der ungarischen Gesellschaft entgegenwirkt, die arbeitsmarkt- und rentenpolitisch schädlich ist, und dass es eines Tages vielleicht wieder zur demographischen Stabilität kommt. Schon auf dem Weg dorthin wird Ungarns Wirtschaft gestärkt, nämlich durch die entsprechende Steigerung zunächst der Nachfrage, später auch des durch Berufstätigkeit ermöglichten Steueraufkommens. Vor allem aber lässt sich die ungarische Kultur dann an immer mehr Angehörige der nachrückenden Generationen weitergeben.

Tatsächlich liegen der ungarischen Familienpolitik fünf Prinzipien zugrunde. Erstens soll dem demografischen Abwärtstrend durch innerungarische Anreize entgegengewirkt werden, nicht aber durch eine vor allem bevölkerungspolitisch begründete Zuwanderung. Zweitens sollen familienfreundliche Werte und das Familienleben gefördert werden, und zwar ausdrücklich anstatt von »Genderideologie«, die üblicherweise nicht zu stabileren Ehen und zu wachsenden Kinderzahlen führe. Drittens sollen Leistungen für Familien mit einer Förderung der allgemeinen Berufstätigkeit verbunden werden, was sich auf die Formel bringen lässt: Eltern sollen *für* ihre Kinder leben, nicht aber *von* jenen Unterstützungszahlungen, die der Staat für sie leistet. Viertens soll Familienpolitik strikt von der Sozialpolitik getrennt sein. Einerseits muss deshalb grundsätzlich sichergestellt werden, dass Kinder zu haben niemanden arm macht; und andererseits soll der Staat die Gründung von Familien fördern, und zwar unabhängig vom sozialen Status derer, die eine Familie gründen. Fünftens sollen im Lauf des Lebens erhaltene familienpolitische Leistungen nicht wieder wegfallen, sondern durch andere Leistungen ersetzt und durch zusätzliche Leistungen ergänzt werden. Schon ein einziges Kind zu bekommen, ist nämlich ein das ganze Leben prägende Entscheidung, weshalb sie vom Staat auch lebenslänglich gewürdigt werden sollte.

Ausgehend von diesen Grundsätzen wurden – mit Stand von 2022 – die folgenden familienpolitischen Maßnahmen eingeführt. Etliche sind unabhängig vom Einkommen der Familie; andere nehmen die Form von Steuererleichterungen an:*

- Einmalige Unterstützung der Mutter durch ca. 160 Euro OLAF gleich nach der Geburt eines Kindes, bei Zwillingen von rund 215 Euro.
- Babybetreuungsgeld (CSED) in Höhe von 100 Prozent des vorherigen mütterlichen Einkommens pro Monat für die Dauer der 168 Tage währenden Elternzeit. Weil auf diesen Zuschuss keine Sozialabgaben anfallen, sondern nur die Einkommenssteuer von stets 15 Prozent, stellt sich die Mutter während dieser Zeit sogar finanziell besser, und zwar um

* Um die angeführten Zahlen richtig einzuschätzen, ist hilfreich zu wissen, dass 2022 das durchschnittliche monatliche Bruttoeinkommen in Ungarn rund 1283 Euro betrug, das entsprechende Medianeinkommen rund 990 Euro. Bei der Umrechnung von ungarischen Forint in Euro wird in diesem Buch – bei für aktuelle Vergleiche wichtigen Zahlen – der Wechselkurs vom Juni 2022 zugrunde gelegt. 2020 hatte er noch bei rund 1:360 gelegen; wie Jahre später hatte er sich auf etwa 1:400 verschlechtert. Es ist nicht auszuschließen, dass angesichts der mit Russlands Krieg in der Ukraine heraufziehenden Wirtschaftsprobleme einzelne der nachstehenden Leistungen auslaufen werden.

knapp ein Drittel im Vergleich zum vorher bezogenen Einkommen.

- Kinderbetreuungsgeld (GYED) – im nahtlosen Anschluss an CSED – bis zur Vollendung des zweiten Lebensjahrs eines Kindes (bei Zwillingen: bis zur Vollendung des dritten Lebensjahrs) in Höhe von 70 Prozent des Bruttogehalts, jedoch von höchstens 140 Prozent des Mindestlohns von rund 500 Euro, also von maximal 700 Euro. Im tatsächlichen Durchschnitt läuft das auf ca. 630 Euro pro Monat hinaus. Parallel zum GYED kann die Mutter einer Erwerbstätigkeit nachgehen und ihr Einkommen zusätzlich zum GYED beziehen (»GYED extra«).
- Betreuungsfürsorge (GYES) von monatlich ca. 64 Euro,* die bis zur Vollendung des dritten Lebensjahrs des Kindes aus Staatsmitteln gezahlt werden, und zwar zusätzlich zum Gehalt der Mutter, wenn sie wieder in ihren Beruf zurückkehrt. Falls keine Leistungen nach CSED oder GYED bezogen werden, beginnen diese Zahlungen ab dem Tag der Geburt des Kindes, andernfalls nach dem gesetzlich ohnehin vorgesehenen Auslaufen dieser Leistungen. Bei Zwillingskindern erhält man Mittel nach GYES bis zum Ende jenes Jahres, in dem das Kind schulpflichtig wird, also in der Regel bis zum 6. Lebensjahr. Diese Zeit verlängert sich bis zur Vollendung des 10. Lebensjahres, wenn das Kind schwer krank oder schwerbehindert ist.
- Erziehungsgeld (GYET) in Höhe von ca. 64 Euro pro Monat vom dritten bis zum achten Lebensjahr eines Kindes, falls eine Familie mindestens drei Kinder hat.
- Kindergeld von monatlich mindestens 30 Euro pro Kind bis zum vollendeten 18. Lebensjahr bzw. im Fall des Besuchs einer Berufsschule bis zum 20. Lebensjahr des Kindes. Der Betrag erhöht sich je nach Kinderzahl oder nach möglicher-

* Konkret beläuft sich der monatliche Betrag auf ca. 71 Euro, wovon zehn Prozent als Rentenbeitrag abgezogen werden. Bei Zwillings- oder Drillingskindern usw. wird der monatliche Betrag mit der Anzahl der Kinder multipliziert

weise erschwerten Erziehungsumständen. Er wird ab der Geburt des Kindes bis zum Ende der Schulpflicht oder der anschließenden weiterführenden Schulzeit bezahlt.

- Ein »Babydarlehen« als zinsfreier Kredit in Höhe von bis zu ca. 25 000 Euro nach der Geburt des ersten Kindes mit dreijähriger Aussetzung der Rückzahlungspflicht. Beim zweiten Kind sinkt der zu tilgende Betrag um 30 Prozent; ab dem dritten Kind übernimmt der Staat die Rückzahlung. Antragsberechtigt sind Ehepaare, bei denen die Ehefrau zwischen 18 und 41 Jahre alt ist und mindesten einer der Ehepartner schon drei Jahre lang sozialversichert ist, also einer geregelten Arbeit nachgeht.
- Dauerhafte Reduzierung der Steuerschuld einer Familie mit drei Kindern um bis zu ca. 250 Euro pro Monat. Zu diesem Zweck kann jederzeit ein Familienfreibetrag beantragt werden, der die Steuerbemessungsgrundlage des Steuerpflichtigen mindert. Die Höhe dieser Beihilfe richtet sich nach der Anzahl der unterhaltsberechtigten Familienmitglieder.
- Lebenslange Befreiung von der Einkommenssteuer für Frauen mit vier und mehr Kindern.
- Völlige Einkommenssteuerbefreiung von jungen Erwachsenen bis zum Alter von 25 Jahren. Im Grunde bedeutet das einen Aufschlag auf ihr Einkommen von rund 23 Prozent. Das ist ein Anreiz für junge Leute, in den Arbeitsmarkt einzutreten, und erleichterte es ihnen, eine Familie zu gründen.
- Zinszuschuss in Höhe von ca. 6250 Euro zur Beschaffung eines mindestens siebensitzigen Autos für Familien ab drei Kindern.
- Zuschuss zur Renovierung von Eigentumswohnung oder Eigenheim für eine Familie mit mindestens einem Kind in Höhe bis zu rund 7500 Euro oder ein Kredit in Höhe von ca. 15 000 Euro.
- Zuschuss für den Erwerb oder Bau eines Eigenheims bzw. einer Eigentumswohnung (CSOK) für eine Familie mit einem Kind in Höhe von 1555 Euro, bei zwei Kindern in

Höhe von 6500 Euro samt einem zinsvergünstigten Kredit von 25 000 Euro, ab drei Kindern in Höhe von rund 25 000 Euro samt einem zinsvergünstigten Kredit von an die 37 500 Euro. Zu alledem gibt es noch eine Vielzahl von Einzelregelungen, mit denen Wohnungssanierungen und Dorferneuerungen vorangebracht werden sollen.

- Familien mit mindestens einem Kind werden beim Kauf eines Eigenheims oder einer Wohnung von der Mehrwertsteuer befreit, wenn sie ihre Immobilie mit der staatlichen »Familienheim-Startsubvention« erwerben. Andernfalls sinkt bei ihnen die Mehrwertsteuer auf 5 Prozent und gibt eine teilweise Befreiung von der Grundsteuer.
- Familien mit Hypothekenverbindlichkeiten können – unter bestimmten Bedingungen – Teile jener Kredite erlassen bekommen, wobei die zu erlassenden Summen mit jedem weiteren Kind größer werden.

Wenn eine Familie drei Kinder zählt, dann können die Steuerentlastungen bei einem monatlichen Familienbruttoeinkommen von 800 Euro bis 1800 Euro ideal ausgeschöpft werden und haben dann einen – gedeckelten – Wert von knapp 250 Euro pro Monat. Auch bei einem höheren Einkommen gibt es keine höheren Steuerentlastungen. Insgesamt gibt der ungarische Staat für diese familienpolitischen Maßnahmen derzeit mit jährlich rund 6 Milliarden Euro knapp 4,8 Prozent (2010: 3,5 Prozent) des Bruttosozialprodukts aus, d. h. etwa doppelt so viel wie der Durchschnitt der OECD-Länder. Für 2022 sind familienbezogene Ausgaben von 9,7 Milliarden Euro geplant, was dann 6,2 Prozent des Bruttoinlandsprodukts entspräche. In diesen Zahlen sind die Steuererleichterungen für Familien noch gar nicht einberechnet.

Außerdem hat sich die Zahl der Kinderkrippen und Kindertagesstätten zwischen 2010 und 2021 mehr als verdoppelt; sie reichen derzeit aus. Für Kinder ab drei Jahren gibt es einen Rechtsanspruch auf einen Kindergartenplatz. Grundsätzlich können somit beide Elternteile berufstätig sein. Besondere Hilfsleistungen gibt es für alleinerziehende Eltern, ferner im Fall von Kindern mit längerfristigen gesundheitlichen Problemen oder bei Unfruchtbarkeit. Zudem unterstützt der Staat die Adoption von Kindern durch Eheleute. Außerdem finden sich Vorteile für Familien im Fernverkehr, etwa ein Rabatt von 33 Prozent des ansonsten zu entrichtenden Fahrpreises, wenn Eltern mit einem Kind unterwegs sind, und von 90 Prozent bei Reisen mit mindestens drei eigenen Kindern. Wohl auch wegen dieser vielen, schrittweise eingeführten Maßnahmen ist der Anteil von Ungarn, die sich Kinder wünschen, seit 2010 um ein Viertel angestiegen. Ferner ist die Zahl der Eheschließungen – beim Blick auf die letzten vierzig Jahre – derzeit auf einem Höhepunkt (2010: 35 520; 2020: 67 095), die Zahl der Scheidungen auf einem Tiefpunkt (2010: knapp 24 000; 2020: unter 15 000), und die Zahl der Abtreibungen hat um rund 40 Prozent abgenommen. Durchaus ist das Ziel noch nicht erreicht, zu »demografischer Stabilität« zu gelangen. Doch immerhin ist die durchschnittliche Geburtenrate von 1,25 im Jahr 2010 auf 1,56 im Jahr 2020 angestiegen.

7. LGBTQ-Politik

Hier geht es um ein zwar nicht zentrales, doch besonders umstrittenes Politikfeld. Während in Westdeutschland Homosexualität bis 1969 ein Straftatbestand war, endete das in Ungarn bereits 1961 für Personen über 20 Jahren, seit 1978 dann ab 18 Jahren. Seit 1996 konnten gleichgeschlechtliche Paare eine unregistrierte, vom Staat aber anerkannte Partnerschaft eingehen. Im Jahr 2009 wurden auch staatlicherseits »eingetragene Lebenspartnerschaften« möglich, die solche Paare bis auf das gemeinsame Adoptionsrecht mit Eheleuten rechtlich gleichstellen.

1997 wurde ein erstes Antidiskriminierungsgesetz erlassen, und im Jahr 2000 betonte das ungarische Verfassungsgericht, dass sich das allgemeine Diskriminierungsverbot auch auf die jeweilige sexuelle Orientierung erstreckt. 2002 wurden Homosexuelle und Heterosexuelle rechtlich gleichgestellt; auch wurde die Altersgrenze, ab der homosexuelle Handlungen nicht mehr als Pädophilie gelten, von 18 auf 14 Jahre abgesenkt. 2003 erfolgte – in Umsetzung von Antidiskriminierungsvorschriften der Europäischen Union – eine Konkretisierung dahingehend, dass gerade auch bei Arbeitsverhältnissen, Bildungseinrichtungen, Umgang mit Eigentum, im Gesundheitswesen oder beim Zugang zu Waren oder Dienstleistungen keinerlei Diskriminierung aufgrund der sexuellen Orientierung eines Menschen zulässig ist.

Bei einer Verfassungsänderung im Jahr 2013 wurde allerdings klargestellt, dass sich der staatliche Schutz der Familie nicht auf eingetragene Lebenspartnerschaften bezieht, sondern allein auf solche Paare, die aus einem Mann und aus einer Frau bestehen. Weil 2018 der Europäische Gerichtshof urteilte, nach europäischem Recht sei der Begriff »spouse« – also Ehegatte – geschlechtsneutral zu verwenden, ergibt sich hier ein Konflikt zwischen ungarischem Verfassungsrecht und europäischer Rechtsprechung. Nach Ansicht von Europarechtlern und Europapolitikern gibt es ihn auch hinsichtlich jener ungarischen Rechtsvorschrift, die es Transgender-Personen oder sexuell diversen Personen untersagt, ihr bei der Geburt amtlich festgestelltes Geschlecht in offiziellen Dokumenten zu verändern. Zumindest auf Kritik stößt die im Dezember 2020 erfolgte Änderung von Paragrafen im Bürgerlichen Gesetzbuch und im Kinderschutzgesetz, die das Recht unverheirateter, gemischtgeschlechtlicher Paare einschränken, Kinder zu adoptieren. Gleichgeschlechtliche Paare besitzen dieses Recht ohnehin nicht.

Keine mehrheitliche Unterstützung fanden von der – damals eindeutig rechtsradikalen – Partei Jobbik im Jahr 2021 ins Parlament eingebrachte Gesetzentwürfe dahingehend, dass solche Homosexuelle mit Haftzeiten bestraft würden, die ihre Sexualität in der Öffentlichkeit zeigten, oder dass Schwulenclubs verboten würden, desgleichen öffentliche Aktionen wie der Christopher Street Day oder eine positive Darstellung von Schwulen und Lesben in den Medien. Sehr viel Kritik rief hingegen hervor, dass Ungarns Parlament im Juni 2021 in das Kinderschutzgesetz von 1997 – ganz zum Ende des zur Gesetzesnovelle führenden Willensbildungs- und Entscheidungsprozesses sowie ohne nennenswerte Beratungszeit – die folgenden Abschnitte einfügte, wobei außerdem andere Gesetze im gleichen Sinne geändert wurden:

- im Kinderschutzgesetz Abschnitt 3/A: »Im Rahmen des Kinderschutzsystems schützt der Staat das Recht der Kinder auf eine ihrem Geburtsgeschlecht entsprechende Selbstidentität.«
- im Kinderschutzgesetz Abschnitt 6/A: »Um die Erfüllung der Ziele dieses Gesetzes und die Verwirklichung der Rechte des Kindes zu gewährleisten, ist es verboten, Personen, die das achtzehnte Lebensjahr noch nicht vollendet haben, Inhalte zugänglich zu machen, die pornografisch sind oder die Sexualität in unangemessener Weise darstellen oder die eine Abweichung von der dem Geburtsgeschlecht entsprechenden Selbstidentität, eine Geschlechtsumwandlung oder Homosexualität propagieren oder darstellen.«

Ferner wurde durch eine Veränderung des Mediengesetzes von 2010 festgelegt, dass Fernsehprogramme dann als »nicht geeignet für Zuschauer unter achtzehn Jahren« einzustufen wären,

> »wenn sie geeignet sind, die körperliche, geistige oder sittliche Entwicklung von Minderjährigen negativ zu beeinflussen, insbesondere, weil sie als zentrales Element Gewalttätigkeit, die Propagierung oder Darstellung einer Abweichung von der dem Geburtsgeschlecht entsprechenden Selbstidentität, Geschlechtsumwandlung oder Homosexualität oder die unmittelbare, naturalistische oder grundlose Darstellung von Sexualität enthalten«.

Ebenso wurde festgelegt:

> »Der Medienrat erstellt seinen jährlichen Aufsichtsplan mit besonderem Augenmerk auf die Einhaltung der Bestimmungen zum Schutz von Kindern und Minderjährigen. Der Medienrat stellt die Kohärenz der von ihm erstellten Aufsichtspläne sicher. Die Pläne können auf der Grundlage der Erfahrungen aus dem ersten Halbjahr zum Ende des betreffenden Halbjahres überprüft werden; die Pläne können vom Medienrat erforderlichenfalls geändert werden. Geänderte Aufsichtspläne werden vom Medienrat innerhalb von fünfzehn Tagen nach der Änderung auf seiner Website veröffentlicht.«

Außerdem wurden ins Gesetz über den Schutz von Familien aus dem Jahr 2011 die folgenden Bestimmungen aufgenommen:

- Abschnitt 10 (1) § 1 Abs. 1: »Der Staat schützt die Institutionen der Familie und der Ehe auch wegen ihrer Würde und ihres Wertes an und für sich, insbesondere die Beziehung zwischen Eltern und Kindern, bei denen die Mutter eine Frau und der Vater ein Mann ist.«
- Abschnitt 10 (1) § 1 Abs. 2: »Der Schutz organisierter familiärer Beziehungen und die Verwirklichung des Rechts der Kinder auf eine ihrem Geburtsgeschlecht entsprechende Selbstidentität spielen eine Schlüsselrolle bei der Erhaltung ihrer körperlichen, geistigen und sittlichen Gesundheit.«
- Abschnitt 5/A: »Zum Schutz der in diesem Gesetz genannten Ziele und zum Schutz von Kindern ist es verboten, Personen, die das achtzehnte Lebensjahr noch nicht vollendet haben, Inhalte zugänglich zu machen, die pornografisch sind oder die Sexualität in unzulässiger Weise darstellen oder die eine Abweichung von der dem Geburtsgeschlecht entsprechenden Selbstidentität, eine Geschlechtsumwandlung oder Homosexualität propagieren oder darstellen.«

Obendrein wurde das Gesetz aus dem Jahr 2011 über die nationale öffentliche Erziehung wie folgt geändert:

- Abschnitt 11, § 9, neuer Absatz (12): »Bei der Durchführung von Aktivitäten, die die sexuelle Kultur, das Geschlecht, die sexuelle Orientierung und die sexuelle Entwicklung betreffen, sind die Bestimmungen des Artikels XVI (1) des Grundgesetzes besonders zu beachten.* Solche Aktivitäten dürfen nicht auf die Propagierung der Abweichung von der Selbstidentität entsprechend dem Geburtsgeschlecht, der Geschlechtsumwandlung oder der Homosexualität gerichtet sein.«
- Untertitel 7, neuer Abschnitt 9/A: »Eine Person oder Organisation mit Ausnahme eines Mitarbeiters, der als Lehrer in einer Bildungs- und Erziehungseinrichtung angestellt ist, einer Fachkraft, die in einer solchen Einrichtung Schulgesundheitsdienste erbringt, und eines staatlichen Organs, das an einem mit einer solchen Einrichtung abgeschlossenen Kooperationsvertrag beteiligt ist, darf eine im Unterricht oder anderweitig organisierte Aktivität für Schüler, die sich auf die Sexualkultur, das Geschlecht, die sexuelle Orientierung, die sexuelle Entwicklung, die schädlichen Auswirkungen des Drogenkonsums, die Gefahren des Internets und jede Form der körperlichen oder geistigen Gesundheitsentwicklung (im Sinne dieses Abschnitts im Folgenden »Programm«) bezieht, nur dann durchführen, wenn sie von dem durch Gesetz bestimmten Organ registriert ist.
- § 79, neuer Absatz 8: »Stellt die für öffentliche Erziehungsaufgaben zuständige Behörde bei einer Untersuchung fest, dass eine Bildungs- und Erziehungseinrichtung gegen die Bestimmungen des § 9/A Abs. 1 verstoßen hat, so hat sie ein Ordnungswidrigkeitsverfahren gegen den Leiter der Einrich-

* Der Artikel 16 der Ungarischen Verfassung lautet: »(1) Jedes Kind hat das Recht auf den Schutz und die Fürsorge, die für seine angemessene körperliche, geistige und sittliche Entwicklung erforderlich sind. Ungarn schützt das Recht der Kinder auf Selbstidentität entsprechend ihrem Geburtsgeschlecht und sorgt für eine Erziehung gemäß der Werte, die auf Ungarns verfassungsmäßiger Identität und christlicher Kultur beruhen. (2) Eltern haben das Recht, die Erziehung ihrer Kinder frei zu wählen«.

tung und die Person oder das Mitglied der Organisation nach § 9/A Abs. 1 einzuleiten, die die Tätigkeit ausüben, die nicht in dem dort genannten Register eingetragen ist..«

In diesem Zusammenhang lohnt ein Blick auf die Aussagen ungarischer Lehrpläne zur Sexualkunde und über Geschlechterrollen. Deren Grundlage ist ein fächerübergreifender Rahmenlehrplan für die Erziehung zum Familienleben. Dafür ist nicht ein eigenes Fach zuständig, sondern die entsprechenden Themen müssen in verschiedenen Fächern – unter anderem, doch nicht nur im Fach Biologie – behandelt werden. Im Fortgang des Bildungsprozesses werden die Themenbereiche immer weiter ausdifferenziert; etwa ist in der Sekundarstufe II Sexualität ein eigener Themenbereich. In den Schulbüchern wird dieses Thema allerdings nicht kompakt abgehandelt, sondern finden sich dessen Unterthemen auf fachlich unterschiedlich spezialisierte Bücher verteilt. Grund ist der Unwille des Fidesz, Sexualkunde mit Identitätspolitik zu verbinden, und die Forderung seines Koalitionspartners KDNP, das ganze Thema »Sexualität« im Rahmen familiärer und kirchlicher Erziehung zu halten.

Der Rahmenlehrplan betont zunächst einmal:

»Die Familie ist von größter Bedeutung für die Ausbildung des moralischen Empfindens, der Liebesbeziehungen, des Selbstbewusstseins sowie der körperlichen und geistigen Gesundheit von Kindern und Jugendlichen. ... [Also machten] Veränderungen im weiteren und allgemeinen Umfeld, der Wertewandel und die Störungen in der Funktionsweise einiger Familien ... es erforderlich, die Erziehung zum Familienleben in den Bereich der öffentlichen Bildung aufzunehmen.« (Quelle: https://kerettanterv.oh.gov.hu/07_melleklet_miniszter/k1_07_egyeb/index_csen.html; alle hier verwendeten Zitate stammen – ebenso wie die nachstehende, themenbezogene Zusammenfassung des Lehrplans – aus dessen für dieses Buch am Budapester Deutsch-Ungarischen Institut angefertigten auszugsweisen Übersetzung)

In genau diesem Zusammenhang sollten die Schulen in den jeweils für die Familienerziehung passenden Fächern geeignete Fragen der Sexualkultur thematisieren. Das Gesamtziel dieser Erziehungsbemühungen wird im Rahmenlehrplan so beschrieben:

> »[Es gilt], den Schülern vom frühen Schulalter an zu helfen, ihre Geschlechtsidentität entsprechend ihrem genetischen Geschlecht zu stärken; die grundlegenden Unterschiede zwischen den Geschlechtern (Geschlecht, Gehirnfunktion, Kommunikation usw.) zu verstehen und schädliche Stereotypen über die Rollen von Mann/Vater/Frau/Mutter abzubauen; die biologischen, psychologischen und verhaltensmäßigen Veränderungen in der Pubertät positiv zu erleben; [und] einen fruchtbarkeitsbewussten Ansatz zu entwickeln, bei dem das Kind als Geschenk gesehen wird. ... Es ist wichtig, die Schüler mit den verschiedenen Arten von Beziehungen zwischen Männern und Frauen und dem Glück bzw. der Täuschung, die sie erleben können, vertraut zu machen, und eine familienfreundliche Haltung zu entwickeln. Sie [die Schülerinnen und Schüler] sollten angemessen auf eine reife, verantwortungsvolle, ausgewogene und gesunde Sexualität vorbereitet werden, die auf einer harmonischen, glücklichen und verbindlichen Beziehung (Ehe) beruht. Sie sollten auch die für ein gesundes Sexualleben erforderlichen Fähigkeiten erwerben. Sie sollten die Schönheit der menschlichen Empfängnis und der Entwicklung des Fötus kennenlernen und erfahren, dass das menschliche Leben von der Empfängnis bis zum natürlichen Tod wertvoll ist.« (Quelle: wie oben)

Auf Benotungen wird bei diesem fächerübergreifenden Lehrstoff verzichtet. Er soll dazu anleiten, sich ab der Klasse 4 sowohl mit der eigenen, sich entwickelnden Körperlichkeit als auch mit typischen Merkmalen weiblichen und männlichen Verhaltens auseinanderzusetzen. Ab den Klassen 5 und 6 erweitert sich der Themenkatalog um die unterschiedlichen Familienarten, um gleichgeschlechtliche und gemischte Gemeinschaften von Gleichaltrigen, um die Notwendigkeit von Inklusion sowie um das Praktizieren von aufgeklärter, verantwortungsvoll mit Fruchtbarkeit umgehender Sexualität, die dann in Lebensentscheidungen wie dem Schluss einer Ehe sowie dem Hervorbringen und der Erziehung von Kindern mündet.

In den Klassen 9 bis 12 setzt sich die Beschäftigung mit der Rolle von Familien und mit Geschlechterrollen fort, desgleichen die Sensibilisierung für sexuellen Missbrauch in Schule und Familie. Zu behandeln sind auch Unterschiede zwischen weiblicher und männlicher Kommunikation, nicht zuletzt beim Ausdruck von sexuellen Gefühlen, Wünschen und Grenzziehungen. Ein Schlüsselbegriff ist dabei die Geschlechtsidentität, bei deren Erörterung die biologische Zweigeschlechtlichkeit der Ausgangspunkt ist. Nichts könnte den Überzeugungen, Wünschen und Interessen der internationalen und ungarischen LGBTQ-Community fernerliegen als ein solches Erziehungsprogramm, das klar auf die Wertschätzung gemischtgeschlechtlicher Familien mit Kindern ausgeht. Gegebenheiten und Zusammenhänge, die in – nicht nur – deutschen Diskussionen unter Namen wie »Gender-Studies« im Kontext von LGBTQ-Themen behandelt werden, finden sich im Schulunterricht somit weitgehend ausgeklammert und spielen auch bei der Lehrerausbildung keine große Rolle.

Um den Grad gesellschaftlicher Unterstützung für eine solche Erziehungspolitik sowie für die Umsetzung der Gesetzesänderungen vom Sommer 2021 zu erkunden, wurde bei den Parlamentswahlen vom April 2022 auch eine »Nationale Konsultation« mit den folgenden vier Fragen angesetzt:

(1) Sind Sie dafür, dass Kinder in öffentlichen Schulen ohne elterliche Zustimmung an einem Unterricht über sexuelle Orientierungen teilnehmen? (dagegen: 92,3 Prozent)

(2) Sind Sie dafür, dass Kindern Informationen über geschlechtsangleichende Behandlungen gegeben werden? (dagegen: 95,9 Prozent)

(3) Sind Sie dafür, dass Medieninhalte sexueller Natur, die sich auf die Entwicklung von Kindern auswirken, ihnen ohne Einschränkungen präsentiert werden dürfen? (dagegen: 95,3 Prozent)

(4) Sind Sie dafür, dass Medieninhalte, die Geschlechtsumwandlungen darstellen, Kindern gezeigt werden? (dagegen: 95,2 Prozent)

Daraufhin riefen mehrere Vertreter von Oppositionsparteien zum Boykott dieses konsultativen Referendums auf, um nämlich zu verhindern, dass die für dessen Verbindlichkeit erforderliche Teilnahme von fünfzig Prozent der Abstimmungsberechtigten erreicht würde. Einen Monat vor der Wahl zeigte dann eine Umfrage, dass gut 40 Prozent der Wahlberechtigten an dieser »nationalen Konsultation« nicht teilnehmen wollten, und dass rund die Hälfte derer, die für die Wahlliste der Opposition zu stimmen gedachten, einen ungültig gemachten Stimmzettel abzugeben planten. Tatsächlich beantworteten diese Fragen in gültiger Weise – bei einer Wahlbeteiligung von gut 70 Prozent an der gleichzeitig stattfindenden Parlamentswahl – nur etwa 47 Prozent der Abstimmungsberechtigten. Deshalb blieben die oben in Klammern angegebenen zustimmenden Voten für den Gesetzgeber unverbindlich. Tatsächlich machen weniger als die Hälfte von 70 Prozent der Wahlberechtigten auch nur rund ein Drittel der Ungarn aus.

Neben diesen Voten geben einige Umfragedaten darüber Aufschluss, wie die Ungarn selbst zu diesen Themen stehen. Befunde aus dem Sommer 2021 zeigen, dass 83 Prozent der Ungarn nicht glauben, dass jemand homosexuell werden könnte, bloß weil er oder sie in der Schule mit diesem Thema konfrontiert würde. 90 Prozent sagten bei der gleichen Umfrage, die von Amnesty International Ungarn und der LGBTQ-Organisation Háttér Society in Auftrag gegeben und vom Meinungsforschungsinstitut Medián durchgeführt wurde, dass in den Schulen altersgerechte Sexualerziehung angeboten werden sollte.

86 Prozent waren der Meinung, dass nicht die Regierung durch Gesetz oder Lehrplan, sondern dass Eltern und Lehrer bzw. Lehrerinnen entscheiden sollten, was zu diesem Thema gelehrt wird. 83 Prozent lehnten die Behauptung ab, dass Homosexuelle Kinder missbrauchten oder gar verletzten. Dabei kannten 46 Prozent der Befragten Personen jemanden aus der LGBTQ-Community persönlich. Der Anteil von Ungarn, die gleichgeschlechtlichen Partnerschaften zustimmen, stieg von 18 Prozent im Jahr 2006 über 39 Prozent im Jahr 2015 auf 59 Prozent im Jahr 2021. 69 Prozent der damals Befragten stimmten der Aussage zu, gleichgeschlechtliche Paare könnten sehr wohl gute Eltern sein. Im Übrigen waren knapp drei Viertel der Befragten der Meinung, dass Trans-Personen sehr wohl in ihren offiziellen Dokumenten ihr Geschlecht und ihren Namen anpassen können sollten. Anders als die Familienpolitik scheint sich die LGBTQ-Politik der ungarischen Regierung – auch ausweislich der mit der Parlamentswahl vom April 2022 verbundenen Referenden – nicht auf eine mehrheitlich starke Unterstützung seitens der ungarischen Bevölkerung verlassen zu können.

8. Bildungs-, Wissenschafts- und Kulturpolitik

Vor den Wahlen von 2010 waren die meisten Beobachter zwar von einem klaren Sieg des oppositionellen Fidesz ausgegangen. Doch die parlamentarische Zweidrittelmehrheit kam für Viktor Orbán wie ein unerwartetes Geschenk. Von dem gedachte die Fidesz-Führung dann aber auch dahingehend Gebrauch zu machen, dass – anders als zwischen 1998 und 2002 – nun wirklich bleibende Tatsachen geschaffen würden. Also wurde der institutionelle Bau der Staatsorganisation schnell durch eine Verfassungsreform verändert. Die schlimme Finanz- und Wirtschaftslage des Landes verlangte ebenfalls ein rasches Umsteuern, dem konzeptionell auch schon vorgearbeitet worden war. Außerdem regte sich gegen die neue Finanz- und Wirtschaftspolitik wenig Widerstand, weil das Scheitern der alten Politik ganz offensichtlich war. Und den politischen Widerstand gegen die Verfassungsreform oder die Veränderungen im Mediensystem konnte man mit einer parlamentarischen Zweidrittelmehrheit jederzeit überwinden.

Anders war es auf Politikfeldern, wo es um die Deutungshoheit über das gerade Geschehende ging wie im Kulturbereich, um traditionelle und sachangemessene Autonomierechte wie im Bereich der Wissenschaften, oder um einerseits nur langfristig wirkende, andererseits aber sehr viele Ungarn ganz persönlich betreffende Regulierungen, wie sie für den Bildungsbereich kennzeichnend sind. Dort vollzogene Veränderungen sollten überdies in den gesamtheitlichen Umgestaltungsansatz der »Fidesz-Revolution« passen. Also brauchten sie – sofern es nicht bloß um das Auswechseln der Inhaber von Leitungspositionen ging – auch einen gewissen Planungsvorlauf. Doch wann immer ein für entsprechende Reformen geeignet erscheinender Zeitpunkt gekommen war, wurden diese nach der für Ungarns Umgestaltungspolitik der letzten Jahre üblichen Methode vorgenommen: nichts im Vorfeld durch lange öffentliche Diskussionen zerreden; lieber die Parlamentsmehrheit und den Verwaltungsapparat zu einer raschen Umsetzung von oben nach unten nutzen, als gleichsam zu viele Köche den Brei verderben lassen; besser das Bisherige zugunsten von Neuem beseitigen, als unbefriedigende Kompromisse zu schließen; eher Missratenes durch rasche Reparaturmaßnahmen vergessen lassen, als eine Fehlerdiskussion zu riskieren; und als richtig Befundenes mit langem Atem durchziehen, bis wohl auch einstige Gegner dessen Vorzüge erkennen würden. Ein solches Vorgehen ist zwar effektiv, doch mit hohen »Transaktionskosten« verbunden: mit Verletzungen selbst einstiger Unterstützer, mit Vorlagen für leicht punktende Kritik, auch mit einer Ausweitung und Vertiefung politischer Polarisierung für unabsehbare Zeit.

a. Bildungspolitik

Das nach 2010 reformierte ungarische Bildungssystem versteht man am besten vom Ziel der Fidesz-Regierung her, ein solches Gesellschaftssystem aufzubauen, bei dem möglichst alle erwerbsfähigen Ungarn einer geregelten Arbeit nachgehen, von der sie dann auch leben können. Wert wird deshalb gerade auf die berufliche Bildung gelegt. Zu diesem Zweck stärkte man – nach deutschem Modell – die duale Berufsausbildung und führte eine Reihe von Aufbaustudiengängen an Hochschulen für solche Ungarn ein, die schon im Beruf stehen. Wie für Deutschland – und anders als in Ländern ohne duale Berufsausbildung – werden auch für Ungarn solche Jugendliche, die eine Berufsausbildung oder anschließende Meisterkurse absolvieren, nicht als »Studierende« klassifiziert. Das lässt das ungarische Bildungssystem, ebenso wie das deutsche, in den einschlägigen OECD-Statistiken regelmäßig als eines erscheinen, das die verfügbaren Bildungsressourcen nicht ausschöpft.

Doch ein Leitgedanke des ungarischen Bildungssystems ist es eben, möglichst viele schon im jugendlichen Alter erst einmal in feste Arbeitsverhältnisse zu bringen. So soll einerseits die ungarische Wirtschaft, andererseits eine frühe Selbstständigkeit junger Leute gefördert werden. Zugleich wurde das Bildungssystem sehr durchlässig ausgestaltet, damit das Risiko nachteiliger biografischer Weichenstellungen geringgehalten wird. Insgesamt besteht das Ziel darin, dass jeder sowohl seine Fähigkeiten gut entfalten als auch in einem tatsächlich nachgefragten Beruf sein eigenes Einkommen erzielen kann. Auch zu diesem Zweck hat die berufliche Bildung in Ungarn einen sehr hohen Praxisanteil und wird in enger Zusammenarbeit mit der Wirtschaft durchgeführt. Ferner wurden die Ausbildungszeiten bei der beruflichen Bildung wieder verkürzt, weil zunächst eingeführte Verlängerungen weder geringere Abbruchquoten noch eine bessere Vorbereitung auf den Berufseintritt mit sich brachten.

Seit 2013 liegt die gesamte organisatorische und finanzielle Verantwortung für das öffentliche Bildungswesen nicht mehr bei den Kommunalverwaltungen, sondern beim Staat. Der bezahlt auch das Lehrpersonal und bestellt die Schuldirektoren. Inhaltlich arbeitet er mit besonderen Institutionen für Bildungsplanung und Lehrplanentwicklung zusammen. Als Ergebnis dessen legt er auch einen nationalen Grundlehrplan fest; auf dessen Grundlage gibt es Rahmenlehrpläne für die einzelnen Schultypen sowie lokale Lehrpläne für die einzelnen Schulen. Anders als früher werden seither die Schulbücher auch nicht mehr von privaten Verlagen erstellt und dann, nach Lehrerempfehlung, von den Eltern für ihre Kinder käuflich erworben. Vielmehr stellt sie der Staat auf der Grundlage der von ihm vorgegebenen Lehrpläne kostenlos zur Verfügung. Auch die Schulen der ungarischen Minderheiten im Ausland richten sich nach jenen Lehrplänen und verwenden diese Lehrbücher. Nachdem im neuen Schulgesetz von 2019 die Lehrplanvorgaben stärker auf das Ziel ausgerichtet wurden, nationale Kultur und Identität mehr zu fördern, und ebenso wegen gestrichenen oder neu aufgenommenen Stoffes, kam es zu heftigen ideologie- und geistespolitischen Auseinandersetzungen sowie zu vielerlei Protesten. Dennoch setzte die Fidesz-Regierung ihren inhaltlichen Umgestaltungskurs fort.

In Ungarn beginnt der individuelle Bildungsgang mit dem dritten Lebensjahr im Kindergarten. Ab dem Alter von sechs besucht man acht Jahre lang die Grundschule. Nach dieser Zeit kann man, je nach Leistungsniveau und Interesse, zwischen dem vierjährigen Gymnasium sowie einem von drei beruflichen Bildungsgängen wählen. Für einen solchen geht man – nach Umbenennungen zum Schuljahr 2016/17 – ans berufliche Gymnasium (»Fachgymnasium«), an eine berufsbildende Sekundarschule oder an die Berufsschule. Die Letztere richtet sich an solche Jugendliche, die aus verschiedenen Gründen die anderen Bildungsangebote nicht nutzen können. Alle erwerbbaren beruflichen Abschlüsse sind in einem Nationalen Verzeichnis aufgelistet und werden nach bestandener Abschlussprüfung als Berufsschulabschluss zertifiziert.

Die berufsbildenden Gymnasien vermitteln im Unterschied zum »normalen« Gymnasium neben allgemeinbildenden Inhalten auch noch berufsbildende Lehreinheiten mit Theorie- und Praxisanteilen. Deren Anteil wurde seit 2016 zu Lasten der allgemeinbildenden Inhalte vermehrt. Nach vier Jahren findet eine Prüfung statt, mit deren Bestehen die fachgebundene Hochschulreife erworben wird. Außerdem wird ein Zertifikat verliehen, dass zur Ausübung einer fachbezogenen Tätigkeit berechtigt. Dieses ist jedoch nicht einem Berufsschulabschluss gleichgestellt. Erst ein obendrein absolviertes ein- bis zweijähriges Berufsbildungsprogramm führt zu ihm.

Alternativ zum beruflichen Gymnasium ist eine dreijährige duale Berufsausbildung an einer berufsbildenden Sekundarschule möglich. Dort erlangen auch Lehrlinge ihren Berufsschulabschluss. Der praktische Teil dieser dualen Ausbildung umfasst etwa zwei Drittel der gesamten Ausbildungszeit und findet entweder in Schulwerkstätten oder in einem Betrieb statt. Wie verfahren wird, obliegt der jeweiligen Schule. Wer noch zwei weitere, allgemeinbildende Schuljahre an dieser Schule mit Erfolg abschließt, erwirbt die allgemeine Hochschulreife.

Beim Gymnasium lässt sich zwischen einem vierjährigen zweisprachigen Gymnasium und einem – unterm Strich fünfjährigen – allgemeinen Gymnasium mit einem Vorbereitungsjahr für erhöhten Fremdsprachenunterricht wählen. Die Abiturprüfung schließt die Pflichtfächer Mathematik, Ungarisch, Geschichte und eine Fremdsprache sowie ein Wahlfach ein. Das bestandene Abitur eröffnet dann den Zugang zu weiterführenden Hochschulen oder Universitäten.

Dort erreicht man nach drei Jahren den Bachelor-Abschluss, nach zwei weiteren Jahren den Masterabschluss; eine Promotion mag folgen. Jedenfalls kann ein jeder schon mit höchstens 24 oder 25 Jahren sogar das Hochschulstudium durch einen für den Arbeitsmarkt qualifizierenden Abschluss beendet haben.

Außerdem gibt es seit 2014/15 duale Studienprogramme, die zu einem beruflichen Bachelor-Abschluss führen. Bei ihnen verbringen die Studierenden etwa ein halbes Jahr in einem Betrieb oder einer Partnerorganisation, die ansonsten verbleibende Zeit an der jeweiligen Hochschule. Eine solche höherwertige duale Ausbildung ist in den praxisorientierten Bachelor- und Masterstudiengängen der Ingenieur-, Informatik-, Agrar-, Natur-, Wirtschafts- oder Gesundheitswissenschaften sowie in den Bachelorstudiengängen der Sozialen Arbeit möglich. Insgesamt gibt es in Ungarn mit Stand von 2021/22 knapp 294 000 Studierende mit einem Frauenanteil von 55 Prozent und einem Immatrikulationsanteil eines Jahrgangs von 48 Prozent, davon rund 207 000 im Direktstudium. An die 40 000 ausländische Studierende befinden sich an ungarischen Hochschulen; umgekehrt studieren ca. 10 000 Ungarn im Ausland. 87 Prozent der Studierenden in Ungarn besuchen staatliche Universitäten, acht Prozent konfessionelle Universitäten, und fünf Prozent private Hochschulen oder Stiftungshochschulen.

Neben dem akademischen Studium gibt es sogenannte »Höhere Berufsbildungsgänge«. Sie dauern vier bis fünf Semester und finden an Hochschulen oder Universitäten statt. Sie stehen den Absolventen sowohl von beruflichen Gymnasien als auch von allgemeinbildenden Gymnasien offen, desgleichen den Absolventen mit Berufsschulabschluss, fünf Jahren Arbeitserfahrung sowie bestandener Meisterprüfung. Diese Studiengänge führen zwar zu keinem Hochschulabschluss, können jedoch teilweise auf ein Bachelor- oder Hochschulstudium angerechnet werden.

Im Alter von 25 Jahren sollte man das berufliche Bildungssystem erfolgreich durchlaufen haben. Im Übrigen gibt es die Möglichkeit, im Bereich der schulischen oder außerschulischen Erwachsenenbildung einen Berufsschulabschluss zu erwerben. Die schulische Erwachsenenbildung richtet sich dabei an Leute, die bislang keinen (Berufs-)Abschluss erreicht haben oder eine weitere Qualifikation erwerben möchten; das kann in Voll- oder

Teilzeit, als Präsenz- oder Fernausbildung geschehen. Die außerschulische Erwachsenenbildung vollzieht sich außerhalb des formalen Bildungssystems und umfasst berufliche Bildung sowie allgemeine Bildungsanteile, etwa Fremdsprachen. Auch die Vorbereitung auf eine Meisterprüfung findet im Bereich der außerschulischen Erwachsenenbildung statt. Die Meisterprüfungen selbst werden von der ungarischen Industrie- und Handelskammer oder der ungarischen Landwirtschaftskammer organisiert. Sie zu absolvieren, setzt nicht zwingend den Erwerb eines beruflichen Abschlusses voraus, sehr wohl aber den Besuch von Meisterlehrgängen oder eine einschlägige Berufserfahrung von mindestens fünf Jahren. Alles in allem hat Ungarn ein Bildungssystem, das einer auf frühzeitige Berufsarbeit gegründeten Gesellschaft entspricht.

b. Wissenschaftspolitik

Ungarns Hauptstadt Budapest beherbergt angesehene Universitäten wie die Eötvös-Loránd-Universität (ELTE), die Katholische Pázmány-Universität, die wirtschaftswissenschaftlich ausgerichtete Corvinus-Universität oder die medizinische Semmelweis-Universität. Auch die geistes- und sozialwissenschaftlich orientierte Central European University ist weiterhin in Budapest tätig und teilt sich mit ihrer Niederlassung in Wien 14 angeschlossene Forschungszentren. Andere exzellente Universitäten finden sich in Debrecen, Szeged oder Pécs. Insgesamt gibt es in Ungarn 65 Hochschuleinrichtungen. Außerdem besitzt Budapest mit der Andrássy-Universität die einzige deutschsprachige Universität außerhalb des deutschen Sprachraums.

Zudem gibt es Pläne, aus der mehrjährigen Zusammenarbeit zwischen der vorwiegend wirtschaftswissenschaftlichen Budapester Corvinus-Universität und der Fudan-Universität in Shanghai – einer der in China, auf manchen Gebieten auch weltweit führenden Universitäten – einen eigenen Campus jener Universität in Budapest entstehen zu lassen. Aus Sicht der ungarischen Regierung sprechen dafür die von ihr erhofften Vorteile aus einer Öffnung des Landes nicht nur für westliches, sondern auch für chinesisches Können. Die Fudan-Universität würde freilich zur ersten chinesischen Universität in der Europäischen Union. Diese Pläne wurden zwar von der ungarischen Regierung vorangetrieben, stießen aber auf entschiedenen politischen Widerstand seitens der Opposition und der Budapester Stadtregierung. Befürchtet wurde nämlich die Entstehung eines weiteren Kanals chinesischer politischer und wirtschaftlicher Einflussnahme auf die EU, desgleichen eine zu starke Abhängigkeit Ungarns von China, welches den Bau sowie eine stark auf Krediten beruhende Finanzierung des Budapester Campus der Fudan-Universität in Aussicht stellte, und obendrein Korruption zum Nutzen von Parteigängern der ungarischen Regierung. Nach größeren Budapester Straßenprotesten im Juni 2022 sowie im Zug wachsender Skepsis gegenüber chinesischer Einflusspolitik müsste die ungarische Regierung für die Verwirklichung dieses Projekts nun erhebliche Widerstände im Land und wohl auch seitens ihrer EU-Partner überwinden.

Zwar galt Ungarn in Ostmitteleuropa immer schon als ein starker Wissenschafts- und Bildungsstandort. Doch unübersehbar ist seit langem die Unterfinanzierung der ungarischen Universitäten, was Investitionsmängel, die Abwanderung von Spitzenkräften, eine unzulängliche Zusammenarbeit mit innovativen Wirtschaftsunternehmen sowie mangelhafte internationale Wettbewerbsfähigkeit zur Folge hatte. Deshalb legte die ungarische Regierung im Jahr 2020 vielen ungarischen Universitäten durch entsprechende gesetzliche Anreize einen Modellwechsel nahe. Die Senate von vielen Universitäten beschlossen ihn inzwischen auch.

Leitgedanke ist die Einführung einer Alternative zur staatlichen Trägerschaft der Universitäten. Gemäß einem auch im Ausland beobachtbaren Trend sollten Universitäten besser von Stiftungen getragen werden, konkret von staatlich gegründeten vermögensverwaltenden Stiftungen. Dann nämlich könnten sie sich stärker an Leistungskriterien orientieren, schneller auf wirtschaftliche Bedürfnisse reagieren und international wettbewerbsfähiger werden. Das wiederum käme den nächsten Generationen von ungarischen Studierenden zugute. Übergeordnetes Ziel ist es, die Universitäten an ihren Standorten zum Motor des gesellschaftlichen Lebens, der akademischen Bildung sowie der wirtschaftlichen Entwicklung zu machen. Für eine solche Umgestaltung wurden staatliche Garantien insofern in Aussicht gestellt, als die Finanzierungsgrundlagen in langfristigen Rahmenverträgen zwischen dem Staat und der Hochschule festgelegt werden, die ab 2022 abzuschließen sind. Obendrein wird erhofft, nach ihrem Modellwechsel wären die Universitäten in einer besseren Lage, eigene Einnahmen zu erwirtschaften.

Dabei sollen die Universitäten weiterhin öffentliche Aufgaben wahrnehmen, insbesondere die akademische Bildung, die Durchführung staatlicher Prüfungen sowie die Vergabe akademischer Grade. Aus der Finanzierung dieser Grundaufgaben zieht der Staat sich nicht zurück; doch die Hochschulen sollen in einem Regelwerk außerhalb des Staatshaushaltes agieren. Deshalb geht die für die Erfüllung universitärer Aufgaben erforderliche Infrastruktur – Gebäude, Geräte, Fahrzeuge usw. – ins institutionelle Eigentum einer jeweils stiftungsgetragenen Hochschule über. Die Stifterrechte nimmt zwar zunächst die ungarische Regierung wahr, da sie Staatseigentum an die Trägerstiftungen der Hochschulen weitergibt; doch ab 2022 kann die Regierung ihre Stifterrechte einem Hochschulkuratorium übertragen. Ansonsten sollen die Hochschulen aufgrund von vorab – und passend zu ihrem jeweiligen Aufgabenfeld – festgelegten Leistungsindikatoren sowie im Rahmen einer mittelfristigen Finanzierung wirtschaften und dabei, auch durch Erleichterung ihrer Teilnahme an staatlichen Ausschreibungen, flexibel mit Wirtschaftsunternehmen zusammenwirken. Mit mehr Eigeneinnahmen könnten sie dann auch eine leistungsorientiert differenzierte Vergütung für ihr Personal einführen.

Natürlich gibt es an dieser neu ansetzenden Hochschulpolitik auch Kritik. Die bezieht sich – erstens – auf die Kompetenzen der Hochschulkuratorien, die nach den jetzigen Rechtsregeln nicht vorrangig entlang von fachlich-wissenschaftlichen Gesichtspunkten ernannt werden und faktisch unabsetzbar sind. Die Satzungen dieser fortan privaten Hochschulinstitutionen können ferner vorsehen, dass die Kuratorien den Haushaltsplan der Universität verabschieden und den Rektor bestellen, was die jahrhundertealte Universitätsautonomie beseitigte. Auch fällt nunmehr die Verabschiedung der Geschäftsordnung einer Universität in den Zuständigkeitsbereich des Kuratoriums, was dessen Einmischung in wissenschaftliche und pädagogische Belange ermöglicht. Zweitens geht es um vermögensrechtliche Fragen. Nachdem die Universitäten Eigentümer ihrer Infrastruktur geworden sind, doch die für ihre Arbeit erforderlichen Ressourcen weiterhin aus dem Staatshaushalt kommen sollen, stellt sich die Frage, wie das garantiert werden mag. Müssen wohl eines Tages die Kuratoren Universitätseigentum verkaufen, um den Betrieb der Universität sicherzustellen? Drittens wird befürchtet, dass Entfaltungsräume für Korruption geschaffen werden, wenn künftig die Kuratoren – statt öffentlich Bediensteter – über die Gewinner von Ausschreibungen bei universitären Investitionen, bei der IT-Entwicklung oder bei Ressourcen aller Art entscheiden. Viertens gibt es Sorgen über die Zukunft »unproduktiver Fächer«, zumal der Geistes- und Sozialwissenschaften sowie der Künste. Diese dürften nämlich zur Seite und in den Hintergrund gedrängt werden, wenn die Universitäten finanzielle Erfolge anstreben müssen. Dem schließt sich allgemeines Unwohlsein hinsichtlich staatlich finanzierter Studienplätze an: Würden die bei Finanzierungsengpässen nicht wegrationalisiert oder durch gebührenpflichtige Studienplätze ersetzt werden? Wieder einmal scheint – so der Eindruck nicht weniger Beobachter – die Regierung nach der Methode von Versuch, Irrtum und anschließenden Korrekturen vorzugehen und dabei eigentlich unnötige Transaktionskosten zu verursachen.

Das alles ist eingebettet in Züge der ungarischen Wissenschaftspolitik seit 2010, die nicht wenige Beobachter skeptisch stimmen. Zwar garantiert die ungarische Verfassung die Freiheit von Forschung und Lehre. Doch vor allem orientiert die ungarische Regierung – wie freilich andere europäische Regierungen auch – ihre Hochschulpolitik an Kriterien wie der wirtschaftlichen Rentabilität und der Nützlichkeit von Fächern für die Wirtschaftsentwicklung Ungarns. Also sollen akademische Abschlüsse einen Beruf definieren, keine fachliche Spezialisierung ausdrücken. In diesem Zusammenhang kam es schon 2012 zur Streichung von Lehrstühlen und Forschungseinrichtungen, die als praktisch unnötig erachtet wurden. Misstrauen schafft auch, dass seit 2018 die ungarische Hochschul- und Wissenschaftspolitik ganz anders geregelt war als fortan geplant, nämlich zentral – und zwar bis hin zur Ernennung der Hochschulkanzler, also der mit den Universitätsfinanzen betrauten Verwaltungschefs, durch das zuständige Ministerium. Davon rückte man mittlerweile ab und versucht, ganz im Gegenteil, die Hochschulautonomie zu stärken. Soll nun aber – so die weitergehende Befürchtung – über eine politisch gesteuerte Besetzung der Kuratorien eine fortan zwar indirekte, doch vielleicht sogar dichtere Kontrolle der Universitäten durch den Staat geschaffen werden?

In diesem Zusammenhang wird auch immer wieder auf die im Jahr 2019 erfolgte Reform der ungarischen Akademie der Wissenschaften hingewiesen. 1825 gegründet, hatte sie im Lauf der Zeit nicht weniger als 13 Nobelpreisträger zu Mitgliedern. Wie für europäische Wissenschaftsakademien üblich, bestand sie einst aus Gelehrten und Forschern, die durch Zuwahl kooptiert wurden und entlang von Fächergruppen wissenschaftlichen Austausch pflegten. Zur kommunistischen Zeit Ungarns wurde die Akademie nach sowjetischem Vorbild dahingehend umgestaltet, dass an ihr eine große Zahl von Instituten errichtet wurde. Vor allem diesen war die Forschung anvertraut, während die Universitäten vor allem für die Lehre zuständig waren. So konnte man politisch unliebsamen Wissenschaftlern den unmittelbaren Einfluss auf die nachwachsende Generation entziehen, und schaffte es umgekehrt, parteitreuen Leuten – auch unabhängig von ihrer wissenschaftlichen Leistungskraft – eine angesehene und ansehnlich bezahlte Position zu geben.

Das alles wurde durch die Akademiereform von 2019 rückgängig gemacht. Die vielen Institute der Akademie wurden nun einzelnen Universitäten zugewiesen und auf diese Weise mit der akademischen Lehre verknüpft. Hinsichtlich der Forschungsfinanzierung wurden sie dem »Eötvös-Loránd-Forschungsnetzwerk« unterstellt, das Forschungsmittel strikt auf Projektbasis und somit im Weg eines Wettbewerbs vergibt. Zugleich wurde das Budget der Akademie ihren nunmehr veränderten und dabei verringerten Aufgaben angepasst. Weil schon Jahre vorher die nationale Forschungsförderorganisation zugunsten einer Regierungsbehörde aufgelöst wurde, wird nun eine direkte Einflussnahme der Regierung auf die Forschungsplanung der Akademie und ihrer Mitglieder befürchtet. In diesem Zusammenhang rief wiederum besondere Kritik hervor, dass die Regierung fortan vor allem solche Forschung fördern will, an der ein von der Regierung definiertes öffentliches Interesse besteht. Also wurde die Genderforschung seither von der Forschungsfinanzierung ausgenommen. Im Übrigen wird wegen der unvermeidlichen Planungsunsicherheit bei bloßer Projektfinanzierung eine Gefährdung der an und für sich akademietypischen Langzeitprojekte befürchtet. Doch womöglich sind entsprechende Sorgen auch unbegründet. Im April 2022 verdoppelte sich nämlich die Förderung der Akademie aus dem ungarischen Staatshaushalt. Auch wurde der Start von vier neuen Forschungsprogrammen der Akademie verkündet: und zwar zur Gehirnforschung, zu nachhaltigen Technologien, zu Post-COVID sowie zur ungarischen Sprache.

Im Übrigen sind die Gehälter vieler Hochschullehrer in Ungarn nicht hoch. Die öffentliche Finanzierung der Geistes- und Sozialwissenschaften ist sogar bescheiden. Allerdings gibt es in Ungarn vielerlei Thinktanks von Parteien und zivilgesellschaftlichen Organisationen, bei denen auch sozialwissenschaftliche Kompetenzen sehr gefragt sind. Viel staatliches Geld geht indessen in die Bereiche IT-Technik, Elektronik und Maschinenbau sowie Medizintechnik, (Molekular-)Medizin und Pharmazie. Dort ist man auch international gut vernetzt. Alles in allem entspringt der auf den Weg gebrachte Modellwechsel des Wissenschaftssystems durchaus realen Verbesserungsnotwendigkeiten. Doch abzuwarten bleibt, welche unerwünschten Nebenwirkungen tatsachlich auftreten werden, und wie schnell es gelingt, ihnen entgegenzuwirken.

c. Kulturpolitik

Natürlich blieb nach der als Revolution verstandenen Regierungsübernahme durch den Fidesz im Jahr 2010 auch der Kulturbereich nicht von einer merklichen Umgestaltung ausgenommen. Zur Absicherung politischer Macht sollte gleichfalls die Deutungshoheit über deren Ausübung errungen werden. Das freilich war schwieriger als der vorausgegangene Wahlsieg über eine in jeder Hinsicht diskreditierte Regierungspartei. Im Bereich der Kultur wird nun einmal Politik eher normativ als zweckrational behandelt, und außerdem hat da nicht jeder das gleiche Stimmgewicht. Stimmen, Wortmeldungen und Positionen wiegen und zählen dort sehr unterschiedlich; öffentliche Intellektuelle haben mehr Einfluss als Privatleute, die Leiter von Kulturinstitutionen mehr als deren Mitarbeiter, Schriftsteller mehr als Musiker. Obendrein konzentriert sich die Kulturszene in den Städten, allen voran in Budapest. In den dortigen liberal-akademischen Milieus aber hat der Fidesz seit jeher einen viel schwereren Stand als auf dem Land. Also ließen sich in städtischen Milieus besonders leicht Wettkämpfe zwischen »Geist und Macht« oder – aus der anderen Perspektive – zwischen »Gestaltern und Schwätzern« inszenieren, doch besonders schwer durch Fidesz-Vertreter gewinnen. Deshalb obsiegte auf dem Land meist der Fidesz, in Budapest meist dessen Gegnerschaft. Diese Asymmetrie aber vergiftete die Beziehungen zwischen Regierung und Kulturszene erst recht. Nicht selten führte sie zu wechselseitiger Einigelung, denn die einen konnten nicht in der Politik gewinnen, die anderen nicht beim Deutungskampf in der Szene von Intellektuellen und Medienleuten.

Gewiss hatte die Fidesz-Regierung schon während ihrer ersten Amtszeit zwischen 1998 und 2002 versucht, gegen die überwiegend linksliberal eingestellte Kulturszene nicht nur Zeichen zu setzen, sondern auch Geländegewinne zu erzielen. Am spektakulärsten gelang das durch die Gründung des Budapester »Hauses des Terrors«. Es wirkte nämlich nicht nur provozierend, sondern hatte obendrein große Durchschlagskraft darin, den europaweit vorherrschenden Narrativen von einer in jeder Hinsicht gegebenen Verschiedenheit rechten und linken Terrors entgegenzutreten – und somit auch dem Anspruch von Linken, immer auf der Seite des Richtigen oder gar Guten gestanden zu haben. Es war ein ebenfalls geschichts- und erinnerungspolitisches Zeichen, dass die Stephanskrone, ihrerseits Symbol ungarischer Staatlichkeit, aus dem politikfernen Nationalmuseum ins politisch zentrale Parlament gebracht und zuvor gleichsam resakralisiert wurde: Nach einer festlichen Messe wurde sie in Esztergom, dem alten Königssitz, in der Kathedrale des Primas von Ungarn stundenlang ausgestellt und wie ein Heiltum* dem Volk dargeboten.

Doch alles Umwerben der ungarischen Kulturszene durch Viktor Orbáns erste Regierung blieb fruchtlos. Im Jahr 2002 wurde man – so die eigene Wahrnehmung – kraft der fortbestehenden »linken Hegemonie« im Kultur- und Medienbetrieb von der Regierungsmacht vertrieben. Also galt es, beim zweiten Versuch im Kulturbereich nicht weniger als im Staats-, Medien- und Wirtschaftsbereich neue Verhältnisse schaffen. Zu diesem Zweck setzte man auf eine Reihe von politisch herbeigeführten Elitenwechseln – teils bei Leitungspositionen, teils bei Kommissionen zur Vergabe öffentlicher Mittel.

---

* Ein »Heiltum« ist im frühneuhochdeutschem Sprachgebrauch, dem dieser Begriff entstammt, ein Heiligungsmittel, eine heilige Sache oder Handlung, oder allgemein etwas Gutes bzw. Segenbringendes.

Eine zentrale Rolle spielte dabei die Ungarische Kunstakademie. 1992 war sie als privater Verein von 22 Künstlern gegründet worden, die dem damals noch machtvollen konservativen Ungarischen Demokratischen Forum nahestanden. Sie sollte ein Gegengewicht zur im selben Jahr unter dem Dach der Akademie der Wissenschaften geschaffenen, als zu links empfundenen Széchenyi-Akademie für Literatur und Kunst sein. In der neuen Verfassung Ungarns wurde diese einstige »Gegenakademie« nun zu einer Körperschaft des öffentlichen Rechts sowie, in Verbindung mit anderen Gesetzen, zur höchsten Instanz bei der Vergabe öffentlicher Gelder zur Kulturförderung gemacht. Damit wurde konservativen Künstlern entscheidender Einfluss auf die Vergabe kultureller Subventionen oder Auszeichnungen in Ungarn verschafft. Der – von politischem Opportunismus nicht ganz freie – damalige Akademiepräsident György Fekete (1932–2020) betonte dann sogar, ein Mitglied der Kunstakademie müsse »eine patriotische Gesinnung haben, muss Ungarn mit seiner Sprache und auch seinen Fehlern lieben und nicht vom Ausland den Ruf des Landes schädigen«. Die so auf Regierungslinie agierende Kunstakademie wurde seither reichlich aus öffentlichen Mitteln finanziert. Kontrolle über weitere Kulturinstitutionen erlangte man, indem etwa Museen zusammengelegt wurden, durchaus auch aus plausiblen organisatorischen oder wirtschaftlichen Gründen. Theaterintendanzen innerhalb Ungarns wurden zwar auch nach dem recht flächendeckenden Sieg des Fidesz bei den Kommunalwahlen von 2006 weiterhin ausgeschrieben, die Bewerbungen von Fachjurys begutachtet; doch bei kommunalen Einrichtungen stellten die gewählten Fidesz-Politiker alsdann sicher, dass am Ende möglichst Fidesz-nahe Persönlichkeiten unter den besten Bewerbern die jeweilige Stelle erhielten. Die Fidesz-gegnerische Seite verfuhr übrigens dort nicht anders, wo sie – freilich wesentlich seltener – ihrerseits den entscheidenden Einfluss hatte.

Hinsichtlich der ungarischen Filmindustrie gestaltete sich das alles einfacher, weil diese in einem kleinen Land wie Ungarn nie ohne staatliche Subventionen auskam. Zu diesem Zweck war gemäß dem Filmgesetz von 2004 ein Teil der vom Staat verwalteten Lottoeinnahmen für die Filmproduktion vorgesehen. Diese wurden ausgereicht über die Ungarische Öffentliche Filmstiftung, geleitet von gewählten Vertretern aus 26 Organisationen der Filmbranche. Bezüglich dieser sowie von vielen Filmschaffenden machte der Fidesz sich Korruptionsvorwürfe zu eigen. Daraufhin erschien eine grundlegende Neuausrichtung der Filmförderung erforderlich. Die vertraute man 2010 dem ungarisch-amerikanischen Produzenten Andrew G. Vajna (1944–2019) an. Der war 1989 nach einer erfolgreichen Karriere in Hollywood nach Ungarn zurückgekehrt und gehörte alsbald zum Freundeskreis um Viktor Orbán. Unter ihm erhielt der neu gegründete Nationale Filmfonds zwar reichliche Mittel zur Filmförderung, reichte sie aber erst nach einer Pause von zwei Jahren aus, was zu einem Personalwechsel in der Filmbranche führte. Wenig durchschaubare Vergaberegeln erbrachten anschließend eine politisch nicht sonderlich aufsässige, da weiterhin von staatlicher Förderung abhängige Filmbranche.

Tiefgreifend umstrukturiert wurde auch der Nationale Kulturfonds, der über die Verteilung von Fördergeldern in alle kulturellen Bereiche Ungarns entscheidet. Ihn unterstellte man schon 2010 einem Staatssekretär mit Revisions- oder Vetomöglichkeiten hinsichtlich der Beschlüsse, die in den für die einzelnen Förderbereiche zuständigen Kollegien getroffen wurden; und die Mitglieder des für das Verlagswesen zuständigen Kollegiums ersetzte man bei der nächsten sich bietenden Gelegenheit durch Fidesz-nahe Personen. Die Folge war, dass manche politisch missliebigen oder sich wirtschaftlich nicht selbst erhaltenden Zeitschriften eingestellt oder neue Buchreihen aufgelegt wurden, die den ausdrücklichen Bildungszielen der neuen Regierung entsprachen, nämlich einer Erneuerung ungarischer Kultur aus ihrem geschichtlichen Erbe heraus. Dessen Einzelbestände können sich allerdings, je nach politischer Perspektive, höchst unterschiedlich ausnehmen. Ergänzt wurde das alles durch viele, schon umrissene erinnerungspolitische Maßnahmen.

Womöglich sogar als direkte Reaktion auf den Sieg des früheren Abgeordneten und damaligen grünen Budapester Bezirksbürgermeisters Gergely Karácsony (*1975) bei den Kommunalwahlen vom Oktober 2019 und bei der Besetzung des kulturpolitisch wichtigen Oberbürgermeisteramts in der Hauptstadt griff die Fidesz-Regierung gegen Ende 2019 zum bewährten Gestaltungsmittel, nämlich der Gesetzgebung durch ihre große Parlamentsmehrheit. Denn Mitte Dezember 2019 wurde ein – dann schon zum 1. Januar 2020 in Kraft tretendes – Kulturgesetz beschlossen, das dazu verhelfen soll, »die nationale Kultur zu bewahren und die nationale Identität zu stärken«. Für die Finanzierung des außerhalb von Schulen, Universitäten und Religionsgemeinschaften sich abspielenden Kulturlebens gibt es zwar weiterhin den Nationalen Kulturfonds. Doch neben ihm wurde neu ein Nationaler Kulturrat geschaffen, der aus den Leitern von 18 staatlichen Kulturinstitutionen besteht. Der soll fachliche Grundlagen für eine »einheitliche Regierungsstrategie zur Lenkung der kulturellen Sektoren« erarbeiten. Seither hat jedes Theater seine Spielpläne einem zentralen Theaterkomitee vorzulegen, falls Zuschüsse seitens der Regierung beantragt werden; vergeben werden sie dann – so die Kritik – nach wenig transparenten Kriterien. Außerdem hat die Regierung jetzt ein förmliches Mitspracherecht bei der Bestellung der Intendanten staatlicher Theater. Manche Institutionen wie das Budapester Petőfi-Literaturmuseum bekamen – neben einem neuen Direktor – nun auch ihr Budget deutlich erhöht, während es anderen beschnitten wurde. Tatsächlich bestand das Grundmuster der auf diese Weise weitergeführten Kulturpolitik darin, dass staatlich geförderte Kulturinstitutionen durch Kompetenzverlagerungen auf die politische Ebene neu ausgerichtet oder durch Mittelkürzungen geschwächt wurden. Auch die Finanzierung der freien Szene wird nun nicht mehr bloß nach politischen Maßstäben bewertet, was bei der Vergabe öffentlicher Gelder durchaus in Ordnung sein kann, sondern anscheinend noch stärker entlang von parteipolitischen Gesichtspunkten.

Das hat freilich gar nicht wenig mit der gewaltigen politischen Polarisierung in Ungarn zu tun, desgleichen damit, dass in Budapest sowohl die Kultur- samt der Intellektuellenszene als auch die Opposition zur Fidesz-Regierung sehr stark ist, wobei einander beide Bereiche weitgehend überlappen. Tatsächlich formte sich Kritik an »Orbáns Ungarn« nirgendwo so wortreich und scharf aus wie im Kultur- und Intellektuellenbereich. Die dortige Mischung aus Empörung und kaum zu ertragender Hilflosigkeit wird bestens fassbar im 2020 erschienenen Sammelband »Hungary turns its back on Europe«. Freilich wäre Ungarn nicht jenes Land, das es ist, gäbe es nicht ebenso scharfe und öffentlich wirkungsmächtige Gegenpositionen, wie sie etwa Mária Schmidt vertritt, die Direktorin des Budapester Museums »Haus des Terrors«.

9. Infrastrukturpolitik

Nicht nur Straßen, Bahnen und Häfen gehören zur Infrastruktur eines Landes. Nicht minder umfasst sie die Art sowie den Grad der Digitalisierung von Wirtschaft, Verwaltung und Alltagsleben. Ebenso gehören dazu die Quellen und die Verteilung jener Energie, von deren Verfügbarkeit das Wirtschafts- und Gesellschaftsleben eines Landes abhängen.

Das Binnenland Ungarn hat sich seit 2019 darangemacht, neben dem Budapester Freihafen an der Donau auch noch in Triest einen für Exportzwecke nutzbaren Containerhafen zu errichten. Außerdem treibt Ungarn den Bau schneller Bahnverbindungen zwischen sich und den Nachbarländern voran. Für den ostmitteleuropäischen Schienen- und Straßenverkehr gibt es dabei besonderen Nachholbedarf bei den Nord-Süd-Verbindungen, während die Ost-West-Verbindungen vergleichsweise gut ausgebaut sind. Langfristige Verbesserungen sollen insbesondere jene Verkehrs-, Energie- und Kommunikationsprojekte bringen, die im Rahmen der 2016 zustande gekommenen »Drei-Meere-Initiative« – Ostsee, Adria, Schwarzes Meer – von 12 EU-Staaten geplant werden. Dafür stehen auch umfangreiche EU-Mittel in Aussicht.

Beim Flugverkehr ist – neben dem Flughafen Debrecen und dem Airport Balaton – der internationale Flughafen Liszt Ferenc in Budapest die zentrale Verkehrsdrehscheibe. Einst wie vieles öffentliche Eigentum privatisiert, sollte er vor einigen Jahren wieder vom ungarischen Staat erworben werden, was freilich aufgegeben wurde. Die Wasserstraßen Ungarns sind gut 1600 km lang, die Schienenstrecken 7600 km, die Autobahnen und Straßen rund 203 000 km. Sowohl pro Einwohner als auch pro Quadratmeter ist Ungarns Straßen- und Schienennetz etwa doppelt so dicht wie im europäischen Durchschnitt. Vor allem das Autobahnnetz wurde in den letzten Jahren umfänglich instandgesetzt, womit Ungarn – wie überhaupt die östlichen EU-Länder – bei den Verkehrsinvestitionen deutlich über dem Niveau der alten EU-Staaten lag. Natürlich geht das zurück auf den dort einst großen Nachholbedarf in Verbindung mit den seit vielen Jahren verfügbaren, umfangreichen Fördermitteln der EU. Mit zwischen 2012 und 2019 knapp acht Verkehrstoten pro 100 000 Einwohner und Jahr liegt Ungarn, wo für Autofahrer ein striktes Alkoholverbot gilt, etwas über dem EU-Durchschnitt mit knapp 6 Verkehrstoten pro Jahr und 100 000 Einwohner; die Kennziffer für den weltweiten Durchschnitt liegt bei gut 17 Verkehrstoten.

Hinsichtlich seiner Infrastruktur hat Ungarn zwar auch die Digitalisierung vorangetrieben, liegt im Vergleich der EU-Staaten aber noch weit zurück. Überdurchschnittlich ist Ungarn nur bei der Konnektivität, denn das Land hat inzwischen eine ziemlich flächendeckende 3G- bzw. 4G-Abdeckung und ist auch beim kabellosen 5G-Netz weit vorangekommen. Doch nur knapp die Hälfte der Ungarn verfügt über grundlegende digitale Kenntnisse (EU-weit: 56 Prozent), und beim freien Zugang zu Datenquellen liegt Ungarn erst recht weit zurück. Allein die

Anzahl der Nutzer elektronischer Behördendienste liegt mit 70 Prozent weit über dem EU-Durchschnitt. Tatsächlich ist Digitalisierung der Verwaltung vergleichsweise fortschrittlich. Inzwischen kann jeder Bürger an jedem staatlichen Bürgeramt sämtliche für ihn wichtigen Verwaltungsangelegenheiten erledigen, und zwar von der Ausstellung eines Personalausweises oder Führerscheins bis hin zur Eintragung in die Wählerliste eines Wahlkreises. Ermöglicht wird das durch einen elektronischen Personalausweis, über dessen Chip die Behörden auf viele für Verwaltungsaufgaben erforderliche Dokumente digital zugreifen können. Auch alle für die Entrichtung von Steuern nötigen Daten sind sowohl für die Bürger als auch für die Finanzämter digital verfügbar, sodass die Abgabe einer Steuererklärung, aufgrund des ungarischen Steuersystems ohnehin einfach, bequem am Rechner zuhause erfolgen kann. Ebenso sind die – flächendeckend vorgeschriebenen – elektronischen Registrierkassen mit den Steuerbehörden verbunden, was Steuervermeidung bei der Umsatzsteuer sehr erschwert. Umgekehrt sind auch die – aufgrund gesetzlicher Vorschriften transparent zu machenden – Bezüge öffentlicher Bediensteter sowie die Einkommensverhältnisse gewählter Politiker am Privatrechner einsehbar.

Ferner sind das soziale Sicherungssystem sowie das Gesundheitswesen voll digitalisiert, sodass jederzeit sämtliche bei Entscheidungen oder Maßnahmen wichtigen Informationen für die dazu Befugten verfügbar sind. Auch kann der Arzt Rezepte ins System hochladen, sodass sie vom Mobiltelefon aus in der Apotheke vorgelegt werden können. Die Internetbereitstellung unterliegt einem reduzierten Mehrwertsteuersatz von 18 Prozent, sodass keine finanziellen Hürden den allgemeinen Zugang zu diesem inzwischen für das Privatleben unverzichtbaren Teil der öffentlichen Infrastruktur verwehren. Außerdem wird im Bildungssystem die – noch vielfach fehlende – digitale Kompetenz mittlerweile schon im Grundschulbereich angebahnt und dann sowohl bei der dualen Berufsausbildung als auch im Hochschulbereich weiter vorangetrieben.

Die nationale Digitalisierungsstrategie sieht für die Jahre 2021 bis 2030 vor, durch eine Verbesserung von Humanressourcen und Konnektivität, desgleichen durch eine erfolgreichere Integration von Digitaltechnik in Wirtschaft und Verwaltung, das Potenzial der Digitalisierung für Wirtschaft, Bildung, Forschung, Entwicklung und Innovation sowie öffentliche Verwaltung besser zu nutzen. Auf diese Weise soll der Wohlstand Ungarns gehoben werden. Schwerpunkte der ungarischen Digitalisierungspolitik sind Industrie-4.0-Projekte, das autonome Fahren, die Elektromobilität sowie Smart City-Projekte. Bis Mitte der 2020er-Jahre will Ungarn jedenfalls den EU-Durchschnitt bei der digitalen Entwicklung übertreffen sowie am Ende des Jahrzehnts zu den zehn am besten digitalisierten Ländern der EU gehören. Ob dieses Ziel angesichts der durch den russischen Ukraine-Krieg ausgelösten Wirtschaftsprobleme samt entsprechenden Investitionseinschränkungen wirklich erreicht werden kann, bleibt abzuwarten.

Die Achillesferse der digitalen und verkehrsmäßigen Infrastruktur eines modernen Landes ist – neben seinen digitalen Netzwerken – die Energieversorgung. Hier ist Ungarn besonders verletzlich. Die im Jahr 2022 kriegsbedingt stark steigenden Energiepreise bedrohen insbesondere die Sozial- und Familienpolitik des Landes. Das hat Ungarns Regierung zur staatlichen Regulierung von Energiepreisen veranlasst, darunter zur Einführung von Preisgrenzen und von Subventionen, die den Preisdruck für Privathaushalte und Kleinbetriebe lindern sollen. Alles in allem deckt Ungarns heimische Energieproduktion – je nach Berechnungsart – nämlich nur ein Viertel bis knapp die Hälfte des tatsächlichen Bedarfs. Wie sehr die Energielage des Landes vom russischen Krieg gegen die Ukraine und von den durch ihn direkt oder indirekt verursachten Preissteigerungen abhängig ist, zeigt die Auflistung der Energiequellen Ungarns: Am wichtigsten waren 2019 zu 32 Prozent Erdgas, zu 30 Prozent Erdöl und Erdölprodukte, zu 16 Prozent die Kernenergie, zu 11 Prozent Erneuerbare Energien und zu 7 Prozent die Kohle. Der – zumal für die digitale Infrastruktur unverzichtbare – Strom wird zu gut 48 Prozent aus Kernenergie erzeugt, zu 25 Prozent aus Erdgas, zu 12 Prozent aus Kohle und zu 14 Prozent aus Erneuerbaren Energien (davon 6 Prozent Bioenergie, 5 Prozent Photovoltaik, zwei Prozent Windenergie und ein Prozent Wasserkraft).

Neben vergleichsweise geringen Fördermengen von eigenem Erdgas und Erdöl sowie einer wachsenden Erzeugung von Strom aus Solarpanelen ist Ungarn bei der heimischen Energieproduktion vor allem auf die Kernkraft angewiesen. Seit rund vier Jahrzehnten verfügt das Land in Paks, gelegen an der Donau auf halber Strecke zwischen Budapest und der Landesgrenze zu Serbien, über ein Kernkraftwerk. Es umfasst vier Druckwasserreaktoren mit einer Kapazität von je 500 MW und ist für die Stromversorgung Ungarns unverzichtbar. Ein zweites Kraftwerk entsteht dort seit Jahren in Zusammenarbeit mit Russland. Diese Zusammenarbeit aus energiepolitischen Gründen nicht zu gefährden, ist eines der Motive ungarischer Russlandpolitik.

Beim Import von Erdgas und Erdöl als besonders wichtigen Energiequellen ist Ungarn sogar weitestgehend von Russland abhängig. Zwar ist Erdgas – nach der Kernkraft – Ungarns wichtigste eigene Energiequelle. Doch die jährlich geförderten rund zwei Billionen Kubikmeter entsprechen nur 20 Prozent des jährlichen Bedarfs; der Rest – nicht weniger als 80 Prozent – wird durch Importe ausschließlich aus Russland gedeckt. Aus in Ungarn gefördertem Erdöl könnten, mit abnehmender Tendenz, sogar nur 12 Prozent des Bedarfs gesichert werden. Diese Deckungslücke schließt ebenfalls vor allem russisches Erdöl, nur zu 15 Prozent Erdöl aus dem Irak. Nur notfallmäßig lässt sich in gewissem Umfang auch auf die einheimischen Braunkohlenreserven zurückgreifen; der entsprechende Abbau beträgt jährlich gut neun Millionen Tonnen. Die einheimische Steinkohlenproduktion wurde in den frühen 1990er-Jahren ohnehin ganz eingestellt, was Ungarn diesbezüglich von Importen aus den USA abhängig machte.

Weil Ungarn als Binnenland keinen für Öltanker anlaufbaren Hafen besitzt, ist es bei der Ölversorgung auf bereits gebaute

Röhrensysteme angewiesen. Das gilt erst recht bei der Versorgung mit Erdgas. Diesbezüglich ist höchst folgenreich, dass »Nabucco«, das 2002 initiierte Projekt einer Erdgasleitung vom Kaspischen Meer über die Türkei sowie Bulgarien, Rumänien und Ungarn bis nach Österreich und Tschechien, vielfach verzögert wurde. Im Jahr 2013 gab man es, anscheinend zugunsten des von Deutschland favorisierten Projekts Nord Stream 2, sogar ganz auf. Also besteht für Ungarn bis heute keine Alternative zur Erdgasversorgung aus Russland. Natürlich spielt in den Beziehungen beider Länder gerade das eine sehr wichtige Rolle. Nach dem Angriff Russlands auf die Ukraine bewog dies die ungarische Regierung dazu, sich dahingehenden Plänen für EU-Sanktionen gegen Russland zu widersetzen, dass ohne sachdienliche Übergangsfristen auf die Einfuhr von russischem Erdgas und Erdöl einfach verzichtet würde.

Insgesamt sieht Ungarns Energiepolitik für das Jahr 2030 das Ziel vor, den Strom zu 54 Prozent aus Kernenergie, zu 30 Prozent aus Erdgas, zu 16 Prozent aus Erneuerbaren Energien und zu fünf Prozent aus Kohle zu gewinnen, also Strom über den eigenen Bedarf hinaus zu produzieren. Für den Heizungsbedarf – in 90 Prozent der Haushalte angewiesen auf Gas – sind natürlich weiterhin große Erdgasimporte erforderlich, ebenso für die Herstellung von Treibstoff große Erdölimporte. Ungarn bleibt also energiepolitisch abhängig. Zur trotzdem kurzfristig gegebenen Energiesicherheit trägt vor allem bei, dass Ungarn für seine Energieimporte nicht auf einen einzigen Anbieter angewiesen ist, das Land auch große Speicherkapazitäten für Erdgas besitzt und außerdem auf Flüssiggasanbieter aus Kroatien zählen kann.

Das alles ändert aber nichts an der bei Erdgas und Erdöl gegebenen Monopolistenstellung Russlands. Zwar lassen sich die von der ungarischen MOL-Gruppe betriebenen Raffinerien auf andere als russische Erdölsorten umstellen; das verlangt allerdings – so die Betreiber – etlichen zeitlichen Vorlauf und erzeugt erhebliche Kosten. Und an der Abhängigkeit Ungarns von russischen Erdgaslieferungen ändert sich ohnehin nichts, solange kein Leitungssystem von der Art des gescheiterten Nabucco-Projekts zur Verfügung steht. Im Übrigen ist Ungarns Energieerzeugung weitestgehend privatisiert, wenn auch der größte Stromerzeuger – Magyar Villamos Müvek (MVM) – in staatlichem Besitz ist. Das liegt freilich daran, dass MVM das Kernkraftwerk in Paks betreibt.

10. Außen- und Sicherheitspolitik

Nach dem Ende des Kommunismus war es das Ziel der Regierung von Ministerpräsident Antall, kurzfristig die Souveränität Ungarns wiederherzustellen und langfristig drei weitere Ziele zu erreichen: möglichst schnell der NATO und der EU beizutreten, Minderheitenrechte der Auslandsungarn durchzusetzen, sowie kooperative und gute Nachbarschaftsverhältnisse mit den angrenzenden Staaten herbeizuführen. Abgesehen von Rechtsradikalen lehnte niemand jene angestrebte Doppelintegration »in den Westen« ab. Dabei war die – nicht nur von der Antall-Regierung vertretene – Argumentation die, dass Ungarn immer schon Teil des Westens gewesen sei, was die Jahre zwischen 1945 und 1989 lediglich überlagert hätten und vergessen ließen. Es gehe also geschichtlich um die »Rückkehr nach Europa«, wirtschaftlich um die Modernisierung des Landes, politisch um die Sicherung der sich nun konsolidierenden Demokratie.

Ungarns Aufnahme in die NATO wurde vom Zerfall Jugoslawiens gefördert; im März 1999 wurde sie vollzogen. Die Beitrittsverhandlungen mit der EU verliefen schleppender. Die ungarische Regierung drängte aufs Tempo, während die EU-Staaten nichts überstürzen wollten. Obwohl in Ungarn der *acquis communautaire* schon Ende 1999 umgesetzt war und die Beitrittsverhandlungen im Dezember 2002 abgeschlossen wurden, begann Ungarns Mitgliedschaft in der EU erst im Mai 2004. Damit war Ungarn nun zum Teil eines institutionellen Hebelwerks geworden, mit dem es – anders als zuvor – auch manche eigenen Interessen verfolgen konnte. Gleichwohl wurde sein Gewicht umso schwächer, je mehr seine wirtschaftliche Krise sich verschärfte. Seit 2006 stand wirtschaftliches Überleben im Vordergrund; 2008 unterblieb der Staatsbankrott nur dank eines Kredits des Internationalen Währungsfonds.

2010 wurde dann nach acht Jahren sozialistisch-liberaler Regierungsführung wieder der Fidesz an die Macht gewählt und begann einen grundlegenden, systematischem Umbau des Regierungssystems. Die Integration in die NATO war unter der ersten Fidesz-Regierung vollzogen, der Beitritt zur EU vorangetrieben worden. Inzwischen hatte sich Ungarn allerdings durch die Internationalisierung seines Wirtschafts- und Finanzwesens sehr vom Ausland abhängig gemacht. Also setzte setzte die neue Regierung nun ihren Schwerpunkt auf eine Wiedererringung ungarischer Autonomie und Souveränität, natürlich im Rahmen des vertraglich Vereinbarten. Als Ungarn im ersten Halbjahr 2011 die EU-Ratspräsidentschaft innehatte, wurde deren professionelle Abwicklung freilich schon überlagert von heftigen Protesten gegen das im Dezember 2010 verabschiedete Mediengesetz. Mit ihm brach der Fidesz die von ihm wahrgenommene Dominanz oppositioneller Medien, verfestigte zugleich aber die bis heute anhaltende Solidarisierung westlicher Medien mit der ungarischen Opposition. Seither bewirkt auch gelingende ungarische Regierungspolitik keinen internationalen Ansehensgewinn mehr. Gründe für Lob hätte dabei durchaus geben können: 2013 gelang – dank ungarischer Sparmaßnahmen und einer Sonderbesteuerung ausländischer Firmen – die Beendigung des 2004 eingeleiteten EU-Defizitverfahrens gegen Ungarn, sodass dieses Land seither alle Maastricht-Kriterien erfüllt; und überdies trug Ungarn durch seine aktive Politik in der Visegrád-Gruppe sehr zur Stabilität und zum wirtschaftlichen Aufschwung Ostmitteleuropas bei.

Seinerseits profitierte Ungarn stark von seiner Mitgliedschaft in der Europäischen Union. Die vom neuen Mitgliedsstaat erhaltenen EU-Fördersummen entsprachen zwischen 2014 und

2020 durchschnittlich drei Prozent des ungarischen Bruttoinlandsprodukts; auch werden inzwischen 78 Prozent der ungarischen Exporte und 71 Prozent seiner Importe mit den EU-Staaten abgewickelt. Im Eurobarometer vom Frühjahr 2022, und somit nach etlichen Jahren eines wirklich schwierigen Verhältnisses zwischen der EU und Ungarns Regierung, meinten 60 Prozent der Ungarn, die EU-Mitgliedschaft ihres Landes wäre eine gute Sache (schlechte Sache: 5 Prozent, weder-noch: 34 Prozent); im Jahr 2014 waren es erst 30 Prozent, welche die EU-Mitgliedschaft als gute Sache bezeichneten. Im Übrigen konnte Ungarn, über EU und NATO fest in den Westen integriert, auch intensivere wirtschaftliche und politische Kontakte mit postsowjetischen Ländern Eurasiens aufbauen, desgleichen mit Ländern Asiens, Afrikas und Lateinamerikas.

Anders als andere EU-Staaten – allen voran Deutschland – bestand und besteht Ungarn freilich darauf, seine Außenpolitik stark von eigenen Interessen leiten zu lassen und das eigene außenpolitische Handeln pragmatisch zu betreiben. In dieser Absicht vermied die ungarische Regierung es nach Kräften, Verstimmungen mit wichtigen Partnern durch eine plakative »Werteleitung« ihrer Politik herbeizuführen, vor allem dann, wenn im Konfliktfall ohnehin keine Hebelmöglichkeiten verfügbar wären. Resolutionen gegen andere Staaten oder gar Sanktionen gegen sie – etwa gegen die Türkei, Israel oder China – verwässerte Ungarn deshalb nach Möglichkeit oder trug sie nicht mit. Im Konfliktfall war Ungarn jedenfalls die Wahrung eigener Souveränität, die Fortsetzung von wirtschaftlicher Zusammenarbeit und Handel sowie das Wachstum beidseitiger Investitionen stets wichtiger als ein »Setzen von Zeichen«. Weil allerdings die EU mehrheitlich entschlossen ist, ihre Politik gegenüber anderen Staaten durch Werte wie Freiheit, Demokratie, Gleichheit, Rechtsstaatlichkeit und Wahrung der Menschenrechte auch symbolisch prägen zu lassen, kommt es beim Ringen um die Durchsetzung von derlei Politik in Drittstaaten immer wieder zu Konflikten mit Ungarn – und zwar trotz der Tatsache, dass es hinsichtlich der Wertschätzung all dessen keinerlei Meinungsunterschiede zwischen Ungarn und den anderen EU-Staaten gibt.

Doch so, wie Ungarn – im Rahmen der NATO- und EU-Verträge und gemäß dem Prinzip der Subsidiarität – seine Geschicke selbst bestimmen will, möchte es auch den Umgang der EU mit allen anderen Staaten und mit deren Interessen im weiten Rahmen des Völkerrechts ausgestaltet sehen. Diese Haltung, aus ungarischer Perspektive klar und konsequent, befremdet viele in Europa. Aus deren Warte wirkt es nämlich widersprüchlich, wenn etwa Ungarn seine eigenen Interessen bei der EU-Erweiterung auf dem Westbalkan, bei der Migrationspolitik* oder bei der Verteilung europäischer Ressourcen berücksichtigt haben will, sich aber normativen Argumenten der EU dann verschließt, wenn diese als für die Wahrung ungarischer Interessen hinderlich erscheinen. Als zentraler Konfliktpunkt erweist sich meist die Einschätzung des Wertes von nationaler Souveränität. Für Ungarn hat diese einen hohen Rang, während sie von vielen EU-Politikern – nicht zuletzt von deutschen – wie ein lästiges Überbleibsel aus zu überwindenden Zeiten behandelt wird.

Diese ungarischen Interessen lassen sich für die Gegenwart und wohl auch für die Zukunft so umreißen: Es gilt, die Sicher-

* Ungarns Migrationspolitik hat gleichsam drei Pfeiler: Die Bewegungsfreiheit im Schengen-Raum wird garantiert; illegale Zuwanderung nach Ungarn wird seit 2015 sehr nachdrücklich zu unterbinden versucht; die Einwanderung von Fachkräften, v.a. aus der EU und Ungarns sonstigen Nachbarstaaten, wird ausdrücklich unterstützt. Obendrein wird durch die ungarische Staatsbürgerschaftspolitik die Mobilität der Auslandsungarn gefördert, zumal zwischen ihren Heimatregionen und Ungarn. Derzeit ist Ungarn sowohl Ein- als auch Auswanderungsland und verzeichnet seit drei Jahrzehnten einen Einwanderungsüberschuss. Die Auswanderung war stark nach 1989, nach dem EU-Beitritt von 2004 und nach der europäischen Arbeitsmarktliberalisierung von 2011. Auch deshalb lebt derzeit eine halbe Million ungarischer Staatsangehöriger in Westeuropa, rund 40 Prozent davon in Deutschland. Die Zuwanderung – jährlich im Durchschnitt seit dem Ende des Kommunismus rund 20 000, 2019 sogar über 60 000 – erfolgt überwiegend aus den Nachbarländern, davon ein Drittel bis die Hälfte aus den Kreisen der Auslandsungarn. Nicht zu vergessen ist die Zuwanderung von Studierenden aus Ländern außerhalb der EU, die von der ungarischen Regierung unterstützt wird: Im Rahmen des Stipendium-Hungaricum-Programms kommen jährlich etwa 5000 Studierende nach Ungarn.

heit Ungarns als eines vergleichsweise kleinen Landes zu wahren, dieses Land entlang gemeinsamer Interessen fest in der Europäischen Union zu verankern und außerdem mit den Mitteln der Außenpolitik bestmöglich die Wirtschaft Ungarns zu fördern; nur dann nämlich könne Ungarn jene Ressourcen erwerben und deren weitere Verfügbarkeit gewährleisten, die für eine umfassende nationale Erneuerung erforderlich sind. In genau dieser Perspektive beschloss im April 2020 die ungarische Regierung eine neue nationale Sicherheitsstrategie, welche jene von 2012 ablöst. Drei neue strategische Herausforderungen schienen das erforderlich zu machen: die – zunächst zur Annexion der Krim, dann zur Besetzung der Ostukraine führende – russische Aggression gegen die Ukraine; das inzwischen sehr zahlenstarke, in der Regel nicht auf unmittelbare Kriegsflüchtlinge oder politisch Verfolgte zurückgehende Migrationsgeschehen; sowie islamistischer Terror in Europa. Zuvor schon war im Jahr 2015 unter dem Namen »Zrínyi 2026«* das größte Modernisierungsprogramm der ungarischen Streitkräfte seit dem Kalten Krieg begonnen worden.

Ungarns Außen- und Sicherheitspolitik geht – ausweislich jenes Strategiepapiers – von einer realpolitischen Lagebeurteilung aus und schätzt die Herausforderungen sowie Möglichkeiten Ungarns als einem eher kleinem europäischen Land mit Blick auf die Fähigkeiten anderer Staaten sowie nichtstaatlicher internationaler Akteure ab. Ausgegangen wird vom Aufkommen einer multipolaren Welt, in der sich die sicherheitspolitisch wichtige Umgebung Ungarns rasch und tiefgreifend wandelt oder wandeln kann. Genaues lässt sich jedenfalls nicht vorhersagen, weswegen mit wachsender Instabilität und Unsicherheit zu rechnen ist. Desgleichen muss man sich einstellen auf ein sich intensivierendes Ringen der wirklich großen Weltmächte um den Zugang zu globalen Ressourcen. Verbunden mit dem Klima-

* Benannt nach dem kroatisch-ungarischen Nationalhelden aus den Türkenkriegen Nikolaus VII. Zrínyi (1620–1664).

wandel wirken sich solche geostrategischen Herausforderungen auch im Karpatenbecken aus, also in Ungarns nächster Umgebung, was seitens der ungarischen Regierung den Aufbau von Fähigkeiten zur Prävention und Reaktion verlangt.

Bei alledem kann Ungarn bloß aufgrund seiner Mitgliedschaft in internationalen Bündnissen weiterkommen. Nur innerhalb von NATO und EU ist Ungarn vergleichsweise sicher vor militärischen Angriffen oder in der Lage, seine Interessen international voranzubringen. Grundsätzlich bleibt Ungarn verletzlich und ohne Chance, von sich aus internationale Regelwerke durchzusetzen oder alleine Aggressionen entgegenzutreten. Weil diese letzteren auch von nichtstaatlichen Akteuren ausgehen oder nichtmilitärische Kampfmittel einbeschließen können, wird bei der Lageanalyse ein umfassender Sicherheitsbegriff verwendet. Dieser bezieht politische, wirtschaftliche, finanzielle, gesellschaftliche, technologische, umweltbezogene, gesundheitliche, militärische, rechtliche, informationelle und elektronisch kriegswichtige Aspekte ein. Ungarn seinerseits betrachtet keinen Staat als seinen Feind, will Konflikte durch Verhandlungen gemäß UN-Grundsätzen sowie internationalem Recht lösen und entwickelt deshalb auch keine robusten strategischen Offensivfähigkeiten.

Geografisch bezieht sich Ungarns Sicherheitspolitik zunächst einmal auf das Karpatenbecken und auf Mitteleuropa. Darüber hinaus will Ungarn im eigenen nationalen Interesse auch außenpolitisch auf Stabilität im Westbalkan, in Osteuropa, im Mittleren Osten und in der Sahel-Zone hinwirken. Obendrein achtet Ungarn auf globale Herausforderungen wie den Klimawandel sowie auf physisch nicht an einen festen Ort gebundene Aggressionsmöglichkeiten, insbesondere im Bereich der Cyber-Sicherheit, also beim Schutz von Computern, Software und digitalen Netzwerken. Insgesamt bezieht sich Ungarns neue Sicherheitsdoktrin auf 17 Herausforderungen, nämlich auf die folgenden: illegale Einwanderung samt Niederlassung landfremder Bevölkerungen in Ungarn; ungerechtfertigte bewaffnete Angriffe und Instabilität in Ungarns unmittelbarer Nachbarschaft; Einschränkungen von Ungarns nationaler Souveränität sowie eine – durch mannigfaltige Mittel versuchte – Einengung von Ungarns Handlungsfreiheit bei der Verfolgung seiner Interessen; Bedrohungen im Cyberspace und aufgrund der Verbreitung moderner Technologien; Terrorismus sowie die Verbreitung von Massenvernichtungswaffen; Probleme aufgrund der ungünstigen demografischen Entwicklung Ungarns; Bedrohungen der Sicherheit der ungarischen Wirtschaft und der ungarischen Energieversorgung; Herausforderungen internationaler Sicherheit durch organisiertes Verbrechen, Drogenhandel und Epidemien; Folgen natürlicher und technischer Katastrophen; sowie Probleme, die von den Folgen des Klimawandels verursacht werden.

Ein Eckpunkt von Ungarns Außen- und Sicherheitspolitik ist die Bewahrung nationaler Souveränität. Ungarn ist zwar bereit, diese – im Rahmen freiwillig eingegangener Verträge – mit anderen Staaten um der gemeinsamen Sicherheit oder Wohlfahrt willen zu teilen, also Souveränitätsrechte in gewissen Grenzen gemeinsamen Institutionen zu übertragen, insbesondere denen der Europäischen Union. Genau hier verursacht freilich das Ziel einer Bewahrung der endlich neu errungenen nationalen Souveränität immer wieder Konflikte mit der EU. Zu ihnen kommt es stets, sobald die ungarische Regierung den Eindruck gewinnt, Institutionen der EU mischten sich über ihre Rechte hinaus, wie sie der EU durch Verträge seitens der Mitgliedstaaten übertragen wurden, in die inneren Angelegenheiten Ungarns ein; und sie spitzen sich immer dann zu, wenn befürchtet wird, die EU wolle Richtungsentscheidungen Ungarns auch dann unwirksam zu machen, wenn sie durch wiederholte freie Wahlen bekräftigt wurden. Etwa wird ausdrücklich formuliert, dass jeder Versuch der EU, dem ungarischen Staat die Ansiedlung von landfremden Migranten aufzuzwingen, nicht hinnehmbar ist. Und weil der ungarische Nationsbegriff die ungarischen Minderheiten im Ausland einbeschließt, kann es sogar unmittelbar zu außenpolitischen Verwicklungen kommen, wenn Ungarn seinem Anspruch folgt, auf die Bewahrung ungarischer Sprache und Kultur nicht nur in Ungarn selbst hinzuwirken, sondern auch jenseits seiner Landesgrenzen. Tatsächlich gilt die Lage der im – insbesondere benachbarten – Ausland lebenden Ungarn als untrennbar mit der Sicherheit Ungarns verbunden. Also habe die ungarische Regierung die Aufgabe, sämtliche ungarischen Minderheiten in ihren jeweiligen Ländern zu fördern, und das schließe natürlich ein Einwirken auf angemessene Formen von Selbstverwaltung und lageangemessener Autonomie ein. Auf diese Weise sind rote Linien festgelegt, entlang welcher sich Unterlassungsforderungen an Ungarns Nachbarn sowie Handlungspflichten der ungarischen Regierung ergeben.

Das vorrangige institutionelle Rahmenwerk ungarischer Außen- und Sicherheitspolitik stellen die NATO und die EU dar. Deshalb richtet sich Ungarns nationales Interesse darauf, den inneren Zusammenhalt beider Bündnisse zu stärken und deren wechselseitig kräftigendes Zusammenwirken zu fördern. Dem entgegenstehende Alleingänge Ungarns werden ausgeschlossen; und zumal seine militärischen Fähigkeiten will das Land in den Dienst der NATO und einer gemeinsamen europäischen Sicherheits- und Verteidigungsfähigkeit stellen. In diesem Zusammenhang brachte die ungarische Regierung immer wieder Forderungen nach einer »Armee für Europa« ins Spiel. Weil die konkreten Gefährdungen Ungarns und der EU nicht aus allen Himmelsrichtungen dieselben sind, baut Ungarn seine eigenen militärischen Fähigkeiten differenziert aus. Nach Osten hin versteht sich Ungarn als Plattform für die Mobilisierung und Logistik von NATO-Kampfverbänden, auf der auch wirksame Abschreckungsmöglichkeiten bereitstehen. Zum Süden und Westbalkan hin will Ungarn selbst für unmittelbare Reaktionen bei Bedrohungen seiner Sicherheit gerüstet sein. Dabei ist Ungarn offen für Beiträge der Westbalkanstaaten zur Schaffung gemeinsamer Sicherheit und tritt ohnehin für deren Aufnahme in die Europäische Union ein.

Ansonsten erachtet Ungarn als seine wichtigsten Partner – und zwar in ihrer Bedeutung wie folgt abgestuft – die anderen drei Visegrád-Staaten (Slowakei, Tschechien, Polen), Deutschland, die USA, Italien, Frankreich sowie die Türkei. An der Spitze stehen die Visegrád-Staaten, weil sie nun einmal geschichtlich eng mit Ungarn verbunden sind, gemeinsam den wirtschaftlichen Motor Ostmitteleuropas mit soliden und geordneten Finanzen abgeben sowie bei verlässlicher Zusammenarbeit jenes Ostmitteleuropa intergouvernemental voranbringen können, in dem allein Ungarn Sicherheit und Wohlstand finden kann. Deutschland ist wichtig als weitaus bedeutendster Handelspartner Ungarns sowie als Hauptwaffenlieferant im Rahmen der begonnenen Modernisierung ungarischer Streitkräfte. Die USA wiederum sind der einzige auch im Konfliktfall wirklich verlässliche Partner, obendrein von internationaler strategischer Bedeutung. Die anderen Partner, die in der neuen außen- und sicherheitspolitischen Doktrin genannt werden, sind aus jeweils besonderen Gründen wichtig. Italien teilt großenteils die ungarischen Ansichten zur Masseneinwanderung nach Europa aus den fragilen Staaten Nordafrikas und des Mittelmeerraums. Mit Frankreich gibt es wichtige gemeinsame Interessen im Bereich der EU-Agrarpolitik; außerdem ist Frankreich – nach Deutschland – ein Partner bei der Modernisierung von Ungarns Armee. Und die Türkei spielt eine wichtige Rolle bei der Abwehr von Masseneinwanderung aus dem Nahen Osten über den Balkan in die EU.

Im Übrigen trachtet Ungarn danach, seine außen- und wirtschaftspolitischen Spielräume durch die Pflege besonderer Beziehungen zu Russland als eurasischer und China als weltweiter Großmacht zu erweitern. Allerdings kam diesem Ziel unlängst Russlands Angriffskrieg gegen die Ukraine sehr in die Quere, dem die EU mit gemeinsamen Sanktionen entgegentrat, die – ohne sonderliche Überzeugung – auch von Ungarn mitgetragen werden. Es ist nämlich Ungarn stärker als Deutschland, und weitgehend auch alternativlos, von russischen Energielieferungen abhängig. Jedenfalls betrachtet Ungarn die Russische Föderation als einen internationalen Schlüsselakteur, ohne dessen Mitwirkung man beim Umgang mit vielen Problemen regionaler und internationaler Sicherheit nicht auskommen wird, dessen Beziehungen mit EU und NATO allerdings sehr belastet sind. Also brauche es für Ungarn und die EU einen doppelten Ansatz der Russlandpolitik: Man muss sich zwar vor Russland militärisch schützen, hat aber doch zugleich klarzumachen, dass man seitens von Ungarn Russland gerade nicht bedroht, sondern mit diesem Land pragmatisch und zum wechselseitigen wirtschaftlichen Vorteil solange zusammenarbeiten will, wie Russland seinerseits ein solches Verhalten als vernünftig beglaubigt. In diesem Sinn pflegte Ungarns Ministerpräsident Orbán – wie Deutschlands Kanzler – engere, auch persönliche Beziehungen zu Russlands Präsidenten, bekam allerdings diesen europäisch-traditionellen, kooperativen Kurs durch den russischen Angriff auf die Ukraine zum Nachteil Ungarns diskreditiert.

Auch mit China wollte Ungarn im Rahmen der Belt-and-Road-Initiative dieses Landes zum eigenen Vorteil enger zusammenarbeiten. Etwa schloss Ungarn mit der Bank of China einen knapp zwei Milliarden Euro umfassenden Finanzierungskredit zum Bau einer Eisenbahnstrecke zwischen Budapest und Belgrad ab. Das rief Kritik dahingehend hervor, auf diese Weise werde einmal mehr chinesischen Bauunternehmen ihr Eintritt auf den europäischen Markt erleichtert, trage man zu noch stärkerer Abhängigkeit der EU von China als neuer Großmacht bei, und könne sich auch Ungarn in jene chinesische Schuldenfalle begeben, aus der sich zu befreien schon für andere einst kooperationswillige Länder schwierig war. In Ungarns neuer außen- und sicherheitspolitischer Doktrin wird deshalb betont, dass bei allen Versuchen, auf Nutzen aus der wirtschaftlichen Kooperation mit China auszugehen, ebenfalls der dann größere chinesische Einfluss in Europa mitsamt jenen Risiken bedacht werden müssten, die Europas Abhängigkeit von chinesischer Infrastruktur und moderner Informationstechnologie nach sich ziehe.

Inzwischen breitet sich ebenfalls in den anderen osteuropäischen Ländern, die eine engere Kooperation mit China gesucht hatten, Enttäuschung über das Erreichbare aus. Diese verbindet sich in ganz Europa mit wachsenden Sorgen über Chinas zunehmende und autokratisch eingesetzte Macht. Vermutlich werden die neueren, auch von der COVID-Pandemie bewirkten Umstrukturierungen internationaler Versorgungsketten, desgleichen innerchinesische Durchsetzungsprobleme der dortigen Parteiführung, die einst erhofften Spielräume ungarischer Wirtschafts- und Außenpolitik ohnehin verstellen. Einstweilen aber hat Ungarn mit seiner kooperativen China-Politik – anders als Deutschland – aus den Reihen der EU heftige Kritik erfahren. Diese werden meist mit Vorwürfen wegen der – ebenfalls von den Umständen diskreditierten – kooperativen Russlandpolitik Ungarns verbunden. Doch anders als im Fall einer Resolution des Rates der EU zur chinesischen Hong-Kong-Politik, die Ungarn im Frühjahr 2021 blockierte, trug das Land alle Maßnahmen der EU gegen Russland mit. Es zahlt sogar in jenen europäischen Fonds ein, aus dem der Ukraine Geld für ihre Waffenkäufe zur Verfügung gestellt wird.

Unabhängig von den umrissenen außen- und sicherheitspolitischen Leitgedanken und Verhaltensweisen Ungarns engagiert sich dieses Land – im Rahmen seiner begrenzten finanziellen Möglichkeiten – bei mehr als 550 internationalen Entwicklungsprojekten im Wert von gut 350 Millionen Euro, und zwar vor allem auf dem Westbalkan, im Mittleren Osten sowie in Afrika. Die dafür eingesetzten Mittel wurden seit 2010 um weit mehr als das Doppelte aufgestockt. Das Programm »Hungary Helps« dient dabei als Flaggschiff und Aushängeschild einer kooperativen Entwicklungspolitik, die es ehedem so nicht gegeben hat.

11. Europapolitik

Seit 1990 wollte Ungarn »in den Westen zurückkehren«. 2004 war das geschafft. Weiterhin gehört Ungarns Bevölkerung sehr gern zur EU. Ungarns Regierung versteht sich sogar als besonders entschlossene Verteidigerin europäisch-christlicher Kultur.

Gleichwohl erlebt sich Ungarn im Rahmen der EU seit etlichen Jahren ziemlich isoliert. Umgekehrt äußern sich viele europäische Politiker als sehr enttäuscht von Ungarn. Wie kam es dazu?

Einerseits begann Ungarns EU-Mitgliedschaft mit einer Wirtschafts- und Finanzkrise. Die hinderte zwar nicht am Ende 2007 den erfolgten Beitritt Ungarns zur Schengen-Zone, sehr wohl aber an ernst gemeinten Vorbereitungen zur Einführung des Euro. Erst recht endete die Zeit der »EU-phorie« mit dem Regierungswechsel von 2010, weil seither Ungarns Regierung – ganz ohne die Integration in NATO und EU irgendwie infrage zu stellen – großen Wert darauf legt, nationale Handlungsspielräume zu erkunden, zu sichern und zu nutzen. Deshalb kam es zu einer bis heute nicht endenden Reihe von Konflikten zwischen der ungarischen Regierung und EU-Institutionen, zumal dem Parlament, der Kommission und den Europäischen Gerichtshof. Anfangs gab Ungarn noch in Einzelheiten nach, sofern nicht die tatsächliche Gestaltungsabsicht seiner Regierung ausgehebelt wurde. So war es etwa bei den 2011 erfolgenden, von der EU verlangten Änderungen am ungarischen Mediengesetz. Doch spätestens seit dem Zerwürfnis zwischen Ungarn und der EU – vor allem mit Deutschland – über eine sinnvolle Migrationspolitik der EU beharrt Ungarn regelmäßig darauf, sich dann nicht zu beugen, wenn wichtige eigene Interessen betroffen sind.

Im Fall seiner konfliktauslösenden Migrationspolitik seit 2015 sieht sich Ungarn auch völlig zu Unrecht kritisiert: Das Land habe seine Pflicht vorbildlich erfüllt, die Außengrenze der EU zu sichern; es habe dabei keinerlei EU-Unterstützung für die teure Errichtung des aufgrund des Migrationsdrucks erforderlich gewordenen Grenzzauns erhalten; Ungarns Politik, nur Bürgerkriegsflüchtlinge und wirklich politisch Verfolgte ins Land zu lassen, sei von den nordischen EU-Staaten ebenso wie von Polen ohne merkliche Kritik etwa Deutschlands übernommen worden; und die bereitwillige Aufnahme von hunderttausenden Flüchtlingen aus der Ukraine widerlege den Vorwurf,

Ungarn handele schlicht selbstsüchtig. Doch hier – wie auch auf anderen europäischen Politikfeldern – ist Ungarns Haltung zur EU eben keine gleichsam »romantische«, wie sie in Teilen der deutschen Öffentlichkeit und Politik vorherrscht, sondern lässt sich von nationalen Interessen leiten. Die Fidesz-Regierung wünscht nämlich, aus Finanztransfers der EU nicht nur den von diesen bezweckten Nutzen für eine Verbesserung der Infrastruktur Ungarns zu ziehen. Sondern außerdem will Ungarns Regierung vor allem ungarische Unternehmen fördern. Zu diesem Zweck wurden – oft im Konflikt mit EU-Ausschreibungsregeln – die Bau- und Beschaffungsaufträge im Rahmen infrastruktureller Projekte möglichst an im eigenen Land steuerpflichtige Unternehmer vergeben. Die sollten obendrein nicht unbedingt den Oppositionsparteien nahestehen. Angesichts solcher Regelkonflikte muss es nicht wundern, dass sich Ungarns Regierung jahrelang gegen eine scharfe, auch strafbewehrte Kontrolle der Vergabe und Verwendung solcher Mittel sperrte und dafür bislang den Vorwurf »systemischer Korruption« in Kauf nahm. Im Herbst 2022 änderte Ungarn diese Haltung und verstand sich zu mit der EU-Kommission abgestimmten Gesetzgebungsakten.

Doch ganz allgemein widersetzt sich Ungarn der Auferlegung einer gemeinsamen Politik, die man sowohl für sachlich falsch als auch für rechtlich gar nicht geboten hält. Von außen wurde solches Abwehrverhalten befördert durch Maßnahmen der EU-Kommission, die wenn schon nicht von der Beobachtung, so doch von der Annahme ausgingen, dass in Ungarn ein autokratisches Regime um den Ministerpräsidenten Orbán aufgebaut werde. Zwischen 2011 und 2018 wurden in nicht weniger als sechs umfangreichen Dokumentationen solche Defizite der ungarischen Demokratie zusammengestellt, welche die europäischen Institutionen sowie zivilgesellschaftliche Organisationen meinten erkannt zu haben. Diese Dokumentationen wurden mitsamt Vorschlägen zur Problemlösung der ungarischen Regierung vorgelegt, doch von dieser in der Regel als unbegründet zurückgewiesen. Im Anschluss daran kam es immer wieder zu – teils sehr scharfen – Auseinandersetzungen zwischen der ungarischen Regierung und europäischen Institutionen oder Politikern. Sie führten auch zu mehreren Vertragsverletzungsverfahren sowie zu Verfahren nach Art. 7 des EU-Vertrags, den sogenannten »Rechtsstaatsverfahren«. Drei Vertragsverletzungsverfahren reagierten im Jahr 2012 auf den im Jahr zuvor erfolgten ungarischen Verfassungsgebungsprozess; sie betrafen das Zentralbankstatut, die Position des Datenschutzbeauftragten sowie die Frühverrentung von Richtern. Zu fünf weiteren Vertragsverletzungsverfahren kam es während der 2014 beginnenden ungarischen Legislaturperiode. Zwei davon bezogen sich auf die ungarische Migrationspolitik, eines auf ein Gesetz über vom Ausland finanzierte zivilgesellschaftliche Organisationen, und ein weiteres auf ein Gesetz, das für ausländische Universitäten, die in Ungarn internationale Grade vergeben, eine Heimatuniversität im Ausland verlangt.

In Reaktion auf solche Maßnahmen verschärfte sich auch der Ton von Fidesz-Politikern gegenüber der EU – und zwar bis hin zur Parallelisierung von Brüsseler Auflagen für Ungarn mit einstigen Anweisungen aus dem sowjetischen Moskau. Zwar verhielt sich Ungarns Regierung unterhalb dieser Kommunikationsoberfläche lange Zeit kooperativ; auch deckte die Europäische Volkspartei (EVP) den in Ungarn regierenden Fidesz als ihre Mitgliedspartei. Doch seit etwa 2017 wird, statt taktische Zugeständnisse zu machen, seitens der ungarischen Regierung immer wieder auf Konfrontation ausgegangen, etwa indem sie gegen abgelehnte Politiken im Rat der EU ihr Veto einlegt. Ihrerseits haben die EU-Institutionen nie eine Gesamtstrategie gegenüber Ungarn entwickelt. Disziplinierungsmittel mit erhoffter Wirksamkeit fanden sie erst, als sie es unternahmen, Vertragsverletzungs- und Rechtsstaatsverfahren mit der Zurückhaltung von eigentlich für Ungarn bestimmten EU-Geldern zu verbinden.

Den Weg dazu öffnete es, dass die von der ungarischen Regierung im Jahr 2014 vorgenommenen Veränderungen im Management der europäischen Fonds zu einer starken Zentralisierung im Ministerpräsidentenamt sowie zu einer systematischen politischen Kontrolle der Ressourcenverteilung führten. Der Leitgedanke dabei war, dass sich bei Bau- und Investitionsvorhaben nicht nur große ausländische Unternehmen mit ihren Angeboten durchsetzen sollten, woraufhin für Ungarn bestimmte Gelder faktisch in andere Länder flössen, sondern dass den Zuschlag möglichst viele ungarische Unternehmen erhalten sollten. Weil allerdings die in diesem Sinn gesteuerten öffentlichen Vergabeverfahren auch als Möglichkeiten staatlich organisierter innerungarischer Korruption fungieren können, setzte im Jahr 2014 die EU-Kommission entsprechende Zahlungen zunächst einmal aus. Außerdem machte sich die Kommission seit 2017/18 daran, mit EU-Organen wie der Haushaltskommission des Europäischen Parlaments oder dem Europäischen Amt für Betrugsbekämpfung (OLAF) das innerungarische, unter Korruptionsverdacht stehende Vergabeverfahren zu beobachten. Weil es aber keine ausreichende Zusammenarbeit der ungarischen Staatsanwaltschaften mit den Europäischen Behörden gab, blieben deren Berichte weitgehend ohne Konsequenzen. Da Abhilfe zu schaffen, wurde deshalb zu einer Priorität der EU. Anlässlich der Verhandlungen über den »Mehrjährigen Finanzrahmen« der EU für die Jahre 2021–2027 fand sich eine Gelegenheit für einen nachdrücklichen Versuch, hier weiterzukommen.

Denn ausdrücklich verknüpfte die EU-Kommission nun die Ausreichung von EU-Mitteln mit der landesinternen Erfüllung von Rechtsstaatlichkeitskriterien. Allerdings wiesen Polen und Ungarn eine solche Verbindung zurück. Um ihren Positionen Nachdruck zu verschaffen, blockierten beide Länder gegen Ende des Jahres 2020 den Abschluss des Entscheidungsprozesses der EU über ihren »Mehrjährigen Finanzrahmen«. Nach entsprechenden Verhandlungen kam es dann zu einem Kompromiss dahingehend, dass der Europäische Gerichtshof erst einmal – auf der Grundlage entsprechender Klagen Ungarns und Polens – über die Verknüpfbarkeit des Rechtsstaatsmechanismus mit der

Vergabe von EU-Mitteln entscheiden würde, desgleichen über Kriterien für die Verletzung von Rechtsstaatlichkeitskriterien durch EU-Länder. Bis zu diesem Gerichtsbeschluss sollte es zu keinem weiteren Rechtsstaatsverfahren kommen. Um ein solches immerhin vorzubereiten, kritisierte im Sommer 2021 die EU-Kommission die Mitgliedsländer Polen und Ungarn in ihrem Bericht über die Rechtsstaatlichkeit im Rahmen der EU, und zwar vor allem wegen unzureichender Maßnahmen der Korruptionsbekämpfung, wegen eingeschränkter Medienfreiheit sowie wegen Unzulänglichkeiten im Justizsystem. Auch anlässlich der ungarischen Kinderschutzgesetzgebung wurde im gleichen Sommer angedroht, man werde für Ungarn vorgesehene EU-Mittel einbehalten, wenn es nicht bald zur Rücknahme der entsprechenden Gesetzgebung komme.

Im Februar 2022 bestätigte dann der Europäische Gerichtshof, dass eine Kürzung von EU-Geldern als Sanktion gegen Rechtsstaatsmängel in Mitgliedsstaaten möglich wäre; allerdings sei dafür eine inhaltliche Verbindung der Mängelrüge mit der Verausgabung entsprechender Mittel aufzuweisen. Anschließend wartete die EU-Kommission die ungarischen Parlamentswahlen vom April 2022 ab, bevor sie wenige Tage später wirklich ein Rechtsstaatsverfahren gegen Ungarn einleitete. An dessen Ende könnte – über die Einbehaltung von Finanzmitteln hinaus – sogar der Verlust des ungarischen Stimmrechts in EU-Institutionen stehen. Letzteres löste gewiss eine institutionelle Krise der EU aus, ersteres große wirtschaftliche Schwierigkeiten für Ungarn. Tatsächlich war es für Ungarns wirtschaftlichen Erfolg eine wichtige Voraussetzung und bleibt somit ein wichtiges Ziel der ungarischen Europapolitik, dass das Land Mittel aus den Struktur- und Kohäsionsfonds der EU erhält und sie dann wirkungsvoll einsetzen kann. Immerhin war Ungarn im Jahr 2020 – nach Polen, Griechenland und Rumänien – der viertgrößte Nettoempfänger von EU-Mitteln. Aus dem Finanzrahmen der EU für die Jahre 2021–2027 stehen Ungarn sogar nicht weniger als rund 39 Milliarden Euro in Aussicht, von denen etwa

20 Milliarden Euro aus dem Kohäsionsfonds stammen, knapp 12 Milliarden für Agrarsubventionen vorgesehen sind und gut 6 Milliarden dem Wiederaufbauprogramm »NextGenerationEU« zugutekommen sollen. Zudem hat Ungarn die Möglichkeit, über das letztere Programm günstige Kredite in Höhe von über 8 Milliarden Euro aufzunehmen.

Um die auf diese Weise sich zuspitzenden Probleme womöglich doch noch einvernehmlich zu lösen, gehört seit dem Mai 2022 ein ehemaliger EU-Kommissar und Europaabgeordneter der ungarischen Regierung als Minister für Regionalangelegenheiten und für die Verwendung der EU-Gelder an. Im Anschluss an entsprechende Verhandlungen zwischen der EU und der ungarischen Regierung, geführt von Ungarns Justizministerin, beschloss ferner das ungarische Parlament im September 2022 ein erstes Gesetz, das einzelne Bestimmungen über die öffentliche Vergabe von Aufträgen ändert, von Ungarns Finanzbehörden fortan Amtshilfe für OLAF verlangt, also für das Europäische Amt für Betrugsbekämpfung, und das die Mitglieder der Kuratorien von Stiftungen, die öffentliche Aufgaben erfüllen, bei Unvereinbarkeitsfällen nicht mehr an der Entscheidungsfindung teilnehmen lässt. Um künftigem Druck überhaupt auszuweichen, hat die ungarische Regierung inzwischen den Verzicht auf EU-Kredite erklärt und will langfristig überhaupt ohne EU-Mittel auskommen. Doch obschon Ungarns Regierung – zumindest informell – Unzulänglichkeiten oder Unregelmäßigkeiten bei der Verplanung und Verausgabung von nach Ungarn fließenden EU-Mitteln einräumt und auch gar nicht bestreitet, dass es bei deren Nutzung durchaus zur Korruption kommt, fühlt die ungarische Regierung ihr Land insgesamt unfair behandelt. Etwa wird darauf verwiesen, dass Ungarn zwischen 2015 und Ende 2020 rund 1,1 Milliarden Euro für den Schutz der ungarischen EU-Außengrenze sowie für das Management der dortigen Asyl- und Migrationssituation aufgewendet hat, obwohl der Nutzen all dessen vor allem Deutschland zukommt, das seinerseits besonders heftig die ungarische Migrationspolitik kritisiert.

Auch die faktische Vertreibung des Fidesz aus der Europäischen Volkspartei im Jahr 2021 konnte die ungarische Regierung nicht zur Nachgiebigkeit zwingen. Allerdings haben erfolgreiche Ausgrenzungsversuche seitens mehrerer EU-Staaten die politischen Netzwerke und Koalitionspartnerschaften Ungarns durchaus eingeschränkt. Das wiederum trieb Ungarns Regierung – zumindest zeitweise – an die Seite europäischer rechtspopulistischer Parteien. Nach Ansicht seiner Gegner gehört der Fidesz ohnehin dorthin. Dieser selbst, in sich durchaus heterogen, versteht sich hingegen als Teil der europäischen christdemokratischen Parteienfamilie. Deshalb sind Fidesz-Politiker insbesondere von der bayerischen CSU sehr enttäuscht: Weil diese Partei mit dem Fidesz lange Zeit enge Beziehungen pflegte, fühlt man sich nun von ihr verraten. Das alles lässt leicht erkennen, dass die Beziehungen zwischen der EU und Ungarn zerrüttet sind. Es bleibt abzuwarten, ob die im Mai 2022 ins Amt gelangte ungarische Regierung wirklich daran etwas zu ändern vermag, ob der Krieg Russlands gegen die Ukraine die EU-Prioritäten womöglich ohnehin auf die vorrangige Sicherung des Zusammenhalts in den eigenen Reihen verschiebt.

Jedenfalls ist Ungarn auch gemäß seiner neuen außen- und sicherheitspolitischen Doktrin an einem starken, vereinten Europa sehr interessiert. Allerdings soll dieses nicht zu einer Art Bundesrepublik werden, sondern auf einem solchen Integrationskurs voranschreiten, der allein durch die gemeinsamen Interessen der Mitgliedsstaaten festgelegt wird. Klar wird gesehen, dass Ungarn nur in einem solchen europäischen Handlungsrahmen, der die wirtschaftlichen und politischen Potenziale des ganzen Kontinents zur Entfaltung bringt, auch selbst eine international wettbewerbsfähige Position einnehmen und behalten kann. Zudem hat Ungarn hinsichtlich seiner militärischen Sicherheit an einem solchen Europa allergrößtes Interesse. Solange sich aber kein Konsens der Mitgliedsstaaten über die Beschaffenheit, Einsatzgrundsätze und Leitung einer gemeinsamen europäischen Armee findet, muss – nach Ansicht der ungarischen Regierung – eben am Inter-Gouvernementalismus festgehalten werden, also an der auf fallweise Einspruchsmöglichkeiten gegründeten Zusammenarbeit europäischer Regierungen. Weil freilich solcher Konsens auf noch unabsehbare Zeit fehlt, muss die NATO mit ihren integrierten Kommandostrukturen den Vorrang vor Versuchen mit einer »europäischen Verteidigungsidentität« haben.

Zwar wünscht Ungarn sich eine starke EU. Doch die ungarische Regierung ist überzeugt, dass wirklich belastbare Grundlagen eines starken Europas ausschließlich freie Nationen sind, die auch ihre eigenen Handlungsmöglichkeiten haben. Eben deshalb geht Ungarn auf ein gut integriertes Bündnis souveräner, europäischer Staaten aus. Die wiederum sollen einen Teil ihrer Souveränität durchaus über gemeinsame Institutionen gemeinsam ausüben, und zwar weil – und solange wie – genau diese Institutionen der Verwirklichung gemeinsamer Interessen dienen. Auch hieraus ergeben sich Konflikte zwischen Ungarn und der Europäischen Union. Deren Kommission und Parlament pflegen nämlich europäische Interessen durchaus eigenwillig zu definieren und dann den Mitgliedstaaten so vorzugeben, als sei den europäischen Institutionen ein solches Recht auf politische Gestaltungsrichtlinien vertraglich zugewiesen. Ähnliche Konflikte zeitigt die Rechtsprechungspraxis des Europäischen Gerichtshofs, welcher die der EU vertraglich zugewiesenen Kompetenzen mit den Mitteln des Rechts – statt kraft demokratischer Legitimation – auszuweiten versucht. Das alles betrachtet die ungarische Regierung als ein Verhalten *ultra vires*, d. h. als eines, das über das für EU-Institutionen Zulässige hinausgeht. Dieser Konflikt um die Wahrung nationaler Souveränitätsrechte verbindet sich im Fall Ungarns – anders als etwa im Fall von Polen oder gar Deutschland – auch noch mit einer ideologischen Entfremdung zwischen einer Regierung, die einen klar patriotisch-konservativen Kurs steuert, und vielen anderen europäischen Regierungen, die mehrheitlich supranationale und grüne politische Überzeugungen vertreten. Aus beiden Gründen wird sich Ungarn wohl auch weiterhin gegen derlei verwahren und lieber in Kauf nehmen, als Quertreiber oder sogar EU-feindlich wahrgenommen zu werden. Im Grunde trägt Ungarn damit – in der eigenen Wahrnehmung: wieder einmal alleingelassen – gerade jenen Konflikt aus, den ebenfalls andere EU-Ländern sowie das deutsche Bundesverfassungsgericht immer Mal um Mal verspüren. Das ist der, welcher aus sachnotwendigen Gründen zwischen der Errichtung eines supranationalen EU-Regierungssystems und der Wahrung nationaler, demokratisch ausgeformter Souveränität besteht.

Diesen seit vielen Jahren schwelenden Konflikt zwischen seinem Land und der EU spitzte der ungarische Ministerpräsident im Juni 2021 weiter zu, indem er sechs in diesem Zusammenhang wichtige Thesen formulierte. Erstens sei die EU dabei, statt an einem Europa der Nationen zu bauen, sich zu einem Empire-artigen politischen Gebilde zu entwickeln; dazu aber seien Kommission und Parlament nie von den Mitgliedsstaaten ermächtigt worden. Zweitens prägten das Brüsseler Geschehen solche Verantwortungsträger, welche die EU als ein Ziel in sich ansähen, doch nicht als ein Mittel zum Zweck der Verwirklichung gemeinsamen Interesses an Sicherheit und Wohlstand. Drittens wäre ein beträchtlicher Teil konkreter Brüsseler Durchsetzungsmacht an Netzwerke wie die Open Society Foundations von George Soros ausgelagert worden, die ihrerseits von außerhalb der EU betrieben, doch innerhalb der EU auf politischen Einfluss ausgehen würden. Viertens werde die EU ohne wirtschaftlichen Erfolg auseinanderbrechen; und deshalb sollten gerade ihre Befürworter sich nur auf solche Politik einlassen, die wirtschaftlichen Fortschritt in Aussicht stelle. Fünftens müsse sich die EU derzeit vorrangig dem gemeinsamen Schutz gegen Pandemien und Migration widmen, nicht aber einer weiteren »Vervollkommnung« der Union. Und sechstens werde gerade das Europäische Parlament mehr und mehr zur Gefahr für Demokratie in Europa, weil es vor allem seine eigenen institutionellen Interessen vertrete. Besser wäre es also, wenn – wie einst –

die nationalen Parlamente ihre Vertreter ins Europäische Parlament entsenden würden und jede EU-Gesetzgebung dann stoppen könnten, wenn diese nationalen Interessen zuwiderlaufe. Derzeit ist nicht abzusehen, ob diese Position die eines europäischen Außenseiters bleiben wird – oder ob sie, wie inzwischen Ungarns Migrationspolitik, stillschweigend zur gemeinsamen Selbstverständlichkeit werden mag.

LITERATUR:

Bauer, Bence, 2009: 2. Mai 1989. Beginn des Abbaus der Grenzanlagen zwischen Ungarn und Österreich, Konrad-Adenauer-Stiftung, Geschichte der CDU, Internet-Ressource, https://www.kas.de/de/web/geschichte-der-cdu/kalender/kalender-detail/-/content/2-mai-1989-beginn-des-abbaus-der-grenzanlagen-zwischen-ungarn-und-oesterreich, Zugriff am 25.7.2022

Bauer, Bence, 2022: Missverständnisse und Trugschlüsse, Budapest: Deutsch-Ungarisches Institut, https://magyarnemetintezet.hu/de/forschung/missverstandnisse-und-trugschlusse, Zugriff am 22.10.2022

Beger, Paula, 2021: Die Asyl- und Migrationspolitik Ungarns. Wandel in drei Etappen, in: Bos, Ellen/Lorenz Astrid, Hrsg., 2021: Das politische System Ungarns. Nationale Demokratieentwicklung, Orbán und die EU, Wiesbaden: Springer, S. 209–228

Bernát, Anikó, 2019: Integration of the Roma in Hungary in the 2010s, in: Hungarian Social Report 2019, Budapest: TARKI Social Research Institute, S. 196–214, https://www.researchgate.net/publication/330910484_INTEGRATION_OF_THE_ROMA_IN_HUNGARY_IN_THE_2010S, Zugriff am 25.7.2022

Böhm, Márton Jozsef, 2021: Pfeiler der ungarischen Familienpolitik, Deutsch-Ungarisches Institut, Reihe Faktenwissen Ungarn, https://magyarnemetintezet.hu/de/wahlen-in-ungarn/faktenwissen-ungarn-pfeiler-der-ungarischen-familienpolitik-1, Zugriff am 1.5.2022

Böhm, Márton Jozsef, 2022: Roma in Ungarn, Deutsch-Ungarisches Institut, Reihe Faktenwissen Ungarn, https://magyarnemetintezet.hu/de/wahlen-in-ungarn/faktenwissen-ungarn-roma-in-ungarn-1, Zugriff am 1.5.2022

Böhm, Márton Jozsef, 2022: Judentum in Ungarn, Deutsch-Ungarisches Institut, Reihe Faktenwissen Ungarn, https://magyarnemetintezet.hu/documents/doc/Situation%20Juden_MB_DP_HM.pdf, Zugriff am 1.5.2022

Böhm, Márton Jozsef/Rasthofer, Alexander, 2022: Die Situation der ungarischen Minderheit in der Karpatenukraine, Deutsch-Ungarisches Institut, Reihe Faktenwissen Ungarn, https://magyarnemetintezet.hu/documents/doc/Dossier%20ungarische%20Minderheit%20Ukraine.pdf, Zugriff am 1.5.2022

Botschaft von Ungarn, Berlin, o.J.: Die Hauptaspekte der ungarischen Familienpolitik – das ungarische Modell, https://berlin.mfa.gov.hu/asse

ts/77/99/22/854890861f4f3d610158c5660f627f10ca361aed.pdf; Zugriff am 30.4.2022

Botschaft von Ungarn, Berlin, o.J.: Ungarns Beitrag zur internationalen Solidarität. Rückblick auf das erste Quartal 2021, https://berlin.mfa.gov.hu/asset/view/139847/Hungary%20Helps%20DEU2021Juni.pdf, Zugriff am 3.5.2022

Bundesministerium der Finanzen, 2021: Die wichtigsten Steuern im internationalen Vergleich, Berlin, Bundesministerium für Wirtschaft und Klimaschutz, 2022: BQ-Portal. Informationsportal für ausländische Berufsqualifikationen. Ungarn, https://www.bq-portal.de/db/Länder-und-Berufsprofile/ungarn, Zugriff am 3.5.2022

Csaplár, Tristan/Schlegl, Kristóf, 2022: Parlamentarische Vertretung von autochthonen Minderheiten in Deutschland und Ungarn, = Deutsch-Ungarisches Institut, Reihe Faktenwissen Ungarn, https://magyarnemetintezet.hu/de/wahlen-in-ungarn/parlamentarische-vertretung-von-autochthonen-minderheiten-in-deutschland-und-ungarn, Zugriff am 1.5.2022

Csiki, Varga Tamas, 2021: Hungary's new National Security Strategy. A critical analysis, = Institute for Strategic and Defense Studies, ISDS Analyses 2021/1, https://svkk.uni-nke.hu/document/svkk-uni-nke-hu-1506332684763/ISDS_Analyses_2021_1_Hungary_s%20new%20National%20Security%20Strategy%20–%20A%20critical%20analysis%20(Tamas%20Csiki%20Varga).pdf, Zugriff am 3.5.2022

Deutscher Akademischer Austauschdienst, 2017: Ungarn. Daten & Analysen zum Hochschul- und Wissenschaftsstandort, Bildungssystemanalyse 2017, Berlin, https://www2.daad.de/medien/der-daad/analysen-studien/bildungssystemanalyse/ungarn_daad_bsa.pdf, Zugriff am 4.5.2022

Dobrowiecki, Péter, 2022: Erinnerungspolitik in Ungarn, Deutsch-Ungarisches Institut, Reihe Faktenwissen Ungarn, https://magyarnemetintezet.hu/documents/doc/Erinnerungspolitik%20in%20Ungarn.pdf, Zugriff am 2.5.2022

Dörstelmann-Fodor, Kinga, 2022: Digitalisierung in Ungarn, Deutsch-Ungarisches Institut, Reihe Faktenwissen Ungarn, https://magyarnemetintezet.hu/documents/doc/Digitalisierung%20in%20Ungarn_10.05.2022.pdf, Zugriff am 24.5.2022

Europäische Kommission, 2015: Discrimination in the EU in 2015, Special Eurobarometer 537, https://tgeu.org/wp-content/uploads/2016/10/EU_eurobarometer_2015_437.pdf, Zugriff am 29.5. 2022

Europäische Kommission, 2021: Beschäftigung, Soziales, Integration. Ungarn, https://ec.europa.eu/social/main.jsp?catId=1113&langId=de, Zugriff am 1.5.2022

Fogarasi Sarolta/Csaplár, Trista/Rasthofer, Alexander, 2022: Minderheiten in Ungarn, Deutsch-Ungarisches Institut, Reihe Faktenwissen Ungarn, https://magyarnemetintezet.hu/de/forschung/minderheiten-in-ungarn, Zugriff am 1.5.2022

Fonay, Tamás Álmos, 2022: Fakten zur ungarischen Staatsbürgerschaft, Deutsch-Ungarisches Institut, Reihe Faktenwissen Ungarn, https://magyarnemetintezet.hu/documents/doc/Die_ungarische_Staatsbürgerschaft_paper.pdf, Zugriff am 1.5.2022

Fonay, Tamás Álmos, 2022: Wahlkampf in Ungarn, Deutsch-Ungarisches Institut, Reihe Faktenwissen Ungarn, https://magyarnemetintezet.hu/de/wahlen-in-ungarn/wahlkampf-in-ungarn, Zugriff am 1.5.2022

Germán, György, 2021: Pro und Contra zum Modellwechsel im ungarischen Hochschulwesen, Budapest: Goethe-Institut, https://www.goethe.de/ins/hu/de/kul/mag/22117713.html, Zugriff am 4.5.2022

Gruber, Ines Bianca, 2015: Die Minderheitenpolitik der Republik Ungarn gegenüber den ungarischen Minderheiten im angrenzenden Ausland nach der Wende 1989, Diss. Budapest: Andrássy-Universität, https://www.andrassyuni.eu/pubfile/de-269-dissertation-gruber-doi.pdf, Zugriff am 1.5.2022

György, Lászlo, 2021: Wiederherstellung des wirtschaftspolitischen Gleichgewichts in Ungarn nach 2010, in: Szalai/Orbán, Ungarischer Staat, S. 433–446

Györi, Lászlo L., 2018: König Ubu in Ungarn. Viktor Orbáns ›Totalangriff‹ auf die Kultur, in: Osteuropa 68, 3/4, S. 283–296

Hegedüs, Dániel, 2021: Ungarns Selbstperipherisierung in der Europäischen Union. Hintergründe und Aussichten, in: Bos, Ellen/Lorenz Astrid, Hrsg., 2021: Das politische System Ungarns. Nationale Demokratieentwicklung, Orbán und die EU, Wiesbaden: Springer, S. 191–208

Hettyey, András, 2021: Die ungarische Außenpolitik 1990–2018. Europäisierung ohne Überzeugung, in: Bos, Ellen/Lorenz Astrid, Hrsg., 2021: Das politische System Ungarns. Nationale Demokratieentwicklung, Orbán und die EU, Wiesbaden: Springer, S. 173–190

Hungary turns its back on Europe. Dismantling culture, education, science and the media in Hungary 2010–2019, Budapest 2020, http://

oktatoihalozat.hu/wp-content/uploads/2020/03/angol.pdf, Zugriff am 3.5.2022

Kálmán, Anat, 2021: Die ungarische Hochschul- und Forschungslandschaft. Stärkster Standort in Mittel- und Osteuropa, in: Budapester Zeitung v. 24. April 2021, https://www.budapester.hu/wissen/staerkster-forschungs-und-wissenschaftsstandort-in-Ostmitteleuropa/, Zugriff am 3.5.2022

Kovács, Henriette, 2019: Aktuelle Tendenzen der ungarischen Erinnerungspolitik, Budapest (Andrássy Universität Budapest, Publikationen, Heft 8)

Köves, Slomó, 2021: Das Judentum und die ungarische Staatlichkeit, in: Szalai/Orbán, Ungarischer Staat, S. 369–384

Közfoglalkoztatási Portál 2021: Information über die aktuelle Lage der öffentlich Beschäftigten https://kozfoglalkoztatas.kormany.hu/download/2/fe/51000/Information%20über%20die%20aktuelle%20Lage%20der%20öffentlich%20geförderten%20Beschäftigung.pdf, Zugriff am 25.7.2022

Máthé, Áron, 2021: Wissenschaft und Politik. Folgen der politischen Wende aus der Sicht der akademischen Welt in Ungarn, in: Szalai/Orbán, Ungarischer Staat, S. 167–195

Moldicz, Csaba, 2021: Hungary external relations briefing: foreign policy of Hungary in 2021, Budapest: China-CEE Institute 46/4, https://china-cee.eu/wp-content/uploads/2022/01/2021er12_Hungary.pdf, Zugriff am 3.5.2022

Müller-Verweyen, Michael, 2019: Kulturkampf als Machtkampf. Kultur und Kulturpolitik in Ungarn, http://oktatoihalozat.hu/wp-content/uploads/2020/03/angol.pdf, Zugriff am 3.5.2022

Novák, Katalin, 2021: Family-centred governance to counter the demographic crisis. Theoretical and practical background of the Hungarian Family Policy Model, in: Hungarian Conservative 1/4, S. 30–35

Palotai, Dániel, 2021: Wirtschaftsaufschwung in Ungarn nach 2010, in: Szalai/Orbán, Ungarischer Staat, S. 447–470

Pesuth, Tamás, 2021: Wirtschaftspolitischer Perspektivenwechsel in Ungarn nach der Weltwirtschaftskrise, in: Szalai/Orbán, Ungarischer Staat, S. 471–483

Ungarisches Kinderschutzgesetz, 2021: Text auf Deutsch und Englisch, in: https://www.tichyseinblick.de/daili-es-sentials/das-steht-im-gesetz-der-regierung-orban/, Zugriff am 29.4.2022

Rasthofer, Alexander, 2022: Energiepolitik in Ungarn, Deutsch-Ungarisches Institut, Reihe Faktenwissen Ungarn, https://magyarnemetintezet.hu/de/wahlen-in-ungarn/faktenwissen-ungarn-energiepolitik-in-ungarn, Zugriff am 24.5.2022

Schlegl, Kristóf, 2022: Ungarn und der Wiederaufbaufonds der Europäischen Union, Deutsch-Ungarisches Institut, Reihe Faktenwissen Ungarn, https://magyarnemetintezet.hu/de/wahlen-in-ungarn/faktenwissen-ungarn-ungarn-und-der-wiederaufbaufonds-der-europaischen-union, Zugriff am 3.5.2022

Schweizerische Botschaft in Ungarn, 2021: Wirtschaftsbericht Ungarn 2021, https://www.s-ge.com/sites/default/files/publication/free/wirtschaftsbericht-ungarn-eda-2021-05.pdf, Zugriff am 30.4.2022

Spengler, Frank/Bauer, Bence, 2017: Die politische Situation zur Jahresmitte 2017 in Ungarn, Konrad-Adenauer-Stiftung, Auslandsbüro Ungarn, Länderberichte, https://www.kas.de/de/web/ungarn/laenderberichte/detail/-/content/die-politische-situation-zur-jahresmitte-2017-in-ungarn1, Zugriff am 25.7.2022 (dort ausführliche Darstellungen zur Lage der Central European University, zur Rolle von George Soros und zum Gesetz für die Organisationen der Zivilgesellschaft, Zugriff am 24.5.2022

Szalai, Zoltán/Orbán, Balázs, Hrsg., Der ungarische Staat. Ein interdisziplinärer Überblick, Wiesbaden: Springer

Várszegi, Márk, 2021: Rechtspopulismus und freier Geist. Zur Lage der Wissenschaften in Viktor Orbáns Ungarn, in: Bos, Ellen/Lorenz Astrid, Hrsg., 2021. Das politische System Ungarns. Nationale Demokratieentwicklung, Orbán und die EU, Wiesbaden: Springer, S. 229–246

Wetzel, Tamás, 2021: Das Ideal der ungarischen Staatsangehörigkeit, in: Szalai/Orbán, Ungarischer Staat, S. 505–519

Kapitel 5: »Orbán-Land«

Über fast alle Tatsachen und über etliche Zusammenhänge, die in den Kapiteln über Ungarns Geschichte, Regierungssystem und Politik dargestellt wurden, können sich Unterstützer und Gegner der ungarischen Fidesz-Regierung durchaus auf der Faktenebene einig werden, freilich nicht in der Bewertung des gemeinsam Erkannten. Doch nicht einmal das gilt für ein aus jenen Einzelheiten zusammenzusetzendes Gesamtbild, und gleich gar nicht gilt das für die Bewertung der seit 2010 amtierenden Fidesz-Regierungen. Den einen erscheint das heutige Ungarn als bestenfalls defizitäre Noch-Demokratie, eigentlich schon als zumindest halbdiktatorisches Regime, was auch das Europäische Parlament in neueren Resolutionen zu bekräftigen pflegt. Für die anderen hat Ungarn eine von einem starken Politiker geführte Regierung, die – von einer großen Bevölkerungsmehrheit unterstützt – das Land von sozialistischen und liberalistischen Politikfehlern befreit sowie auf einen zwar eigenwilligen, doch erfolgreichen liberal-konservativen Kurs geführt hat. Zwischen den Verfechtern dieser zwei Positionen ist, allen Erfahrungen nach, keinerlei Vermittlung oder Ausgleich möglich.

Also befolgt die abschließende Darstellung der in Ungarn seit 2010 verfestigten Regierungsweise das Kontroversitätsprinzip politischer Bildungsarbeit.* Das heißt: Was in Politik und Wissenschaft umstritten ist, muss eben auch in dieser Kontroversität dargestellt werden – und zwar ohne die politischen Ansichten oder Deutungsvorlieben des Darstellenden dem Leser aufzudrängen. Vielmehr gilt es, Lesende und Mitdenkende in die Lage zu versetzen, sich selbst ein Urteil zu bilden. Darum

* Es ist in Deutschland bekannt geworden als »Beutelsbacher Konsens«; siehe dazu etwa https://profession-politischebildung.de/grundlagen/grundbegriffe/beutelsbacher-konsens/; Zugriff am 4.6.2022.

werden im Folgenden zunächst einmal jene Narrative nebeneinandergestellt, die – mit unterschiedlichen Graden an Schärfe – einerseits von Fidesz-Kritikern und andernteils aus dem Inneren der Fidesz-Regierung verbreitet werden.* Anschließend werden acht Deutungsschlüssel angeboten, mit denen sich diese Narrative aufeinander beziehen und in größere Zusammenhänge stellen lassen.

* Also bedeutet die Aussageform des Indikativs im Folgenden ebenso wenig eine Identifizierung des Verfassers mit der jeweils dargestellten Position, wie die Aussageform des Konjunktivs eine Distanzierung darstellt. Der Konjunktiv gibt vielmehr wieder, was im Einzelfall aus stilistischen Gründen besser in Form der indirekten Rede mitgeteilt wird.

I. Orbán-Land!

Im deutschen Sprachraum ist der einflussreichste Kritiker der Fidesz-Regierung der österreichische Journalist ungarischer Abstammung Paul Lendvai. Er beendete nicht nur sein materialreiches Buch über die 1000-jährige Geschichte Ungarns mit einem Kapitel zu »Viktor Orbáns Führerdemokratie‹«. Sondern in einem weiteren Buch mit dem Titel »Orbáns Ungarn«, das unlängst – nach dem Erscheinen einer international verbreiteten englischen Übersetzung – in erweiterter Form neu aufgelegt wurde, hat er die zu kritisierenden Züge der seit 2010 entstandenen Regierungspraxis noch viel detaillierter beschrieben. Dem in diesen Büchern popularisierten Narrativ folgen auch die meisten politikwissenschaftlichen Darstellungen des heutigen Ungarn. Etwa beschreibt ein 2021 erschienenes Lehrbuch über das politische System Ungarns die Verfassungsentwicklung von 1989 bis 2019 als die »Agonie eines jungen Verfassungsstaates« und behandelt im Kapitel zur ungarischen Demokratieentwicklung die »Instrumentalisierung demokratischer Verfahren durch die Regierungsparteien« – Letzteres freilich nicht nur durch den Fidesz, sondern auch durch Viktor Orbáns Vorgängerregierungen. Und ein auf der Internetseite der Landeszentrale für politische Bildung in Sachsen-Anhalt veröffentlichter Text über Ungarn kam vor vier Jahren schlicht zum Schluss: »Zusammengenommen erfüllt das politische System Ungarns nur noch einen Bruchteil demokratischer Prinzipien und lässt sich daher eher als Autokratie mit Wahlen charakterisieren« (Kocadag 2018). Ein Beitrag aus ZEIT-online brachte das im Folgejahr auf die knappe Formel: »Ungarn ist verloren« (Magyar, 2019). Wie kam es dazu?

1. Der Abstieg vom Musterland zum abschreckenden Beispiel

Einst galt Ungarn als Musterbeispiel eines gelungenen Systemwechsels und schneller demokratischer Konsolidierung. Auch die vierjährige Fidesz-Regierung von 1998 bis 2002 änderte daran wenig. Nach Ungarns Beitritt zur EU im Jahr 2004 schienen Demokratie und Marktwirtschaft samt der Einbettung Ungarns ins westlich-europäische System dauerhaft gesichert. Das aber änderte sich nach den Parlamentswahlen von 2010. Rasch und mit großer Tatkraft wurde nämlich das Regierungssystem Ungarns umgestaltet. Schon vorher, sozusagen im Vorgriff auf zu Erwartendes, hatte der Schriftsteller György Konrád (1933–2019) geäußert, was er im Dezember 2010 dann ausdrücklich wiederholte: Unter Viktor Orbán könne in Ungarn von Demokratie keine Rede mehr sein. Bereits 2011 warf man Ungarns Ministerpräsidenten im Europäischen Parlament vor, dass er das eigene Land in den Totalitarismus führe. Tatsächlich sank Ungarn in allen Indizes rasch ab, die in der vergleichenden Politikwissenschaft – und zwar auf der Grundlage der Einschätzungen von Experten internationaler zivilgesellschaftlicher Organisationen – zur Messung von Demokratie, Pressefreiheit oder gesellschaftlicher Korruptionsanfälligkeit verwendet werden. Das Musterbeispiel demokratischer Konsolidierung war somit zum Beispiel für den Rückfall äußerlicher Demokratie in wirklichen Autoritarismus geworden. Wie hatten Viktor Orbán – 2010 ganze 47 Jahre alt – und der Fidesz das bewerkstelligt?

Schon während seiner ersten Amtszeit zwischen 1998 und 2002 hatte Orbán das Amt des Ministerpräsidenten zu einem durchsetzungsstarken Zentrum politischer Willensbildung und Entscheidungsfindung ausgebaut. Hingegen wurden aus wöchentlichen Plenarsitzungen des Parlaments bloß noch dreiwöchentliche. Wann immer möglich, vergab man Führungspositionen der öffentlich-rechtlichen Medien an Parteigänger von

Orbáns Regierung. Auch wurden durch regierungsnahe Personen neue Zeitungen gegründet wie *Heti Válasz*. Gemäß dem weithin geteilten Urteil des Orbán-kritischen Journalisten Paul Lendvai wurde von Ungarns Regierung seither …

> »die Verharmlosung, Verteidigung und Verherrlichung des früheren Horthy-Regimes emsig betrieben. Die internationalen Medien und auch die nichtstaatlichen Bürgerrechtsgruppen berichteten immer häufiger von antisemitischen und romafeindlichen Entgleisungen«. (Lendvai, Orbáns Ungarn, S. 58)

Solche Berichte oder Kommentare motivierten oppositionelle Medien und Parteien natürlich zum Widerstand. Obwohl im Jahr vor den im Frühjahr 2002 fälligen Parlamentswahlen die Mindestlöhne und die Renten erhöht wurden sowie der allgemeine Lebensstandard seit dem Amtsantritt der Fidesz-Regierung gestiegen war, verlor Viktor Orbán – wenn auch unerwartet und knapp – die Parlamentswahl von 2002. Ein Grund war, dass sich der Fidesz nicht ausreichend von rechtsextremen ungarischen Strömungen distanziert hatte und deshalb Stimmen an die – vor aufkommendem Rechtsextremismus warnende – Ungarische Sozialistische Partei verlor. Ein anderer Grund war die allzu große Siegeszuversicht des Fidesz, was Unzulänglichkeiten beim Wahlkampfeinsatz nach sich zog. Die ließen sich auch nicht durch Viktor Orbáns sehr kämpferische Wahlkampfführung ausgleichen. Als dann die – knapp doch noch in die Nationalversammlung gelangten – Liberalen mit den Sozialisten als der nach Mandaten nur zweitstärksten Partei koalierten, war die Fidesz-Führung zunächst wie gelähmt und dann zerstritten.

Der – wie seit 1990 in Ungarn üblich – nach einmaliger Amtszeit abgewählte Ministerpräsident nahm eine Art Auszeit von der Politik. Fußballfan von Jugend an und aktiver Spieler noch als Regierungschef, verreiste er wochenlang zur FIFA-Weltmeisterschaft in Südkorea und Japan. Zurück kam er mit der Absicht, den Fidesz zu einer solchen Partei umzugestalten, die sich dicht mit der ungarischen Zivilgesellschaft vernetzen, den vorpolitischen Raum erobern und auf diese Weise die Grundlage künftiger Wahlerfolge schaffen würde. Er veranlasste, dass um den Fidesz herum in vielen Städten Ungarns »Bürgerkreise« gebildeten wurden. Schon im Folgejahr gab es deren rund 11 000, in denen an die 150 000 Ungarn zusammenwirkten. Auf diese Weise wurden Angehörige der lokalen Eliten aus Wirtschaft und Kultur an den Fidesz gebunden. Das wandelte diesen von einer Partei einst unangepasster Studenten zu einer Art »Volkspartei«, was der nunmehrige Parteiname – nämlich »Ungarische Bürgerliche Union« – auch ausdrückte. Offensichtlich sollte der Fidesz alle bürgerlich-konservativen Kräfte vereinen, also zu einer »führenden Partei« werden, welche die gesamte Gesellschaft organisiert und anleitet.

Sieben Jahre später, nämlich 2009, konnte Viktor Orbán dann wirklich die Schaffung eines »zentralen politischen Kräftefeldes« in Aussicht stellen, und den Fidesz als Kerngeflecht eines neu zu gestaltenden politischen Systems präsentieren. In diesem sollte der bislang fast regelmäßige Machtwechsel zwischen Regierungs- und Oppositionsparteien durch eine für 15 bis 30 Jahre stabile Fidesz-Regierung abgelöst werden. Deren Aufgabe habe die Schaffung eines »neuen Ungarn« zu sein, und zwar in Fortsetzung jenes ersten Anlaufs, der 2002 aufgrund einer Wahlniederlage abgebrochen wurde. Ursache dieser Niederlage war nach Orbáns Einschätzung nicht eine falsche Regierungspolitik, sondern eine Vielzahl von politischen Kommunikationsmängeln – teils verursacht durch das ihm feindliche Mediensystem, teils durch die mangelnde Verankerung des Fidesz in breiten Teilen der Gesellschaft. Fehler, die zu solchen Mängeln führten, sollten nicht noch einmal unterlaufen.

Bei der Verwirklichung dieses langfristig angelegten Plans half es sehr, dass eine fraktionsinterne Motivationsrede des gerade wiedergewählten Ministerpräsidenten Gyurcsány vom September 2006 in Balatonöszöd an die Öffentlichkeit durchgestochen wurde. Dass dieser damals selbst eingestand, die Lage des Landes sei schlimm, wäre durch dumme Regierungspolitik herbeigeführt und dann durch wiederholte Lügen der Regierung beschönigt worden, um gerade noch einmal die eigene Macht zu retten: Das zerstörte, nachwirkend bis heute, das Vertrauen zum weiterhin politisch aktiven Gyurcsány sowie zu dessen damaliger Partei. Der Fidesz nutzte diese Umstände zur Entfesselung eines »kalten Bürgerkrieges« gegen die Sozialisten. Der währte dreieinhalb Jahre und schuf die Voraussetzungen für den großen Wahlsieg einer Listenverbindung des Fidesz mit der Christlich-Demokratischen Volkspartei im April 2010. Dabei reichten, wegen der mehrheitsbildenden Wirkungsweise des ungarischen Wahlrechts, knapp 53 Prozent der Wählerstimmen, um 68 Prozent der Parlamentsmandate zu erringen. Weil außerdem die rechtsradikale Partei Jobbik 17 Prozent der Stimmen und 12 Prozent der Mandate gewonnen hatte, gehörten jetzt 80 Prozent der Parlamentarier rechten oder extrem rechten Parteien an. Das deutete Viktor Orbán als Auftrag dafür, dass in Ungarn fortan ...

> »alles verändert werden muss. Die Verfassung, die Gesetze, die öffentliche Moral, die Tabus, die Gebote, die Ziele, die Verhältnisse und die Werte. Die Medien und der Umweltschutz, die Schulen und die öffentliche Verwaltung«. (Viktor Orbán am 23.10.2010, zitiert nach Bos, Politisches System Ungarns, S. 34)

Anders als 2002 sollte dieses Reformwerk auch nicht wieder durch einen frühen Regierungswechsel unterbrochen werden. Deshalb machte sich der Ministerpräsident daran, seine Regierung und die sie tragende Partei zu einer nachgerade uneinnehmbaren Festung auszubauen. Durch darauf abzielende Maßnahmen schuf er binnen weniger Jahre »Orbán-Land«. Zwar kann man in Ungarn weiterhin die Regierung in den dafür verfügbaren Medien kritisieren, ohne angeklagt oder verhaftet zu werden. Auch können Ungarn frei durch die Welt reisen, und dürfen EU-Bürger wirtschaftlich oder kulturell in Ungarn tätig werden.

Doch hinter dieser Fassade wurde – so das hier darzulegende Narrativ – Ungarn zu einem Einparteienstaat, der zwar noch keine Diktatur, doch längst keine Demokratie mehr ist.

2. Der Aufbau autoritärer Herrschaft

Der Umgestaltungsprozess zu diesem »hybriden Regime« begann damit, dass – gemäß der Verfassung – kurz nach dem Fidesz-Wahlsieg ein neuer Staatspräsident zu wählen war. Statt dem angesehenen Amtsinhaber, dem Juristen László Sólyom (*1942), eine zweite Amtszeit zu ermöglichen, wählte die Fidesz-dominierte Nationalversammlung als dessen Nachfolger den früheren Olympiasieger im Fechten Pál Schmitt (*1942). Der war ein politisches Leichtgewicht, praktizierte gegenüber dem Ministerpräsidenten vorauseilenden Gehorsam und musste im Frühjahr 2012 zurücktreten. Es hatte sich nämlich herausgestellt, dass seine Doktorarbeit so gut wie gänzlich ein Plagiat war. Ersetzt wurde Schmitt durch János Áder (*1959), einem politischen Weggefährten Viktor Orbáns seit rund 30 Jahren. Der wurde 2017 als Staatspräsident wiedergewählt und amtierte dann bis 2022. Weil der Fidesz nun die weitaus größte Parlamentsfraktion war, erhielt mit Lászlo Kövér (*1959) als Präsident der Nationalversammlung gleich noch ein weiterer Mitstreiter Orbáns aus gemeinsamer Studienzeit ein hohes Staatsamt. Auch sonstige enge Freunde Orbáns – oft jenem Kreis von rund zwanzig ehemaligen Studenten entstammend, die zu spätkommunistischen Zeiten den Fidesz gegründet hatten – bekamen staatliche Schlüsselpositionen: Generalstaatsanwalt wurde Péter Polt (*1955), und Präsidentin des alsbald neu errichteten Nationalen Amtes für das Justizwesen wurde Tünde Handó (*1962), eine Familienfreundin Orbáns seit des Studiums. Im Jahr 2020 wurde sie dann Verfassungsrichterin. Ihr Ehemann József Szájer (*1961), ebenfalls Mitgründer des Fidesz, war seit 2004 Mitglied des Europaparlaments und wurde anschließend Hauptautor der neuen, 2012 in Kraft tretenden

Verfassung. Auch waren der Finanzminister sowie der Notenbankgouverneur schon zwei Jahrzehnte lang mit Viktor Orbán befreundet.

Also ergriff letztlich eine Gruppe persönlicher Freunde die Macht über Ungarn. Sie hielten seither eng zusammen wie einst zu gemeinsamen Studientagen, und aus ihren jetzigen Regierungsämtern heraus vergaben sie an loyale Anhänger alle wichtigen Positionen im Staatsapparat, in der Justiz, in den staatlichen Medien sowie im Kulturbereich. Um das formal zu ermöglichen, wurden Bestimmungen über erforderliche Qualifikationen oder Ausschlussgründe verändert. Auch wurde nötigenfalls das Pensionsalter gesenkt oder umgekehrt die jeweilige Amtszeit verlängert. Überdies spielen »am Hofe Orbáns« graue Eminenzen eine wichtige Rolle, also in der Öffentlichkeit kaum hervortretende Personen wie der Kommunikationsexperte Árpád Habony (*1968) oder schillernde Figuren wie der Filmproduzent und spätere Fidesz-treue Medienmogul Andrew Vajna.

Obendrein baute einer von Orbáns ältesten Freunden aus der Studien- und Militärzeit, nämlich Lajos Simicska (*1960), ein mit dem Fidesz verbundenes Finanz-, Medien- und Bauimperium auf. Er wurde zum Forint-Milliardär und bahnte mit seinen Ressourcen Viktor Orbán, natürlich im Gegenzug für dessen politische Protektion, den Weg zur Macht. Im Februar 2015 kam es allerdings zum Bruch zwischen ihm und dem Ministerpräsidenten. Dem war er, nachdem er gemeinsam mit seinen Geschäftspartnern wohl 40 Prozent aller öffentlichen Ausschreibungen in Ungarn gewonnen hatte, anscheinend zu mächtig geworden. Orbán zerstörte daraufhin »mit der Hilfe befreundeter Oligarchen und des Staatsapparats« (Lendvai, Führerdemokratie, S. 521) Simicskas Imperium politisch und finanziell. Der in Ungnade gefallene Oligarch versuchte zwar, sich mittels der von ihm besessenen Medien dagegen zu wehren. Doch nachdem der Fidesz im Jahr 2018 erneut die Wahl gewonnen hatte, gab Simicska auf und verkaufte alle von ihm kontrollierten Unternehmen, einschließlich seiner Zeitungen sowie Hörfunk- und Fernsehsender.

Seither ist Viktor Orbán nicht nur der unangefochtene Chef seiner Partei, sondern überhaupt der mächtigste Mann Ungarns. Alle Positionen in Wirtschaft und Staat, auf die er als Parteiführer, Ministerpräsident oder Freund von wirtschaftlich Mächtigen Einfluss hat, vergibt oder beeinflusst er wie ein Feudalherrscher. Das Schicksal derer, die mit ihm zusammenwirken, hängt deshalb mehr vom Stand ihrer persönlichen Beziehungen zur Orbán ab, auch vom Grad ihrer erwiesenen Loyalität, als von mitgebrachtem Talent oder von der bisherigen Leistung. Deshalb kann ein langjähriger Favorit wie János Lázár (*1975), zwischen 2012 und 2014 Staatsminister, dann bis 2018 Minister im Amt des Ministerpräsidenten, durchaus plötzlich fallen – wenngleich nicht ins Bodenlose, außerdem ohne öffentliche Erniedrigung, sondern mit der Chance auf Wiederaufstieg nach gleichsam Strafversetzung und neuerlicher Bewährung. Tatsächlich wurde Lázár im Mai 2022 wieder in die ungarische Regierung berufen.

Nicht bloß durch die Nutzung solcher Patronagemöglichkeiten wird »Orbán-Land« regiert, sondern auch mit den neu geschaffenen Möglichkeiten der im Jahr 2012 in Kraft getretenen Verfassung. Noch im Wahlkampf von 2010 war von einer Verfassungsreform nur verblümt die Rede gewesen, nämlich entlang der Formel »Kleine Mehrheit, kleine Reformen – große Mehrheit, große Reformen«. Vom Erringen einer verfassungsändernden Fidesz-Mehrheit konnte man ja nicht ausgehen, und die vergifteten Beziehungen zwischen Ungarns Parteien ließen eine anderweitig zustande kommende parlamentarische Zweidrittelmehrheit nicht erwarten. Dass eine solche Mehrheit dem Fidesz dann doch noch in den Schoß fiel, eröffnete unverhoffte Chancen auf Verfassungsänderungen ganz nach eigenen Wünschen. Viktor Orbán nutzte diese Chancen mit der für ihn typischen Tatkraft. Kaum konstituiert, schaffte die Nationalversammlung mit ihrer Zweidrittelmehrheit die bislang geltende Bestimmung ab, dass allein schon die Vorbereitung einer neuen Verfassung durch vier Fünftel der Abgeordneten gebilligt werden müsse. Somit war der Weg frei für eine Verfassung, die im Grunde nur von der Fidesz-Regierung und ihren Beratern ausgearbeitet wurde. Diese beschloss die Nationalversammlung dann bereits im April 2011 gegen einen – da ohnehin aussichtslos – lediglich schwachen Widerstand der Opposition. Mit dieser neuen Verfassung, zum 1. Januar 2012 in Kraft getreten, veränderte Orbán nicht bloß die rechtlichen, sondern auch die geistigen Grundlagen Ungarns. Womöglich um eine »völkische«, zumindest aber eine »kulturalistische« Staatsidee an die Stelle einer vor allem politischen Staatsidee zu setzen, wurde der Staatsname im neuen »Grundgesetz« von »Republik Ungarn« auf »Ungarn« verkürzt. Damit wurden die Machtansprüche der Fidesz-Regierung auf letztlich alle ungarischen Minderheiten im Ausland ausgedehnt.

Ferner stellte man die neue Verfassung in den Rahmen einer christlich-konservativen Geschichtsdeutung. In Form einer Präambel zum Grundgesetz erhielt diese Geschichtsdeutung mitsamt den von ihr nahegelegten Folgerungen sogar Verfassungsrang. Auf diese Weise machte der Fidesz seine Parteiideologie schlicht zur Richtschnur der Verfassungsinterpretation. Überdies entzog Orbán – dank seiner verfassungsgestaltenden parlamentarischen Zweidrittelmehrheit – dem Verfassungsgericht viele Möglichkeiten, der Regierung und ihrer Parlamentsmehrheit wirkungsvoll in den Weg zu treten. Eben das hatte das Gericht zwischen 1989 und 2010 ziemlich oft getan. Um dem Verfassungsgericht diese Möglichkeiten fortan zu nehmen, griff die Fidesz-Regierung einerseits zu den Tricks der Personalpolitik. Seither werden die Verfassungsrichter nicht mehr von einer parlamentarischen Kommission aus Vertretern aller Parteien gewählt, sondern direkt von der Parlamentsmehrheit. Auch wurde die Anzahl der Verfassungsrichter von elf auf fünfzehn erhöht sowie deren Amtszeit von neun auf zwölf Jahre verlängert. Das erlaubte es Orbán, sofort fünf Fidesz-nahe Verfassungsrichter ins Amt zu bringen. Ferner wurde der bisherige Oberste Gerichtshof abgeschafft und durch einen neuen obersten

Gerichtshof namens »Kurie« ersetzt. Das machte es möglich, den amtierenden Gerichtspräsidenten loszuwerden und durch einen Fidesz-nahen Juristen abzulösen. Im Übrigen schaffte man die Selbstverwaltung der Justiz ab. Die darf sich seither nur noch mit der Rechtsprechung befassen, während alle Verwaltungsaufgaben dem neu eingerichteten Nationalen Amt für das Justizwesen zugewiesen wurden. Dort liegen nun auch weitgehende Kompetenzen für die Ernennung von Richtern.

Andererseits nutzte man die Macht des (Verfassungs-) Gesetzgebers. Politisch erwünschte Bestimmungen aus Gesetzen, die vom Verfassungsgericht für verfassungswidrig erklärt worden waren, machte die parlamentarische Fidesz-Mehrheit durch Verfassungsänderungen einfach ihrerseits zum Teil der Verfassung. Zugleich wurde dem Verfassungsgericht die Möglichkeit zur inhaltlichen – freilich nicht zur formalen – Überprüfung von Verfassungsänderungen entzogen. Überdies wurden 32 sogenannte Kardinalgesetze beschlossen, die auch im Fall ihrer Veränderung eine parlamentarische Zweidrittelmehrheit benötigen. Nach 1989 hatte man diese besondere Art von Gesetzen eingeführt, um den parlamentarischen Minderheiten wirksame Vetomöglichkeiten zu sichern. Doch seit die regierende Partei eine Zweidrittelmehrheit besitzt, läuft diese Absicht leer und verkehrt sich nachgerade in ihr Gegenteil. Denn sogar zu jenen Zeiten, in denen die ungarische Opposition wieder einmal eine absolute Parlamentsmehrheit erringen mag, wird sie am Fortbestand der vom Fidesz mit Zweidrittelmehrheit durchgesetzten Kardinalgesetze nichts ändern können. Auf diese Weise wird die von Orbán herbeigeführte »Tyrannei der Mehrheit« sogar noch über ein – irgendwann vielleicht eintretendes – Ende der Fidesz-Herrschaft hinaus fortgesetzt.

Auch sonst schuf der erneut an die Macht gelangte Ministerpräsident rasch Tatsachen. Dazu diente vor allem ein sehr hohes Tempo bei der Gesetzgebung. Damit erschwerte, ja verunmöglichte er der Opposition ausreichende Beratungen und somit eine die Politik begleitende, nicht erst ihr nacheilende parlamentarische Regierungskontrolle. Tatsächlich wurden allein zwischen 2010 und 2014, neben der neuen Verfassung, nicht weniger als 859 Gesetze verabschiedet, d.h. doppelt so viele wie während Orbáns erster Amtsperiode. Um der Opposition auch wirklich keine Zeit zum Aufbau öffentlichen Widerstands zu lassen, wurde außerdem gut ein Drittel der zwischen 2010 und 2015 beschlossenen Gesetze als Gesetzesinitiative einzelner Abgeordneter eingebracht, also nicht als Regierungsvorlage. Das machte jeweils ein – im Grenzfall auf 48 Stunden – verkürztes Gesetzgebungsverfahren möglich. So verfuhr man sogar mit neun jener zwölf Verfassungsänderungen, zu denen es zwischen 2012 und 2014 kam. Insgesamt wurden nicht weniger als 26 Verfassungsbestimmungen auf diese Weise verändert. Die hatten überwiegend das Ziel, Bremsversuche des Verfassungsgerichts bei der von Orbán unternommenen Umgestaltung Ungarns wirkungslos zu machen. Ferner wurde die Geschäftsordnung des Parlaments …

> »dahingehend modifiziert, dass für die Einsetzung eines außerordentlichen Gesetzgebungsverfahrens, in dem ein Gesetz vom ersten Entwurf ohne Debatte direkt in die finale Abstimmung gebracht werden kann, nicht mehr wie bisher eine Vierfünftelmehrheit, sondern nur noch eine Zweidrittelmehrheit notwendig ist. Außerdem wurden auch in Gesetzgebungsverfahren, in denen der Gesetzentwurf von der Regierung vorgelegt wurde, und für die deshalb – wie vorgeschrieben – ein Konsultationsverfahren durchgeführt wurde, die Fristen für eine Stellungnahme der Stakeholder so kurzfristig bemessen – zum Teil betrugen sie nur einen Tag –, dass ein Deliberationsprozess gar nicht zustande kommen konnte«. (Bos, Politisches System, S. 35f)

Solchermaßen wurden jene Verfahren der Gesetzgebung, die eigentlich dem parlamentarischen Minderheitsschutz dienen sollten, zu gouvernementalen Herrschaftsinstrumenten. Allein schon das verwandelte Ungarn von einem Verfassungsstaat in eine Autokratie. Und wie um das auch noch zu unterstreichen, erklärte der Ministerpräsident im Jahr 2011 hinsichtlich der gesetzlichen Ausgestaltung des Wirtschaftslebens, er wolle die Hände nicht nur der nächsten, sondern gleich der zehn nächsten ungarischen Regierungen binden. Ohnehin beabsichtige er, weitere 15 bis 20 Jahre in der Politik zu bleiben – wenngleich irgendwann hinter den Kulissen in zweiter oder dritter Reihe.

Auf dem so beschrittenen Weg in eine Diktatur scheint Orbáns Politik durchaus weit vorangekommen zu sein. Seit 2014 stuft etwa der in der vergleichenden Demokratieforschung oft genutzte »Bertelsmann Transformationsindex« das Land nicht mehr als eine »konsolidierte Demokratie« ein, sondern als eine »defekte Demokratie«. Seit 2019 klassifiziert auch der – ebenfalls weithin gebräuchliche – »Freedom House Index« Ungarn als nur noch »teilweise frei«. Und im Jahr 2020 wies der »Nations in Transit Index« Ungarn ohnehin als ein »hybrides Regime« aus, d.h. als eine Diktatur mit demokratischen Elementen. Anscheinend hat Viktor Orbán sich wirklich Russland, China, die Türkei oder Singapur zu Vorbildern genommen. In Kasachstan, ebenfalls eine Halbdiktatur, erklärte er denn auch, dort fühle er sich zuhause – in Brüssel hingegen unter Fremden.

3. Die ideologische Rechtfertigung des neuen Systems

Diese Umgestaltung Ungarns verband die Orbán-Regierung auch noch mit Geschichtsrevisionismus. Sie behauptet nämlich, die konkrete Ausgestaltung der ungarischen Politik zwischen der deutschen Besetzung im März 1944 und den ersten, erneut freien Wahlen im Mai 1990 sei nicht den Ungarn selbst zuzurechnen, sondern der jeweiligen Fremdherrschaft. Teil dieser Epoche war aber auch die Ermordung von über einer halben Million jüdischer Ungarn, vollzogen vor dem Hintergrund des in der Zwischenkriegszeit aufblühenden ungarischen Antisemitismus sowie unter Beteiligung vieler ungarischer Mittäter. Offenbar versucht die Fidesz-Regierung, Ungarn auf diese bequeme Weise von seinen geschichtlichen Erblasten zu befreien. Als Beweise für einen solchen – gerade auch symbolpolitisch voranzutreibenden – Revisionismus gelten die Gründung oder Förderung tendenziöser Gedenkstätten und Museen, desgleichen die energisch betriebenen Maßnahmen zur Wiederherstellung öffentlicher Gebäude und Denkmäler in jenen Zustand, den sie vor ihrer Zerstörung im Zweiten Weltkrieg oder während der kommunistischen Herrschaft aufwiesen. Strebt die Fidesz-Regierung damit nicht in die Denkwelt des Horthy-Regimes zurück? Dann freilich muss man sich nicht wundern, wenn jüdische Landsleute an einer weiterhin guten Zukunft im sie anscheinend bald wieder ausgrenzenden Ungarn zweifeln!

Und sieht man nicht, dass eine völkisch-kulturalistische Staatsidee auch ein weiteres Gesetz prägt, das die Fidesz-Regierung kurz nach ihrem Amtsantritt beschließen ließ? Mit ihm erhielten alle als Staatsbürger anderer Länder im Ausland lebenden ethnischen Ungarn das Recht auf einen ungarischen Pass samt dem Wahlrecht. Bis zum Jahr 2021 nutzten dieses neue Recht auf einen zusätzlichen ungarischen Pass rund 1,1 Millionen ethnische Ungarn, also mehr als ein Zehntel der in Ungarn selbst lebenden Bevölkerung. Erstmals 2014 konnten auch diese an ungarischen Parlamentswahlen teilnehmen. Im Jahr 2022 ließen sich dann rund 456 000 Auslandsungarn im Wählerregister verzeichnen, von denen um die 268 000 tatsächlich abstimmten. Von diesen wiederum gaben – wie ohnehin immer seit 2014 – weit über 90 Prozent ihre Stimme für den Fidesz ab. Selbst wenn dahingestellt bleibt, ob es beim die Auslandsungarn betreffenden Wahl- oder Auszählvorgang womöglich Manipulationen gibt, ist für viele klar: Eingebettet in ein Fidesz-freundliches mehrheitsbildendes Wahlrecht, dient auch diese Mobilisierung der Auslandsungarn einer »verfassungsgemäßen Diktatur« (Lendvai, Führerdemokratie, S. 523). Im

Inland wird diese abgerundet durch unfaire Wahlkämpfe, in denen es der Opposition an angemessenen Möglichkeiten zur Darlegung ihrer Argumente in den öffentlich-rechtlichen Medien fehlt, desgleichen durch die Professionalitätsvorteile des Fidesz während der Wahlkampagnen. Die aber verdankt Ungarns neue Staatspartei nicht nur dem von ihr in Beschlag genommenen Regierungsapparat, sondern auch jenen großen Finanzmitteln, über die sie seit dem Aufbau einer Schicht reicher Fidesz-naher Unternehmer verfügt. Alles in allem besitzt die ungarische Opposition kaum mehr Chancen, je wieder regieren zu können; und womöglich waren die Wahlen von 2022 überhaupt Ungarns letzte halbwegs freie Wahlen.

4. Herrschaftsmittel des ungarischen Autoritarismus

Doch nicht nur seinen Wahlkampf- und Wahlrechtsmanipulationen verdankt das Orbán-Regime seine Wahlerfolge. Vielmehr ließ die bis zur Corona-Pandemie und zum Ukraine-Krieg boomende Weltwirtschaft die Fidesz-Regierung innenpolitisch viel besser dastehen, als ihre Wirtschaftspolitik es gerechtfertigt hätte. Obendrein kontrollieren die Fidesz-Anführer – so Lendvai – »80 Prozent der Medien und 90 Prozent der öffentlichen Außenwerbeflächen direkt oder indirekt«. Dies wurde erreicht u. a. durch den ...

> »Zusammenschluss aller staatlichen Fernseh- und Rundfunksender in einem neuen, von Fidesz-Anhängern geleiteten Konglomerat. Danach schuf die Regierung eine zentrale Medienbehörde, um die neue Struktur zu überwachen, und setzte treue Fidesz-Funktionäre als Leiter auf neun Jahre ein. Auf dem ›World Press Freedom Index‹, von ›Reporter ohne Grenzen‹ erstellt, fiel Ungarn vom 23. Platz im Jahr 2010 – als Fidesz an die Macht kam – auf den 87. im Jahr 2019. Das ist ein Platz hinter Sierra Leone«. (Lendvai, Führerdemokratie, S. 524)

Jedenfalls sind seit der Verabschiedung des neuen Mediengesetzes im Dezember 2011 oppositionelle Positionen – oft mitsamt denen, die sie einst vertraten – aus der Fernseh- und Radioberichterstattung weitgehend verdrängt worden. Keinerlei Berichte gibt es dort mehr über korrupte Praktiken der Regierung und ihrer Anhänger. Auch fehlen im Mediensystem politische und kulturelle Debatten. Regelmäßig werden regierungsnahe Medien durch die Vergabe staatlicher Werbung unterstützt, regierungskritische hingegen durch deren Vorenthaltung unter wirtschaftlichen Druck gesetzt. Inhaltlich zielt das alles ab auf die Verbreitung von rückwärtsgewandtem Nationalismus und von christlichen Kulturinhalten, die für politische Zwecke missbraucht werden.

Nahtlos passen alle diese Maßnahmen zum öffentlichen Eingeständnis Viktor Orbáns, er strebe ohnehin einen »illiberalen Staat« an. Also ist es auch kein Wunder, dass zur Hauptzielscheibe der anti-liberalen und anti-freiheitlichen Rhetorik der Orbán-Regierung der – obendrein jüdische – Milliardär und Philanthrop George Soros wurde. Der nämlich war und ist mit seinen Open Society Foundations, zumal mit den von diesen Stiftungen verteilten Geldmitteln, ein wichtiger Wegbereiter für die Ausbreitung liberaler Ideen in Ostmitteleuropa. Für die wirtschaftsliberalen sozialistischen Regierungen Ungarns war Soros denn auch ein verlässlicher Partner, weil diese mit ihm die Vision einer zivilgesellschaftlich getragenen Demokratie teilten. Nun aber steht Soros aufgrund seiner Förderung liberaler Gesellschaften dem von Viktor Orbán betriebenen Aufbau eines »illiberalen Staates« im Weg. Deshalb wurde es für den Fidesz zum wichtigen Anliegen, ihn in Misskredit zu bringen. Entsprechende Kampagnen waren bei Ungarns Bevölkerung auch erfolgreich: 40 Prozent der Bevölkerung und 70 Prozent der Fidesz-Wähler glaubten bald, Soros habe tatsächlich Einfluss auf die ungarische Politik. Außerdem gelang es durch eine üble Propagandawelle in den Fidesz-hörigen Medien, den Hauptsitz der Central European University (CEU), einst von Soros in Budapest als Kommunikationsknoten eines liberalen Ungarn etabliert und finanziert, nach Wien abzudrängen. Als Hebel nutzte man ein Gesetz, das die CEU dazu zwingen sollte, zum Zweck der Vergabe nicht-ungarischer akademischer Grade eine Partnerschaft mit einer ausländischen Universität einzugehen.

Machtpolitischer Hintergrund aller gegen Soros und die CEU gerichteten Kampagnen war, dass Viktor Orbán nicht Ungarns jetzige Oppositionsparteien als seine einflussreichsten Gegner ansieht, sondern die – im Vergleich zu diesen viel machtvolleren – internationalen zivilgesellschaftlichen Vereinigungen. Also übt er Druck auf deren ungarische Ansprechpartner aus, beispielsweise auf die Menschenrechtsgruppen der Helsinki-Komitees oder auf Transparency International. Diesen Organisationen setzt man nämlich mit Steuerrazzien und Strafgebühren zu. Seit 2017 verpflichtet das Gesetz über die »Transparenz der aus dem Ausland unterstützten NGOs« außerdem solche Nichtregierungsorganisationen, die im Jahr mehr als an die 23 500 Euro von ausländischen Förderern erhalten, zur Registrierung beim für sie zuständigen ungarischen Gericht. Bei Einzelzuwendungen von mehr als etwa 1650 Euro muss sogar der Name des Spenders angegeben werden. Außerdem haben sich derlei zivilgesellschaftliche Vereinigungen auf ihren Webseiten selbstdiffamierend als »aus dem Ausland unterstützte Organisation« auszuweisen. Die das alles ermöglichenden Gesetze wurden überdies im Schnellverfahren sowie ohne ausreichende Konsultation der Betroffenen verabschiedet, also kenntlich in der Absicht, regierungskritischen Akteuren zu schaden.

Obendrein wurde seit 2018 versucht, auch akademische Institutionen sowie Einrichtungen des kulturellen Lebens – ihrerseits oft mit internationalen NGOs in engem Kontakt – unter die Kontrolle der Regierung zu bekommen. Etwa wurden 2019 die bislang unabhängigen Forschungsinstitute der zweihundertjährigen Ungarischen Akademie der Wissenschaften einem Netzwerk staatlicher Finanzkontrolle unterstellt. An den Universitäten wurde die Position eines für die Finanzen zuständigen

Kanzlers geschaffen, der freilich nicht von den Universitätsgremien ausgewählt, sondern vom Finanzministerium eingesetzt wird. Zugleich wurden an die Spitze literarischer Museen und kultureller Institutionen Fidesz-Anhänger gesetzt. Leitungspositionen im Wissenschafts-, Kunst- und Kulturbereich dienen somit nicht mehr der autonomiesichernden Begrenzung von Regierungsmacht, sondern als Durchsetzungsorgane von Ungarns Regierung. Mit dem »Mathias Corvinus Collegium« (MCC) unterstützt das Parlament sogar eine landesweit agierende Institution zur Elitenförderung. Finanziert aus den Erträgen großer, ehedem staatlicher Aktienpakete im Energie- und Pharmaziebereich, welche die von Fidesz dominierte Nationalversammlung einer Trägerstiftung übereignet hat, lockt das MCC seither Schüler und Studierende quer über Ungarn mit Stipendien und zusätzlichen Lehrveranstaltungen an, wobei aus den derzeit rund 6000 Stipendiatinnen und Stipendiaten in wenigen Jahren womöglich 25 000 werden sollen. Offensichtlich dient das MCC als ungarische »Kaderschmiede«.

Obendrein hat Viktor Orbán in seinem Land »ein in der ungarischen Geschichte bis dato nicht gekanntes Ausmaß an institutioneller Korruption« (Lendvai, Führerdemokratie, S. 526) zum Wuchern gebracht. Die ungarische Bevölkerung nimmt das inzwischen apathisch und nachgerade gleichgültig hin, weil sie unter dem Einfluss der umfassend Fidesz-kontrollierten, auch brisante Korruptionsaffären schlicht beschweigenden Massenmedien steht. Dennoch machen sich die Ungarn – ebenso wie ausländische Beobachter – über das große Ausmaß an Korruption in ihrem Land keine Illusionen. Jedenfalls ist Ungarn im internationalen Korruptionswahrnehmungsindex vom 50. Platz im Jahr 2010 auf inzwischen den 70. Platz abgesunken, was – vor Bulgarien – die zweitschlechteste Position innerhalb der Europäischen Union darstellt. Wichtig für die Einschätzung ist dabei, dass nicht der Fidesz als Partei der Kern dieses Korruptionssystem ist, sondern Viktor Orbán ganz persönlich als Anführer einer politischen und wirtschaftlichen

Herrschaftsclique. Deren Interesse ist nicht das Voranbringen des Landes, sondern die private Bereicherung sowie die Absicherung von solchen Machtpositionen, die derlei Bereicherungsmöglichkeiten verschaffen. Zwar unterliegen Ungarns öffentliche Amtsträger strikten Transparenzpflichten.* Doch das gilt nicht für Privatleute wie Orbáns Volksschulfreund und Bau- sowie Medienunternehmer Lőrinc Mészáros (*1966), der in kurzer Zeit vom Installateur zum reichsten Ungarn aufstieg. Ebenso wenig korruptionsbegrenzende Transparenz gibt es bei den Verwandten von Politikern, etwa bei Orbáns Vater oder seinem Schwiegersohn István Tiborcz, die inzwischen beide Vermögen im Wert von vielen Millionen Euro angehäuft haben.

Die Fidesz-Regierung gibt denn auch unverblümt zu, sie wolle eine neue, im eigenen Land lebende sozioökonomische Elite schaffen, die ihrerseits – wann immer erforderlich – ungarische Staatsanleihen begeben könne. Tatsächlich stiegen die Nettoeinkommen der obersten zwei Zehntel der ungarischen Gesellschaft zwischen 2010 und 2014 um rund 22 Prozent, verdreifachten sich in den folgenden Jahren ebenfalls die Vermögen der hundert reichsten Ungarn, und entstand eine Schicht von um die 20 000 Ungarn, welche über 300 000 Euro besitzen. Doch natürlich sollen durch solche Politik nicht die Gegner des Fidesz Vorteile erlangen, sondern allein solche Gesinnungsfreunde, die ihre Stellung bewährter Loyalität gegenüber Orbán und seiner Partei verdanken. Diesen werden dann üppige Geldquellen erschlossen, und zwar nicht nur durch die Vergabe

* Tatsächlich haben alle öffentlichen Amtsträger Ungarns aufwärts ab der Ebene von Ratsmitgliedern, die Leiter öffentlicher Körperschaften sowie die Geschäftsführer solcher Firmen, die sich zu mindestens 51 Prozent im Staatsbesitz befinden, jährlich bis zum 31. Januar umfangreich über die Besitz- und Einkommensverhältnisse von sich selbst, des Ehegatten sowie der im gleichen Haushalt lebenden Kinder zu informieren. Alle diese Angaben sind von jedermann im Internet einzusehen. Da Falschangaben bestraft werden, sind diese Vermögenserklärungen auch Gegenstand intensiver journalistischer Berichterstattung. Aufgrund der Jährlichkeit solcher Angaben lässt sich jederzeit überprüfen, wie sich im Lauf der Amtsführung die Eigentumsverhältnisse dieses Personenkreises verändert haben. Also wäre es möglich, den Vorwurf persönlicher Korruption öffentlicher Amtsträger zu substanziieren.

öffentlicher, aus EU-Mitteln bezahlter Aufträge an sie, sondern ebenfalls seitens von Stiftungen. Solche unterhält etwa die von der Fidesz-Regierung – durch die parlamentarische Wahl ihres Präsidenten – kontrollierte Ungarische Nationalbank. Obendrein dienen regierungsnahe Thinktanks wie die Budapester Századvég-Stiftung dem Aufbau empfängerseitig lukrativer Netzwerke.

Derlei Korruption wird entlang jener strategischen Überlegungen, die zu ihr führen, nun schon jahrelang dahingehend gedeutet, dass es gar nicht um wechselseitige Vorteilsverschaffung gehe, also um eine Art Feudalismus im Gewand demokratischer Prozesse, sondern schlicht um »Politik im Dienst des nationalen Interesses«. Als dessen Sachwalter aber versteht sich allein die Orbán-Regierung – und behauptet zudem, dass gerade die jetzige Opposition zu ihren Regierungszeiten höchst selbstsüchtige Korruption betrieben und dadurch den nationalen Interessen Ungarns schwer geschadet habe. Kann autoritäre Arroganz der Macht eigentlich noch klarer zum Ausdruck kommen? Im Grunde verhält es sich doch wirklich so: »Das, was Korruption genannt wird, ist praktisch die höchste Politik von Fidesz« (Lendvai, Orbáns Ungarn, S. 158) – insbesondere bei der regierungsseitigen Ausreichung von EU-Mitteln an Fidesz-nahe Unternehmer sowie bei unabweisbaren Angeboten an deren Konkurrenz, erfolgreiche Firmen in Staatsbesitz zu übernehmen. Und weil jene Formulierung vom Fidesz-nahen Politikwissenschaftler András Lánczi stammt, gibt es sogar einen höchst glaubwürdigen Zeugen der Anklage.

Allerdings dient, so die Fidesz-Kritiker, Viktor Orbáns Politik gerade nicht den nationalen Interessen Ungarns, sondern schadet ihnen. Nicht nur liegt aufgrund der korruptionsverursachten Beseitigung von wirtschaftlicher Konkurrenz Ungarns Preisniveau höher, als es unter normalen Wettbewerbsbedingungen wäre. Auch wächst durch den starken Staatseinfluss auf die Wirtschaft diese nicht so sehr, wie sie das eigentlich vermöchte – und dann den Ungarn deutlich größere Wohlstandsgewinne verschaffte. Sondern auch anderweitig hat Viktor Orbán die Stellung Ungarns in der Europäischen Union sehr verschlechtert. Da ist einerseits sein oft wenig diplomatisches Auftreten gegenüber seinen Amtskollegen. Und andererseits hält er sich häufig nicht an EU-Rechtsregeln, stellt sich immer wieder quer zur EU-Politik – und lässt sich dann trotzdem aus Brüssel Milliarden an Euro überweisen, für deren Verausgabung es kaum andere Pläne gibt, als möglichst viel davon in die Taschen von Fidesz-Freunden abzuzweigen. Es bezweifelte denn auch schon im Jahr 2010 der damalige luxemburgische Außenminister Asselborn Ungarns Eignung zur Übernahme der EU-Präsidentschaft.

Jahrelang finanzierte die EU den ungarischen Staatshaushalt durch Transfers von 2,5 bis 5 Prozent von Ungarns Bruttoinlandsprodukt. Auf diese Weise schufen EU-Mittel überhaupt erst die Voraussetzungen für jenes ungarische Wirtschaftswachstum, das von vielen im Lande fälschlicherweise der Fidesz-Politik zugeschrieben wird. Doch inzwischen hat die Europäische Union begriffen: Es ist nicht gut, einen solchen Ministerpräsidenten zu unterstützen, dessen erklärter Plan es ist, »die Demokratie abzuschaffen und die Freiheit der Presse und die Unabhängigkeit der Justiz zu untergraben« (Lendvai, Führerdemokratie, S. 528). Also lassen es die europäischen Institutionen nicht länger mit ungarnkritischen Resolutionen bewenden, zumal Viktor Orbán diese immer wieder dadurch um ihre Wirkungen bringt, dass er ihm abgerungene Zusagen dann eben doch nicht einhält. Vielmehr wird die Auszahlung eigentlich zugesagter EU-Mittel inzwischen an Ungarns Erfüllung von europäischen rechtsstaatlichen Pflichten gebunden. Doch leider bleibt Orbán weiterhin uneinsichtig, schadet also seinem Land. Und mehr noch: Er gibt seine – einem unfairen Wahlrecht zu verdankenden – Wahlerfolge sogar als »demokratische Legitimierung« seiner Politik aus!

Das alles verletzt europäische Werte. Ohnehin steht Orbán klar für »Nationalismus, Rassismus, Fremdenfeindlichkeit«, was alles er gemeinsam mit rechtsradikalen Politikern Europas vertritt. Gerade solche Einstellungen sind sogar »zentraler Teil seiner politischen Identität« – auch wenn Orbán sich »zum letzten Retter eines Europas mit den Werten Nation, Familie und Christentum stilisiert« (Lendvai, Führerdemokratie, S. 529). Doch der tatsächliche Charakter Viktor Orbáns wird sichtbar in der von ihm zu verantwortenden Anti-Migranten-Politik Ungarns sowie in seinen bösartigen Kampagnen, etwa in jenen gegen Jean-Claude Juncker als Präsidenten der Europäischen Kommission oder gegen den ungarisch-amerikanischen Investor und Philanthropen George Soros. Bestens passt in dieses Bild, dass der ungarische Ministerpräsident einst den Schulterschluss mit Donald Trump und mit dessen Regierungsapparat suchte sowie enge Beziehungen zu Russlands Präsidenten Putin unterhielt. Von dessen Land hat er Ungarn auch noch energiepolitisch abhängig gemacht. Immerhin gelang es inzwischen, den Fidesz aus der Europäischen Volkspartei zu vertreiben. Das war notwendig, weil Orbán nun einmal in der Tradition rechtspopulistischer Demagogen steht sowie europaweit wirksame Ressentiments schürt.

Unterm Strich ist Ungarns Ministerpräsident jedenfalls der gefährlichste Politiker der Europäischen Union. Leider gelang es noch nicht, Ungarn – unter Zustimmung von vier Fünfteln der EU-Mitgliedsstaaten – das Stimmrecht in den europäischen Institutionen zu entziehen. Und wann endlich sieht die ungarische Wählerschaft ein, was sie mit ihren wiederholten Mehrheiten für Orbán anrichtet? Vielleicht ist es für eine Abwahl des Fidesz aber auch schon zu spät: Mediale Manipulationen, das feudale Korruptionssystem, das unfaire Wahlrecht sowie die – von der neuen Verfassung ermöglichte – Unterspülung der Gewaltenteilung haben Ungarns Demokratiegeschichte wohl zu einer allzu kurzen gemacht.

II. Orbán-Land?

Wie aber nimmt sich das heutige Ungarn sowie die zu seinem heutigen Zustand führende Politik umgekehrt in den Augen derer aus, die für diese, heftig kritisierten Zustände verantwortlich sind? Wenig helfen bei der Antwort auf diese Frage polemisch-sympathisierende Texte wie jenes »Plädoyer für eine verleumdete Nation«, das Elmar Forster in 2021 veröffentlicht hat. Solche Schriften sind nämlich von der politischen Erregung eines parteiergreifenden Beobachters getrieben und kritisieren im Wesentlichen nur ihrerseits die Kritik an Ungarns Fidesz-Politik. Sie machen sich aber nicht daran, deren Leitgedanken so darzulegen, wie sie »im Inneren der Macht« gehegt oder formuliert werden – und wie sie deshalb zunächst einmal im gemeinten Sinn zu verstehen wären, bevor man sie hinterfragt und beurteilt.

Vieles an der Selbstsicht des Fidesz wird herausgearbeitet in der 2013 veröffentlichten Untersuchung von Edith Oltay über »Fidesz and the reinvention of the Hungarian center-right«. Noch ausführlicher und in systematischer Absicht unternimmt dies ein im Jahr 2021 auf Englisch erschienenes Buch über »The Hungarian way of strategy«, verfasst vom – mit Viktor Orbán nicht verwandten – Juristen und Politikwissenschaftler Balázs Orbán (*1986). Dieser, von 2012 bis 2018 tätig in der Századvég-Stiftung, einem konservativen Thinktank, wurde im Jahr 2018 Staatssekretär für strategische Fragen im ungarischen Ministerpräsidentenamt. Dort ist er inzwischen politischer Direktor mit der Aufgabe, den Ministerpräsidenten bei allen seinen Entscheidungen zu beraten sowie die Tätigkeit aller von der Regierung herangezogenen Experten zu koordinieren. Auch führt er den Vorsitz im Stiftungsrat des ungarnweit sowie in Brüssel tätigen Mathias Corvinus Collegiums. Er gehört zweifellos zum innersten Machtzirkel um Viktor Orbán und kann somit als Kronzeuge für die Absichten von dessen Politik dienen.

1. Die Wahl von 2010 als Revolution

Nicht nur gemäß Balázs Orbáns Darstellung, sondern nachweisbar auch in vielen Reden von Viktor Orbán, betrachtete der Fidesz den Wahlsieg von 2010 nicht einfach als die »Abwahl einer Regierung«, wie das in Ungarn zwanzig Jahre lang üblich war. Vielmehr hätten damals »die Ungarn« – tatsächlich waren es knapp 53 Prozent der Wähler und 173 von 176 Direktwahlkreisen – sich klar für den »Sturz des alten Systems« und für die Errichtung eines »neuen Ungarn« entschieden. Im Grunde wäre erst mit dieser »Revolution in den Wahlkabinen« der Volksaufstand von 1956 sowie der Systemwechsel von 1989 vollendet worden. Im Jahr 1998 habe sich der Fidesz mit einem bloßen Wechsel der Regierungsmacht begnügt, was dem Land aber nicht nachhaltig geholfen habe. Deshalb müsse man jetzt den damals versäumten, grundsätzlichen Systemwechsel versuchen. Fortan solle sich das Land endlich wieder entlang seiner eigenen Achse bewegen. Deshalb dürfe Ungarns Politik auch nicht länger – wie insbesondere während der zwölf Jahre sozialistisch-liberaler Regierungen von 1994–1998 und 2002–2010 – an den Vorgaben des neoliberalen Zeitgeists ausgerichtet werden oder an den Strukturen der globalisierten Weltwirtschaft. Vielmehr sei jetzt aufs Neue, und tatkräftiger als vormals, jener Reformversuch zu unternehmen, der durch die Wahlniederlage von 2002 unabgeschlossen beendet wurde. Jedenfalls habe man sicherzustellen, dass Ungarns Umgestaltungsprozess diesmal viel länger als nur vier Jahre andauere sowie bleibende Wirkungen zeitige.

Also zögerte die neue, mit verfassungsändernder Parlamentsmehrheit ausgestattete Regierung keinen Tag, Ungarn in ihrem Sinn zu erneuern. Rasch leitete sie bislang verschleppte oder als neu erforderlich erachtete Reformen ein. Schon kurz nach der Wahl von 2010 wurde ein Prozess der Verfassungsgebung eingeleitet und bereits im Folgejahr zu Ende gebracht. Einzelne Fehler bei dieser sehr zügigen Reform wurden durch eine Reihe von rasch erfolgten Verfassungsänderungen behoben; und zunächst Übersehenes wurde schnell in einer Weise neu geregelt, die von der parlamentarischen Fidesz-Mehrheit für richtig gehalten wurde. Das betraf insbesondere das Verfassungsgericht, welches weiterhin jene klar politische Rolle zu spielen versuchte, die man ihm doch beschneiden wollte. Außerdem befreite man sich aus der finanziellen Abhängigkeit vom Internationalen Währungsfonds, indem man jene Fremdwährungskredite rasch zurückzahlte, welche die sozialistisch-liberale Regierung aufgenommen hatte. Bei Privathaushalten, die sich in Fremdwährung verschuldet hatten, brachte man geeignete Umschuldungen auf den Weg. Die Kosten dafür ließ man gerade nicht die ungarische Normalbevölkerung begleichen, etwa über Steuererhöhungen oder zusätzliche Abgaben. Vielmehr erlegte man sie mittels von Steuerzuschlägen genau jenen ausländischen Großfirmen auf, die in Ungarn Profite erzielten. Hinsichtlich des Mediengesetzes gab es seit 2006 eine Aufforderung der EU-Kommission, die Regelung zu den Internetmedien dem EU-Recht anzupassen. Mit dem – auch zu diesem Zweck – im Dezember 2010 beschlossenen neuen Mediengesetz konnte man obendrein die mediale Vorherrschaft der Linken brechen. Allerdings geriet das Gesetz fehlerhaft, weshalb es nach heftiger EU-Kritik und einem beanstandenden ungarischen Verfassungsgerichtsurteil nachgebessert wurde.

Zudem setzte man auf eine Wirtschaftspolitik, welche Fidesz-Politiker als »unorthodox« bezeichnen. Trotz der budgetären Staatskrise wurden nämlich die Steuern nicht erhöht, sondern gesenkt. Für die Einkommenssteuer wurde eine Flat Tax in Höhe von 15 Prozent auf alle Einkünfte eingeführt, und somit in einer Höhe, welche die arbeitende Mittelschicht wirklich entlasten konnte. Überdies beschloss man die geringsten Unternehmenssteuern in der ganzen Europäischen Union, desgleichen Steuererleichterungen für Familien, auch eine lebenslange Steuerbefreiung für Mütter mit vier und mehr Kindern sowie staatliche Unterstützungen für den Erwerb von Wohneigentum. Gesellschaftspolitisch wollte man eine auf Arbeit – nicht auf Sozialtransfers – gegründete Gesellschaft aufbauen. Deshalb erleichterte man es einerseits den Arbeitgebern, Arbeitskräfte einzustellen, und gestaltete andererseits das Sozialsystem so um, dass wirksame Anreize zur Aufnahme bezahlter Arbeit entstanden. Überdies wurden umfangreiche öffentliche Beschäftigungsprogramme aufgelegt. Jedenfalls wurde nun, in Absetzung von der neoliberalen Politik der vorherigen, sozialistisch geführten Regierungen, auf eine starke Rolle des Staates gesetzt.

Hinsichtlich des Staatshaushalts wollte man auch noch dauerhaft sicherstellen, dass Parlament und Regierung mit ihren Budgetbeschlüssen nicht wieder über die real verfügbaren Mittel hinausgingen. Also wurde in die neue Verfassung eine Budgetbremse eingefügt. Außerdem schuf man mit dem »Haushaltsrat« eine Art »finanzpolitisches Verfassungsgericht«. Und um mit einer möglichst positiven Schlussbilanz in den Wahlkampf von 2014 zu gehen, unternahm man rasch alles das, was *unmittelbar* drohenden Schaden abzuwenden oder wenigstens einzugrenzen versprach. Dabei beherzige man die Einsicht, dass der schlimmste Feind eines guten Plans der Versuch ist, einem perfekten Plan zu folgen. Also arbeitete man »fehlertolerant« und gestand sich das Recht zu, manches eben falsch zu machen, dann aber schnell zu korrigieren.

Wichtigste Antriebskraft dieser sehr zügigen, tatkräftigen Umgestaltung des ungarischen politischen Systems war die Einschätzung seitens der Fidesz-Führung und ihrer Anhänger, dass nach 1989 das kommunistische System zwar seine politische Macht verloren hatte, dessen über die Jahrzehnte aufgebauter Einfluss auf die Bereiche der Wirtschaft, der Kultur und der Medien aber ungebrochen war, und dessen Seilschaften sich nicht nur Ungarn, sondern auch in der EU bemerkbar machten.

Tatsächlich scheiterte der erste nachkommunistische Regierungschef József Antall auch daran, dass er den Kampf gegen ein solches Fortwirken des alten Systems zwar suchte, doch verlor. Was von außen zunächst wie ein friedlicher Systemübergang mit anschließenden regelmäßigen Machtwechseln erschien, die man als für Demokratien nachgerade vorbildlich ansehen konnte, hatte sich jedenfalls innenpolitisch als Quelle gewaltiger Folgekosten erwiesen.

Erstens hatte das kommunistische Regime zwar das Privateigentum abgeschafft. Doch in den chaotischen Jahren nach dem Ende des Kommunismus fiel ein Großteil des ehemals kommunistischen Staatseigentums – gerade auch über »spontane Privatisierungen« – in die Hände der ins Wirtschaftsleben abwandernden post-kommunistischen Nomenklatura. Also galt es, während der kommenden Jahre eine wirtschaftliche Gegenelite zu schaffen. Zweitens hatte das kommunistische Regime alle Formen kultureller Autonomie beseitigt. Niemand anderes als die Führer und Funktionäre der kommunistischen Partei hatten bestimmt, wer im Kulturleben unterstützt, toleriert oder verboten würde. Zwar wurde die kulturelle Autonomie nach dem Ende der kommunistischen Herrschaft rechtlich wiederhergestellt. Doch die Schlüsselpositionen der Kulturinstitutionen blieben in den Händen früherer Zensoren und ihrer Unterstützer. Deshalb war der Versuch zu unternehmen, nun auch im Kulturbereich die fortbestehende linke Hegemonie zu brechen. Drittens hatte das kommunistische Regime die Meinungsfreiheit beseitigt. Diese wiederhergestellt zu haben, war gewiss eine große Errungenschaft. Allerdings wurden die ungarischen Medien – Presse, Hörfunk, Fernsehen – im Rahmen geänderter Besitzverhältnisse weiterhin von denselben Leuten inhaltlich geleitet, die sie schon zu kommunistischen Zeiten betrieben hatten. Deshalb entstand – obwohl rechtlich möglich – in der Praxis eben doch kein Medienpluralismus. Vielmehr wurden die nunmehr von staatlicher Gängelung freien Medien schlicht zum Machtinstrument einer Opposition, die weithin aus den

Netzwerken solcher Leute bestand, die um nichts weiter als um ihre *unmittelbare* Macht gebracht worden waren. Jetzt gaben sie sich »post-kommunistisch« sowie, unter dem Eindruck des Zeitgeistes, gern sozialdemokratisch und sogar wirtschaftsliberal. Gemeinsam mit den Wendehälsen der alten Netzwerke im Kultur- und Wirtschaftsbereich stellten sie sich gegen jede ins Amt gelangende bürgerliche und konservative Regierung. Tatsächlich schafften sie es in drei Wahlen, durch sozialistische Siege wieder ihre eigenen Parteigänger an die Macht zu bringen oder an ihr zu halten.

Deshalb konnte der Einfluss der – eng mit globalen, neoliberalen Wirtschaftseliten vernetzten – Sozialisten sowie ihrer liberalen Verbündeten erst dann gebrochen werden, als einerseits der sozialistische Ministerpräsident Gyurcsány in seiner durchgestochenen »Lügenrede« den gerade errungenen Wahlsieg zum Ergebnis irreführender Wahlkampfbehauptungen erklärte. Das zerstörte, nachwirkend bis heute, die Glaubwürdigkeit der Sozialisten. Andererseits machte im Verlauf der weltweiten Finanzkrise von 2008 sowie der Eurokrise von 2009 die durch sozialistisch-liberalistische Politik auf ein Viertel des Bruttosozialprodukts angestiegene Staatsverschuldung breiten Bevölkerungskreisen das Risiko eines Staatsbankrotts samt erheblichen Wohlstandsverlusten plausibel. Diese moralische, politische und wirtschaftliche Mehrfachkrise bewog dann sehr viele Ungarn, im Jahr 2010 für einen neuen Politikansatz zu stimmen.

2. Das Ziel: eine Alternative zum »liberalen Staat«

Dieser Politikansatz wandte sich ganz bewusst von jener Zielvorstellung eines »liberalen Staates« ab, welche die postkommunistischen Sozialisten als ihr politisches Feldzeichen benutzt hatten. Hingegen ging die Fidesz-Führung davon aus, dass mit dem Scheitern des post-kommunistischen Neoliberalismus zumindest in Ostmitteleuropa eine Ära post-liberaler Politik begonnen habe. Genau eine solche wollte auch die 2010 in Amt gelangte Regierung betreiben. Sie setzte dabei nicht nur auf der Gestaltungsoberfläche der Wirtschafts- und Gesellschaftspolitik an, sondern machte sich zudem an eine gleichsam »geistespolitische« Begründung ihrer Neuausrichtung der ungarischen Politik.

Diese Begründung suchte man einerseits in den Erfahrungen und geschichtlich gewachsenen Werten Ungarns. Die kreisten um Familie und Nation, auch um ein gutes Leben in Sicherheit und Freiheit. Andernteils entwickelte man jene Begründung aus einer Kritik des Modells liberaler Demokratie. Das entsprechende Argument beginnt mit der Feststellung, im Rahmen eines liberalen Politikansatzes wollten sich gerade demokratische Politiker nicht für solche Werte einsetzen, die dazu führen könnten, dass sich gesellschaftliche Minderheiten hintangestellt fühlten. Vielmehr gehe man in einer liberalen Demokratie davon aus, dass alle gesellschaftlichen Gruppen die gleichen Rechte haben sollten, und zwar ganz unabhängig davon, ob eine Mehrheit jene Werte für gut oder für schlecht befände, die ihrerseits eine solche gesellschaftliche Teilgruppe zusammenhielten. Doch einen solchen Werterelativismus lehnte der Fidesz ab. Vielmehr sollten im Konfliktfall stets solche Werte den Vorrang haben, die sich – wie Familie und Nation – als für Ungarns Gesellschaft wichtig erwiesen hatten, und deren Verwirklichung nach bestmöglichem Ermessen im ungarischen Interesse an gutem Leben, Sicherheit und Freiheit läge.

Vom liberalen Standpunkt aus läuft eine solche Priorisierung von Werten auf die Absicht hinaus, einzelnen gesellschaftlichen Gruppen bestimmte Werte wie Familie und Nation gleichsam diktatorisch aufzuzwingen. Also gilt Liberalen ein solcher Politikansatz von vornherein als »anti-demokratisch«. Fidesz-Theoretikern hingegen gilt er als eine höchst konkrete Verwirklichung von Mehrheitsdemokratie: Es gehe schlicht um die stets erforderliche, allein politisch zu treffende und in einer Demokratie eben dem Mehrheitsprinzip zu unterstellende Entscheidung darüber, welche Werte man in einem Staatswesen nachhaltig unterstützen wolle – und welchem, von anderen Werten geleiteten, Handeln man entgegentreten möchte. Bei dieser Entscheidung könne – und solle – man sich aber von jenen Erfahrungen leiten lassen, die ein Land im Lauf seiner Geschichte oder eine Generation während ihrer Lebensspanne gemacht habe.

Unter solchen Erfahrungen schien es den Fidesz-Anhängern besonders wichtig zu sein, dass die Modelle der liberalen Demokratie und des Neoliberalismus den Ungarn seit 1990 einen höchst unguten, nicht wirklich zielführenden Weg gewiesen hätten. Es habe nämlich der wirtschaftliche und gesellschaftliche Neoliberalismus, seinerseits einst motivierendes Ziel und kraftspendende Ressource liberaler Demokratie, nach dem Ende des Kommunismus viele Länder – darunter Ungarn – in große politische und wirtschaftliche Krisen geführt. Erkennbar waren diese schon vor dem moralisch und politisch entlegitimierenden Verhalten der Gyurcsány-Regierung im Jahr 2006, auch bereits vor der großen Wirtschaftskrise von 2008/9. Deshalb sei es an der Zeit, sich in systematischer Weise Gedanken darüber zu machen, wie man eine demokratische Gesellschaft so organisieren könne, dass sie gegenüber autoritären Staaten wie China oder Singapur in den kommenden Jahren wettbewerbsfähig bliebe.

Solche Gedanken trug Viktor Orbán im Juli 2014, also nach einem weiteren Wahlsieg, in einer Rede auf der jährlichen »Freien Sommeruniversität« des Fidesz vor, traditionell abgehalten im siebenbürgischen Tusnádfürdö/Băile Tuşnad.* Dort

* Diese »Sommeruniversität«, abgehalten in einem touristischen Ferienort, konkret in einem mit Infrastruktur für Campingzwecke ausgerichteten Talgrund entlang einem Flüsschen, stellt man sich am besten vor wie eine Mischung aus tagsüber Kirchentag und abends Volksfest. In einer Vielzahl von Zelten finden vor- und nachmittags Podiumsdiskussionen und Debatten statt; abends gibt es Tanzmusik; und in einer Vielzahl von Kiosken verkauft man Speisen und Getränke. Die Masse der Teilnehmer – allesamt in sommerlicher Freizeitkleidung – gehört der in Siebenbürgen recht geschlossen siedelnden ungarischen Minderheit an. Zu ihr stoßen aus Ungarn viele Anhänger und

führte er den Begriff des »illiberalen Staates« in die ungarische politische Debatte ein. Rasch wurde dieser zum Gegenstand westlicher Berichterstattung und Kritik. Der Begriff und die Sache wurden so gut wie immer scharf abgelehnt. In internationalen akademischen und politischen Diskursen war nämlich der Begriff der »illiberalen Demokratie« und eines entsprechenden Staates längst heimisch, und zwar als politikwissenschaftlicher Fachbegriff. Der bezeichnet eine darin defizitäre Demokratie, dass Rechtsstaatlichkeit, Gewaltenteilung und Meinungsfreiheit eingeschränkt sind, wobei – oft obendrein manipulierte – Wahlen das Bestehen einer Demokratie nur noch simulieren. Also gab, so die Wahrnehmung oder Deutung von außen, der siegesstolze Regierungschef nun selbst zu, dass er Ungarns Demokratie zu einem »hybriden Regime« umgestalten wolle, d. h. zu einer Halbdiktatur.

Tatsächlich forderte Viktor Orbán, es solle sich Ungarn an den Versuch machen, in der Perspektive ganzer Jahrzehnte international wettbewerbsfähig zu werden. Zu diesem Zweck habe man sich allerdings einzugestehen, dass eine Demokratie durchaus nicht – im oben erläuterten werterelativistischen Sinn – »liberal« zu sein brauche. Vielmehr sei er der Ansicht, ...

> »dass wir uns lossagen müssen von den liberalen Prinzipien und Methoden der Gesellschaftsorganisation, und überhaupt vom liberalen Verständnis der Gesellschaft. Das werde ich jetzt nur in zwei Dimensionen ansprechen ...
>
> Der Ausgangspunkt der liberalen Gesellschaftsorganisation hinsichtlich der Beziehung zwischen zwei Menschen baut auf dem Gedanken auf, dass wir alles tun dürfen, was die Freiheit des anderen nicht einschränkt. Auf diesen gedanklichen, ideellen Ausgangspunkt wurde die ungarische Welt der zwanzig

Funktionäre von Fidesz, desgleichen reichlich Wirtschaftsleute, Staatssekretäre und Minister. Den Abschluss dieser mehrtägigen Veranstaltung bildet eine stark besuchte, längere und oft Grundsatzfragen auf populäre Weise erörternde Rede des Ministerpräsidenten.

Jahre vor 2010 aufgebaut – wobei übrigens ein in Westeuropa allgemeingültiges Prinzip akzeptiert wurde.

Es waren dann zwanzig Jahre notwendig, um heute in Ungarn das Problem formulieren zu können, dass dies zwar ein intellektuell sehr anziehender Gedanke ist, aber nicht klar ist, wer denn bestimmt, von wo an etwas meine Freiheit einschränkt. Und weil sich das nicht von selbst ergibt, muss es jemand definieren, entscheiden. Und da wir niemanden beauftragt haben, das zu entscheiden, haben wir im alltäglichen Leben ständig die Erfahrung gemacht, dass dies vom Stärkeren entschieden wurde. Wir haben ununterbrochen gespürt, dass der Schwächere niedergetrampelt wird. Die aus der gegenseitigen Anerkennung der Freiheit der Anderen entspringenden Konflikte werden also nicht aufgrund irgendeiner abstrakten Gerechtigkeit entschieden, sondern der Stärkere hat immer recht. …

Dazu schlagen wir vor, und wir versuchen, die ungarische Staatstheorie auf dem Gedanken aufzubauen, dass nicht dies das Organisationsprinzip der Gesellschaft sein soll. Das kann man nicht in Gesetze fassen, sondern wir reden hier von einem geistigen Ausgangspunkt. Das Organisationsprinzip der ungarischen Gesellschaft soll also nicht sein, dass man alles darf, was die Freiheit von anderen nicht einschränkt, sondern das Prinzip soll sein: ›Was du nicht willst, dass man dir tu, das füg' auch keinem andern zu‹. …

Wenn wir uns den gleichen Gedanken hinsichtlich der Beziehung zwischen Individuum und Gesellschaft anschauen …, dann sehen wir, dass die in den letzten zwanzig Jahren aufgebaute ungarische liberale Demokratie sehr vieles nicht leisten und durchführen konnte. Wozu sie unfähig war, habe ich in der folgenden Liste zusammengestellt.

Die liberale Demokratie war unfähig, offen auszusprechen, und die jeweiligen Regierungen notfalls mit konstitutioneller Kraft dazu zu verpflichten, mit ihrer Arbeit der Nation zu dienen. Und überhaupt: Sie hat den Gedanken des nationalen Interesses generell in Frage gestellt. …

Die liberale Demokratie, der liberale ungarische Staat, hat das Gemeinschaftsvermögen nicht geschützt. ... In allen Ländern – vielleicht mit Ausnahme von zweien – ist der Anteil des Vermögens in öffentlichem Besitz größer als in Ungarn. Wir können also ruhig behaupten, dass die liberale Demokratie sich auch im Vergleich zu den anderen europäischen Staaten und im Vergleich zu uns als unfähig erwiesen hat, das zur Selbsterhaltung der Nation notwendige öffentliche Vermögen zu beschützen.

Des Weiteren hat der liberale ungarische Staat das Land nicht vor der Verschuldung beschützt. Und er hat die Familien nicht beschützt; hier denke man an das System der Fremdwährungskredite ...

Folgerichtig lassen sich die Wahlen von 2010 – besonders im Lichte des Wahlerfolges im Jahr 2014 – in die Richtung interpretieren, dass die ungarischen Bürger im großen globalen Wettlauf, bei dem es darum geht, den Staat mit der größten Wettbewerbsfähigkeit zu erschaffen, von ihrer politischen Führung erwarten, eine solche neue Organisationsform des ungarischen Staates zu finden, herauszuarbeiten, zu schmieden, die nach dem liberalen Staat und nach der Epoche der liberalen Demokratie die ungarische Gemeinschaft erneut wettbewerbsfähig macht – selbstverständlich unter Berücksichtigung der Werte des Christentums, der Freiheit und der Menschenrechte ...

Was also heute in Ungarn geschieht, kann dahingehend verstanden werden, dass die politische Führung einen Versuch unternommen hat, die persönliche Arbeit und das persönliche Interesse der Menschen, die beide anerkannt werden müssen, in eine engere Beziehung zum Leben der Gemeinschaft, zur Nation zu stellen, und diese Beziehung zu erhalten und zu stärken. Mit anderen Worten: Die ungarische Nation ist nicht einfach eine bloße Ansammlung von Individuen, sondern ist eine Gemeinschaft, die organisiert, gestärkt, ja sogar wiederaufgebaut werden muss.

> In diesem Sinne ist also der neue Staat, den wir in Ungarn bauen, kein liberaler Staat, sondern ein illiberaler Staat. Er verneint nicht die Grundwerte des Liberalismus, wie die Freiheit, … macht aber diese Ideologie nicht zum zentralen Element der Staatsorganisation, sondern enthält einen von dieser abweichenden, eigenen und nationalen Denkansatz«. (leicht redigiert zitiert nach https://pusztaranger.wordpress.com/2014/08/01/viktor-orbans-rede-auf-der-25-freien-sommeruniversitat-in-baile-tusnad-rumanien-am-26-juli-2014/, Zugriff am 24.4. 2022)

Im Grunde war damit das überwölbende politische Gestaltungsziel der Fidesz-Regierung, abgeleitet aus konkreten Herausforderungen und platziert im Rahmen einer freiheitlichen demokratischen Ordnung, gut verständlich formuliert. Doch was allenthalben in Erinnerung blieb, war allein die Wendung vom »illiberalen Staat« oder von der »illiberalen Demokratie«; und diese wurde wiederum – wie selbstverständlich – mit dem westlich-politikwissenschaftlichen Begriff gleichen Namens gleichgesetzt. Damit war der von Viktor Orbán eingeführte Begriff als argumentative Angriffswaffe gegen die Fidesz-Regierung einsetzbar – und deren Chef hatte diese Waffe sogar selbst auf einem Silbertablett überreicht.

Wie aber versucht Viktor Orbán selbst, dieses umstrittene Ziel zu erreichen? Im Mai 2022 formulierte er bei der internationalen Conservative Political Action Conference (CPAC) in Budapest sein – wie er sagte: »frei verwendbares« – Erfolgsrezept in zwölf Punkten.* In diesen spiegeln sich bestens sowohl der inhaltliche als auch der praktisch-organisatorische Politikansatz des ungarischen Ministerpräsidenten. Erstens – so Orbán – muss man nach seinen eigenen Regeln spielen, darf sich also nicht auf die Regeln des Gegners einlassen; das wäre näm-

* Siehe https://visegradpost.com/en/2022/05/24/viktor-orbans-speech-at-the-cpac-on-19-may-2022/, Zugriff am 4.6.2022.

lich der sicherste Weg zur eigenen Niederlage. Zweitens muss man die Innenpolitik nach den Grundsätzen eines nationalen Konservatismus gestalten. Das meint eine politische Ausrichtung an den Werten von Familie, Nation und Tradition. Mit alledem ist man am nächsten bei dem, was die meisten Bürger von ihrer Regierung erwarteten. Umgekehrt muss man ausfindig machen, wo sich die Linke von solchen Erwartungen gelöst hat, denn gerade dort kann man sie erfolgreich angreifen. Drittens muss man die Außenpolitik am nationalen Interesse ausrichten. Man darf sie keinesfalls als »Kampf des Guten gegen das Böse ausgestalten«, sondern muss sie an den tatsächlichen Interessen des eigenen Landes verankern. Nur dann vermag man sie nämlich auch in Krisenzeiten durchhalten. Allerdings kann es schwierig sein, die durch Außenpolitik zu verfolgenden Interessen eines Landes zu klären und zu ordnen.

Viertens muss man über eigene Medien verfügen. Moderne westliche Medien orientieren sich nämlich an linken Standpunkten und verstärken deren Anliegen und Argumente. Hingegen werden Konservative von den derzeitigen westlichen Medien kritisiert und gern um ihre Reputation gebracht. Zwar sollte die mediale Berichterstattung von parteipolitischer Kommentierung getrennt sein; doch jeder weiß, dass sich das in der Praxis nicht so verhält. Also muss, wer sich politisch durchsetzen will, über eigene Medienmacht verfügen. Doch das ist nur eine notwendige, keineswegs schon eine hinreichende Bedingung für den eigenen Sieg. Vielmehr muss man – fünftens – heute bereits die sich gerade erst abzeichnenden Absichten seiner Gegner klar ansprechen, damit es morgen nicht zum Tabu gemacht werden kann, sich gegen diese zu wehren. Beispielsweise sei es in Ungarn richtig gewesen, die auf Schulkinder zielende LGBTQ-Propaganda von vornherein bloßzustellen. Anschließend musste die Linke sie nämlich verteidigen – und auf diese Weise zugeben, dass sie genau solche Propaganda befürwortet. Tatsächlich ist kein Erfolg größer als der, bei welchem sich zeigt, dass man selbst die ganze Zeit über recht gehabt hatte.

Sechstens darf man die Wirtschaftspolitik nicht entlang von abstrakten Idealen betreiben, sondern hat sie so auszugestalten, dass sie für die Mehrheit der Wähler nützlich ist. Das Motto muss letztlich sein: Mit uns an der Macht profitieren auch jene, die uns nicht gewählt haben! Und weil die meisten Menschen offenbar Arbeit und ein besseres Leben für ihre Kinder wünschen, ist jede Regierung zum Niedergang verurteilt, die dergleichen nicht liefern kann. Also ist klar, welche Ziele sich eine erfolgsorientierte Regierung setzen muss.

Siebtens darf man sich nicht ins Abseits drängen lassen – auch dann nicht, wenn auf der einen Seite Verschwörungstheorien populär werden, auf der anderen Seite hingegen Utopien. Die meisten Leute mögen nämlich weder das eine noch das andere. Also muss man es vermeiden, sich auf solche Positionen einzulassen und anschließend einen großen Teil seiner Wählerschaft zu verlieren. Man hat sozusagen Gott zu geben, was Gottes ist; dem Kaiser, was des Kaisers ist; und der Naturwissenschaft, was dieser zusteht.

Achtens soll man jeden Tag lesen. Die Welt wird immer komplizierter, weshalb man auch mehr Zeit darauf verwenden muss, sie zu verstehen. Dafür gibt es nichts Besseres als Bücher. Solche durchzuarbeiten, hilft auch beim Verstehen dessen, wie die Gegner denken – und wo deren Gedankengänge fehlerhaft sind. Hat man diese Schwachstellen erst einmal gefunden, dann ist der Rest der Auseinandersetzung mit dem Gegner nur noch technische Arbeit. Bloße Kommunikationsdesigner sind zwar nützlich; doch die zu lösenden Probleme müssen schon von den politischen Entscheidungsträgern selbst verstanden werden.

Neuntens ist es wichtig, einen festen religiösen Glauben zu haben. Wenn nämlich jemand nicht glaubt, dass er sich eines Tages vor Gott für sein Tun oder Unterlassen zu verantworten hat, dann gelangt er leicht zur Einstellung, man dürfe alles tun, was in der eigenen Macht steht. Um von einer solchen ins Unglück führenden Einstellung abzuhalten, sollte man Nachwuchspolitiker – zumal junge konservative Politiker – dazu ermuntern, ein ernsthaftes Glaubensleben zu führen. Zwar habe er, Orbán, das in seinen jüngeren Jahren selbst nicht für wichtig gehalten; doch inzwischen habe er dazugelernt.*

Zehntens ist es wichtig, sich Freunde zu suchen. Die Gegner des eigenen Lagers, nämlich die progressiven Liberalen, praktizieren unglaubliche Geschlossenheit und verteidigen einander nachgerade bedingungslos. Hingegen neigen Konservative dazu, sich schon wegen geringster Kleinigkeiten zu zerstreiten. Das ist falsch. Man sollte nie nach Dingen suchen, über die man sich entzweien kann, sondern stets auf verbindende Gedanken ausgehen – und auf Themen, bei deren Bearbeitung man kooperieren kann.

Elftens muss man – über die Familien hinaus und unterhalb der Nation – vielfältige Gemeinschaften errichten, etwa Klubs und mannigfache Vereine. Ohne solche Gemeinschaften, denen man sich leicht anschließen kann, vereinsamen allzu viele Menschen. Gibt es aber keine verlässlichen Strukturen, die einem selbst sowie anderen Halt bieten, dann entwickelt man auch keinen Sinn für den Wert solcher Politik, die auf eine Bewahrung des Bestehenden ausgeht. Deshalb braucht jede politische Einheit, die sich erhalten will, solche gesellschaftlichen Unterstrukturen. Und zwölftens muss man Institutionen schaffen, von Thinktanks über Schulungszentren und Talentförderungsstätten bis hin zu Jugendorganisationen und Instituten für auswärtige Beziehungen. Politiker nämlich kommen und gehen – doch gut gebaute und gut bemannte Institutionen bleiben bestehen. In ihnen, und auf der Grundlage der dort gewonnenen Erfahrungen, lässt sich dann von neuen Generationen immer wieder die Politik intellektuell erneuern. Das aber ist wichtig, denn neue Ideen und neue politische Akteure sind so

* In diesem Zusammenhang ist zu wissen nützlich, dass Viktor Orbán areligiös aufwuchs, als Politiker die gesellschaftliche Rolle von Kirchen erkannte, dann den Wert von Religion für sich selbst entdeckte und während seiner ersten Zeit als Ministerpräsident zum Christentum in dessen calvinistischer Ausprägung konvertierte. Seine Frau ist überzeugte Katholikin.

etwas wie jene Munition, die man im politischen Kampf nun einmal braucht.

Leicht ist beim Blick auf Viktor Orbáns Innen- und Außenpolitik zu erkennen, wie weitgehend seine Regierung gemäß diesen Regeln zu handeln versucht. Ganz unübersehbar ist das beim Aufbau eigener medialer Hegemonie sowie einer wohlhabenden Unterstützerschicht – oder bei der außenpolitischen Verfolgung ungarischer Interessen selbst gegen EU-Wünsche.

3. Kulturelle Grundlagen des Neuanfangs

Doch in welche größeren, inhaltlichen Zusammenhänge ist derlei Macht- und Regierungstechnik eingebettet? Um die von ihr angestrebte, wertgeleitete Politik konkret zu formulieren und systematisch zu begründen, ließ die Fidesz-Regierung eine Bestandsaufnahme jener Werte durchführen, deren Befolgung oder Verwirklichung als wichtig oder nützlich für Ungarns Entwicklung erscheint. Beim Blick in die ungarische Geschichte erwies sich etwa als unbedingt in Rechnung zu stellen, dass die meisten Ungarn ihren Individualismus und ihre Freiheit so sehr schätzen, dass sie sich gegen unerbetene Ratschläge oder gar Versuche politischer Druckausübung stets verhärten – einst gegen jene aus Wien oder Moskau, nun gegen solche aus Brüssel. Es ist auch unübersehbar, dass viele Ungarn gegenüber Ideen, die von außen her an sie herangetragen werden, sehr skeptisch sind; also sollte man versuchen, diese – falls zugkräftig wie einst der Nationalismus und der Liberalismus – erst einmal ungarischen Erfahrungen anzupassen. Und weiterhin bleibe einzusehen, dass in Ungarn seit jeher eine Mischung aus älteren östlichen und neueren westlichen Kulturmustern besteht.

Führt man das alles im Einzelnen aus, dann zeigt sich: Anders als angelsächsischen Raum meint für den Durchschnittsungarn Freiheit nicht in erster Linie die Möglichkeit, sich aktiv gesellschaftlich oder politisch zu beteiligen. Geschätzt wird Freiheit vielmehr als ein Recht, von der Politik einfach in Ruhe gelassen zu werden. Und weil die lange Geschichte der osmanischen, habsburgischen oder sowjetischen Besetzungen des Landes immer wieder erwies, dass von außen kommende Ideen nicht an sich schon den Interessen Ungarns dienlich sind, wählt man eben besser selbst aus und passt dann für konkrete Zwecke an, was jeweils vielversprechend aussieht. Das ist umso wichtiger, als Ungarn an Europas Peripherie liegt, wenngleich dieses Land an allen großen Epochen der europäischen Geschichte seinen Anteil hatte, nämlich von der Gotik über die Renaissance und den Barock bis hin zur Aufklärung und zur industriellen Revolution. Obendrein waren die Ungarn, zumindest unterhalb ihrer polyglotten Eliteschicht, wegen ihrer so besonderen Sprache stets von den umliegenden Völkerschaften abgesondert. Das alles macht Ungarn zwar europäisch, innerhalb Europas aber sehr besonders.

Im Übrigen gehört es zur ungarischen Tradition, dass – zugespitzt – von zwei Ungarn in der Regel nicht weniger als drei Meinungen vertreten werden. Dabei wird die eigene Position oft mehr auf Gefühle als auf Tatsachen und Argumente gestützt. Das hat zwar Vorteile bei der Stiftung von Zusammenhalt, wenn man sich – wie Ungarn seit dem Mongolensturm – immer wieder gegen Bedrohungen von außen wehren muss. Doch als Ergebnis des Wirkens von solchen kulturellen Mustern sind Ungarn zu Normalzeiten meist zerstritten – und trotzdem in Notlagen willens, sich rasch hinter allem zu sammeln, was als »nationales Anliegen« gelten kann. Unter solchen Umständen, doch nur unter ihnen, sind Ungarn dann auch bereit, trotz aller Freiheitsliebe Hierarchien hinzunehmen – und, ohne von ihrem Individualismus lassen, sich hinter starke Anführer zu stellen. Darüber hinaus haben die Ungarn noch weitere, anderswo fehlende Eigenheiten, die jede ungarische Regierung berücksichtigen muss, wenn sie für ihr Staatsvolk Sicherheit und Wohlstand herbeiführen oder sichern will.

Erstens klingt in den ungarischen Selbstvergewisserungen immer wieder wie ein Refrain die Vorstellung auf, man sei – seit der eigenen Landnahme – das Bollwerk Europas gegen anstürmende Völkerschaften, ganz gleich, ob es sich um die Mongolen, um die Osmanen oder um selbstermächtigte Zuwanderer handle. Zweitens hat Ungarn sich so oft als ein Schlachtfeld widerstreitender Mächte erlebt, dass Bevölkerung und Eliten ein recht verlässliches Gefühl dafür entwickelt haben, was wohl politische Wirklichkeit oder politische Einbildung wäre, was Freund oder Feind, was Entwicklungen hin zum Frieden oder zum Krieg. Deshalb kann Ungarn gut als Europas Frühwarnsystem für kommende, anderswo weiterhin als irreal betrachtete Gefahren dienen. Drittens entwickelte Ungarn als ein Land mit einer eigentümlichen Sprache und mit vielen Minderheiten im Lauf der Jahrhunderte auch Sensibilität dafür, wie – und bis zu welchen Grenzen – man eine multikulturelle Gesellschaft gerade noch zusammenhalten kann, also: ab wann man einen diversitätssteigernden Gesellschaftswandel besser aufhalten sollte. Und viertens spielt beim Zusammenhalt Ungarns Symbolisches eine besonders große Rolle. Allem voran ist das die »Heilige Krone«. Nicht der König »trug« sie; sondern wer sie besaß, der »wurde« eben dadurch zum König – oder hatte zumindest einen legitimen Anspruch auf den Thron. Symbolisch genommen, und dadurch besonders wirkkräftig, werden in Ungarn auch Niederlagen, zumal jene bei den Aufständen gegen die Habsburger 1848/49 und gegen die Sowjetherrschaft im Jahr 1956: Sie gelten als Wunden, die erst dann heilen konnten, als es 1867 zum Reichsausgleich mit Österreich kam – und 1989 zum Abgang der kommunistischen Herrschaftselite. Fidesz-Politiker fügen dem meist hinzu, dass ab 2010 vollendet werde, was 1989 begann. Genau auf jene kulturellen Voraussetzungen versuchte Fidesz nämlich die Programmatik und Praxis seines Regierungshandelns abzustimmen. Das zu erkennen, ist tatsächlich sehr hilfreich beim Versuch, jene weiteren, großen Wahlerfolge des Fidesz zu erklären, die bis 2022 auf den Sieg von 2010 folgten.

4. Politiktheoretische Eckpunkte der Fidesz-Politik

Eng dem »Hungarian Guide« zur Fidesz-Politik folgend, der Balázs Orbáns Strategiebuch abschließt (Hungarian Way, S. 172–183), lässt sich entlang von 19 »Eckpunkten« die Selbstdeutung von Ungarns Regierung ziemlich gut umreißen. Ausdrücklich wird dort betont, allein in deren Rahmen ließen sich die Maßnahmen, Beweggründe und Ziele der ungarischen Regierungspolitik begreifen. Dazu gäbe es zwar vielerlei Debatten, meist zugespitzt auf die Frage, ob Ungarns Regierungspolitik illiberal, post-liberal oder christlich-demokratisch sei. Doch das wären nur konventionelle Begriffsstreitigkeiten. Besser begreife man die Überzeugungen und Grundsätze der ungarischen Regierung jedenfalls so:*

1. *»Wir folgen einem in der christlichen Kultur verwurzelten Menschenbild.«* Von ihm her wird dann auch das anzustrebende Verhältnis von Einzelnem und Gesellschaft bedacht. Dabei wird gerade nicht vom Glauben an die Möglichkeit ausgegangen, man könne die menschliche Natur weitgehend ändern. Also muss man mit jenen Stärken und Schwächen arbeiten, die Menschen nun einmal haben. Eben sie hat auch der klassische Liberalismus zur Mitte des 19. Jahrhunderts in den Mittelpunkt seines Denkens gestellt und ihnen entlang Ideen bzw. politische Gestaltungsvorlagen ausgearbeitet wie die Nation, die staatliche Souveränität, die Gleichheit vor dem Gesetz, die Gleichberechtigung von Männern und Frauen sowie die Achtung der Würde des Menschen. Doch vieles, was davon jetzt als Teil des »europäischen Wertesystems« gilt, entstand durchaus schon vor dem Liberalismus, nämlich in einer vom Christentum geprägten Kultur. Diese macht – über den Liberalismus hinaus – auch noch zum

* Im Folgenden wird Balázs Orbáns Text nicht einfach übersetzt, sondern in einer für deutsche Debatten anschlussfähigen Weise paraphrasiert.

geistigen Erbe Europas, dass alle Menschen vor Gott gleich sind, und zwar unabhängig von ihren Fähigkeiten, Besitztümern und Fehlern. Also wird das – durchaus auch dem Liberalismus zu verdankende – Konzept moderner Demokratie durchaus nicht eingeengt, wenn man es mit dem christlichen Menschenbild zusammendenkt und auf solcher Grundlage eine christlich-demokratische Staatsidee zu verwirklichen versucht.

2. *»Jeder Mensch ist von einzigartigem, unersetzbarem Wert.«* Als Wesen mit genau solchem Wert hat Gott alle Menschen geschaffen. Auch hat er ihnen unabdingbare Rechte auf Leben, Freiheit und Streben nach selbstdefiniertem Lebensglück gegeben. Aufgabe eines Staates ist es deshalb, den in seinen Grenzen lebenden Menschen die Möglichkeit zu sichern, die ihnen gegebenen Fähigkeiten voll zu entfalten und so viel in ihrem Leben zu erreichen, wie sie dank ihres Könnens eben vermögen. Zugleich ist jeder Einzelne verantwortlich für sich selbst. Doch weil er mit anderen zusammenlebt, welche die gleichen Rechte besitzen wie er, hat er auch seinerseits zur gemeinsamen Wohlfahrt beizutragen, natürlich gemäß den eigenen Fähigkeiten sowie den sich bietenden Gelegenheiten.
3. *»Das, was Menschen ausmacht, ändert sich im Verlauf von Geschichte und Fortschritt durchaus nicht.«* Zwar wandeln sich die Zeit- und Lebensumstände; doch die menschliche Natur bleibt gleich – zumindest für alle in überschaubarer Zeit anstehenden politischen Gestaltungsaufgaben. Das Zusammenwirken von Einzelnem und Gesellschaft hat man deshalb dieser menschlichen Natur gemäß auszugestalten. Das betrifft nicht nur die Familien und Nationen, sondern auch den Zusammenhang der menschlichen Arbeit und mit dem, was sie hervorbringt. Was sich bei alledem jahrhundertelang bewährt hat, das ändert sich vermutlich auch dann nicht grundlegend, wenn neue Ideen modisch werden oder die Technik neue Möglichkeiten eröffnet.

4. *»Privateigentum zu besitzen, ist Teil der menschlichen Natur.«* Der Blick in die Geschichte zeigt, dass Privateigentum die Grundlage von Handel und Marktwirtschaft war, auch für das Verlangen nach einer Erweiterung menschlichen Wissens, und ebenfalls für den Aufbau solcher Rechtsordnungen und Institutionen, die eine gewisse Vorhersehbarkeit in komplexeres menschliches Zusammenleben brachten. Um das alles weiterhin gewährleisten und darauf Demokratie gründen zu können, muss der Staat die Unantastbarkeit des Privateigentums sichern. Zugleich muss klar sein, dass Eigentum Pflichten mit sich bringt. Obendrein steht außer Zweifel, dass ein Staat nur dann verlässlich funktionieren kann, wenn strategisch wichtige Teile seiner Wirtschaftsordnung im öffentlichen Besitz bleiben.
5. *»Arbeit ist ein notwendiger Teil eines aktiven, sinnvollen Lebens.«* Nur wenn Menschen ihr Leben auf eigene Arbeit gründen und dadurch größere Gemeinschaften mittragen, können sie auch solche Ziele verwirklichen, die über die Befriedigung ihrer individuellen Bedürfnisse hinausgehen. Seinen Beitrag zur Welt leistet man also genau durch die Arbeit, die man tut, sowie durch alles das, was man durch seine Arbeit hervorbringt. Ohne ein aktives, als sinnvoll empfundenes Arbeitsleben wird sich somit kein würdiges oder nicht in Armut befangenes Leben führen lassen. Die Grundlage eines solchen Arbeitslebens schafft eine Erziehung, die es zur Selbstverständlichkeit macht, stets auf den Erwerb, auf die sinnvolle Einordnung und auf die Anwendung neuen Wissens auszugehen.
6. *»Die grundlegende Einheit einer Gesellschaft ist die Familie.«* In den weitaus meisten Fällen besteht sie aus Mann, Frau und deren Nachkommen. Männer und Frauen sind gleich an Würde und an Rechten. Daraus folgt aber nicht, dass es keine Unterschiede zwischen ihren Rollen geben dürfe, oder dass eine jederzeitige Austauschbarkeit ihrer Rollen gewährleistet sein müsse. Vielmehr kann es zwischen Männern und

Frauen sehr wohl geschlechtsspezifische Unterschiede bei ihren Verhaltensvorlieben, Wertentscheidungen und Zielen geben. Und weil Männer und Frauen in mancherlei Hinsicht bereits biologisch verschieden sind, dürfen sie auch unterschiedliche Bedürfnisse haben. Manche – natürlich nicht alle – jener Unterschiede werden in den eingeführten Begriffen »Ehemann« und »Ehefrau« zum Ausdruck gebracht. Da es Teil des selbstbestimmten Privatlebens von Menschen ist, welche Formen des Zusammenlebens sie verwirklichen, kann es nicht die Aufgabe des Staates sein, Entscheidungen über Familienformen aufzuzwingen oder Ratschläge zu geben, an deren Nichtbefolgung sich Nachteile knüpfen. Doch sehr wohl ist es eine Pflicht des Staates, solche Institutionen zu schützen, die ihrerseits für den Bestand einer Gesellschaft wichtig sind. Zu solchen gehört vor allem die Institution der Ehe als einer dauerhaften Verbindung von Mann und Frau, und zwar mitsamt dem Recht von Kindern, sowohl eine Mutter als auch einen Vater zu haben. Ebenso ist es die Aufgabe des Staates, alle jene zu unterstützen, die – aus eigenem Entschluss und in eigener Verantwortung – Kinder haben wollen. Eltern machen nämlich die im Staat zusammenlebende Gesellschaft reicher, und allein sie geben einer Gesellschaft Zukunft.

7. *»Einzelne leben immer als Teile einer Gesellschaft.«* Nicht nur geht die Gesellschaft jedem Einzelnen längst voraus und schafft überhaupt erst die Umstände seiner Existenz. Sondern einerseits nützt der Lebenserfolg von Einzelnen und von Familien auch der Gesellschaft; und andererseits können in Not geratene Menschen gerade von der Gesellschaft her Unterstützung finden. Außerdem machen aktive gesellschaftliche Gruppen nicht nur einen Staat stark, sondern sie gleichen ebenfalls die Stärken und Schwächen ihrer Mitglieder aus. Letztlich erlebt man als Einzelner Sinn, Erfolg und Erfüllung gerade in einer Gesellschaft sowie in deren Teilgruppen.

8. *»Die Nation ist die größte Gemeinschaft, in der man mit anderen, auf der Grundlage gemeinsamer Werte, verbindende Identität erleben kann.«* Eine Nation besteht aus Einzelnen, aus Familien sowie aus gesellschaftlichen Gruppen mit jeweils örtlichen Besonderheiten. Zusammengehalten wird sie durch gemeinsame Werte, gemeinsame kulturelle Muster und kollektive geschichtliche Erfahrungen. Solches Zusammengehörigkeits- und Identitätsempfinden lässt sich außerdem von Generation zu Generation weitergeben. Dabei hängt es von den Zeit- und Kulturumständen ab, ob als das wirklich Verbindende eine gemeinsame Abstammung empfunden wird, eine gemeinsame Kultur, ein gemeinsames staatsbürgerliches Institutionensystem oder auch eine Mischung von alledem. Im Fall von Ungarn ist jedenfalls die nationale Zugehörigkeit keine Sache der Abstammung oder des Aussehens, sondern das Ergebnis einer dauerhaften Willensentscheidung, gerade Ungarn und seiner Kultur anzugehören. Solche Ungarn, die – als nationale Minderheiten – sich außerdem einer anderen Nation oder Kultur zugehörig empfinden, haben eben eine doppelte Identität. Auch gerade dank dieser sind sie in einer besonders guten Lage, die gemeinsame ungarische Nation mit ihren je besonderen Fähigkeiten reicher zu machen und mitzugestalten.
9. *»Der Staat ist eine sehr alte Institution, mittels welcher die Interessen einer Gesellschaft verwirklicht werden können.«* Ein Staat übt die letztendliche Macht über ein gegebenes Gebiet aus. Also muss er daran gehindert werden, seine Macht selbstbezüglich oder nur im Eigeninteresse der jeweils konkreten Machthaber anzuwenden. Weil nun wiederum der Staat von der Aktivbürgerschaft einer Gesellschaft getragen wird, müssen seine Institutionen zu gerade deren Werten und Zielen passen. In diesem Sinne ist der Staat eine vorzügliche Lösung des Problems, eine Gesellschaft zusammenzuhalten und zu gestalten. Für Ungarn verlangt das danach, dass der Staat – natürlich unter der Herrschaft des Rechtes

und entlang einer funktionierenden Gewaltenteilung, die niemandem die Ausübung absoluter Macht erlaubt – nach jenem Volkswillen geleitet wird, der sich in den Ergebnissen von Wahlen oder Abstimmungen ausdrückt, ganz gleich ob auf lokaler oder nationaler Ebene.

10. *»Die persönliche Autonomie der Bürger ist einer der wichtigsten Werte, die ein Staat zu respektieren hat.«* Keineswegs hat der Staat das Alltagsleben der Bürgerschaft zu organisieren. Er hat den Bürgern auch keine Wertentscheidungen für ihr Alltagsleben aufzudrängen oder ihnen neue Gewohnheiten aufzunötigen. Vielmehr hat der Staat das selbstbestimmte Privatleben derer zu achten und zu schützen, die in seinen Grenzen leben. Das allerdings hindert ihn nicht daran, Entscheidungen im öffentlichen Interesse zu treffen und durchzusetzen. So verhält es sich etwa im Steuerwesen, beim Schutz der christlichen Kultur oder bei der Wahrung der Rolle der eigenen Nation. Und natürlich ist es dem Staat auch nicht verwehrt, gerade jene Werte mit Vorrang auszustatten, welche für die ihn tragende Gesellschaft und für die in ihm verkörperte Nation als besonders nützlich erscheinen.

11. *»Ungarns Heimat ist das Karpatenbecken.«* Ungarn ist einer der wenigen wirklich alten Staaten in Europa. Die Ungarn leben seit mehr als elf Jahrhunderten im Karpatenbecken, und zwar gemeinsam mit jeweils anderen Nationalitäten. Dabei entstand eine besondere, ungarische Staatlichkeit. Sie überlebte auch Zeiten der Besetzung und des Souveränitätsverlustes. Leider gelang es den im Karpatenbecken zusammenlebenden Völkern und ihren Staaten nicht immer, neben- oder miteinander in Frieden zu leben. Umso klarer ist heute, dass die Länder im Karpatenbecken nicht gedeihen können, falls sie sich zueinander gegnerisch verhalten. Von dieser Einsicht ausgehend handelnd, gibt auch ein erneut kraftvolles und erfolgreiches Ungarn keinerlei Anlass zur Furcht im Karpatenbecken; es bietet vielmehr Hoffnungen auf eine gute, gemeinsame Zukunft aller dort lebenden

Völker. Ohnehin kann diese mitteleuropäische Region nur gemeinsam sowie im Rahmen einer gesamteuropäischen Zusammenarbeit stark sein. Jedenfalls liegen Ungarns Erfolge nicht allein im Interesse der Ungarn selbst, ob sie nun innerhalb oder außerhalb der ungarischen Staatsgrenzen leben, sondern auch im Interesse der nicht-ungarischen Völker und Nationen, die es im Karpatenbecken und um dieses herum gibt.

12. *»Ungarn lebt im Karpatenbecken gemeinsam mit anderen.«* Also begegnet Ungarn den anderen Nationen und Nationalitäten im Karpatenbecken sowie deren Angehörigen mit Respekt und Rücksicht. Ungarns Ziel ist schlicht die Bewahrung der politischen Stabilität in dieser Region, gegründet auf zweiseitige oder multilaterale Zusammenarbeit mit seinen Nachbarn, und darüber hinaus die Schaffung eines verlässlichen, wohlhabenden Umfeldes für alle im Karpatenbecken lebenden Nationen. Eben daran will Ungarn als regionale Macht mitwirken.
13. *»Ungarn muss ein starker Schlüsselspieler im Karpatenbecken sein.«* Tatsächlich war diese Region immer dann erfolgreich, wenn Ungarn – ihr ältester Staat und Bewahrer regionaler Stabilität und Kontinuität – selbst Erfolg hatte. Genau diese Einsicht prägt auch heute die Politik Ungarns zu seinen Nachbarn. Weil sich einige von diesen während der letzten Jahrzehnte als weniger stabil denn Ungarn erwiesen haben, kommt Ungarn eine besondere Verantwortung zu. Vor allem liegt es in Ungarns Interesse, Konflikte in seiner Nachbarschaft gar nicht erst aufkommen zu lassen oder – andernfalls – rasch beizulegen. Deshalb will Ungarn das bestehende Geflecht seiner Bündnisse aufrechterhalten, ja sogar die Anzahl der Staaten vergrößern, die dessen Teil sind. Eines Tages sollen föderale Strukturen als Schutzschirm über der gesamten Region dienen.
14. *»Ungarns wichtigstes und dauerhaftes Ziel ist die Bewahrung seiner Freiheit, Unabhängigkeit und nationalen Souveräni-*

tät.« Um alles das hatte Ungarn im letzten Halbjahrtausend immer wieder zu kämpfen. Erst mit der Befreiung vom Kommunismus war dieses Ziel tatsächlich erreicht. Inzwischen genießt Ungarn im Rahmen der Europäischen Union und des transatlantischen Bündnisses alle Vorteile freier Märkte sowie einer Teilhabe an der internationalen Kooperation. Zwar sind der Preis dafür Beschränkungen der wiedergewonnenen nationalen Souveränität, die als solcher Preis gewiss hinnehmbar sind. Doch sie dürfen nicht zum erneuten Verlust des Selbstbestimmungsrechts der Ungarn führen.

15. *»Den Ungarn verschafft nur ein starker Staat Erfolgschancen.«* Der ungarische Staat kann nur dann erfolgreich sein, wenn er wirklich tatkräftig ist. Also muss er seine Stärken und Einflussmöglichkeiten zutreffend einschätzen, um jene politischen Vorgänge – mit freilich abnehmender Wirkungskraft – mitgestalten zu können, die in Ungarn, in dessen Nachbarschaft, quer über Europa oder weltweit vonstattengehen. Bei alledem muss jenes Misstrauen überwunden werden, mit dem viele Ungarn ihrem eigenen Staat gegenübertreten. Dieses Misstrauen entstand als eine Erblast vergangener repressiver und totalitärer Regierungsführung. Umso wichtiger ist es jetzt, der Bürgerschaft klar zu zeigen, dass ihr Staat ein Partner ist, der bei der Behebung vielfältiger Schwierigkeiten helfen kann und auch wirklich hilft.
16. *»Die wichtigsten Akteure internationaler Politik sind Staaten, welche souveräne Staatsmacht über die Bevölkerung eines abgrenzbaren Gebiets ausüben.«* Zwar sind im Zug der Globalisierung auch nichtstaatliche Akteure sehr wichtig geworden, etwa multinationale Konzerne oder internationale Nicht-Regierungsorganisationen. Diese können über das moderne Mediensystem in die Gesellschaften vieler Staaten hineinwirken und sogar die dortigen politischen Entscheidungen oder das Regierungshandeln beeinflussen. Doch um des Funktionierens von Demokratie willen müssen inner-

staatliche Diskursräume durchaus gegen einen überstarken Einfluss von nichtstaatlichen Akteuren geschützt werden, die von außen her auf einen Staat einzuwirken versuchen. Tatsächlich unternehmen immer mehr Staaten entsprechende Anstrengungen. Jedenfalls wird auch das kommende Jahrhundert von Staaten geprägt werden, nicht aber von nichtstaatlichen Akteuren. Ohnehin bleiben die Staaten die Verwalter und Sicherheitsgaranten der von ihnen regierten Territorien.

17. *»Staaten verfolgen ihre Interessen.«* Über die Geschichte hinweg lässt sich beobachten, dass Staaten durch ihre Außenpolitik jene Bereiche zu erweitern versuchen, über die sie Einfluss ausüben – ganz gleich, ob andere das für gut oder für schlecht halten. Wenn ein Staat sich ein solches Ziel setzt, dann muss seine Regierung unbedingt die Art und Verfügbarkeit jener Mittel bedenken, mit denen sich ein erstrebtes Ziel erreichen lässt. Nötigenfalls muss ein Staat seine Zielsetzungen eben entlang der ihm verfügbaren Mittel einschränken. Europas Staaten setzten sich nach dem Zweiten Weltkrieg als gemeinsames Ziel, dauerhaften Frieden zu schaffen. Es wurde zwischen den europäischen Staaten auch erreicht. Die neue Herausforderung besteht darin, innerhalb einer solchen Friedensordnung – und ohne dieser zu schaden – auch noch spezifischere Ziele eines Staates zu verwirklichen. Derlei Versuche führen zum ständigen Aushandeln von Kompromissen. Sollten sich dabei die größeren Staaten immer häufiger zu Lasten der Interessen kleinerer Staaten durchsetzen, oder sollten sie gar auf diktatartige Konfliktlösungen ausgehen, so werden die Bausteine einer solchen Friedensordnung brüchig. Zwar gilt es hinzunehmen, dass größere Staaten eben auch größere Mittel zur Durchsetzung ihrer Interessen haben. Doch glücklicherweise zeigt sich immer wieder, dass es in Europa auch kleinere Staaten schaffen können, immerhin ihre Unabhängigkeit zu sichern und sich zudem manche Spielräume eigenen

außenpolitischen Handelns zu verschaffen. Das ist gut so und soll auch so bleiben.

18. *»Ungarns Lage ist eng verbunden mit den politischen Prozessen in Mitteleuropa.«* Die wichtigsten Mächte in dieser Region sind das mit Ungarn verbündete Deutschland, sodann Russland und die Türkei. Tatsächlich hingen Ungarns Freiheit oder Unterdrückung während seiner gesamten Geschichte von genau diesen drei Mächten ab, wobei Österreich stets dem Heiligen Römischen Reich Deutscher Nation oder dem Deutschen Bund zuzurechnen war. Der davon verbliebene »deutsche Sprachraum« ist heute erst recht unter Ungarns traditionell wichtigen Nachbarmächten der wirtschaftlich und politisch wichtigste Partner. Doch militärisch sind die USA noch wichtiger. Deshalb trat Ungarn der NATO bei und weiß, dass möglichst enge Beziehungen zur jeweiligen US-Regierung von allergrößter Bedeutung bleiben. Doch auch im Verhältnis zu den USA wird Ungarn, obwohl viel kleiner und weniger machtvoll, weder seine Eigenart noch seine Interessen verleugnen. Und weil China ebenfalls bald schon eine – zumindest wirtschaftlich – in Europa bedeutende Macht sein wird, liegt in Ungarns nationalem Interesse ebenfalls die Entwicklung guter geschäftlicher Beziehungen zu China.

19. *»Die beste Garantie zur Erreichung von Ungarns nationalen Zielen ist ein Erfolg der Visegrád-Gruppe.«* Diese Zusammenarbeit zwischen Ungarn, der Slowakei, Tschechien und Polen währt einerseits schon 700 Jahre lang – und ist andererseits doch auch neu. Unbedingt muss vermieden werden, dass diese Staaten je wieder Bündnisse gegeneinander schmieden. Umgekehrt gilt es zu erreichen, dass diese Länder gemeinsam die christliche Kultur in Mitteleuropa bewahren, europäische Werte schützen und vertreten, für ihre gemeinsamen Interessen in der Europäischen Union einstehen, und mittels des Institutionengefüges der EU auch auf weltpolitische Vorgänge Einfluss nehmen.

5. Der Mehrheitsblick auf das Erreichte

Die mehrheitliche Sicht der Anhänger von Ungarns jetzigem Regierungssystem lässt sich dahingehend zusammenfassen, dass dieses einen systematischen Gegenentwurf zu den Überzeugungen und Selbstverständlichkeiten von Europas identitätspolitischer Linker verwirklicht. Jedenfalls versteht sich Ungarns Fidesz-Regierung – und wird so auch wahrgenommen – als Antipode zu allem, was im heutigen, weithin »woken« Intellektuellenklima als richtig empfunden, aus ungarischer Mehrheitsperspektive aber für übertrieben, wenn nicht für schon im Ansatz falsch gehalten wird. Zur besonderen – und durchaus willkommenen – Provokation der dissentierenden innerungarischen Minderheit sowie der von außen kritisierenden EU-weiten Politiker- und Journalistenmehrheit gerät dabei, dass die in solcher Absicht vollzogene Politik nun schon seit drei Wahlperioden immer wieder bestätigt wird, weil sie anscheinend zu den Alltagserfahrungen und Ansichten von sehr vielen Ungarn passt.

Heimat und Familie, Vorankommen durch Arbeit und Leistung, Freude am Eigentum und Stolz auf das Erreichte gelten in Ungarn nämlich gerade nicht als ideologische Leerformeln. Und Begriffe wie Patriotismus oder Konservatismus wirken nicht abstoßend, sondern einladend. Außerdem vermitteln wiederkehrende Volksabstimmungen sowie das Ritual »nationaler Konsultationen« wirkungsvoll den Eindruck, die Regierenden würden auch zwischen den Wahltagen nicht vom zu vertretenden Volk abheben. Abgerundet wird das alles durch die Empfindung, jetzt werde die »unvollendete Wende« von 1989 endlich zum Abschluss gebracht – und es gelinge mehr und mehr, zumindest unter Gutwilligen die früheren Spaltungen zu überwinden. Dass das einst linksdominierte Mediensystem politisch aufgebrochen wurde und man die neuen Gestaltungsabsichten inzwischen durch Thinktanks und Elitenförderungsinstitutionen intellektuell untersetzen kann, erfüllt die Regierungsmehrheit mit Zufriedenheit – und schmerzt sehr die jetzige Opposition. Umgekehrt schmerzt es Ungarns Regierung, dass seitens des Auslands das von ihr Erreichte nicht nur nicht geschätzt, sondern regelmäßig zum Anlass genommen wird, Ungarn zum »schwarzen Schaf« der EU zu erklären und als abzustrafenden Pariastaat zu behandeln.

III. Zweierlei Wahrheit?

Schroff und mit ganz unterschiedlicher Schwerpunktsetzung stehen somit Selbst- und Fremdbild einander gegenüber, desgleichen die beides formenden Erzählungen über Ungarns Entwicklung seit 2010 sowie über deren Triebkräfte. Welches Narrativ stimmt denn nun, welches ist hingegen falsch? Oder welche Teile stimmen an der einen Erzählung, welche an der anderen? Und kann man überhaupt zu einem solchen Urteil über das heutige Ungarn gelangen, das auf einer breiteren Grundlage stünde als auf Entscheidungen darüber, wem man wohl was glauben will?

Tatsächlich lassen sich einige »Deutungsschlüssel« auffinden. Sie geben Hinweise auf womöglich hilfreiche Ordnungsstrukturen beim eigenen Nachdenken über jene zwei, auf den ersten Blick völlig unversöhnlichen Narrative. Welchen dieser Schlüssel man lieber nutzt als einen anderen, oder welchen man ganz gewiss nicht verwenden will, hängt wohl auch davon ab, was zu entdecken man überhaupt bereit ist. Tatsächlich prägen meistens politische Vorentscheidungen, was man über Ungarn weiß oder wissen will, sagt oder meinen mag. Doch womöglich wäre es weise, die eigenen Vorentscheidungen auch einmal erkundend zu hinterfragen. Das gelingt, indem man zumindest versuchsweise der Reihe nach alle verfügbaren Deutungsschlüssel heranzieht.

Einen *ersten* Deutungsschlüssel bietet ein Vergleich dieser zwei Narrative, der von folgender Frage angeleitet wird: Was wird eigentlich von keiner Seite bestritten? Geht man dem nach, so zeigt sich rasch: Vielfach besteht sogar Einigkeit darüber, was unternommen wurde oder der Fall ist! Der Streit geht einfach darum, zu welchem Gesamtbild beiderseits akzeptierte Tatsachenaussagen zu verbinden wären, und welche Bewertung dieses Gesamtbildes dann angemessen sei. Beide Narrative stimmen vor allem darin überein, dass es seit 2010 zu einem schnellen und tiefgreifenden Umbau des ungarischen politischen Lebens kam. Unstrittig ist auch, welche weitreichenden Maßnahmen zur Umgestaltung der Verfassung oder des Mediensystems ergriffen wurden. Doch die einen deuten solche Veränderungen als den – obendrein notwendigen – Aufbau eines neuen, gut regierten Staatswesens. Die anderen hingegen sehen in ihnen die Beseitigung einer zuvor bestehenden Demokratie und den Aufbau autokratischer Herrschaft. Natürlich ist der Aufbau eines leistungsfähigen Gemeinwesens gut, der Abbau von Demokratie aber schlecht. Aber was genau ist in Ungarn, alles in allem, der Fall?

Zu ähnlichen Denkherausforderungen führt die Betrachtung von Korruption. Niemand bestreitet, dass es sie in Ungarn gibt – ebenso wie in vielen anderen Ländern auch. Doch für die einen vollzieht sich bei ihr der verwerfliche Missbrauch öffentlicher Gelder, und zwar einerseits zum Zweck privater Bereicherung, andererseits zur intransparenten – und deshalb in einer Demokratie illegitimen – Ausübung von Einfluss. Hingegen geht es in den Augen der anderen um ein verantwortungsethisch rechtfertigbares Doppelziel: Man will sich bei staatlichem Finanzbedarf nicht wieder von ausländischen Finanziers abhängig machen, sondern das Geld im eigenen Land von eigenen, kapitalstarken Landsleuten leihen können; und man möchte der zu sozialistischen Zeiten reich gewordenen, neoliberal gesinnten Anhängerschaft der jetzigen Oppositionsparteien ein eigenes, natürlich Fidesz-freundliches Netzwerk von wohlhabenden und einflussreichen Ungarn entgegensetzen. Beiden Zwecken dient gerade auch der Umgang mit EU-Geldern. Oft werden sie tatsächlich nicht gemäß den EU-Vergaberegeln so ausgereicht, dass für zu finanzierende Projekte (Straßen, Objektsanierungen, neue Bauten usw.) eine EU-weite Ausschreibung erfolgte; vielmehr werden sie schlicht an ungarische Unternehmer vergeben – um nämlich auf diese Weise sicherzustellen, dass die EU-Gelder nicht an ausländische Firmen, sondern ins eigene Land gelangen.* Zwar bestreiten in Ungarn auch Fidesz-Anhänger nicht, dass es bei diesem Unterfangen immer wieder zu regelwidrigen, ja kriminellen Verhaltensweisen kommt. Manche kritisieren dafür sogar ihre eigenen Anführer heftig, und zwar bis hin zur Person des ansonsten politisch unterstützten Ministerpräsidenten, aus dessen Umgebung auffällig viele Leute sehr wohlhabend wurden. Allerdings meinen sie, dass jener gute Doppelzweck zumindest zeitweise und in gewissen Grenzen auch üble Nebenwirkungen rechtfertige. Welche der jeweils beiden Bewertungen macht man sich nun zu eigen? Genau das ist die persönlich zu treffende Entscheidung.

Einen *zweiten* Deutungsschlüssel bietet der Vergleich von Aussagen aus den beiden Narrativen einerseits mit solchen Tatsachen, die abseits aller Zweifel empirisch greifbar sind, und andererseits mit jenen Bewertungen, die in ähnlich gelagerten Fällen vorgebracht werden. Etwa wird im Fidesz-kritischen Narrativ das ungarische Mehrheitswahlrecht – ein einziger Wahlgang in Ein-Personenwahlkreisen mit Mandatsgewinn bei relativer Stimmenmehrheit – für undemokratisch erklärt, weil es trotz der Listenkomponente im ungarischen Grabenwahlrecht keine

* Eben das ist der Kern des Streits zwischen der EU und Ungarn hinsichtlich der Verausgabung von EU-Mitteln. Die EU beanstandet solches Verhalten als Korruption und versucht Ungarn zu veranlassen, mit der eigenen Justiz derlei als ebensolchen Straftatbestand zu verfolgen. Ungarns Regierung hingegen erachtet ihr Verhalten als eine legitime Förderung ungarischer Wirtschaftsinteressen und meint, EU-Übergriffe in die demokratisch legitimierte Politik des eigenen Staates abwehren zu sollen – und sei es auch durch Weisungen an die ungarische Staatsanwaltschaft, entsprechende Vorwürfe der EU-Antibetrugsbehörde OLAF nicht zu verfolgen. Es ist durchaus auffällig, dass entsprechende EU-Kritik erst seit 2010 mit politischer Wucht vorgebracht wird. Ungarns Ministerpräsident wiederum zeigte sich jahrelang nicht zum Nachgeben bereit, hat aber im Mai 2022 einen eigenen Minister (und früheren EU-Kommissar) für u. a. die Vergabe von EU-Mitteln eingesetzt. Im Anschluss an entsprechende Verhandlungen der ungarischen Justizministerin mit der EU-Kommission beschloss die Ungarische Nationalversammlung im September 2022 zur Konfliktlösung geeignete Gesetze.

proportionale Repräsentation der konkurrierenden Parteien gibt. Doch das ist ebenfalls so beim jahrhundertealten englischen Mehrheitswahlrecht. Von dem aber wird selten behauptet, es sei an sich schon undemokratisch und ermögliche dem Premierminister eine »Autokratie mit Wahlen«. Als wie undemokratisch ist also Ungarns Parlamentswahlrecht wirklich einzuschätzen, wenn es – neben den Direktmandaten – auch noch Listenmandate vorsieht, in deren Zuteilung überdies jene Wählerstimmen einbezogen werden, die bei der Bestimmung der unmittelbar gewählten Abgeordneten entweder nicht zum Zuge kamen oder unnötig waren?

In ähnlicher Weise lässt sich die veränderte Rolle des ungarischen Verfassungsgerichts bedenken. Beim Übergang vom kommunistischen zum freiheitlichen Regierungssystem war es ein sehr wichtiger politischer Akteur, weil seine Richter immer wieder den Ausschlag dafür gaben, in welcher Richtung jener politische Kompromiss gesucht wurde, den die miteinander konkurrierenden Parteien zuvor, also allein durch Verhandlungen, nicht zu formen vermochten. Doch für wie legitim will man eine starke, echt politische Rolle eines Verfassungsgerichts in einer Demokratie halten, in der eine aus freien Wahlen entstandene parlamentarische Zweidrittelmehrheit eine neue Verfassung als Grundlage und als Rahmen einer fortan vor allem richterlichen Tätigkeit des Verfassungsgerichts beschlossen hat? Zweifellos lassen sich sehr verschiedene, einander widersprechende Antworten auf diese Fragen geben. Doch auch das befreit einen redlich Antwortenden nicht von der Erwartung, dass er seine jeweilige Antwort mit solchen Argumenten untersetzt, die sowohl in sich stimmig als auch für andere Fälle als den ungarischen verallgemeinerbar sind. Zu hinterfragen gilt es also, wie haltbar jene Argumente wohl sind, auf die man – beispielsweise – seine Einschätzungen zum Wahlrecht und zur Verfassungsgerichtsbarkeit in Ungarn gründet.

Einen *dritten* Deutungsschlüssel bietet politisches Denken entlang jener Wege, die ihm einst Niccolò Machiavelli (1469–

1527) gewiesen hat. Für diesen – als florentinischer Politiker wenig erfolgreich, doch als politischer Denker seit Jahrhunderten weltweit einflussreich – kam es beim politischen Handeln vor allem darauf an, dass die gesetzten Ziele wirklich erreicht würden. Zwar verwandelt auch im Rahmen von Machiavellis Denken ein guter Zweck durchaus nicht den Gebrauch moralisch schlechter Mittel in ethisch lobenswertes Handeln. Ein Verbrechen bleibt schlicht ein Verbrechen. Doch Machiavelli betont obendrein, dass es – so, wie die reale Welt der Politik nun einmal beschaffen ist – zur Erreichung eines politischen Zieles mitunter solche Mittel schlicht braucht, die an sich schlecht sind. Wenn ohne sie ein gesetztes Ziel nicht erreicht werden kann, dann muss ein Politiker dieses Ziel entweder aufgeben – oder eben doch solche Dinge tun, die er besser unterlassen sollte, wenn er keine Schuld auf sich laden will. Im Krieg gehört zu solchen Mitteln das Töten von Gegnern, zu Friedenszeiten die Täuschung von Konkurrenten, und so gut wie immer die Verengung der Handlungsspielräume von Gegnern. Letzteres unternahm die Fidesz-Regierung durch den Einsatz der ihr vom Wahlrecht bescherten Zweidrittelmehrheit im Parlament, womit sich jederzeit die Opposition niederwalzen ließ, und desgleichen bei der Brechung der neoliberal-sozialistischen Vorherrschaft in Ungarns Mediensystem.

Fidesz-Anhänger rechtfertigen beides als zwingend erforderlich für die Durchführung jener Revolution, für welche die Wähler im Frühjahr 2010 und weitere drei Male ein Mandat erteilt hätten. Also sei der Gebrauch jener Mittel technisch gute und sachlich rechtfertigbare Politik gewesen. Hingegen betont Ungarns Opposition, die vom Fidesz eingesetzten Mittel wären in sich selbst so schlecht, dass auch kein noch so gutes Ziel ihre Verwendung rechtfertigen könne: nicht Einschränkung der Demokratie durch verfassungsändernde Parlamentsmehrheiten, nicht die Einschränkung von Meinungsfreiheit durch das neue Mediengesetz, nicht der Ausbau informeller Regierungsmacht durch Korruption. Die Politik Orbáns sei also moralisch schlecht. Fidesz-Leute wendeten dann ein, die allerschlechteste Politik bestünde darin, sich gleich überhaupt kein – die tägliche Machtsicherung übersteigendes – Gestaltungsziel zu setzen, oder sich zu weigern, das für dessen Verwirklichung Erforderliche dann auch zu tun. Und Machiavelli selbst würde einem Politiker wie Viktor Orbán wohl das zuschreiben, was er schon vor einem halben Jahrtausend für die wichtigste politische Tugend hielt. Das war die *virtù*, nämlich jene Tatkraft, die politisch Notwendiges (in Machiavellis Begriff: die *necessità*) ohne Zögern auch tut; die vorausschauend jede sich zur Zielverwirklichung ergebende Gelegenheit (*occasione*) ergreift; und die durch das Zusammenwirken von praktizierter *virtù*, beachteter *necessità* und genutzter *occcasione* jenes »Gelingensglück« anzieht, das Machiavelli in klassischer Tradition *fortuna* nannte. Die preußischen Könige verlangten das von ihren Heerführern als »Fortüne«, und Minister ohne Fortüne verlieren gerade in einer Demokratie nicht selten – und zu Recht – ihre Ämter. Doch natürlich ist es eine ganz persönlich zu treffende Entscheidung, ob man jene moralischen Konsequenzen wirklich ertragen will, die sich aus einem machiavellistischen Politikansatz ergeben, und ob man anschließend die Fidesz-Politik machiavellistisch rechtfertigen oder moralisch verurteilen will.

Einen *vierten* Deutungsschlüssel bietet der Blick auf die Zeitperspektive und den sachlichen Horizont politischer Zielsetzungen. Geht es der von Viktor Orbán und seinen Leuten betriebenen Fidesz-Politik vorrangig um den Aufbau jener vielfältigen persönlichen Machtstellungen, die schon nach kurzer Zeit eine tiefe Befriedigung von Ehrgeiz oder Rangstreben verschaffen können, und die einem bald schon die materielle Bereicherung ermöglichen? Oder geht es der Fidesz-Führung auch, vielleicht sogar in erster Linie, um politische Gestaltungsziele für ein ganzes Land, in deren Dienst man den eigenen Aufstieg und Erfolg dann freilich gerne stellt? Stimmt also, was ein einstiger Orbán-Verbündeter so formulierte:

> »In Wirklichkeit gibt es nur drei Dinge, an denen Viktor Orbán ein nicht nachlassendes Interesse zeigt: Macht, Geld und Fußball.* In dieser Reihenfolge. Es gibt keine Substanz; das Ziel ist, an der Macht zu bleiben.« (Lendvai, Orbáns Ungarn, S. 191)

Oder verfolgt die Fidesz-Regierung eben doch einen größeren, auch politiktheoretisch unterlegten Plan, wie das etwa Balázs Orbán – heute enger Berater des Ministerpräsidenten – nahezubringen versucht? Hier muss man allerdings nicht einfach eine Entscheidung darüber treffen, wem man was aus welchen Gründen glauben will. Vielmehr kann man wie ein Kriminalist nach Indizien für das eine oder andere suchen – und dann sein Urteil von der Beweiskraft der Indizien abhängig machen. Doch die Beweiswürdigung muss man sich schon selbst abringen, und zwar idealerweise mit wachem Sinn dafür, ob man sein Urteil über die Aussagekraft der beiden konkurrierenden Narrative an den Anfang oder an das Ende der Beweiswürdigung stellt.

Einen *fünften* Deutungsschlüssel bietet die Einsicht, dass viele Kritiker der Orbán-Regierung sich nun schon seit etlichen Jahren in fremdverschuldeter Hilflosigkeit gefangen fühlen. Zwar hat man im Bündnis von Sozialisten und Liberalen seit dem Ende des Kommunismus zweimal selbst regiert, insgesamt über drei Wahlperioden. Doch jedes Mal wurde man vom Fidesz abgelöst, schaffte es hingegen nur einmal, seinerseits Viktor Orbán aus seinem Amt zu entfernen – und auch das bloß knapp. Inzwischen ist Orbán bei einem Großteil der Bevölkerung sehr populär, während man nicht mehr jene Mediendominanz besitzt, mit der man im Jahr 2002 dem Sieg über die Fidesz-Regierung zuarbeiten konnte. Vielmehr leidet man nun selbst

* Hintergrund dieser Aussage ist nicht nur, dass sich Orbán regelmäßig als Fußball-Fan zu erkennen gibt und bei der Erläuterung politischer Entscheidungen immer wieder Fußball-Metaphern verwendet, sondern dass er als Ministerpräsident quer über Ungarn eine Vielzahl an neuen, teils unverhältnismäßig luxuriösen Fußballstadien hat errichten lassen – und in seinem Heimatdort Felcsut sogar die Ferenc-Puskas-Fußballakademie. Siehe dazu etwa das Buch von Igor Janke über Viktor Orbán.

unter einem medialen Ungleichgewicht, statt weiterhin von ihm zu profitieren. Außerdem ermöglichte Ungarns Wahlrecht eine parlamentarische Zweidrittelmehrheit für Orbán sogar im Frühjahr 2022, als gegen den Fidesz ein – intern freilich sehr zerstrittenes – Bündnis aller Oppositionsparteien antrat. Und sogar dann, wenn man wieder einmal selbst regieren sollte, wird man die vom Fidesz geschaffene Verfassung samt den sie abrundenden Kardinalgesetzen schwerlich verändern können. Dafür bräuchte es nämlich Zweidrittelmehrheiten, die aber nicht in Aussicht stehen.

Also hat der Fidesz seine Gestaltungsziele für alle absehbare Zeit umgesetzt – und hält in der Gegenwart Viktor Orbán alle politischen und wirtschaftlichen Fäden so fest und engmaschig in seinen Händen, dass der Opposition kaum mehr Bewegungsfreiheit bleibt. Derlei vor Augen leuchtet ein, wie leicht in den Reihen der jetzigen inner- und außerparlamentarischen Opposition die Empfindung um sich greifen kann, dass nicht eigene Politikfehler in der Vergangenheit oder derzeit wenig populäre oppositionelle Führungspersonen den Fidesz an der Macht sowie das eigene Lager am Boden halten. Viel entlastender wirkt da die alternative Vorstellung, dass die Perspektivlosigkeit der Opposition das Werk einer Partei ist, die hinter der Fassade einer Demokratie inzwischen ihre Halbdiktatur errichtet hat. Fidesz-Leute pflegen dann zu kontern, es habe doch niemand die Sozialisten daran gehindert, zu eigenen Regierungszeiten eine so überzeugende Politik zu machen, dass man anschließend – wie Viktor Orbán – immer wieder im Amt bestätigt werde. Auch müsse der Fidesz seine Mehrheit alle vier Jahre neu erringen. Wenn also die Oppositionsparteien – sogar bemessen an den Listenstimmen – immer wieder die landesweiten Wahlen verlören, dann läge das doch nicht an mangelnder Demokratie, sondern an vergleichsweise wenig überzeugenden Positionen und Personen der Fidesz-Gegner. Wem will man nun recht geben, und gestützt auf welche, wie zu würdigenden Indizien? Auch das ist eine ganz persönliche Entscheidung.

Einen *sechsten* Deutungsschlüssel bietet die Beobachtung, dass Ungarns Opposition immer wieder versucht, ihre innenpolitische Schwäche durch die Erzeugung von ausländischem Druck auf die ungarische Regierung auszugleichen. Einerseits geschieht das durch enge Kontakte mit Journalisten westlicher Medien, die – auch mangels ungarischer Sprachkenntnisse – vor allem ins mehrsprachige Budapest reisen, um dort viele ihrer Gesprächspartner und Quellen zu finden. In Budapest aber bewegen sie sich in einer Hochburg der ungarischen Opposition, in der sich Ungarns Gegenwart sehr anders anfühlt als auf dem Land, wo regelmäßig der Fidesz die Wahlen gewinnt. Andererseits unterhalten gerade Ungarns oppositionelle zivilgesellschaftliche Vereinigungen, ihrerseits vor allem in Budapest als Kommunikationsbörse tätig, möglichst enge Kontakte zu internationalen NGOs. In deren Berichten schlägt sich dann sehr stark jene Kritik an Ungarns Verhältnissen nieder, welche die ungarischen Oppositionskreise vorzubringen pflegen. Die Berichte international tätiger NGOs sowie der internationalen Presse entfalten anschließend ziemlich große Hebelwirkungen in der Öffentlichkeit westlicher Staaten. Erst recht tun sie das, wenn sie – wie üblich – politischer Willensbildung und Entscheidungsfindung im Rahmen europäischer Institutionen zugrunde gelegt werden.

Zwar verhalf das der ungarischen Opposition bislang nicht wieder zum Sieg bei Wahlen im eigenen Land. Doch sehr wohl wurde das internationale Ansehen der ungarischen Regierung so weit beschädigt, dass sich inzwischen nicht nur etliche bürgerlich-konservative Parteien westeuropäischer Länder vom Fidesz distanziert haben, sondern dass man – in der Art einer Straf- oder Zwangsmaßnahme – Ungarn möglichst auch solche Mittel der Europäischen Union vorenthält, die eigentlich für dieses Land bestimmt sind. Von derlei Sanktionen erhofft sich die ungarische Opposition, sie würden eines Tages das ungarische Wahlvolk doch noch zur Abkehr vom Fidesz und von Orbán bewegen. Machttechnisch ist dieser machiavellistische Politikansatz von Ungarns Opposition zwar zu loben. Doch den politisch Interessierten außerhalb Ungarns stellt eine derart zweckbezogene Kommunikations- und Informationspolitik durchaus vor die Frage, ob – oder inwieweit – er glauben mag, die Berichte internationaler NGOs oder ausländischer Medien spiegelten die Lage in Ungarn eher vollständig und tatsachengetreu wider, oder wie weit er welche Zweifel daran hegen sollte, er werde aus Presse, Funk und Fernsehen über die Absichten und Maßnahmen der Fidesz-Regierung wirklich zutreffend informiert. Auch diese Entscheidung, also bereits über die heranzuziehenden Grundlagen des eigenen Ungarnbildes, muss ein jeder für sich selbst treffen.

Einen *siebenten* Deutungsschlüssel bietet jener witzige Reim, der F. W. Bernstein (1938–2018) zugeschrieben wird, dem Begründer der deutschen Satirezeitschriften *Pardon* und *Titanic*. Er lautet: »Die schärfsten Kritiker der Elche/waren früher selber welche.« Es hätten nämlich – so würden das Fidesz-Anhänger vorbringen – die abtretenden Kommunisten sowie die insgesamt zwölf Jahre lang regierenden Sozialisten doch selbst, und vor aller Augen, genau ihre eigenen Leute bereichert, und niemand anderes als sie hätte jenen damals allgemein bekannten Sumpf von Korruption erzeugt, in dem die Linke nach der Regierungszeit des Ministerpräsidenten Gyurcsány versank. Auch hätten gerade die Sozialisten bis ins Jahr 2010 jene mediale Übermacht besessen und sie sehr gerne fühlen lassen, deren Nutzung der Regierung József Antalls in den Jahren nach 1990 die Arbeit so schwer machte, und durch deren Negativwerbung im Jahr 2002 eine erfolgreiche Fidesz-Regierung zu Fall gebracht worden sei. Worüber also beschwerten sich jene, die zu Zeiten eigener Machtausübung an nichts von dem Anstoß genommen hätten, was sie damals selbst begünstigte, und eben auch in unfairer Weise? Im Grunde klagten sie doch bloß darüber, dass jetzt Gleiches mit Gleichem vergolten würde! Natürlich gäben dann nicht nur Fidesz-Kritiker zurück, sondern auch sachliche politische Beobachter, es werde falsches politisches Verhalten eines Gegners nicht dadurch richtig, dass man es nun selbst zum Nachteil des Gegners praktiziere. Also steht man erneut vor einer Entscheidung: Will man heutiges Fidesz-Verhalten durch das frühere Verhalten von Ungarns Linker relativieren – oder relativiert es die heutige Kritik der Opposition, dass sie zu eigenen Regierungszeiten eben ihrerseits genau das getan hat, was sie heute dem Fidesz vorwirft?

Einen *achten* Deutungsschlüssel bietet – zumindest für Deutschlandkenner – auch noch ein Blick auf den Freistaat Bayern. Dort regierte jahrzehntelang die CSU mit absoluter Mehrheit, zwischen 2003 und 2008 sogar mit einer Zweidrittelmehrheit der Landtagsmandate. Seit dem Ende der 1954 gebildeten Allparteien-Koalition gegen die CSU, ihrerseits politisch am Ende nach bloß drei Jahren, und seit dem Verschwinden des letzten kleinen Koalitionspartners der CSU im Jahr 1966, lagen bis 2008 – also während mehr als vier Jahrzehnten – sämtliche bayerischen Regierungsämter in der Hand von CSU-Politikern. Ähnliches galt für die meisten Stellen in der höheren öffentlichen Verwaltung, in der Polizeiführung sowie – äußerst folgenreich – im Bayerischen Rundfunk. Nur die linksliberale Süddeutsche Zeitung in der Landeshauptstadt München, manche fränkischen Städte sowie einige Provinzregionen mit ihrer jeweils besonderen Medienlandschaft bildeten oppositionelle Inseln. Obendrein standen an der Spitze des Staatswesens populäre und machtbewusste Politiker wie Alfons Goppel (1905–1991), Franz Josef Strauß (1915–1988) und Edmund Stoiber (*1941). Gerade Strauß blieb zeitlebens von Korruptionsvorwürfen umgeben, und solche stellten sich bei gar nicht wenigen CSU-Politikern auch späterer Zeiten als sehr berechtigt heraus. War nun jenes Bayern eine »elektorale Autokratie«, eine »CSU-Halbdiktatur«, eine »nur simulierte« Demokratie? Oder war die wie unerschütterlich wirkende, Bayerns SPD so lange zur Verzweiflung treibende CSU-Macht eher das Ergebnis dessen, dass Bayerns Regierung solche Ergebnisse bei der Entwicklung des Landes zustande brachte, auf welche die Bevölkerung mit Zufriedenheit reagierte? Auch bei der Antwort auf diese Frage muss man eine Entscheidung treffen – und anschließend erst recht darüber, ob bzw. wie weit man das weiterhin Fidesz-dominierte Ungarn und das einst CSU-dominierte Bayern hinsichtlich der jeweiligen Regierungspraxis als einander ähnlich ansehen will.

Sobald man sein Wissen und Nachdenken über Ungarn anhand dieser acht Deutungsschlüssel geordnet hat, wird man eine sachlich begründete Antwort auf die Frage geben können, ob das jetzige Ungarn eine Art »Orbán-Land« ist. Natürlich braucht für eine so erarbeitete Einschätzung niemand ein Urteil des Verfassers. Dessen Absicht ging ohnehin nie weiter, als einem eigenständigen Urteil des Lesers zuzuarbeiten. Doch wer überdies eine Art Synthese der zum gegenwärtigen Ungarn vorgetragenen Einschätzungen nachlesen will, der wird sie in Lasse Skytts Buch über »Orbánland« finden.

LITERATUR:

Bálint, Magyar, 2016: Post-communist mafia state. The case of Hungary, Budapest/New York: Central European University Press

Bos, Ellen, 2021: Politisches System und Demokratieentwicklung in Ungarn. Funktionsdefizite und Instrumentalisierung demokratischer Verfahren durch die Regierungsparteien, in: Bos, Ellen/Lorenz Astrid, 2021: Das politische System Ungarns. Nationale Demokratieentwicklung, Orbán und die EU, Wiesbaden: Springer, S. 25–56

Dalos, György (unter Mitwirkung von Zylla, Elsbeth), 2022: Das System Orbán. Die autoritäre Verwandlung Ungarns, München: Beck

Forster, Elmar, 2021: Ungarn – Freiheit und Liebe. Plädoyer für eine verleumdete Nation und ihren Kampf um die Wahrheit, Bad Schussenried: Gerhard Hess Verlag

Jakab, András/Bodnár, Eszter, 2021: Agonie eines jungen Verfassungsstaates. Die ungarische Verfassung 1989 bis 2019, in: Bos, Ellen/Lorenz Astrid, Hrsg., 2021: Das politische System Ungarns. Nationale Demokratieentwicklung, Orbán und die EU, Wiesbaden: Springer, S. 57–74

Janke, Igor, 2014: Viktor Orbán. Ein Stürmer in der Politik, Passau: Schenk Verlag

Kocadag, Steven, 2018: Ungarn unter Viktor Orbán – demokratischer Rechtsstaat oder Autokratie?, in: Landeszentrale für politische Bildung Sachsen-Anhalt, CampusPublik. Schriften zur politischen Bildung, https://lpb.sachsen-anhalt.de/online-angebote/campuspublik/ungarn-unter-viktor-orban-demokratischer-rechtsstaat-oder-autokratie/, Zugriff am 19.4.2022

Lendvai, Paul, 2020: Die Ungarn. Eine tausendjährige Geschichte, Salzburg/München: Ecowin Verlag

Lendvai, Paul, 2021: Orbáns Ungarn, überarb. u. erw. Aufl., Wien: Kremayr & Scheriau

Magyar, Beda, 2018: Ungarn ist verloren, in: ZEIT-online v. 9. April 2019, https://www.zeit.de/politik/ausland/2019-04/europaeische-union-ungarn-demokratie-viktor-orban?utm_referrer=https%3A%2F%2Fwww.google.com%2F, Zugriff am 19.4.2022

Oltay, Edith, 2013: Fidesz and the reinvention of the Hungarian center-right, 2. korr. Aufl. Budapest: Századvég Publishing House

Orbán, Balázs, 2021: The Hungarian way of strategy, Budapest: MCC Press

Pap, András L., 2018: Democratic decline in Hungary. Law and society in an illiberal democracy, London/New York: Routledge

Skytt, Lasse, 2019: Orbánland. How I came to understand Victor Orbán's Hungary and the future of Europe, Budapest: Pannónia Nyomda Kft.

Was nun?

Sein erstes Ziel hätte dieses Buch erreicht, wenn sich sein Leser fortan ein Gefühl dafür zuschreiben könnte, was an der medialen Berichterstattung über Ungarn wohl stimmen mag – und was eher nicht. Noch besser wäre es, wenn er nun auch solche Gründe für sein Urteil über die Medienberichterstattung zu Ungarn vorbringen könnte, die in Debatten wirklich belastbar sind, also zu ihrer Verteidigung keine rhetorischen Tricks brauchen.

Das zweite Ziel wirkt derzeit utopisch. Es wäre nämlich verwirklicht, wenn sich die Teilnehmer an öffentlichen medialen und politischen Debatten weniger an den etablierten Narrativen über Ungarn orientieren wollten, sondern lieber an dem, was wirklich der Fall ist, doch oft schlicht nicht gewusst wird.

Dann ließe sich auch dem dritten Ziel näherkommen. Dorthin wäre man gelangt, wenn die deutschen Gegner Viktor Orbáns auf Dauer angelegte Kontakte nicht mehr allein mit dessen ungarischen Gegnern suchen wollten, und wenn die deutschen Freunde der ungarischen Fidesz-Regierung nicht mehr allein mit deren ungarischen Freunden redeten. Am Ziel wäre man also, wenn in Deutschland – und natürlich auch zwischen Deutschland und Ungarn – möglichst viele politisch Interessierte ihre Debatten zu Ungarn über die Grenzen der jetzt polarisierten Lager hinweg führen wollten, um nämlich auf eine Verständigung über die Sache und in der Sache auszugehen.

Und das langfristige Ziel? Es wäre erreicht, wenn viel mehr Deutsche das heutige Ungarn von dessen Inneren her begriffen; wenn die einsetzende Entfremdung zwischen Deutschland und Ungarn aufgehalten würde; falls man von Ungarns Deutschfreundlichkeit nicht bald schon in der Vergangenheitsform sprechen müsste; und wenn Deutschland in Ungarn wieder als ein Land angesehen würde, dessen Führungsrolle für Ostmitteleuropa vorteilhaft ist.

Also was tun? Doch wohl das Folgende: sich selbst zu einem besseren Ungarnkenner machen; bei falsch erscheinenden Behauptungen über Ungarn widersprechen; das Gespräch mit jeweils Andersdenkenden suchen und dabei stets – gerade gegenüber jungen Leuten – ein gutes Beispiel dafür geben, wie über Strittiges fruchtbare Debatten zu führen sind. Auch fängt man mit alledem am besten gleich heute an.

Eine in dieser Weise verbesserte Diskussionskultur wäre umso hilfreicher, als nicht nur Ungarn, sondern auch Deutschland und die EU jetzt auf schwierige Zeiten zugehen. Die Folgen der Corona-Pandemie und des russischen Krieges in der Ukraine haben die Wirtschaft lahmen und die Preise – nicht nur für Energie – fühlbar steigen lassen. Weil am Militär auf absehbare Zeit nichts mehr einzusparen ist, schränkt das die Möglichkeiten jener Sozialpolitik ein, deren Leistungen zumal in Westeuropas Staaten als Legitimitätsressource dienen. Auch scheint das Russland sowie China zuzuschreibende Ziel, die EU durch innere Spaltungen zu schwächen, im Südosten Europas immer noch in greifbarer Nähe zu sein.

Jedenfalls stehen nun überall in Europa Unzufriedenheit und Proteste gegen die jeweiligen Regierungen ins Haus. Dabei schlug Ungarn seit 2010 einen Weg zum »guten Regieren« ein, der von dem der meisten übrigen EU-Staaten sehr verschieden ist. In den kommenden Jahren wird sich deshalb anhand von Vergleichen Ungarns mit anderen Ländern erweisen, wie man wohl insgesamt sicherer oder unbeschadeter durch die gegenwärtigen und noch zu erwartenden Krisen gelangt. Also sollten wir mit Blick auf rechtzeitig zu ziehende Lehren so kundig und gesprächsfähig wie möglich sein.

Personenregister

Bildnachweis

S. 142: Istock/BardoczPeter;
S. 149: TUBS (https://commons.wikimedia.org/wiki/File:Hungary,_administrative_divisions_-_de_-_colored.svg), »Hungary, administrative divisions - de - colored«, Text und Farbe, https://creativecommons.org/licenses/by-sa/3.0/legalcode;
S. 151: Erinthecute (https://commons.wikimedia.org/wiki/File:2006_Hungarian_parliamentary_election_-_Vote_Strength.svg), Text und Farbe, https://creativecommons.org/licenses/by-sa/4.0/legalcode;
S. 152 Erinthecute (https://commons.wikimedia.org/wiki/File:2018_Hungarian_parliamentary_election_-_Vote_Strength.svg), Text und Farbe, https://creativecommons.org/licenses/by-sa/4.0/legalcode;
S. 179 © Friedrich-Ebert-Stiftung, 2020: Strategiedebatten Ungarischer Parteien im Rahmen der Europawahl 2019, https://www.fes.de/internationale-politikanalyse/monitor-soziale-demokratie/strategiedebatten-global/strategiedebatten-italien-1-1-3, Zugriff 30.3.2022